本译著为2020年度黑龙江省属本科高校中央支持地方高校改革发展资金高水平项目“俄罗斯音乐成就的成因及对中国的启示研究”（项目号：2020GSP18）和2023年度东北亚音乐文化发展协同中心科研项目一般项目“西方音乐史叙事不该忽略的史实：俄罗斯音乐崛起的奠基期（1736-1836）研究”（立项编号：XT2023004）阶段性成果。

齐尔品传

漫长的旅行

Александр Черепнин: Долгое странствие

[俄] 柳德米拉·克拉别里尼科娃 / 著
孙兆润 / 译

人民音乐出版社·北京

QIERPIN ZHUAN MANCHANG DE LÜXING

图书在版编目(CIP)数据

齐尔品传 : 漫长的旅行 / (俄罗斯) 柳德米拉·克拉别里尼科娃著; 孙兆润译.-- 北京: 人民音乐出版社, 2025.1.--ISBN 978-7-103-06742-0

Ⅰ. K835.125.76

中国国家版本馆CIP数据核字第202472YN90号

责任编辑:张　斌

责任校对:杜　岩

人民音乐出版社出版发行

(北京市东城区朝阳门内大街甲55号　邮政编码:100010)

新华书店北京发行所经销

北京隆昌伟业印刷有限公司印刷

880×1230毫米　32开　17.25印张

2025年1月北京第1版　2025年1月北京第1次印刷

印数:1—1,000册　定价:86.00元

原著出版说明

亚历山大·尼古拉耶维奇·车列普宁（即A.车列普宁，中文名齐尔品）是俄罗斯“第一次移民浪潮”中的著名作曲家，本书[①]是在俄罗斯出版的第一本有关他的书籍。本书为传记文献体裁，书中所采用的材料几乎都未发表过。本书作者是柳德米拉·克拉别里尼科娃，她是首位A.车列普宁个人档案（存于巴塞尔的保罗·查赫尔基金会，包括日记、信函、乐谱手稿等在内）的考察和研究者。一些档案材料是在俄罗斯获得，但其他国家的杂志也是本书资料获取的重要源泉。

集作曲家、钢琴家、教育家于一身的A.车列普宁的生平与创作在俄侨文化艺术的宏观背景下展开，作为第一本记述关于“俄罗斯侨民”（Русское зарубежье）音乐状况的著作，本书中心课题在于探讨20世纪俄侨作曲家在异国环境中的生

① 本书俄文名为*Александр Черепнин: Долгое странствие*。除特别说明，本书注释均为译者注。原著注释以方括号加数字形式在正文中列出，出处见本书附录四。

存状况，以及个人民族归属的自我认同和坚守。A. 车列普宁被认为是“强力集团”路线在新的时代的继承者。本书尤其珍贵的是附录中刊载的A. 车列普宁的《简明自传》（首次用俄文发表）、论文《我的音乐语言的基本要素》（首次在世界范围内发表），以及作品目录（含唱片目录）。书中还包含一些谱例与珍贵图片。

ББК 85.313（2）[1]

① ББК是“Библиотечно-библиографическая классификация”的缩写，意即图书分类的意思，后面的数字为相关编号。

原著者序

谨以此文纪念伊万·车列普宁①

亚历山大·尼古拉耶维奇·车列普宁（1899—1977）②是著名的俄侨作曲家，但我们祖国的文献中至今仍然没有一本关于他的书籍，甚至连一篇严肃的分析和传记文章也没有（B.M.别里亚耶夫写于1925年的随笔除外）。

A.车列普宁为人类留下了丰富的音乐遗产，他的多部芭蕾和歌剧作品曾上演于世界多个国家的舞台（作曲家的第一部芭蕾作品受传奇人物安娜·巴甫洛娃③委托，写于他的青年时期）。

流亡的命运使我们的祖国整整几十年对他的音乐甚至是

① 伊万·车列普宁（1943—1998）：作曲家，齐尔品（即A.车列普宁）的小儿子。

② 亚历山大·尼古拉耶维奇·车列普宁（1899—1977）：即齐尔品，1899年1月2日出生于圣彼得堡，1977年9月29日卒于巴黎。为避免人名的混淆，本书简称为A.车列普宁。

③ 安娜·巴甫洛娃（1881—1931）：俄侨女芭蕾舞演员。

他的名字知之甚少。

起初，在很长一段时间里我想用《时代巨变中的艺术家》来命名这部即将出版的著作。A.车列普宁在其纵贯四分之三世纪的一生中，扮演了20世纪二三十年代音乐急先锋的角色，直到生命将息他还在积极创作。他还经历了20世纪五六十年代的“第二次先锋派浪潮”。无疑，他的人生是充满戏剧性的。

究竟哪个年代是真正的“A.车列普宁时代”呢？是他的青年时期？我们可以向任何一位20世纪的作曲家提出同样的问题。真正的“拉赫玛尼诺夫时代”无疑是20世纪20年代初，他后来的创作没有很高的价值；“斯特拉文斯基时代”当然不存在这个问题，因为他称雄于整个时代；那么普罗科菲耶夫呢？在西方，许多人相信30年代初期是属于他的时代，但是我们或许并不这样认为；那么肖斯塔科维奇呢？他比A.车列普宁小几岁，却比他早去世了两年，但总的说来，肖斯塔科维奇还是占据了当时那个时代。而我们却在考虑另外一个问题：如果他也被剥夺权利而离开自己的祖国的话，他会创作出什么样的作品来呢？

20世纪，正如我们所明确的，它拥有整个人类音乐历史的继承权和拥有权。但是在如此条件下，它却按照自己的方式进行创作，那就是现代性，也就是说，它是向前发展的。艺术中的新事物从来没有被赋予如此巨大的意义，对它的追求也从来没有如此渴望和坚定，“现代”一词也从来没有从该层面意义上被如此确定地表达过。A.车列普宁无疑是这个动荡时代的产儿，虽然俄罗斯文化艺术遗产对他来说尤为珍贵和重要，但是要他像“从前”那样创作显然是不可想象的。下面是摘自1976年9月15日日记中的一段：

如果柴科夫斯基可以活到我现在这个岁数的话，也就是说能活到1917年他77岁的时候，这就意味着：在其5年前已经写成了*Pierrot Lunair*(《月迷皮埃罗》)，4年前出现了《春之祭》，15年前则有了*Pelleas*(《佩利亚斯》[①])。而在这之前普罗科菲耶夫已经写出了两部钢琴协奏曲了[②]……很难想象，当柴科夫斯基听到它们之后，会如何进行创作，难道他还会重复或做那些无益的事情？……

要知道，A.车列普宁是非常热爱柴科夫斯基的。

最终，这本在俄罗斯的第一部有关A.车列普宁的专著确定以《漫长的旅行》作为副标题，当然这首先为了体现一种时间的跨度。书中剖析了A.车列普宁的创作观，再现了同时代人对他的评价，记述了他所处的“音乐世界”和作曲家飞

① 全称《佩利亚斯与梅丽桑德》，该剧是德彪西的歌剧。

② 即《第一钢琴协奏曲》(1911—1912)、《第二钢琴协奏曲》(1912—1913)。

速变化的日常生活。

作曲家的生平从开始阶段（圣彼得堡①—梯弗里斯②—康斯坦丁堡③—巴黎），持续到后来在一些欧亚国家及美国以作曲家、钢琴家、教师身份活动的时期，“地理位置”常常成为他驻足的理由，也成为他作曲生涯，包括一些特定音乐思维的“站点”。

在20世纪70年代中期的一次访谈中，A.车列普宁谈到其年轻时的一件事：

> 一位女占卜师端详过我后说道：“想知道我看到了关于你的什么情况吗？——旅行、旅行、还是旅行……”我心里想：“这个又笨又老的女人！”——因为我坚信我会永远留在自己所热爱的故乡。要知道在那段时间里没有一个人能离开圣彼得堡，哪怕只有20公里……但是，过了三个月后，我的旅行便开始了，而且直到今天都没有停止过。[1]

这个变成现实的预言也成为我为本书命名的缘由之一。

本书的准备工作也经过了“长途跋涉”的历程。在1980

① 现为俄罗斯第二大城市，1914年改名为彼得格勒，1924年改名为列宁格勒，1991年改回圣彼得堡。

② 梯弗里斯是今格鲁吉亚首都第比利斯的旧称。

③ 康斯坦丁堡又作君士坦丁堡，是今土耳其最大的城市伊斯坦布尔的旧称。

年至1990年间，我开始尝试研究俄侨音乐并且得到了“音乐倡导者基金会”（乔治·索罗斯[①]主办）的支持并前往巴黎。1991年，我在巴黎的法国国家图书馆开始了对П.П.苏甫琴斯基[②]的档案考察和其他项目的研究工作，其间浏览了大量珍贵的文献资料与俄侨报纸、杂志。在那里我还约见了一些“第一次移民浪潮”作曲家们的后代（在这里我要特别感激我的“维吉尔”[③]——教授A.里氏凯博士），他们带给我不少出版物和录音资料。比如从作曲家伊万·维施涅格拉茨基的儿子А.И.维施涅格拉茨基那里得到的资料，现在已经成为研究俄侨作曲家最早的基础材料。

两年后的旅行促成了我与A.车列普宁的儿子、作曲家谢廖沙[④]的会面。他不仅为我提供了许多A.车列普宁的作品出版物，而且还告知我其家族档案（目前只是一部分）已经转交给了欧洲最大的20世纪音乐文献中心保罗·查赫尔基金会[⑤]。其档案馆内收藏着伊戈尔·斯特拉文斯基等杰出的现代音乐家的档案资料。[2]

1995年，巴塞尔档案馆中的H.H.车列普宁和A.车列普宁

① 乔治·索罗斯（1930—）：美国金融家、投资者和慈善家。

② П.П.苏甫琴斯基（1892—1985）：俄侨音乐家、音乐活动家和作家。

③ 维吉尔（公元前70—前19年）：古罗马诗人，是但丁最崇拜的作曲家，在《神曲》中，但丁虚构了维吉尔解救了自己并引领游览地狱和天国的情节。

④ 即谢尔盖·车列普宁（1941—）。

⑤ 位于瑞士的巴塞尔。

的档案材料还未被归类整理，但是保罗·查赫尔基金会还是给了我几个月的时间来考察它们。无疑，在有限的时间内整理和研究收藏中如此丰富的素材是不可想象的。我的工作重点是：从那里得到最主要的文献资料，包括A.车列普宁未发表的作品在内的乐谱手稿、私人日记、作曲家对整体和某一作品作曲技术的解释、大量用不同语言写就的信函——其中包括不好辨识的中国和日本的文字，以及报界的反响和评论等。当然，巴塞尔档案馆中所藏大部分是俄文文献，包括他的私人日记，以及其与父母、俄罗斯朋友和同行之间尘封的信函等。A.车列普宁后来娶了一位华裔女钢琴家李献敏为妻，但是她和他们的三个儿子却没有一人懂俄语[3]①。另外的一些档案材料来自巴黎和纽约的车列普宁协会。

在A.车列普宁100周年诞辰临近之际，本书的准备工作到了不能再搁置的地步。20世纪后半叶，新的历史条件促成了A.车列普宁与苏联接触的恢复。他于1967年访问了莫斯科、列宁格勒和第比利斯，并举办了自己的作品音乐会。A.车列普宁曾多次流露出想出版此类书籍的强烈愿望。在1968年3月7日临近70岁的时候，作曲家给Г. М.施涅尔松的信中写道：

① 此处原作者考察有误，车列普宁的长子谢尔盖由于与祖父母生活在一起很久，所以能说一口流利的俄语。

如果在这之前有可能或有兴趣创作并出版一本有关我的生平创作，哪怕是最简短的专著该有多好呀！我可以提供很多翔实的资料、相片和实例。[4]

一个月之后他又写给施涅尔松：

你认为有关车列普宁一家的著作会引起祖国人民的兴趣，这一点让我无比兴奋［……］①。国外已经发表的此类素材很多，B.莱赫正在准备一些新材料，有关我生平的出版物将被扩充到今天为止……我会尽力实现我许久以来的愿望，详细地写一下我的自传，从我亲爱的父亲到我生命的顶峰——我儿子们的生活。[5]

接着他又补充道：

如果把我的20首在童年和少年时创作于祖国的作品同“革命”期间（指十月革命）及之后在国外创作的作品做一番比较，那将是非常有意思的。另外，我将以自己归国小住后创作的圣歌体、民族风的《无伴奏合唱》（*A Cappella*）作为列举的终结，这首作品明显地表现出与祖国母亲亲密接触后的痕迹。

---

① 用方括号括起来的省略号为俄文原著所采用的形式，表示原引文有省略，本书予以保留。

要知道我生命的曲线已经终结：圣彼得堡—第比利斯—巴黎—纽约—全世界—纽约—巴黎—莫斯科—第比利斯—列宁格勒！而这个“终结”给我的人生带来了崭新的意义，它证实创作给了我希望，在史诗般的一生中我生命的动力从没有停息过，我以俄罗斯式的思维和感觉进行创作，这种归属感于我始终存在。（以上所引用的几段内容引自原件的复印件。）

遗憾的是，这样一本有关A.车列普宁往事的书20年后依旧没有被写出来。

信中所提到的B.莱赫的著作有德文和翻译后的法文两种版本[6]，这是一本篇幅相对短小的书（一共119页，包括作者的自述文字、作品的目录及索引、54幅插图，还留下大篇幅来列举近60个大小不一的谱例和示意图）。书中特别表现出作为A.车列普宁亲密的朋友，作者莱赫有机会能经常性地与之会晤攀谈，所以这本书就更显其真实性（虽然在书的主人公后期的日记中有某些错误）。正是基于这种原因，促使A.车列普宁的遗孀李献敏，不少其音乐的崇拜者、学生及车列普宁协会的成员们决定，在莱赫著作的基础上做必要的修正和补充，使其以英文版再度发行。其中包括：为了这本将要面世的英文版读物而特地与车列普宁一家座谈的记录，A.车列普宁的回忆、访谈摘录，不同版本的自传文字及对重要作品的分析概论，等等。其中书中有关作曲家去世前一段时间的相关章节由本杰明·福尔克曼完成。另外，书中还包含不少珍贵的文献类的附录等。此书的准备工作一直持续到1995年，但是遗憾的是，因为种种原因此书至今也没有出版发行。[7]

1997年，在伊万·车列普宁和妻子苏–爱伦·赫尔施曼在莫斯科居留期间，我们之间建立了友谊，我从他们那里得知这本未出版的书的情况。与“车列普宁作曲世家”中的第三代（包括谢尔盖）之间的谈话是弥足珍贵的。1998年3月11日是伊万·车列普宁不幸英年早逝的日子，这让我感到无比哀痛！这里谨以此篇题献给“伊乌什卡”（其父A.车列普宁曾在日记中如此称呼伊万），以纪念这位极富天才的作曲家和充满魅力的人。伊万的妻子苏–爱伦·赫尔施曼在征得英文著作的编者本杰明·福尔克曼的同意后，拿到了原稿。在我们这本书中，引用的回忆录片段和附录部分每一处都提供了该书中相对应的注释说明。

另外还有一本极有参考价值的书，由Э.A.阿里亚斯博士编著并于1989年在芝加哥出版[8]。与B.莱赫的著作一样，此书也是只专注于车列普宁的音乐创作。在已经援引的信中，对于有可能在俄罗斯出版莱赫一书的前景（即“在国家准许翻译它的前提下”），A.车列普宁谈了自己的观点，他说：“莱赫的技术分析方式将会引起俄罗斯读者的兴趣和共鸣。”

很明显，首先因为语言上的原因（不仅是如此），以“俄罗斯侨民音乐”为题材的著作如今在国内还很罕见，而有关当时状况的记述正是今天我们所需要的。在“侨民的空气和面包”“俄罗斯作曲家”两个章节里，我们了解到了流落在各个国家的俄侨作曲家们所面临的一些共同问题，描述了他们的生活窘况，还提到了许多不知名或被遗忘的名字。而这些现在还匮乏的有关“俄罗斯侨民”（Русское зарубежье）① 音乐艺术的论述，对从整体上接近并理解“20世纪的俄罗斯音乐”这一非凡现象是迫切和必要的[9]。最后还要强调一个道德性的问题：对待这些作曲家们的观念有其历史原因，我们不应该按照自我意志封闭于狭窄的“俄罗斯国家”这一范畴之内。

本书属于历史—文献类传记体裁，其任务是为俄罗斯读者提供在西欧和美国已经发表的有关A.车列普宁的文章、评论和其他材料［见1920—1930年间的《音乐评论》（*La Revue Musicale*）］，再现其生活和创作中的事件和事实，把国外读者已经熟知的A.车列普宁和部分“俄侨”的音乐艺术情况带回到祖国文化中。这些信息来自收藏于瑞士巴塞尔的具有珍贵历史文献价值的车列普宁父子档案和一些俄罗斯侨民期刊（比如在上海和巴黎发行的）。除此之外，在莫斯科档案库中

① 专有名词“Русское зарубежье”与“Русская эмиграция”，前者直译为“俄罗斯侨民”，后者直译为“俄罗斯移民”，在某种程度上概念可以互换。但是，“俄罗斯移民”一般指的是十月革命前后的第一次移民浪潮，而“俄罗斯侨民”的概念涵盖了“俄罗斯移民”，在十月革命这个时间点和政治事件前后都存在。

我们还找到了大量A.车列普宁未曾面世的信件。在第比利斯，在M.A.吉拉克索娃的真诚帮助下我们复印了将近80篇完全被遗忘的车列普宁青年时期的音乐评论文章，而在莫斯科Г.Б.贝尔南多的“音乐学家—辞典档案”中我们发现了这些文章的目录。对A.车列普宁的描述自然不能脱离对其父母尼古拉·尼古拉耶维奇和玛丽亚·阿里别尔托乌娜这个家庭的描述，也不能脱离对家族姻亲贝努阿世家的描述，我们还将在本书对A.车列普宁一生中所遇到的其他一些人物着以笔墨。

当然，这第一本传记著作不能涵盖对作曲家的所有作品，哪怕是最主要的作品的分析诠释，在这一点上本书甚至显得缺乏分量。因为正如阿尔图尔·卢里耶[①]、H.纳博科夫、B.杜凯利斯基等著名作曲家（难道仅仅现在是？）的音乐那样，A.车列普宁的音乐在俄罗斯存量甚少，但至少我希望本书中对其音乐面貌特点的描述将会成为某种文献型的研究材料。

从A.车列普宁第一首乐曲的出版到其作品的演奏，本人审视并摘选了各个历史时期对这位作曲家兼钢琴家音乐艺术的评论记述，许多评论文章出自著名音乐作家的手笔。在当时的艺术环境里，他们用“热切的笔触”描摹了作曲家的“作品概貌”，这些不为俄罗斯读者所知的文章也将在本书适当位置被转载出现。

① 阿尔图尔·卢里耶（1892—1966）：俄侨作曲家和音乐评论家。

本书附录部分具有特殊的意义，包括《简明自传》，A.车列普宁的专题论文《我的音乐语言的基本要素》，作品、录音等信息的综合目录。这些内容都由瓦列里·叶罗欣从英文翻译过来并且逐一给出了一个篇幅不大的绪论，且都是深入研究A.车列普宁创作的基石。除了《简明自传》，其他材料中的大部分内容发表在《节奏》（*Tempo*，1979）杂志上，是在世界文化范围内的首次公开发表。

在这里要特别对给予我帮助的个人、机构和组织表示衷心的感谢！没有他们的帮助这本书是不可能完成的。感谢A.车列普宁的儿子谢廖沙·车列普宁、伊万·车列普宁（已故）、儿媳苏–爱伦·赫尔施曼对这本研究其父亲的俄文著作的热忱关注，并提供了出版物、录音和图片。感谢还未出版的A.车列普宁英文著作的编者本杰明·福尔克曼及其同行M.卡尔涅尔、M.哥洛克和Л.周，同意我使用他们自己所拥有的资料。感谢指挥家盖纳吉·罗日杰斯特文斯基提供了A.车列普宁的相片、札记，以及指挥演出过的其相关音乐资料。感谢保罗·查赫尔基金会工作人员的积极参与。感谢位于巴黎的俄罗斯屠格涅夫图书馆经理塔吉亚娜·格拉特科娃和我在巴黎的学生塔吉亚娜·度伽–亚布隆斯卡帮我寻找并复印各种期刊。

俄罗斯现存有很大数量的境外发行的期刊。在相当长的时间里，俄罗斯国立图书馆（境外分部）与俄侨民图书馆基金会的工作人员积极有效地协助我搜集这些材料。在征得俄罗斯国立文化和艺术档案馆与格林卡国立音乐艺术中心博物馆（ГЦММК[①]）相关负责人的许可后，在档案专家的帮助下，我找到并复印了许多珍贵的资料。

因为本人是大量A.车列普宁资料的唯一持有者，所以在国立艺术理论学院音乐部的同仁和其他音乐家的请求下，我向他们展示了车列普宁的音乐出版物和录音，他们对其音乐流露出强烈的兴趣并留有鲜明的印象。

本书得到了俄罗斯人文科学基金会的帮助，在此对他们的支持表示诚挚感谢（第99-04-16207号）。

对给予资金支持的本杰明·福尔克曼任总经理的车列普宁协会再次表示衷心感谢。

* * *

在A.车列普宁的手稿（日记和信件等）中，我们要特别重视一个情况，那就是其中存在着某些时代性的语言特点和个人化表述方式，包括采用我们（现在）已经不再采用的人名的拼写方式（比如：Стукенсмит应为Штуккеншмидт，Мюнх应为Мюнш，Чурлянис应为Чурлёнис等）。中国人的姓名在最近十年内也换成了与A.车列普宁在世时所不同的另

① ГЦММК：Государственный центральный музей музыкальной культуры имени М.И.Глинки的缩写，直译为“以М.И.格林卡命名的国立音乐艺术中心博物馆”，简称“格林卡国立音乐艺术中心博物馆”，位于莫斯科。

外一种写法（比如其妻子[①]的姓名不再写成Ли Хсиен Минг，在其日记中缩写为X.M.，现在应写为 Ли Сянь-мин）。作者的个人表述方式在特殊情况下仍会被保留。

特别复杂的是A.车列普宁对从术语“контрапункту”[②]反向确定的多声部技术的关键术语“интрапункт”[③]（不是“音与音相对”而是“音在音与音之间”）的表述。未出版的英文著作（见本书附录四“原著注释［7］”）的编者福尔克曼采用“interpoint”（即“интерпункт”）来表述这一术语，从本质上讲更接近作曲家的思想。我们采用了折中的方式，在书中保留了车列普宁文献中对该术语的俄文表述方式——“интра（о）пункт”，但是在其论文（见本书附录二）中则采用了英文书编者（正如大家所知，我与其有所交往）的“интерпункт”的表述方式。

谱例部分援引自收藏在莫斯科音乐学院图书馆、莫斯科作曲家协会和格林卡国立音乐艺术中心博物馆中的各种版本的出版物，还有一部分来自收藏于保罗·查赫尔基金会的作曲家手稿。

---

① 即李献敏。

② 音译为“康特拉朋克特”，对位的意思。

③ 音译为“因特拉朋克特”。在《来游沪平俄国新派作曲家亚历山大·车列浦您（Alexendre Tchepnine）的略传与其著作的特色》（陈聆群等编《萧友梅全集·第一卷·文论与专著卷》，上海音乐学院出版社，2004年版）中，萧友梅先生将之译为“对间法”，本书译文保留音译并结合萧友梅的翻译方式。

目　　录

第一章　起　源

可以说，A.车列普宁在自己的生命初年就开始履行其作为20世纪艺术家的使命了。这是一位不仅属于东方，更属于西方的俄裔作曲家。他早早地便开始记事，在其诸多书信、访谈录、自传札记中记录着他关于童年的记忆和对家庭的讲述，当然，也包括曾与他有过亲密接触的人们的回忆。

萨沙[①]在同龄的孩子里是个高个子。早在50年前他就成为圣彼得堡音乐学院里人所共知的人。人们经常会在父亲的身边见到他的身影，而他的父亲就是著名的作曲和指挥教授，也是几乎整个那一代俄罗斯作曲家们的导师——尼古拉·尼古拉耶

① 萨沙是A.车列普宁的爱称，后同。

维奇·车列普宁[①]。

令人难以置信的是，萨沙学习音乐最初的老师，并不是他的父亲，而是母亲。在刚刚开始熟悉键盘的时候，他就开始作曲了。家里时刻都回响着音乐，而他则是凭着直觉掌握了乐谱知识。在作曲家70岁的时候，他回忆自己的过往时，甚至不记得是先学会了认识俄罗斯字母表，还是音乐谱表的。

在圣彼得堡车列普宁的家里，聚集着当时许多著名的音乐家、画家和作家。萨沙的外祖父是法国美术家阿里别尔·贝努阿[②]，其外祖父的弟弟亚历山大·贝努阿[③]则是一位杰出的舞台美术家，曾经在巴黎的“俄罗斯演出季”中与佳吉列夫一起工作过，同时他又是斯特拉文斯基《彼得鲁什卡》和H.H.车列普宁《阿尔米达的陈列馆》的舞美设计者。车列普宁的家族先辈中还有一位意大利作曲家叫卡捷里诺·卡沃斯[④]，他在19世纪初定居俄罗斯，并对俄罗斯音乐的形成与发展做出了巨大的贡献。特别值得注意的是，卡沃斯早于格林卡20年就在自己的歌剧中有过对伊凡·苏萨宁的故事的描述。后来正是卡沃斯在格

---

① 尼古拉·尼古拉耶维奇·车列普宁（1873—1945）：A.车列普宁的父亲，本书写为H.H.车列普宁。1873年5月15日生于圣彼得堡，1945年6月26日卒于巴黎附近的依西–莱–穆里诺，俄侨指挥家、作曲家、教育家。

② 阿里别尔·贝努阿（1852—1936）：法国美术家。

③ 亚历山大·贝努阿（1870—1960）：法国舞台美术家。

④ 卡捷里诺·卡沃斯（1775—1840）：意大利–俄国作曲家、指挥家、管风琴家和声乐教师，在俄罗斯歌剧发展史中扮演重要角色。

林卡的歌剧《为沙皇献身》的首演中担任指挥。车列普宁的另外一位母系家族的先辈弗里德里赫·肯特[①]是韦伯的歌剧《魔弹射手》的脚本作者。因为贝努阿，车列普宁家族和乌斯季诺夫家族建立了联系。著名的演员彼德·乌斯季诺夫的外祖母是贝努阿家族中的一员，乌斯季诺夫经常带着车列普宁一家前往巴黎、伦敦和纽约。

A.车列普宁的私人文献充分反映了他的创作和生活情况。他从6岁起就开始写日记，其间详细记录了他一生中发生的每件大事。让人欣慰的是，大多数日记都保存了下来。它们时刻珍藏在他的行李中，伴随他往来于漫漫旅途间——从俄罗斯到巴黎，从巴黎到纽约……对研究者来说，这必将是一笔宝贵的财富，因为它提供了诸多关于20世纪上半叶艺术文化生活的珍贵历史资料。

萨沙14岁的时候曾专注于民族大歌剧《伊万雷帝之死》的创作，为此他经常在钢琴上即兴演奏。他甚至把巨大的铁块掷在地板上发出巨大恐怖的轰鸣声，以此来模仿歌剧第二幕中出现的大钟的响声。恰巧当时在他的楼下住着作曲家柴科夫斯基的弟弟伊波利特·柴科夫斯基，他是一位年过半百的人，对于这种有悖于“柴科夫斯基传统”的声音显得极为不适应。一日，A.车列普宁在自己的房门下发现了一张写着诚挚恳请的

① 弗里德里赫·肯特（1768—1843）：德国诗人。

卡片，上面写道：“亲爱的萨沙，可怜一下这个病中的老人吧，我能忍受你所有的钢琴基本练习，但是扔大铁块显然是你的即兴所为！”于是，萨沙停了下来。过了几天，他又收到了来自柴科夫斯基弟弟的卡片——“现在我恢复了健康，你可以继续你的练习，甚至你的即兴所为了”。

老车列普宁[①]很长一段时间对自己儿子的音乐创作实验不屑一顾。有一天，他详细看过儿子的涂鸦之作后叹息道：“你终将会成为作曲家！”他把儿子的作品戏称为“跳蚤”，因为在他的旋律中充斥着许多没有预见的远距离大跳。“跳蚤”中的一首写于1913年，作为第4首收录在他的钢琴曲集《小曲集》（Op.7）里，这首曲子用多调性技术写成，在那个年代，这无疑是一个勇敢之举。

音乐创作和记写日记成为少年萨沙的精神需求，就像面包和水一样重要。事实上，他坚持创作的时期正是彼得格勒（这是在“一战”期间改名的，原称圣彼得堡）饥荒冰冻的革命岁月——1917—1918年，这是一个极为严酷的冬天。除了1812年拿破仑入侵的时候，彼得格勒还没有遇见过如此严酷的岁月。每个人一天定量的口粮缩减到了四分之一俄磅。但就是这一丁点儿口粮，瘦弱的彼得格勒人也要排很长时间的队才能得到。有一位音乐评论家曾经用一架大音乐会钢琴换过12磅的

① 指H.H.车列普宁。

黑面包！孩子们只能依靠冰冻的土豆活下来，饥饿从一生下来就伴随着他们。人们已经忘记了什么叫作“盈余”。格拉祖诺夫——圣彼得堡音乐学院的院长，这位音乐界众所周知的壮汉，仅仅一年的时间便丧失了自己魁梧的身材。萨沙本来就不胖，在这个冬天里他变得十分消瘦，甚至到了衰弱的地步，并且还得了坏血病。然而衰弱和抑郁是何等的伟大，它们竟促使他写出了葬礼式的《钢琴奏鸣曲》（No.13），乐曲直逼低音区的极限，它直接取自于东正教的安魂祈祷仪式。41年过后，A.车列普宁在自己的《第四交响曲》中作为固定旋律再次使用了这个主题。此曲完全可以称为“饥饿奏鸣曲”，然而在发表时他却为之命名为《浪漫的小奏鸣曲》（Op.4）。

让人惊讶的是，不管是饥饿还是严寒，彼得格勒的音乐会生活依旧在持续。幸运的人们因为自己的表演得到了不多的几磅的马肉、少量的油、面粉和白糖。当狗肉做成的馅饼在彼得格勒关闭的商店门口出售，狗和猫的身影在城市的大街小巷里渐渐消失的时候，车列普宁一家决定离去，像大多数人一样，他们离开了这座将要毁掉的城市而奔向南方。

这段引文由回忆录作者、著名的研究专家尼古拉·斯罗尼姆斯基①为庆贺A.车列普宁70岁生日所写[10]。作者尼古

① 尼古拉·斯罗尼姆斯基（1894—1995）：俄裔美籍作曲家、指挥家、音乐评论家。

拉·斯罗尼姆斯基是圣彼得堡音乐学院毕业生、钢琴家、作曲家、音乐学辞书编纂家和理论家。他是著名的O.汤姆普松和T.别依克尔所著《音乐百科全书》的编者，另外还是音乐编年史著作《1900年后的音乐》的作者，在此书中有关A.车列普宁的介绍占了第二十的位置，其信息来源皆出自A.车列普宁本人，是“来自第一手”的宝贵资料[11]。那个与柴科夫斯基弟弟有关的片段，显然在A.车列普宁的记忆里留下了鲜明的痕迹：它出现在B.莱赫的专著和在纽约拜访音乐家的A.斯基丹的悼念文章里[12]。在Г.弗里德曼的采访录里也提到了这个事件。关于A.车列普宁童年时期日记的消息，可能有不确切的地方，因为车列普宁本人曾多次表示，有许多日记被遗留在圣彼得堡，无从找寻。H.斯洛尼姆斯基称A.车列普宁的外祖父为“法国水彩画家”是不完全准确的，他的确是法国人，也曾在法国工作过许多年，但实际上，阿里别尔·贝努阿却是位地道的“俄国画家”，他是俄国水彩画协会的创始人。值得一提的是，贝努阿兄弟俩曾分别娶了一对娘家姓为肯特的亲生姐妹为妻，她们的名字是玛丽亚和安娜。A.车列普宁的外祖母玛丽亚·卡尔罗乌娜·贝努阿–肯特是一位卓越的女钢琴家，C.И.塔涅耶夫①曾长久而专注地迷恋于她。

① C.И.塔涅耶夫（1856—1915）：俄国作曲家、钢琴家、音乐教师，柴科夫斯基的学生，斯克里亚宾、拉赫玛尼诺夫的老师。

在1927年7月16日祝贺母亲命名日的信中，A.车列普宁写道：

非常想念外祖母！还记得她与你一起在阿里拉的小路上散步。我们一起来想一下，有多少祖母的容貌延续在我们中间，有多少她的血液流淌在我们的血管里 。就像在童话《蓝鸟》里那样，想象着回到她的花园里，并告诉她我们是多么想念她，她生命的动力依然在我们的生命里延续。（引自*P.S.S.*①）

在弗里德曼的访谈录里A.车列普宁说道（这里不再详述，见本书附录一所列《简明自传》）：

我的父亲是东正教徒，母亲是法国侨民的女儿——天主教徒，而她的母亲则是新教徒。您看，我在孩童时期进三个教堂：跟着爸爸进俄国教堂，跟着妈妈进天主教堂，跟着姥姥则进新教教堂。经过对比倾听里姆斯基-科萨科夫、格拉祖诺夫和普罗科菲耶夫这三位俄裔作曲家之后，正如您所猜测的，我选择了他们中的最后一位。[13]

---

① *P.S.S.*：即英文Paul Sacher Stiftung的缩写，俄文为Фонд Пауля Захера，指保罗·查赫尔基金会，位于巴塞尔（Базель），后同。

研究A.车列普宁圣彼得堡时期和后来的梯弗里斯时期的创作历程，无可争辩地证实了其敏锐的听觉、优秀的音乐感受力和记忆力。考察任何一位作曲家，对其幼年时期和青少年时期的听觉经验的考察是非常重要的。经过后来考证，A.车列普宁所听到的第一部舞台歌剧是《为沙皇献身》。

> 夜晚，头脑里满是里姆斯基–科萨科夫歌剧里的音乐，比如我喜爱的《雪姑娘》《萨特阔》《金鸡》，或者还可能会是鲍罗丁的《伊戈尔王子》，还有我父亲的芭蕾音乐……（引自*B.F.*[①]）。

这就是他早期所受剧院环境影响的写照，其间尤为重要的是芭蕾舞剧（父亲曾任马林斯基剧院的指挥、C.П.佳吉列夫主持的“俄罗斯演出季”的指挥）的影响。

十月革命后的前十年，彼得格勒“革命”的艺术氛围是不寻常的。在这之前从没有出现过如此多样和鲜明的大事件——剧院演出、展览会、音乐会，以及新的文学、音乐、绘画小组和联盟活动。尼古拉·尼古拉耶维奇·车列普宁（即H.H.车列普宁）积极参与其间，而家中唯一的、最爱的儿子自然也沉浸在这个氛围中。H.H.车列普宁曾带着妻

① *B.F.*：是《A.车列普宁：汇编》（*Alexander Tcherepnin：A Compendium*）的主编B.福尔克曼（B.Folkman）的名字缩写，此处指引自该书，后同。

子玛丽亚·阿里别尔托乌娜和儿子A.车列普宁前往巴黎参加了“佳吉列夫的演出季”。1909年初，他指挥演出了由亚历山大·贝努阿舞美设计，并由安娜·巴甫洛娃主演的原创芭蕾舞剧《阿尔米达的陈列馆》，从而拉开了佳吉列夫主持的这一伟大事业的序幕。同一天晚上，在Э.库别尔[①]的指挥下演奏了同样重要的鲍罗丁的歌剧选曲《波洛维茨舞》。在下一轮演出季中则演奏了《舍赫拉查达》的音乐。

60年后，作曲家在信中描绘了他童年时期的印象：

记得是1909年（作曲家笔误，应是1910年——*Л.К.*[②]注），他们把巴克斯特[③]设计的《舍赫拉查达》的布景和服装运到了巴黎。舞蹈、布景、灯光和服装设计等一切都非常出色，它们深深印刻在我的脑海里。[14]

演出那一天是6月4日，指挥家是H.H.车列普宁。过了3周，还是在老车列普宁的指挥下，在包括鲍罗丁、格拉祖诺夫在内的不同俄罗斯作曲家的音乐背景下上演了“东方”特色的舞蹈场面。在同一个晚上由加布里埃尔·比耶尔涅[④]（正是他在

① 又译为库伯（1877—1960）：俄侨指挥家。

② *Л.К.*指本书作者柳德米拉·克拉别里尼科娃，本书之后该缩写的注解皆参照此处。

③ 列夫·巴克斯特（1866—1924）：俄国画家和舞台设计艺术家。

④ 加布里埃尔·比耶尔涅（1863—1937）：法国作曲家、指挥家、管风琴家。

1927年的音乐会曲目中收录了A.车列普宁的《第一交响曲》)指挥首演了斯特拉文斯基的《火鸟》(这一点非常重要!)。

在圣彼得堡，俄罗斯皇家音乐协会同时举办交响乐音乐会和室内乐音乐会，比如“俄罗斯交响音乐会”和M.П.别里亚耶夫[①]的“四重奏晚会”，以及从1903年开始的“A.И.齐洛蒂[②]系列音乐会”、1910年的“C.A.库谢维茨基[③]的音乐会”等。有关后面两项活动必须详细介绍一下，因为年轻的车列普宁曾多次前往聆听。其音乐会上所演奏的曲目表现出对“现代性”的灼热需求。在“齐洛蒂系列音乐会”上同时演奏西欧的经典曲目和俄罗斯曲目。许多的乐曲是在俄罗斯甚至是在世界上的首演，其中有德彪西、拉威尔、纠克、罗拉-纠卡斯(《俄耳浦斯》献给齐洛蒂)、列盖尔、艾涅斯卡、艾尔加尔、阿尔别尼斯的诸多乐队作品。俄罗斯作品有斯特拉文斯基的《幻想谐谑曲》(他对其作品的首位表演者给予高度的评价并把作品题献给了他)，在该谐谑曲之后演奏了组曲《火鸟》);普罗科菲耶夫的作品[《第二钢琴协奏曲》、《塞西亚组曲》、题献给自己的老师H.H.车列普宁的《小交响曲》、《深秋》——由作曲家亲自指挥;在1916年10月的整个室内乐晚

① M.П.别里亚耶夫(1836—1904):俄国音乐出版商人，“别里亚耶夫小组”的创始人，该小组汇集了许多杰出的音乐家。

② A.И.齐洛蒂(1863—1945):俄罗斯指挥家、钢琴家。

③ C.A.库谢维茨基(1874—1951):俄裔美籍指挥家、低音提琴演奏家。

会上，作曲家第一次演奏了自己的《托卡塔》(Op.11)——这非常重要！]。另外还演奏了作曲家瓦西连科、施坦因贝尔格、斯克里亚宾、拉赫玛尼诺夫、格拉祖诺夫和里亚多夫的作品。“齐洛蒂的演出季”还促成了1912年阿诺德·勋伯格的圣彼得堡之行（他演奏了《佩利亚斯与梅丽桑德》)[15]。1914年2月，C.库谢维茨基第一次在俄罗斯（后来还在莫斯科）指挥演奏了《春之祭》、米亚斯科夫斯基的《阿拉斯托尔》和许多普罗科菲耶夫的作品，其新颖的曲目和鲜明的演绎给观众留下深刻的印象。斯克里亚宾的《普罗米修斯》也在库谢维茨基的指挥下首演。

在圣彼得堡的进步音乐环境中出现了一个杰出的新事物，那就是“现代音乐晚会”小组（1901—1912）。关于这一点我们不得不提到B.Г.卡拉忒金①这个名字，他是H.A.索科洛夫②（A.车列普宁未来的老师）的作曲学生，是杰出的音乐评论家和学者、新音乐的倡导者、《阿波罗》杂志（“艺术世界”协会主办——关于这个问题下面还要谈，在这个组织里活跃着享有世界声誉的B.努维奥里③和A.努罗克）撰稿人。在“现

① B.Г.卡拉忒金（1875—1925）：俄国音乐评论家、作曲家。

② H.A.索科洛夫（1859—1922）：俄国作曲家、音乐学家，圣彼得堡音乐学院作曲教师，里姆斯基-科萨科夫的学生，“别里亚耶夫小组”成员。

③ B.努维奥里（1871—1949）：“艺术世界”成员，社会活动家、作曲爱好者和评论家。

代音乐晚会”小组的倡导下组织了斯特拉文斯基、普罗科菲耶夫、米亚斯科夫斯基和M.库兹明的作品首演，另外还演奏过列盖尔、德彪西、拉威尔、鲁塞尔的作品。刚刚在柏林听到了勋伯格的“以极不寻常的方式强烈地表现了他天才的创作才能的新作”《月迷皮埃罗》（克拉列特，1912年10月26日）之后的И.Ф.斯特拉文斯基，又读了卡拉忒金关于勋伯格的《佩利亚斯与梅丽桑德》的评论后极为欣赏，便急于推荐他到“晚会小组”[16]。补充说明一下，在这个小组里卡拉忒金讲授的音乐课程是由M.П.别里亚耶夫来付酬的。由于后来H.H.车列普宁也进入了该小组的“监护委员会”，在1915年之前维亚车斯拉夫·伽乌里劳维奇·卡拉忒金与A.H.贝努阿开始建立联系。在卡拉忒金的评论和文章里多次描述了H.H.车列普宁的作品。

Э. A.阿里亚斯在自己的书中关于A.车列普宁这样写道：

在音乐学院，他对卡拉忒金教授的音乐史和美学课程表现出异乎寻常的兴趣，这为他以后的音乐修养打下了基础，同时也是他未来的哲学观和保持俄罗斯音乐传统的历史根源。[17]

需要为阿里亚斯的记述做一下说明：卡拉忒金教授在音乐学院授课时间是在1919年，而在这之前他已经在不同的学术和音乐机构开始讲授他的音乐史和美学课程了。

对戏剧音乐的探索占据着整个1900—1910年圣彼得堡的艺术空间：梅尔哈尔多夫[①]执导了瓦格纳的《特里斯坦与伊索尔德》、格鲁克的《奥菲欧与尤丽狄茜》、理夏德·施特劳斯的《埃莱克特拉》在马林斯基剧院上演。A.车列普宁有机会观摩了1909年到1913年间上演的全部歌剧。他的舅母M.H.库兹尼措娃-贝努阿扮演了尤丽狄茜这一角色（我们曾在巴黎见到过她和其他的剧组人员，比如美术家A.卡罗维、芭蕾舞导演M.福金等）。H.H.车列普宁在这些歌剧和其他经典歌剧中担任指挥，特别是指挥了里姆斯基-科萨科夫的歌剧。A.车列普宁最早的音乐评论文章就始于剧院文化。我们把1917年10月19日发表在彼得格勒的《公共的事业》报上的文章看作是他的开篇之作。这是一篇对穆索尔斯基的《鲍里斯·戈杜诺夫》一剧在经过长期休眠后于马林斯基剧院重新上演的评论。文中年轻的作者不顾情面地批评了指挥家H.冯利克，并对某些角色演员的表演情况作了评价。

实际上，我们并不能准确地反映本书主人公对当时圣彼得堡音乐环境的印象，我们只能尽可能通过作曲家本人已知或可知的一些现象泛泛而谈。于1918—1920年间在梯弗里斯发表的关于普罗科菲耶夫、米亚斯科夫斯基和其他“现代”作曲家的文章，更重要的是他早期的创作尝试可以作为当时

① 梅尔哈尔多夫（1874—1940）：苏联导演、演员。

情况的见证。当然，他对父亲的音乐是非常熟悉的，尽管他不是父亲的学生，但在整个一生中他都把父亲当成自己最重要的老师。

在1928年10月8日写给父亲的信中，关于《如阿泽利在花园里》[1]准备在巴黎上演的情况他写道：

你知道吗，亲爱的爸爸，我始终是“如阿泽利”的热爱者——记得在圣彼得堡我有它乐队合奏的手写资料……（引自作者信中，资料引自*P.S.S.*）

涉及直接教授过A.车列普宁的老师们，我们不得不指出：还没有传记作家关注到作曲家创作生涯中的这一关键点，在他的《简明自传》（见本书附录一）里简略地谈到了Л.А.喀什别洛娃[2]和H.A.索科洛夫。我们感兴趣的是这些指导者对年轻的车列普宁的成长起着怎样的作用？在以后的材料中车列普宁又提到B.M.别里亚耶夫[3]的名字：

在半个世纪前，维克多曾是我备考彼得格勒音乐学院时的

①《如阿泽利在花园里》：H.H.车列普宁作品，为女高音和乐队而作。

② Л.А.喀什别洛娃（1872—1940）：俄侨钢琴家、作曲家、教师，А.Г.鲁宾斯坦的学生。

③ B.M.别里亚耶夫（1888—1968）：苏联音乐学家、艺术博士。

老师。特别是在新经济政策时期[①]于其国外的临时住所里的相逢又加深了我们的友谊。在巴黎会面后，他专程去了一趟党那乌艾什金，在那里组织了由舍尔欣[②]指挥的我的“室内乐风格的协奏曲”的首演，这部作品在朔特出版公司组织的音乐比赛中获了奖。回到祖国后，他在《音乐》(此处是车列普宁的笔误，准确名称为《现代音乐》——*Л.К.*注）杂志上发表文章详尽地介绍了我的音乐，并在莫斯科和列宁格勒多次举办了我的室内乐作品音乐会。[18]

1926年12月2日，在列宁格勒（今圣彼得堡，后同）由现代音乐协会（ACM，又称“国际现代音乐协会分会”，20世纪30年代初期解散）举办的一次音乐会上，肖斯塔科维奇演奏了自己的《钢琴奏鸣曲》(Op.12)，同时上演的还有A.车列普宁的《第二奏鸣曲》(为大提琴和钢琴而作)。B.M.别里亚耶夫加入了“现代音乐协会”，另外加入的还有H.Я.米亚斯科夫斯基、Ю.А.沙坡林、M.O.施坦因贝尔格、B.B.谢尔巴乔夫、Д.Д.肖斯塔科维奇、Г.Н.波波夫等人。而在此之前，B.M.别里亚耶夫的身份是音乐学院年轻的理论课教师，里亚多夫和格拉祖诺夫昔日的学生，已出版的对位法

① 原文为НЭПа，即苏联“新经济政策时期”(1921—1936)。

② 盖尔曼·舍尔欣（1891—1966）：德国指挥家。

和音乐形式教程的作者，塔涅耶夫、里姆斯基–科萨科夫和穆索尔斯基音乐评论文章的作者。就其品位和志趣来说，他是“新音乐”的忠实信徒（在1912年他就宣称勋伯格是一个“当代音乐中有趣的人”。在20世纪20年代他还写过关于欣德米特、米亚斯科夫斯基、勋伯格、马索洛夫的文章）。

列奥卡吉娅·亚历山大罗乌娜·喀什别洛娃是一位有趣而出众的人物（斯特拉文斯基曾是她的钢琴学生）。她是安东·鲁宾斯坦忠实的学生，是一位有名望的钢琴家和教师。报界曾对她在“现代音乐晚会”小组举办的音乐会上演奏（首演）的格拉祖诺夫的《第二钢琴奏鸣曲》（Op.75）给予过很高的评价。她与晚年的巴拉基列夫交往密切并成为其一系列作品的首演者。喀什别洛娃以作曲专业毕业于圣彼得堡音乐学院，并亲自指挥了自己的毕业作品——由Д. 梅列施科夫斯基作词的康塔塔《奥尔瓦斯》。П. 尤里根松[①]和В. 别塞尔[②]（占大多数）出版过她大量的作品。如果说她的交响作品少有趣味，那么由她自己作词作曲的借鉴了穆索尔斯基风格的《歌曲里的童话》却非常精彩。А. 车列普宁还记着她的课业并称她为“有趣的人”。

尼古拉·亚历山大罗维奇·索科洛夫如今已成为被遗忘

---

① П. 尤里根松（1836—1903）：俄国出版商，后以该人名命名出版公司继续存在。
② В. 别塞尔（1843—1907）：俄国音乐出版商。

的名字。他是里姆斯基–科萨科夫的学生，“别里亚耶夫小组”的成员。车列普宁在他班上学习的时间并不长，但他的名字还是出现在了作者的自传里。B.Г.卡拉忒金曾是索科洛夫的学生，后来成为他最亲近的人。卡拉忒金赞扬他在对待德彪西、列盖尔和斯克里亚宾等人上开阔的眼界。他写道：

> H.A.索科洛夫抛开自己个人的喜好，饶有兴趣地了解他们另类的音响组合，并进行了细致的对比研究，经常提出犀利中肯的看法。索科洛夫对待这些不同作曲家作品的普遍观点是：天真的幻想和技术，实际上建立在源自深刻思索的创作过程中……[19]

卡拉忒金高度评价了他被C.库谢维茨基音乐出版社废弃的著作《多声部基础：旋律的华彩》。H.A.索科洛夫根据鲍罗丁的大型音乐作品改编了不少钢琴四手联弹曲，其中的一首被他的学生——杰出的俄侨音乐先锋派代表伊万·维施涅格拉特斯基①（这个名字在本书中还会提及）改编为乐队作品《乐队余兴曲》。后来，肖斯塔科维奇也进入索科洛夫的班里学习。

在A.车列普宁写给B.A.吉赛廖夫的信里，我们又发现了

① 伊万·维施涅格拉特斯基（1883—1979）：俄侨20世纪先锋派作曲家。

另外的一些人物，他们深刻地铭记在年轻的音乐家的脑海里：

阿索夫斯基是我的另一位父亲……我曾经常在他那里。阿索夫斯基对我早期的作品非常感兴趣，我为他演奏它们，甚至有时还把乐谱手稿忘在他那里。和他在一起我可以直呼他为“你”。他给我的创作以鼓励，还邀请自己的朋友来这里听我的演奏。直到我到了国外，我们还保持着友谊。另外，我还曾经与斯宾基阿洛夫一家关系亲密，记得在1907年，我们（我和我的父母）经常去斯宾基阿洛夫在亚尔特的家中做客。从1910年到1917年的夏天我们经常在他苏达克的别墅中见面。我们或者在那里度过夏天，或者去与苏达克邻近的、嫁给霍尔瓦特将军的我的姨妈那里（那里有500俄亩[①]浩瀚的海洋和绵延不断的丘陵）。我曾与他一起在钢琴上演奏他的作品《克里木草图》。在音乐会上我经常演奏他的原作或是经我改编的作品。他对我的作品也非常倾心。我每年的夏天都会在苏达克的“居里·杰贝”饭店的大厅里举办音乐会。斯宾基阿洛夫的两个女儿——玛丽娜和塔尼娅是我的初恋，当然在那个年龄段它只是“柏拉图式”的，但却是我创作灵感的源泉，实际上我那时大多数作品都是献给她们的［……］。斯宾基阿洛夫有个侄子叫克里亚·车姆贝尔志，他很早就显示出过人的音乐天赋……[20]

① 俄亩是俄罗斯的传统土地面积计量单位，1俄亩约为1.09公顷。

A.B.阿索夫斯基[①]是里姆斯基–科萨科夫的学生，自1915年起在彼得格勒音乐学院任教，后来成为著名的音乐学家。当年他曾与“别里亚耶夫小组”有过密切的合作。另外，他还是“A.И.齐洛蒂系列交响和室内音乐会”的顾问。他为所有从1906年至1917年期间的音乐会写过曲目介绍，其描述简洁概括，但水准极高。在当时环境下，他对“现代音乐”的博学不容置疑。A.A.斯宾基阿洛夫[②]是亚美尼亚古典主义音乐家，也是里姆斯基–科萨科夫的学生。在少年的车列普宁看来，斯宾基阿洛夫就是继“强力集团”之后连接东方（指俄国）和西欧音乐传统的纽带。其两首管弦乐组曲《克里木草图》（1902、1912）就是证明。

当然，还有许多圣彼得堡的旧交因为车列普宁侨居国外而不得不终止了来往（当然有些只是暂时中断了），但他们却深刻地留在了他的记忆里。在1960年9月21日写给Ю.A.沙坡林[③]的信中写道：

许多年过去了，但我们在列宁格勒音乐学院学习的岁月我还记忆犹新，一切仿佛就在昨天：我们的课堂，我们的讲座，

① A.B.阿索夫斯基（1871—1957）：苏联著名音乐学家、评论家。

② A.A.斯宾基阿洛夫（1871—1928）：亚美尼亚作曲家、指挥家，曾获“苏联人民演员”称号。

③ Ю.A.沙坡林（1887—1966）：苏联作曲家、音乐教育家，曾获“苏联人民演员”称号。

还有你的身影（记得你与我当年有着相仿的身材）。我常常会想起我们的老师和同学，还有那些为我一生的创作活动打下坚实基础的作品。[21]

侨民之间多年的交往经常唤起人们的思源之情，比如有关一位旧交他写道：

冯利克是我在圣彼得堡时的相识，我们在“二战”后的哥本哈根相遇，后来在1949年期间我们在芝加哥经常会面，我们俩曾经还成为邻居［……］。他在美国（芝加哥）和英国演出过我的许多作品，我的《交响进行曲》就是题献给他的。[22]

H.A.冯利克①——世界级指挥家——正如C.C.普罗科菲耶夫、B.B.谢尔巴乔夫（后来列宁格勒交响乐派的领袖）、A.B.高克②（苏联杰出的指挥家）等许多杰出人物一样，他也曾是尼古拉·尼古拉耶维奇·车列普宁（即H.H.车列普宁）的学生。父亲的学生们，自然是A.车列普宁周围的人，不管是不是属于自己直接的交际圈子。在圣彼得堡的岁月里，A.车列普宁周围都是一些追求“现代趣味的人”，这在很大程

① H.A.冯利克（1883—1961）：苏联指挥家，1929年移居国外。

② A.B.高克（1893—1963）：苏联指挥家。

度上要感谢他们这位学院派的老师。高克证实了一点：

H.H. 车列普宁是第一位教诲我们不要受那些老生常谈的公认传统所束缚的老师。在 H.H. 车列普宁的班上可以欣赏或者谈论新一代的法国作曲家们，比如德彪西、拉威尔、纠克等。甚至可以分析理夏德·施特劳斯的乐队配器，虽然当时在音乐学院施特劳斯并不受欢迎［……］。H.H. 车列普宁总是独立地走在一条未经探索过的道路上。[23]

在 H.H. 车列普宁的班上充满“一种积极向上的、让人兴奋的气氛”，“他给予普罗科菲耶夫敏锐的判断能力，并强化了他的‘现代意识’”。H.H. 车列普宁对待普罗科菲耶夫的态度是“细致的温柔加精心地呵护，并始终坚信他在作曲上的天才”。[24]

普罗科菲耶夫自己的叙述是更好的证明，这是大家都熟知的一段引文，但在此有必要引用：

在我的老师里面，H.H. 车列普宁是最为活跃和有趣的一位音乐家；我从车列普宁那里学到了许多……[25]

从我们所知的普罗科菲耶夫的《自传》里我们得知 H.H. 车列普宁是如何鼓励自己的学生实现自己的作曲理想的。

他预见了普罗科菲耶夫的未来，并劝他认真地上指挥课和其他课程。以下是一个重要的回忆：

在冗长的学生乐队排练课上，H.H. 车列普宁与我一起坐在总谱前，他说："听呀，大管在这里有多么神奇"，我便渐渐地进入了海顿和莫扎特总谱的趣味里。[……] 经过了五六年的时间，我的《古典交响曲》诞生了，但是其构思却起源于那次排练之后。[26]

更重要的是，H.H. 车列普宁所鼓励的年轻的普罗科菲耶夫的作品让大多数音乐学院的音乐家们感到不快。不过，"那个有关海顿的情节"很快一晃而过，它没有把普罗科菲耶夫带回过去，而是引向了未来，至少是现代。B.Г. 卡拉忒金在当时称之为"新古典主义"，"来自法国现代派的主流"[27] 并非偶然。

在普罗科菲耶夫题写的"关于太阳，你是怎么想的？"为标题的留言纪念册里，在一些半严肃的、半开玩笑的留言间，几乎是紧接在马雅科夫斯基的（引自《在施塔纳的云彩》）和夏里亚宾的留言之后，H.H. 车列普宁这样写道：

当您今天指挥完您这首"太阳交响曲"走出来时，阳光仿佛真的在您可爱的脸上闪烁着，这种赞许的微笑是不是您内心的诗？我不知道，但我相信，或许是这样的。1918年4月20日于圣彼得堡。[①][28]

而该留言写于该日清晨《古典交响曲》全体排练之后。

关于A.车列普宁对待普罗科菲耶夫的看法，在回忆中他写道（对某些不准确的地方我们不予评述，引自*B.F.*。有关祝贺生日的一段在1967年《苏联音乐》的采访录中几乎一字不差的逐句转述）：

我和普罗科菲耶夫有着较大的年龄差距。当我12岁时，他已经20岁了，我仰视着他，他是个高个子的年轻人，而我却还只是个男孩子，他和他的音乐让我无比钦佩。

……我和尼古拉·贝努阿[②]曾是普罗科菲耶夫忠实的追随者。我们称他为"伟大的"，我们清楚地记着他的生日是4月11日（旧俄历），我们把这一天当作新年的开始，并称之为1月1日。一次，我们在他生日这天给他寄了明信片，在上面写道——"祝您新年快乐！"对此他的反应是——"祝贺你们住进精神病院！"

……记得在1918年的一天，正是革命之后，那是一个非常

① 该留言中所有的"您"字，都用了大写字体。

② 尼古拉·贝努阿（1901—1988）：俄罗斯剧院美术家，A.车列普宁的表兄。

冷的晚上，那时我们谁都吃不饱。普罗科菲耶夫在圣彼得堡最后的音乐会上演奏了自己的作品。音乐厅里坐着很少的听众，大概有15—20个人的样子。我的表兄尼古拉·贝努阿和我在每一首作品结束后都使劲拍红了手掌，这让演奏者一次次返场加演——我们想制造出一种音乐会取得巨大成功的印象，尽管只有少数的听众。

我的父亲是圣彼得堡音乐学院里一位独特的教授，他始终呵护着普罗科菲耶夫。在毕业晚会上，普罗科菲耶夫演奏了自己的《第一钢琴协奏曲》。要知道，学生在毕业晚会上演奏自己的作品是非常让人不愉快的。我的父亲提议并说服了系里的其他教师们，他最终获得了许可。

父亲允许普罗科菲耶夫使用我们私人的音乐图书室，并承诺任何时候都可以在那里翻阅和研究所收藏的音乐作品。那个时期他把自己全部的作品都带给我父亲看，为的是得到他的意见和建议。普罗科菲耶夫非常专注地聆听父亲的见解。当然，对此我非常感兴趣，没有错过任何一次他们的会面。还记得普罗科菲耶夫意味深长地拍着我的头说道："记着，你现在所听到的，在这个屋子范围之外不应该有人知道！"

还记得他交给我父亲最早的作业是《魔法师》(写给人声和钢琴)。等他走后，父亲对我说："这是一个有着巨大天赋的年轻人。"

普罗科菲耶夫把自己的三首作品题献给了我的父亲：第一

首是《交响曲》(作品第5号),他说他写这首作品时完全没有依靠钢琴;第二首是他的《第一钢琴协奏曲》;第三首是《谐谑曲》(为四支大管而作),该曲后来改编为钢琴作品发表。

我16岁的时候写过一首名为《笑!笑!笑!》的乐队作品。普罗科菲耶夫在屋里看完这首作品后对我父亲说:“这简直让人难以置信,萨沙(即A.车列普宁)已经熟练掌握了如此高的技术!您应该让音乐学院的乐队尝试着演奏一下它。”父亲让我誊写了乐谱并说要演奏它。然而他实际上从来就没演奏过它,而我当时也羞于与父亲单独商量此事。

从上面的叙述中我们可以看出,年轻的A.车列普宁从普罗科菲耶夫身上吸收了很多,而且始终承认他对自己的影响是长远的。实际上他们之间的年龄差距才7岁,但是在20世纪初俄罗斯的音乐界里,他属于“普罗科菲耶夫后”的一代。与普罗科菲耶夫同时提到的还有另外一个著名的人物——斯克里亚宾。以下我们引用(引自*B.F.*)的A.车列普宁对他的评价有些自我和不公正:

几乎我所有学生时代的朋友都是斯克里亚宾忠实的崇拜者。他们把他视作音乐和哲学领域的代言人而信奉他。[……]但斯克里亚宾的音乐并不能吸引我。他早期的作品显示出太多的程式化,而后期则是典型的矫揉造作和标新立异。在他的许多首奏鸣曲（第9和第10号除外）里显示出来的完全是“竹篮打水”般的徒劳无益，是“用自己设下的捕鼠器捉住了自己！”他的乐队作品，尤其是《神诗》和《狂喜之诗》，其晦涩和苍白的乐队配器伤害了我。而《普罗米修斯：火之诗》则带有“停滞性”和故弄玄虚。不管在近50年的音乐长河中，我的评价观如何改变，但是对于斯克里亚宾，我的观点始终如初。但是现在，也许他的音乐已经摆脱了自己“家庭厨房”式的哲学观，我隐约嗅到了一点在节奏和感觉上与现代品味相吻合的渴求。……在那段时间里，我更贴近莫扎特、柴科夫斯基、列盖尔、普罗科菲耶夫。在斯克里亚宾个人崇拜的风潮里，我树立了自己无可取代的偶像——普罗科菲耶夫。

在A.车列普宁的成长时期，对其创作有过具体影响的不仅仅是普罗科菲耶夫，还有另外一个伟大的人物，那就是斯特拉文斯基。斯特拉文斯基脱离了在A.车列普宁成长时期笼罩在其头上的“里姆斯基-科萨科夫派”和整个“强力集团”的光环，而成为“强力集团”后新的、强有力的俄罗斯-圣彼得堡音乐创作的代表。但是，年轻的A.车列普宁并没有提起如何信奉他，他对待这位“伊戈尔王”[①]的态度是复杂的。究其原因，可能不是因为创作方面，而是因为有着某些

① 指伊戈尔·斯特拉文斯基。

历史渊源：H.H. 车列普宁—佳吉列夫—斯特拉文斯基。（实际情况是：恰好是在A. 车列普宁出生的那一年，斯特拉文斯基曾向M.Э. 阿斯金-萨肯透露要去H.H. 车列普宁班上学习的想法，但是愿望没有实现，他就开始向Φ.C. 阿基门科[①]求教学习了。）[②]

我们掌握了一个有力的证据：在A. 车列普宁于1962年4月7日写给Γ.M. 施涅尔松[③]的信中，他详细地阐述了自己的“斯特拉文斯基观”，可以看出其见解是独特而精彩的，这样的叙述从没有在别的地方重复过：

> 对于斯特拉文斯基，我有自己的看法，这样的观点我在书中还没有见过。而这些见解他本人是决不同意的（甚至当我和他谈起这些的时候，他非常生气）。我认为，他就像一个“民间素材音乐家”——是典型的里姆斯基-科萨科夫的继承者。我从他的早期到晚期的所有作品里发现了一系列的关联和统一性。
>
> 他不是“素材”的生产者，却是技术熟练的“塑造者”，他留下的总是自己的，就好像从来就没有使用过任何素材。但

① Φ.C. 阿基门科（1876—1945）：俄侨作曲家、钢琴家，里姆斯基-科萨科夫的学生。

② 这一段作者想表达：因为某种原因斯特拉文斯基没有实现向H.H. 车列普宁学习的愿望，这一现实导致了A. 车列普宁与斯特拉文斯基有所疏远。

③ Γ.M. 施涅尔松（1901—1982）：苏联杰出的音乐学家，世界知名学者。

实际上俄罗斯的民间素材、包括《婚礼》都是他使用过的材料。美国风格的《雷格泰姆》实际上加入了《士兵故事》的素材。他还采用佩尔戈莱西的素材创作了《普契涅拉》、《特雷尼》（*Threni*，即《耶列米亚预言家的哭泣》——*Л.К.* 注）；在《八重奏》和《众神领袖阿波罗》里采用了巴赫的素材；在《俄狄浦斯王》中采用了梅耶贝尔的素材；在《扑克游戏》里采用罗西尼的素材；在歌剧《浪子的历程》中采用亚历山大·斯卡拉蒂的素材；在《钢琴与乐队》的第三和第五个乐章中采用普拉格列斯·塞利亚的素材。另外在《仙女之吻》中则采用了柴科夫斯基的素材。斯特拉文斯基采用这些伟大的大师们的永恒素材的时候，好像并不受他们的影响，因为这些素材在他的作品里确定下来之后已经与原创者的素材本身毫无相像之处了，他把它们按照自己与众不同的方式化为了已有。我们可以把斯特拉文斯基和毕加索两位著名的人物进行比较：像任何一位伟大的美术家一样，毕加索也学习过人体解剖学，即解剖“生命体”。只是，毕加索并不是单纯地复制自己所看到和感受到的一切，他把这些恒定的生命体线索用在了自己抽象的结构中。所有的人都奇怪——为什么那只眼睛会移到了脊背的中央？毕加索的这种能力来自对解剖知识的掌握，他运用它们，让这些恒定的线索为自己自由的结构服务。像斯特拉文斯基一样，毕加索改变了素材，使它们变为自己独有的东西。如果现在把斯特拉文斯基和普罗科菲耶夫来作一下比较——我认为，普罗科菲耶夫和自己的时代是相适应的，就像柴科夫斯基适应于自己的时代。而斯特拉文斯基，则按照自己的途径，遵循自己的视角，采用了更多更广的素材，适应了整个世界，就像里姆斯基-科萨科夫适应于自己的时代和祖国一样。[29]

A.车列普宁的圣彼得堡时期稍后一段时间对其他作曲家的见解表明：正是在这一时期他的艺术观趋于定型（或者说至少定型，引自*B.F.*）：

我年轻的时候认为应该反对德彪西，而对拉赫玛尼诺夫和福雷，则没有反对的必要，因为他们的时代已经结束了。

与我音乐学院的同学们不同，我看到未来音乐将趋于简单化和明确化，而并不是复杂化……在这一段时间里，我反对印象主义，看不到德彪西的才华，并称他的音乐为“支离破碎的”和“轮廓模糊的”。

车列普宁年轻时反浪漫主义和反印象主义的立场，在这些文字中表露无遗——更重要的是，这些观点在其创作中也表现得非常坚决。

C.И.萨文科①在文章[30]中称斯特拉文斯基的创作观念

① C.И.萨文科（1946—）：俄罗斯女高音歌唱家、音乐学家、教师。

和风格来自俄罗斯20世纪诗坛的“阿克梅派”[①]，其本质是明朗（阿克梅主义者甚至宣称自己是来自古罗马的纯洁[②]主义者Clarus）与模糊的象征相对立，简单而拒绝复杂的隐喻，把爱的对象转向人世间的普通事物和现象，其艺术语言新颖而别致。少年斯特拉文斯基从圣彼得堡的土壤里敏锐地汲取营养是无可争辩的！阿克梅派著名的代表人物H.古米廖夫、A.阿赫玛托娃、C.格罗杰茨基都聚集在《阿波罗》杂志麾下，在杂志上发表自己纲领性的文章[31]。斯特拉文斯基、老车列普宁都曾用过谢尔盖·格罗杰茨基[③]的诗歌谱写过作品（A.车列普宁从1916年开始到其“圣彼得堡”和“梯弗里斯”时期也采用过）。普罗科菲耶夫的《塞西亚组曲》也借用了格罗杰茨基的芭蕾舞剧剧本《阿拉和罗丽》的素材。

“新的世纪给俄罗斯诗坛注入了新鲜的血液，20世纪初的第二个十年里，他崭露头角。”——萨文科在文章里肯定地说（第48页）。

在下一章《在格鲁吉亚的山岗上》中，能够找到A.车列普宁支持“阿克梅派”的证据。那时，他成为在格罗杰茨基领导下的阿克梅派“诗人小组”的成员，重要的是，其诗风

---

① 又称“高峰派”，1910—1919年间在俄罗斯诗坛出现的一个流派，宣扬“为艺术而艺术”的观点。

② 即拉丁文“clarus”，意为纯净、明亮的意思。

③ 谢尔盖·格罗杰茨基（1884—1967）：苏联诗人。

被应用在自己的音乐创作里。

可以说，决定年轻的车列普宁"圣彼得堡时期"艺术命运的还有一个重要的因素，就是他是贝努阿家族中的一员。亚历山大·尼古拉耶维奇·贝努阿——画家、剧院美术家、戏剧活动家和著名的美术史著作作者、图书插画师，关于他，Г.Ю.斯杰尔宁写道：

作为"艺术世界"的倡导者、领袖和灵魂，贝努阿在为《阿波罗》杂志效力期间，曾旗帜鲜明地与各种因循守旧和墨守成规做斗争，他敢于直面任何阻挠艺术发展的陈腐美学观念。[32]

这位研究者还提出了这个新的艺术联盟的一个重要的主导思想：

"艺术世界"的倡导者们起初是想证明他们的美学观念符合俄罗斯整个社会的民族意识的现实。[33]

非常巧合！H.H.车列普宁为普希金附有插图版的《渔夫和鱼的故事》创作了音乐，亚历山大·贝努阿是该版图书的插图作者，而A.车列普宁则是音乐的演奏者。

许多与A.H.贝努阿关系密切的美术家、文学家、导演、音乐家同时也是车列普宁家族交际圈子的成员（他们后来几乎全部侨居到海外，即使不能重新在一起，之间也保持着友谊）。穆斯基斯拉夫·道布仁斯基[①]曾这样描述一位大家不太熟悉的美术家和评论家——C.П.亚列米奇：

> 他总是和贝努阿在一起……成为贝努阿的孩子们最亲密的人，他们称他为“斯及坡”，他总是在孩子们中间并经常会出一些天才的主意。后来，他写了一段稍长一些的极端“霍夫曼[②]式”的无关紧要的故事，算是认真地帮助了一次他的朋友考卡·贝努阿和萨沙·车列普宁。[34]

这是1910年的事了。后来，萨沙（A.车列普宁）的表兄尼古拉·贝努阿（考卡）成为米兰斯卡拉剧院主要的舞台美术师，1925年，他与其他艺术家一起完成了《彼得鲁什卡》的舞美设计工作。

许多年后，A.车列普宁才为自己在梯弗里斯从事音乐评论活动时使用的笔名做了解释（这些笔名会出现在下一章里）。他同时也为我们描绘了一幅自己童年时期的场景画，我们继续道布仁斯基的讲述：

---

① 穆斯基斯拉夫·道布仁斯基（1875—1957）：俄侨画家、“艺术世界”协会成员、艺术评论家、回忆录作家。

② 霍夫曼（1776—1822）：德国作家、作曲家、画家，其幻想故事和小说体现出德国浪漫主义精神。

许多的笔名与我童年的经历有关系——其中一些与贝努阿家族成员有关：他们分别是亚历山大·贝努阿的儿子、我的密友考卡；亚历山大·贝努阿的女儿寥丽亚和列翁基·贝努阿的女儿娜佳。我们在童年时期都痴迷于T.A.霍夫曼、吉可、诺瓦利斯和埃德伽尔·坡，我们都害怕鬼魂。我们生活在自己独特的幻想世界里并拥有属于自己的王国——“拉爱茨亚”，在那里我是“阿拉弗·哈尔公爵”，考卡是“比里基基乌斯公爵”，而列丽亚的绰号叫“布拉姆比拉·科非图阿”，娜佳叫“希拉伊达·科非图阿”。我们这个王国的地理位置是不确定的……它大部分存在我们的想象中：我们甚至创作出旅行指南，并标出铁路、地图，等等。后来在我的木偶舞台上开始我们的演出（与马林斯基剧院的舞台一模一样，这是作为我的舞台工作人员的父亲在我10岁之前送我的）。“比里基克”（考卡）和我（阿拉弗·哈尔）一起写剧本，由“比里基克”或者干脆就简称“比克”制作舞美装饰，并用硬纸片制成各种木偶，我还负责创作音乐。演出地点设在我们位于“塔尔戈瓦亚”大街25号的家中（现在可能称为“工会联盟”大街）。舞台建在我的房间和父母卧室的两个房门之间，在父母的房间里我们为受到邀请的听众摆放好椅子，比克和我在我的房间里操纵舞台。被邀请的观众当中有我的父母、我们的亲戚、外祖父阿里别尔·贝努阿，舅父舒拉和阿佳姨母也是这里的常客。然后在我们的一本叫《滴答》的杂志上发表，考卡和我都是杂志的编辑。但是我们在文章下面的署名都是用的笔名。我曾用过“布拉东·瓦兰查尔”“卡尔·阿伽菲亚·菲尤尔丹”等笔名。杂志是“画报类”的，里面包括诗歌、文章和音乐。[35]

从以后的资料中我们得知，A. 车列普宁是个饱读诗书的孩子，他熟知俄罗斯和欧洲的古典和现代文学。20世纪二三十年代，他开始创作歌剧《早别依达的婚礼》，在给父母的信中他提到，早在俄罗斯的时候他就已经迷恋上这个由冯·霍夫曼斯塔尔①创作的剧本了。如今，世界之门向他敞开了。去世前不久，在瑞士举办的由萨沙·米哈伊洛夫指挥自己管乐作品的演出前，关于保加利亚他说道：

我对这个国家始终充满着兴趣。还在1912年解放战争期间，我挥动小手旗为斯拉夫民族的胜利欢欣雀跃，我准备将旗帜插到君士坦丁堡②去！[36]

A. 车列普宁在儿童和少年时期创作了什么样的音乐呢？首先从许多即兴的创作开始，他那时的创作数量是很丰富的。下面引自Г. 弗里德曼的采访录：

---

① 冯·霍夫曼斯塔尔（1874—1929）：奥地利作家、诗人、剧作家。

② 今伊斯坦布尔。

五岁的那年，我望着窗外想——上帝啊！请你让我成为作曲家吧！——像爸爸那样如何？——是的。像所有的俄罗斯家庭一样，在我们房间的右角供着圣像，那里非常暗，那是我的保护天使Cв.亚历山德拉。我躺在她的旁边小声嘟囔着："上帝呀，我请求你，帮我成为作曲家吧！"

在本书附录一所列《简明自传》里，A.车列普宁称在他进入彼得格勒音乐学院学习时，自己的创作库里已经存有歌剧、芭蕾、乐队和合唱作品，5部钢琴协奏曲，12首钢琴奏鸣曲，一些室内乐和声乐作品了。如此的丰富的数量和多样的体裁充分体现出其创作本能的需求。对于一个孩子，一个还没有得到系统音乐教育的半大少年来说，他还不具备依靠技术进行创作的可能。直到到了H.A.索科洛夫的班上，他才开始理性地觉察（分析）到，作为作曲家，在这之前他完全是在凭直觉进行创作。原始、自发的冲动（也许这些主题只是简单的声音和节奏组合）建立了它最基本的特征，它并没有在岁月中弱化，而是在更广的视角下与合理的（纯理论性的）作曲方法相互融合。我们今天所见到的其作曲体系，正是体现了一个在实践中首先建立自己的个性基础，然后觉悟、成长、完善，最终形成自己结构体系的过程，其早期的实践为作曲家以后的创作打下了坚实的基础。

A.车列普宁儿童时期的许多作品（1912—1915年，署名萨沙，未注明日期的手稿，引自*P.S.S.*）大部分都是献给舅父贝努阿·卡利亚和姨妈贝努阿·塔尼亚的。它们带有强烈的家庭色彩和自娱自乐性，其封面设计非常顽皮可爱。比如：

A. 车列普宁。《钢琴小奏鸣曲》。价格：40戈比。私人出版。1913年。献给亲爱的舅父卡利亚！萨沙，1913年4月14日。

——该小奏鸣曲由两部分组成：快板，14小节；广板，9小节（多么不寻常的简短呀！作曲家仿佛要与简短斗争到底！）意外的是谱面上竟没出现一个变音记号。

《新年》Op.33（开玩笑？）。拉埃茨基·米尼斯特列尔斯特夫艺术出版社，1913年出版。

——这是一首非常不协和的乐曲。

《钢琴组曲》。作曲：拉哀茨克·盖尔措科·阿拉夫。Op.89（开玩笑！），1915年1月11日。萨沙献给亲爱的姨母塔尼亚。

——三行小字的表述，该乐曲显示了他确定的钢琴技术。

《音乐瞬间》。萨沙献给亲爱的舅父卡利亚。1915年9月6日。

——我们引用这首乐曲的开始部分（手稿引自*P.S.S.*）。首先是因为它极具特点（自然全音和半音的结合，俄罗斯风格的主题，旋律的变奏），其次是因为在《第四钢琴协奏曲》第二乐章和《无名曲集》（Op.7，为钢琴而作的第四首）中又遇到了它：

谱例1–1

我们来看一下他最早期的作品：

《两个古希腊哲学家关于美的争论》（歌剧序曲——*Л.К.*注）。献给舅父卡利亚和姨母塔尼亚！萨沙。1912年12月24日。

乐曲共4页，显示出对“固定音型（ostinato）”（永远）的热爱。特别是在1912年12月6日创作的17页的哑剧《幽灵的日祷赞美诗》中，其天真的形象让人联想到他父亲《阿尔米达的陈列馆》里的情节（月夜，卡捷琳娜的房间里，墙上挂着她所爱慕的早在45年前就已去世的新郎欧蒙·克莱里的肖像），在“有钟声的场面”里含有“晃动的”四度和五度，接着在“幽灵出现”一场出现了他最喜爱的二度。变换的节拍、简单的表现手法、经常性的单声部的织体、富有刺激性的和声、节奏的变体，就是他当时的风格特征（引自*P.S.S.*）。

还有一首车列普宁考入音乐学院之前的作品，它被珍藏在档案馆里（遗憾的是他没有为它做出哪怕是简短的说明，它是一部非常个性化的钢琴协奏曲，有“普罗科菲耶夫式”的风格，具有非浪漫的、机械性的、敲击性的钢琴演奏特点）。要感谢作曲家自己的叙述，让我们明确了这首乐曲的趣味及其个性和创作观点（引自*P.S.S.*）。

这是一段非常干净的手稿，标题及文字正文为：

写在《吉普吉何[①]——为钢琴和乐队而作》之前。总谱。创作于1916年9月。从1916年10月到1917年12月为乐队配器。这首《吉普吉何》开创了我创作生涯的新纪元，是记录我少年时代转折的扉页。1916年夏天，我开始很多地思考有关宗教和宇宙的问题，在《吉普吉何》的音乐里再现了这些感觉和思索。我认为，人的一生就是自己的灵魂和肉体斗争的一生。对于物质的生命来说，肉体胜利了，人活着；灵魂胜利了，人便

① 吉普吉何的原意是可折叠的圣像。

死去。另一方面，灵魂从肉体累赘中解脱出来，它能够洞察世界，它去哪，肉体便增重而不能升腾，我们或早或晚都会见到这个世界，为此我写下这几行，而你们来读它们。但到现在为止，我们还要很多很长地进行斗争！这首《吉普吉何》描写的就是这种于我则在“我”里进行，于你则在“你”里进行的斗争场面。在这里显然肉体是彻底的胜利者，是的，难道还会是另一个结果？要知道我只有17岁呀！我的创作始终被这个肉体和灵魂斗争的主题掌控着。我最后的作品，如果我还有力量来写它的话，那时也许灵魂就已经胜利了。但是现在斗争还在继续，它会印刻在我整个的创作历程中……A. 车列普宁。时间：1917年11月14日。

这种鲜明的主题对照体现在第1、2和第5、6小节：

谱例1–2

当然，其音乐绝不抽象。钢琴练习曲式的华彩乐段部分技术艰深；独奏部分敲击式的固定音型被铜管乐器“号召性”的音调穿透。

令人吃惊的是，A.车列普宁不仅在彼得格勒（今圣彼得堡），后来还在梯弗里斯（今第比利斯）和其他国家演奏这些写于入音乐学院之前的乐曲。在20世纪20年代（许多经过改编或者由И.菲力鲍姆校订）它们不仅由俄罗斯M.П.别里亚耶夫出版社出版，而且还被法国杜兰德出版公司发行。创作于1915年的一首乐曲被编入了Op.7的第4号；至今还流行的《小曲集》Op.5中的第7首写于1912年；《十首练习曲》（Op.18）中最后一首写于1914年，第9首写于1917年。在苏达克期间创作的《谐谑曲》被编为Op.3。

当然并不是所有的作品都被保存了下来。关于这一点，我们可以根据一段发生在1965年的感人的回忆来判断（以下车列普宁称指挥家沙尔里·米翁施[1]为米翁赫）：

米翁赫结束了自己的苏联之行还带给我一小匣子故国的泥土，这抔泥土是他亲自从列宁格勒的尼古拉海洋教堂大门的台阶前取得的。贝努阿的家位于“格林卡”街的15号，在离开苏联的那一年，我住在那里。透过房角的窗子就能看到“尼

① 沙尔里·米翁施（1891—1968）：法国指挥家、小提琴家。

古拉”海洋教堂。我把我收到故国泥土的事情写信告诉了在巴黎的舅舅亚历山大·贝努阿。他立刻给我寄来了自己画的“尼古拉”海洋教堂的水彩画。我把它和那一抔泥土一起收藏起来。这样，就好像我随时还能透过窗子看到教堂一样。另外，在纽约我还收藏着米翁赫送给我的贝努阿在格林卡街房子的照片……可有谁知道，在那所房子阁楼里的一只珐琅瓷箱子中藏着我的日记和创作手稿。[37]

在以前提到的H·斯罗尼姆斯基的回忆录里，A.车列普宁谈到了在1918年春天创作《浪漫的小奏鸣曲》（Op.4）的过程（转引自Arias①）：

在这“狂热”的一周里，我发高烧躺在床上，由于饥饿我得了坏血病。我们的房子正对着“尼古拉”教堂。在往年我和父亲都会参加一年一度的复活节祈祷仪式，今年我没有心情去，但是能听到教堂的钟声，也能看到窗外游行的人们，以及他们是如何进行祈祷仪式的。星期六这一天，从克朗施塔特军港来了不少荷枪实弹的海员，他们开始开枪射击。我听到了窗

① E.A.Arias：*Alexander Tcherepnin*：*A Bio-Bibliography*//Bio-bibliographies in Musik. Number 8. Green Wood Press，USA，1989.（E.A.阿里亚斯：《A.车列普宁：作品目录索引》,《音乐图书索引》第8期，美国绿林出版社，1989年。）

外以赞美诗为背景的枪声。《浪漫的小奏鸣曲》就是在这四天的时间里写成的。礼拜四，第一乐章；礼拜五，第二乐章；礼拜六，第三乐章；而第四乐章则写成在复活节的礼拜天。在俄罗斯复活节这一天，任何一个愿意的人都可以到教堂里为自己的快乐奏响钟声。少年时期的我曾这样做过许多次，但是，现在我只能在钢琴上来奏响这钟声了。

在《浪漫的小奏鸣曲》里，“尼古拉”教堂的钟声以五声调式形式（但不是东方式的）出现在第三乐章；枪声出现在第四乐章；而赞美诗（这里指的是安魂祈祷）则出现在了第一乐章和最后一个乐章里。这个赞美诗主题来自他早期根据康斯坦丁·巴尔蒙特[①]的诗歌所写的浪漫曲。按车列普宁的说法，他早期的作品显露出“自由和直觉”的特点。《浪漫的小奏鸣曲》在反映出车列普宁早期的创作优点的同时，也透露出他当时创作手段的贫乏。

在A.车列普宁圣彼得堡时期持续创作时间最长的乐曲是《小曲集》（Op.5）。在Г.弗里德曼的采访录里，车列普宁称自己的《小曲集》具有：“‘反印象主义’和‘反折中主义’的特点，简直就像普罗科菲耶夫，只是，或许半音音阶普罗科

① 康斯坦丁·巴尔蒙特（1867—1942）：俄罗斯白银时代著名诗人、散文家、翻译家。

菲耶夫并不常用。”

这些写成于1912—1918年间，被其父亲戏称为“跳蚤”的乐曲，曾四次在巴黎出版。1958年和1960年，应著名女钢琴家玛格丽特·韦伯[①]的请求，车列普宁为其改编了钢琴和乐队版本（大型乐队的和小型乐队）。当然这已经是属于他在“西欧时期”的事情了。需要补充一点：1967年本人曾于莫斯科亲耳聆听过A.车列普宁演奏他的《小曲集》。

① 玛格丽特·韦伯（1924—2001）：瑞士女钢琴家。

第二章　在格鲁吉亚的山岗上

尼古拉·尼古拉耶维奇（H.H.车列普宁）、玛丽亚·阿里别尔托乌娜和萨沙（A.车列普宁）一家是在1918年仲夏从彼得格勒（今圣彼得堡）前往梯弗里斯（今第比利斯）的。这段时间里，格鲁吉亚首都梯弗里斯的文化艺术生活开展得红红火火，在这个年轻的大城市里，汇集着许多来自圣彼得堡和莫斯科的知名的社会活动家、文学家、美术家、音乐家。也正是在这几年里，格鲁吉亚的职业音乐活动开始蓬勃地发展起来。

俄罗斯古典艺术与高加索地区，特别是格鲁吉亚的关系在历史上是密不可分的。A.车列普宁幸运地来到这里。格里巴耶多夫[①]曾经在这里工作、生活、创作，并写出了《痛苦源于智慧》，同时这也是他的埋身之地。自称“格鲁吉亚的俘

① 格里巴耶多夫（1795—1829）：俄国剧作家、诗人、外交家、作曲家、钢琴家。

虏”的普希金从格鲁吉亚诗歌里汲取创作灵感，莱蒙托夫[①]从格鲁吉亚归来后写成《见习修道士》《恶魔》《时代英雄》，列夫·托尔斯泰则写成《哥萨克》。从没去过高加索的（但却有着高加索人血统）鲍罗丁，其创作中的“东方俄罗斯音乐”素材来自高加索，格林卡和巴拉基列夫也到过那里。“东方俄罗斯音乐”风格（大部分是高加索—外高加索）是圣彼得堡“强力集团”乐派的一个重要标志。众所周知，伊戈尔·斯特拉文斯基也曾迷恋于格鲁吉亚的民间素材，当然这是新的历史时期的事情了。历时三年的梯弗里斯生活，使年轻的A.车列普宁沉浸在完全不同的物质和艺术世界里。

正是在这些年间，在梯弗里斯歌剧院的舞台上举行了З.帕里亚什维利[②]、Д.阿拉基什维利[③]和B.多里杰[④]的歌剧的首演。“格鲁吉亚音乐协会”和“俄罗斯音乐协会分会”一起活动和发展。不久前刚以音乐学校为基础筹建的音乐学院的工作也展开了，H.H.车列普宁受聘为音乐学院的院长和歌剧院的指挥。

年轻的A.车列普宁一到这里便大放异彩，显露出其多面

① 莱蒙托夫（1814—1841）：俄国诗人、小说家、剧作家、画家，军官。

② З.帕里亚什维利（1871—1933）：苏联作曲家、教师、音乐社会活动家，格鲁吉亚音乐代表人物。

③ Д.阿拉基什维利（1873—1953）：苏联作曲家、教师、音乐社会活动家。

④ B.多里杰（1890—1933）：苏联作曲家。

的才华。然而对A.车列普宁艺术成长历程中这重要的三年，却没有任何记载，或是仅仅被简略地提及，这其中也包括他在梯弗里斯所开展的文学方面的活动。无论在格鲁吉亚、在俄国，还是在欧洲，这一切已无人知晓，在B.莱赫的书中没有记载，在З.A.阿里亚斯的《A.车列普宁：作品目录索引》中也没有提及。在这种前提下从各方面来推测判定它们就显得非常有意义：首先是署名A.Ч.（车列普宁常常这样署名）的对俄罗斯音乐不无趣味的评论文章；他的艺术遗产也是重要的一方面；另外还有他梯弗里斯生活的“寒暑表”[①]和印象的“储钱罐”[②]，以及创作中所透露出的其他信息。A.车列普宁的信件、某些发表物的附页、报纸上的标题说明等也都为音乐一评论工作者提供了探索研究的出发点。其中最重要的是在音乐学辞典编纂者Г.Б.贝尔南多的请求下A.车列普宁给他寄去的提到了自己笔名的信：

巴黎，1969年12月13日。亲爱的格里高利·巴里索维奇，在我的文件里发现了一些发表在高加索（梯弗里斯）报刊上的文章（1918—1921年）。准备着手给您做份目录。但是这些文章均没有注明准确的时间和报刊的名称，但大部分都保留了标题……

---

① 指日常生活记录。

② 指印象的积累。

然后，A. 车列普宁给出了将近20个准确的文章标题，并接着写道：

> 《高加索语言》是第一份我合作的报纸（它当时的音乐编辑是乌拉基米尔·阿纳索夫），这个报社经常会遭到当时格鲁吉亚政府的查封。[……]大部分的文章与评论发表在1918年和1919年。记得，1920年，我曾受聘为报纸《斗争》的音乐编辑，但是那段时间由于忙于“梯弗里斯小剧院”的音乐会和创作等工作，所以所写甚少，就是发表的文章也没有从报纸上裁剪下来，所以除了关于《唐璜》的一篇文章，《斗争》报上的其他文章我均没有保留下来。[38]

A. 车列普宁曾在《高加索语言》（有一段时间名为《后高加索语言》）、《未来的日子》《团结》《新的一天》《语言》《斗争》《梯弗里斯报》等报纸和《艺术》等杂志上发表过文章。他的剪报集收录在一本贴有标签的大开本的皮制纪念册里，如今被收藏在瑞士的巴塞尔（*P.S.S.*）。本书中的文章和片段是本人从那里复印的，另外还有一些来自第比利斯（即旧称“梯弗里斯”）图书馆（在M.A.吉拉卡索娃的帮助下）。

近80篇篇幅大小不一的文字材料，从日常音乐会新闻性的简评，到大幅的分析性论文，其中有关于普罗科菲耶夫的，也有关于米亚斯科夫斯基的。我们从中可以得知当时剧院和各个音乐团体的演出曲目。在这些材料里作者拥有多个不同的笔名。在一些重要的材料下最常见的是“Алесандрь Черепнинь ”“А.Черепнинь”，在一些另外的材料下是“А.Ч-нь”“Фюлдан”“Платон Валанчал ”“E.s”[39]等。这些文字生动、详细地描绘了1918—1921年期间梯弗里斯的音乐、剧院音乐文化生活的状况，文字中明显表现出这位来访者对圣彼得堡剧院、音乐会和展览会是曾有过认识体验的（有时作曲家直接指出这一点）。

A.车列普宁在评论中涉及的剧目十分广泛。比如有关“国立歌剧院”的评论有：里姆斯基–科萨科夫的《沙皇的新娘》（由H.H.车列普宁指挥）、《叶甫根尼·奥涅金》和《黑桃皇后》、莫扎特的《唐璜》、纳普拉乌尼克①的《杜布罗夫斯基》（由C.A.斯托列尔曼指挥）、威尔第的《弄臣》和《阿依达》、马斯涅的《曼侬》、奥芬巴赫的《霍夫曼的故事》、比才的《卡门》、普契尼的《蝴蝶夫人》（指挥是C.A.萨莫苏特）、З.帕里亚什维利的《阿别萨罗姆和埃杰里》（其评论文章分两期，还有续篇）。有关“演员协会”的评论有吉格拉尼杨②的《阿努施》等。A.车列普宁对待歌剧体裁风格等多方面（包括剧本）的观念，早在其圣彼得堡时期就已经萌芽并发展，后

① 纳普拉乌尼克（1839—1916）：捷克作曲家、指挥家。

② 吉格拉尼杨（1879—1950）：苏联作曲家、合唱指挥家，亚美尼亚和格鲁吉亚共和国功勋艺术活动家。

来被直接反映在自己的歌剧创作中。

关于《蝴蝶夫人》，他写道：

有时，在歌剧里作曲家为自己提出很多任务，当矛盾中心处在美好的音乐中的时候，剧本却脱离出来执行另一套方案；有时，歌剧中音乐和舞台行为完美地结合在一起；有时，歌剧中的音乐支配着剧本发展。歌剧最后的形式是成功的，[……]深刻感人的剧本加上真挚的、没有失去愉悦和异国情调的音乐，使它获得了国际声誉。这就是普契尼的《蝴蝶夫人》的特征。

女主人公身着和服，用欧洲音乐表现远东的内容，作曲家同样把它装在自己的“储钱罐”里。

关于《霍夫曼的故事》，A.车列普宁用赞许的口吻写道：

内容生动充实，音乐本质非常美妙……剧情极具幻想特色，有许多引人入胜的情节……

A.车列普宁有关俄罗斯歌剧的见解也非常令人信服（比如关于达尔戈梅日斯基[①]的《水仙女》中的宣叙调等）。在1919年间，车列普宁关于“国立歌剧院”上演歌剧的评论，

① 达尔戈梅日斯基（1813—1869）：杰出的俄国作曲家。

每周一次在孟什维克的报纸《斗争》上发表——那时在一周的时间里竟然会连续上演一部新歌剧和三部老歌剧！《沙皇的新娘》和《黑桃皇后》的相继上演引发了他对里姆斯基-科萨科夫和柴科夫斯基的思索，他称柴科夫斯基为抒情诗人，而称里姆斯基-科萨科夫为"叙事诗人和中篇小说家"。根据A.车列普宁有关"歌剧周"的这些评论，我们可以断定，在那个演出季里，他每周至少有两次是坐在歌剧院里的。期间最具代表性的一组歌剧是：托玛的《迷娘》、胡姆别尔金克[①]的《耿载里和格里杰里》、马斯奈的《维特》、古诺的《浮士德》等，车列普宁全部倾听并熟悉了它们。他细致而严肃地对导演和个别演员提出了自己的看法。他指责崭露头角的尼娜·科施茨[②]的舞台表现，称她赋予某些抒情性的歌剧角色过分的"戏剧性"，其发音方法过度直白一朗诵式，成为追求"纯声乐式声音"的牺牲品。

A.车列普宁的评论还涉猎交响乐和室内乐音乐会、钢琴独奏、小提琴独奏和独唱音乐会，从巴赫、亨德尔到列比科夫[③]、普罗科菲耶夫的数十首作品。在音乐会上大量演奏了年轻的评论家熟悉的俄罗斯古典曲目。他曾抓住过鲍罗丁的《四重奏》表演中的瑕疵：

---

① 胡姆别尔金克（1854—1921）：德国作曲家。

② 尼娜·科施茨（1894—1965）：俄侨抒情-戏剧女高音歌唱家。

③ 列比科夫（1866—1920）：俄国作曲家。

鲍罗丁的《四重奏》是俄罗斯室内乐的经典，其结尾部分在精神上接近《“英雄”交响曲》，但演奏却流于生硬和枯燥……

不少文章已经超出单纯的音乐评论的范畴，而包含对历史思索的特质。比如，在《关于鲁宾斯坦和从鲁宾斯坦谈开》(共四栏)的文章里，我们可以看到他对德国音乐从菲利普·艾玛努伊尔·巴赫开始，历经维也纳古典主义时期、浪漫主义时期到瓦格纳，再“纯粹而自然地过渡到列盖尔、施特劳斯和勋伯格”这一发展路线的成熟敏锐的见解。他把安东·鲁宾斯坦的“事业”比作：

伟大的彼得大帝的事业；他在俄罗斯新古典主义的音乐环境里开辟了自己的道路，他率领梅特涅尔和普罗科菲耶夫发展壮大了成长中的新生力量。

车列普宁称安东·鲁宾斯坦为“奠基者”。

在梯弗里斯广泛开展的纪念柴科夫斯基逝世25周年的活动激发了A.车列普宁一系列评论文章的产出。他的许多观念在今天看来是显而易见的，甚至老生常谈。但是，他的关于“《第三四重奏》的柔板中的死亡主题直接预示着《第六交响曲》的结尾”的见解在当时的艺术环境中是绝无仅有的（“第一届俄罗斯音乐协会四重奏音乐会”，1918年秋）。关于柴科夫斯基，车列普宁用真诚的语气写道（《论柴科夫斯基》）：

如果说我敬仰于贝多芬的伟大，惊诧于李斯特技巧的辉煌，那么，对于柴科夫斯基，我则是热爱……作为伟大的艺术家，他在自己的音乐里找到了通往人类心灵的道路；作为伟大的作曲家，他迫使人们不得不喜欢他的音乐，他是永生的！

这就是一位从以前到现在一直坚持自己的音乐语言风格，而归属来自另一个乐派——圣彼得堡“强力集团”的音乐家对柴科夫斯基的赞扬之词，就是到了新的时代，这种态度依旧没有改变。对待俄罗斯宗教、文化财富的态度，在车列普宁童年时就被深深植入其灵魂并伴随其整个一生。

论俄罗斯现代音乐的文章是临近20岁的A.车列普宁的特殊章节，这些鲜明、早熟的学识观点萌芽在圣彼得堡时期。我们选出刊登在《艺术和文学》（由谢尔盖·格罗杰茨基编辑）专栏的两篇，第一篇是《论谢尔盖·普罗科菲耶夫》。

作者在文章里首先回忆了由里姆斯基-科萨科夫和柴科夫斯基两人为代表的两个俄罗斯音乐学派的形成，然后写道：

……整个这个世纪初的俄罗斯音乐潮流都在这两个学派的航道里流淌。但新生的力量正在酝酿，新的天才们正准备把俄罗斯音乐推向新的道路！普罗科菲耶夫就是这股新生力量的鲜明代表。他与“强力集团”因循守旧的公式和印象主义的极端断绝了关系。[……]普罗科菲耶夫的天才，总是威风凛凛，朝气蓬勃，而且永远是自由解放的——在某些方面与莫扎特的天才接近。

他不仅对普罗科菲耶夫已经上演的《冷嘲热讽》《转瞬即逝》《斯基泰组曲》和两部协奏曲等作品进行了分析，还对未上演的《赌徒》做了评论。

在下一篇文章《论米亚斯科夫斯基》里，车列普宁描绘了米亚斯科夫斯基作为交响曲作者的概貌，称之为柴科夫斯基的继承者，他“不仅是个十分努力的天才，还是一个深邃的思想家”。他追求把“创作的革命和世界观的革命”相对照，还预言米亚斯科夫斯基将会创作“大型的交响曲形式”。

A.车列普宁关于米哈伊尔·格涅辛[①]的随笔带有某些片面性。他对其浪漫曲、交响断章《自雪莱》、《卑下的胜利者》等做了探讨。A.车列普宁把作曲家的创作比作“弗鲁别里[②]噩梦般的图画”“但丁地狱里可怕的幽灵”“海涅最后的痛苦”，但“最后发表的作品《玫瑰园》（*Rosarium*）作为例外。”

① 米哈伊尔·格涅辛（1883—1957）：苏联作曲家、音乐教育家、音乐社会活动家。
② 弗鲁别里（1856—1910）：俄国画家。

我们再次声明：我们感兴趣的不仅仅是A.车列普宁所表达观点的客观性和公正性，还有他作为音乐家和文学家的品位、天资和博学。

当然，在发表的文章中也有对其父H.H.车列普宁音乐会上演作品的评论。关于“第二届格鲁吉亚音乐协会音乐会”，A.车列普宁写道：

> 音乐会独唱者Б.И.扎里普斯基[①]演唱了三首车列普宁的浪漫曲，前两首《皇村的湖》和《烛火燃尽》均为作曲家早期的创作，但已经流露出在以后的作品集《仙女的传说》里所形成的温柔和雅致的感觉。而第三首《白桦树》则写于不久前，旋律充满了温柔的乡愁，这是一首H.H.车列普宁最富感情的浪漫曲，属于他创作成熟期的作品……歌曲由作曲家亲自伴奏，观众们致以热烈的掌声。

关于“H.H.车列普宁作品音乐会（民族音乐学院）”他写道：

> И.С.阿伊斯别尔克[②]充分表现了H.H.车列普宁抒情诗般的音乐语言，这位俄罗斯“强力集团”的继承者实际上已脱离了

① Б.И.扎里普斯基（？—1919）：俄国歌剧歌唱家，抒情男高音。
② И.С.阿伊斯别尔克（1868—1942）：苏联钢琴家、作曲家、作家、音乐教师。

这个学派。是的，H.H. 车列普宁的作品中存在着亲切优雅的特点，但同时也流露出深刻的感受和内省。把这两种本不相容的特点结合起来，是H.H. 车列普宁创作的主要秘密。[……] 由作曲家本人指挥演出的《鱼和渔夫的故事》非常精彩。车列普宁以崭新的动机和形式再现了普希金的这部奇妙的童话，作品呈现出深刻的“俄罗斯性”，其对待素材方面所采取的途径在当时情况下是崭新的，在与“强力集团”公式化风格的对立中，它向前迈进了一大步。

这里A. 车列普宁对父亲的创作“秘密”的理解（非常巧妙）和所论及的“强力集团公式化的风格”非常精彩（此文用的笔名是“Es”）。从另外的一些文章里，我们还了解到H.H. 车列普宁作为表演者和指挥者的音乐活动情况，比如，尼娜·科施茨的音乐会（关于她，A. 车列普宁曾多次写过，她曾良好地诠释了拉赫玛尼诺夫新创作的浪漫曲和斯特拉文斯基的《田园诗》等作品），H.H. 车列普宁是音乐学院乐队和学生合唱团的艺术指导，是柴科夫斯基交响曲的演绎者。在梯弗里斯，儿子已和父亲踏入同一个音乐会圈子。

A. 车列普宁的这些音乐评论文章为我们间接提供了许多有关音乐家生平的素材，包括他的听觉经验、视角和评价等。当然这只是他活动情况的一面，除此之外，他还积极参加梯弗里斯和外高加索其他城市的音乐会演出活动。搜集其演奏过的曲目（或许，保存下来的不是全部）我们发现有贝多芬、格里格和圣-桑（与M. 米丽曼诺娃合作）的奏鸣曲——为小提琴和钢琴而作。他演奏的键盘音乐主要是安东·鲁宾斯坦到梅特涅尔[①]和普罗科菲耶夫之间的俄国音乐作品。A. 车列普宁在每一场音乐会上都演奏自己创作的乐曲，有时甚至整场都演奏自己的作品。就这样，作为作曲家、钢琴家的他，在当时的环境中站稳了脚跟，直到在以后的岁月中这个角色被确立了下来。关于这一点我们稍后还会谈到。

还有一段A. 车列普宁在其梯弗里斯时期的经历需要提到，那就是他与杰出的演员、俄罗斯“白银时代”剧院女明星伊里扎维塔·日哈列娃[②]之间的交往和工作情况。这也是一个即将被我们遗忘但却不能被遗忘的名字。日哈列娃是Вл.И. 涅米洛维奇-丹钦科[③]的学生，1903年在莫斯科艺术剧院她首次登台亮相后去往外省，后来又回到莫斯科。经过“科尔什”剧院、“涅兹洛宾”的工作后，她在莫斯科小剧院工作。她是一位有着不平凡个性的卓越的戏剧演员（饰演过《暴风雨》中的卡捷琳娜和纳斯塔西亚·菲力博乌娜、贞德、

① 梅特涅尔（1879—1951）：俄侨作曲家、钢琴家。

② 伊里扎维塔·日哈列娃（1875—1967）：苏联女演员，曾获“苏联功勋演员”称号。

③ Вл.И. 涅米洛维奇-丹钦科（1858—1943）：苏联戏剧家、导演，曾获“苏联人民艺术家”称号，“莫斯科艺术剧院”主要创始人和艺术指导。

盖达·伽布列尔等角色)。她在梯弗里斯创立了室内剧院，担任导演且成为许多重要角色的扮演者。

关于Г.祖捷尔曼[①]的戏剧《祖国》(日哈列娃饰演马格达)的上演，列奥·伽里在《复兴报》上这样写道：

> 日哈列娃舞台上的表现，无疑证明她是拥有一流声望的明星，是上帝宠爱的演员，是真正的舞台艺术家，她的美丽来自心灵之灯。

命运之手又一次把A.车列普宁引领到剧院：他成为剧院音乐工作的负责人，专门为戏剧创作音乐。关于这一方面的信息我们可能并没有完全掌握。比如有关：

> 室内剧院(日哈列娃任导演)上演P.罗兰的戏剧《理智的胜利》的准备工作，音乐和合唱部分应由A.车列普宁创作。

有信息记载(《斗争报》，1920年12月12日)，但是却没有对首演时音乐部分的评价。

关于O.维尔德[②]的戏剧《萨罗米娅》里的音乐部分(小

① Г.祖捷尔曼(1857—1928)：德国剧作家和小说家。

② O.维尔德(1854—1900)：爱尔兰诗人、散文家、作家。

提琴独奏部分）我们却是知晓的（手稿存于*P.S.S.*），以下同样是来自《斗争报》的评论文章（1920年11月4日）：

> 《萨罗米娅》的第一场在天才青年作曲家A.车列普宁的音乐背景下展开，音乐展示了作曲家的品位和丰富的感受，这段精彩的背景音乐（由簧风琴演奏）充满了紧张的情绪，回响着伊罗吉亚塔的预言并预示着不幸终将来临。对萨罗米娅的舞蹈部分的音乐（小提琴独奏），作曲家曾数次易稿。

这段独奏由A.车列普宁的女友伊奥兰塔·米丽曼诺娃演奏；来自彼得格勒亚历山大剧院的著名演员H. H.郝多塔夫扮演依奥康南。值得注意的是，《萨罗米娅》和《甘涅列》两剧在1917年秋天曾在彼得格勒的“K.玛尔特让诺夫[1]”剧院上演过，车列普宁对它们是了解的。

A.车列普宁的许多“舞台—音乐”非常精彩和吸引人，在霍夫特曼[2]的《甘涅列》一剧中为人声所写的伴奏仿佛是“无词的人声”（四度固定音型，手稿存于*P.S.S.*）可算作其中精彩之笔。

① K.玛尔特让诺夫（1872—1933）：苏联剧院、电影导演。

② 霍夫特曼（1862—1946）：德国剧作家，1912年诺贝尔文学奖得主。

谱例2-1

其实，在乐队中以四五度和声音型作为无声合唱的形式早在H.H.车列普宁的《纳尔茨斯和埃号》[1]里就曾使用过。

这里多次提到了簧风琴的使用，它代替了乐队。以下摘自发表在《斗争报》上关于日哈列娃剧院在1920年12月8日为纪念Л. H.托尔斯泰逝世10周年演出的评论：

音乐会上演奏了A.C.阿连斯基[2]的三重奏《悲歌》和他的康塔塔，歌剧学校青年合唱团的演唱和谐而热情，簧风琴伴奏——A.车列普宁。

著名导演亚历山大·阿赫梅杰里[3]的遗孀、演员塔玛

① 纳尔茨斯：希腊神话里孤芳自赏的人，由于整日在水边欣赏自己影子，最终失足淹死，化为水仙。埃号：希腊神话里的回声女神。

② A.C.阿连斯基（1861—1906）：俄国作曲家、钢琴家、指挥家、教师。

③ 亚历山大·阿赫梅杰里（1886—1937）：苏联剧院导演。

拉·簇鲁吉杰[①]在1937年描绘了一幅E.日哈列娃在梯弗里斯的生活场景：

……回忆起年轻时参加当时著名的伊里扎维塔·吉莫菲耶乌娜·日哈列娃的《诗歌和音乐晚会》的情景。晚会是在音乐学院举行的。整个晚会，她一个人在大钢琴的伴奏下朗诵了瓦西里·卡门斯基[②]、谢林的诗歌和伽姆松的片段……[……]巴尔蒙特、安娜·阿赫玛托娃、布洛克的诗……她的演绎是多么美妙啊！我从没有见过别的女演员拥有这样的声音，从深邃的管风琴般的声音到小提琴般委婉的腔调，时而声似铮铮战鼓，时而是抑制呜咽的低语，这的确是令人叹服的音乐般的语言呀！[40]

但是，在《诗歌和音乐晚会》的舞台上，E.日哈列娃并不像塔玛拉·簇鲁吉杰所写得那样是“一个人”——为她伴奏的就是A.车列普宁。

从A.车列普宁1928年9月23日写给父母的信上，我们了解到他当时在梯弗里斯为日哈列娃伴奏的情况：其伴奏音乐原来都是即兴创作：

① 塔玛拉·簇鲁吉杰（1903—1990）：苏联演员，亚历山大·阿赫梅杰里的妻子。
② 瓦西里·卡门斯基（1884—1961）：苏联未来主义诗人，苏联首批飞行员之一。

A.车列普宁来自纽约的消息——昨天收到了一封令人愉快的来信，它来自古特海伊里·邵杰尔[①]夫人，她是位旅行歌唱家，是全部理夏德·施特劳斯歌剧主角的扮演者［……］几乎唱遍了所有德国的音乐厅。我和她制定了举办“诗歌和音乐晚会”的计划，与过去和日哈列娃合作的音乐风格不同，我将尝试一个新的开始，也就是将抛弃即兴性，以打击乐器为主的节奏形式将作为其主要的方式。（引自*P.S.S.*）

A.车列普宁没有忘记伊里扎维塔·日哈列娃，而她也在1925年从里加发出的信中回想起室内剧院在E.H.罗西娜-茵萨洛娃[②]指导下工作时，她责备萨沙（即A.车列普宁），称他许久不创作，已经忘记了：

这里不坏！但仅仅是不坏！啊！萨沙，周围一片沉寂！生命在哪里？真实在哪里？这种矛盾撕碎了我的灵魂！我感觉黑暗和恐怖已经被光明冲破，对我来说这里没有可怕的感觉，我明白，如果我回到那儿，我将不会明白那样的生活，对他们来说我已经死了……我是为什么离开的呢？——这就是这里的过

① 古特海伊里·邵杰尔（1874—1935）：德国女歌唱家、戏剧女高音。

② E.H.罗西娜-茵萨洛娃（1883—1970）：苏联女演员。

失，这就是这里的错误！[……]请给我一份“不再熟识”的布洛克的音乐吧！（引自*P.S.S.*）

A. 车列普宁给日哈列娃写道：

丢掉所有多余的事情，为的是尽快给您回复……我深情地回忆起“室内剧院”和我们一起工作时的情景……我听到和看到的歌剧和戏剧演员越多，就越发觉您的天才和优秀！……还有谁能像您那样演绎《埃莱克特拉》和《萨罗米娅》？没有，再也没有！（打字复印件，引自*P.S.S.*）

当然，这是发生在移民时期的事情了。

我们再回到近1920年的梯弗里斯。年轻的车列普宁的另外一段生活和活动经历也值得我们关注，那就是他与俄罗斯现代诗歌的联系。或许日哈列娃在梯弗里斯的舞台生涯（1918—1921年的格鲁吉亚处在“俄国”和“苏联”的历史夹缝里）会引起文艺史学家、剧院史学家的关注，但在《文艺百科全书》有关“诗人协会”成员瓦西里·卡门斯基和谢尔盖·格罗杰茨基的文章里并没有提到“梯弗里斯”一词！而“诗人协会”在这里的活动是活跃的。我们知道，该组织早在1911—1914年间就在圣彼得堡出现了，它是“阿克梅派”的中坚力量。“诗人协会”的文艺学家们的创作理念反映在H.古米廖夫①和O.曼德尔施塔姆②还有其他协会成员的文章里，其组织者之一就是C.格罗杰茨基。梯弗里斯的杂志《艺术》（*Ars*）宣称：

> 协会成立于1918年4月11日。[……]它最初是所有诗歌流派的组织，但不久中坚力量“阿克梅派”与左翼力量“未来派”就开始分裂了。[……]现在“诗人协会”（阿克梅派）总共有近25位成员。从秋天起组织了15次会议。[……]A.车列普宁就是一位长期的参与者，他经常在诗歌朗诵会后演奏自己的作品。[41]

来自另外的信息（1918年11月，剪报资料，引自*P.S.S.*）：

> 在C.格罗杰茨基的“诗人协会”里，讨论了关于组织成员们的“新诗朗诵会”的情况，之后热情地接纳了青年作曲家A.车列普宁。

瓦西里·卡门斯基是从“诗人协会”脱离出来的“未来

① H.古米廖夫（1886—1921）：俄罗斯“白银时代”著名诗人、翻译家、阿克梅派创始人之一、文学评论家。

② O.曼德尔施塔姆（1891—1938）：俄罗斯“白银时代”著名诗人、翻译家、文学评论家。

派”的代表。在1919年5月12日的《高加索语言》上有一则通知：

“演员协会”剧院，5月4日周三，瓦西里·卡门斯基，在音乐伴奏下的盛大讲座：“20世纪的声音，20世纪的聚会，20世纪的庆典（未来派春天的节日和新诗歌）”。钢琴：A.车列普宁。舞美设计：谢尔盖·苏杰伊金。

这是关于这个预料中闹剧般讲座的总结：

诗人第一次出场就非常符合其身份——他穿着东方质地的花衬衣，领口敞开着。A.车列普宁接近缪尔日①“波希米亚人”式的形象也非常适合晚会的风格。在苏杰伊金的宣传画的背景下，卡门斯基和车列普宁忙忙碌碌。[……]他（指卡门斯基——*Л.К.*注）——俄罗斯天才式的人物。在他体内散发着新酵的红酒的气味，就像来自伏尔加河和卡玛河的自由之子。无怪乎他所爱的主角是斯金卡·拉辛②，[……]A.车列普宁很好地选配了音乐，它委婉、细致、富有表现力。[42]

① 缪尔日·亨利（1822—1861）：法国作曲家、诗人。年轻时曾一度沦为流浪艺术家。

② 斯金卡·拉辛（约1630—1671）：俄国农民革命领袖。

卡门斯基的《斯金卡·拉辛》是一部恢宏壮丽的长篇小说，在当时已经是第二次出版了。它是一曲豪放雄壮、五彩斑斓的英雄赞歌……我们不难推断出：A.车列普宁牢牢地记住了卡门斯基的诗风，并把它反映在自己后来创作的同名芭蕾舞剧音乐里。

还有一个人要介绍一下，那就是美术家、“艺术世界”组织的崇尚者谢尔盖·苏杰伊金。1912年他曾在C.П.佳吉列夫的“巴黎演出季”中为Л.巴克斯特[①]的《浮努斯[②]的午休》和H.列里赫[③]的《神的春天》担任舞美设计。1919年苏杰伊金来到梯弗里斯并开办了“西梅里奥尼”餐馆，他为之装饰以“地狱般”和“肉欲”风格的图案。他为以上提到的卡门斯基的讲座设计了海报和12张装饰镶板及屏风。

年轻的A.车列普宁进入苏杰伊金的社交圈并常常去他那里做客。那时苏杰伊金已经与薇拉·阿尔图罗乌娜[④]结婚，这个女人后来成为伊戈尔·斯特拉文斯基的妻子。薇拉·苏杰伊金娜带来一本记录朋友留言的笔录集——《金色的书》。一

① Л.巴克斯特（1866—1942）：俄侨画家、舞台设计家，“佳吉列夫演出季”舞台设计者，“艺术世界”联盟突出的活动家。

② 浮努斯：希腊神话里森林和田野之神和牧人和牧群的守护神。

③ H.列里赫（1874—1947）：俄侨画家、哲学家、学者、作家、社会活动家，1900年任“艺术世界”联盟领导。

④ 薇拉·阿尔图罗乌娜（1888—1982）：俄侨室内剧演员、画家，1940年3月19日与斯特拉文斯基结婚。

天，A.车列普宁去位于科特若里小镇的苏杰伊金那里做客，在笔录集上他写下了自己《第一协奏曲》中的某些片段。苏杰伊金和A.车列普宁不久之后在巴黎又见面了。

对A.车列普宁来说，在梯弗里斯的日子里，最重要的就是面对面地熟悉了高加索各民族音乐和格鲁吉亚、亚美尼亚作曲家们的创作。关于这些作曲家，他写过不少文章，其中最首要的人物就是З.П.帕里亚什维利。在20世纪初，他在莫斯科师从塔涅耶夫，很快便发表了大量的民族题材的歌曲，并与它们的改编版一起用留声机记录下来（标题上指出：用民族和声配器）。研究者们指出，在帕里亚什维利作品里体现出丰富的格鲁吉亚民族音乐语言素材。关于其歌剧《阿别萨罗姆和埃杰里》的首演，A.车列普宁写了翔实的评论：

合唱部分非常别具一格，它以绵延不断的“卡尔塔林–卡赫奇亚”和“斯万”民歌为基调。

到1919年末，帕里亚什维利的歌剧已经持续上演了25次，车列普宁又写道：

许多段落都非常美，他用高超的创作技术提炼出歌剧的内涵，以纯朴的民歌为创作土壤，体现出他对格鲁吉亚民歌的热爱和坚持民族风格的追求。

我们再回到1920年初，A.车列普宁为另一部上演的经典歌剧——Д.И.阿拉基什维利的《邵塔·卢斯塔维利的传说》撰写评论。这位作曲家兼民族音乐学家从1901年起开始在莫斯科接受教育，是莫斯科大学民族音乐学小组和格鲁吉亚文学艺术协会成员，曾发表过500多首声乐和民族器乐曲。阿拉基什维利于1918年返回格鲁吉亚，然后，几乎与帕里亚什维利的《阿别萨罗姆和埃杰里》同时上演了这部歌剧。A.车列普宁写道：

音乐内容非常美妙，给真正的东方艺术穿上最好的西欧的外衣。他的旋律具有神奇浪漫的东方色彩，能嗅到南方火热的激情。

此外，在1920年1月11日《B.多里杰[①]的纪念音乐会》的文章里，A.车列普宁对第一部格鲁吉亚喜歌剧[②]进行了评论，称歌剧相当大的部分由城市民谣作为创作支柱，在文中他又提到了前面所说的两部歌剧并称其历史意义在于：

在最近两年里，格鲁吉亚音乐因为两部歌剧《阿别萨罗

① B.多里杰（1890—1933）：苏联作曲家。

② 指的是B.多里杰的喜歌剧《凯托和考泰》。

姆和埃杰里》《邵塔·卢斯塔维利的传说》的上演发生了巨大的转折，他们成为新时代格鲁吉亚音乐创作的基石。两位作曲家用自然的形式把西方和东方、本民族和国际化的东西结合在一起。两部歌剧为听众再现了一幅古老的格鲁吉亚国的神奇图画，描绘了自己的故园，充满着史诗般的宏伟气魄。

他称赞歌剧《凯托和考泰》显露出“无可争辩的天才，生动而活泼”，年轻的作者在文章里持“中庸的”观点，在帕利亚什维利和阿拉基什维利的作品中：

是以民族的元素为主框架，那么实际上他们却是从西方的技术手法中加以提炼，在这里西方和东方的音乐主题是并生的。

这时还没有在A.车列普宁的任何文字里见到过“亚洲”这一字眼（概念）。格鲁吉亚是一个独立自主的共和国，但它不可能不对作为邻国的俄罗斯产生影响，哪怕只是文化传统的，俄罗斯作为欧洲国家的概念，无疑因为“高加索的山脉”而变得更加坚固。高加索的影响，特别是在音乐上的影响从主题、情节及音乐语言组织各方面，都体现在A.车列普宁晚期的创作中（如《邵塔·卢斯塔维利》《格鲁吉亚狂想曲》等）。

作曲家证实他在《格鲁吉亚狂想曲》里采用了民间歌曲，

作品直接表现出俄罗斯音乐传统里特有的东方色彩，以及俄、格传统在声音色彩和细节上的某些共性。这让我们想到了巴拉基列夫的《伊斯拉美》：这是一首极具东方特色的动人的音乐会作品；音乐中直接模仿了民间乐器的声音；列兹金卡民间舞曲体裁；节奏性；变化音；九音音列的特色加强了调式色彩，特别是增二度的运用。见谱例2-2：

谱例2-2

这是巴拉基列夫在和声调式范围内的革新。[我们记起他的《格鲁吉亚歌曲》钢琴尾奏[①]（постлюдию）里的小调降四级音阶[②]，这难道不是预示着肖斯塔科维奇的道路？这在20世纪已经得到了证实。]

我们引用歌曲第二部分中的乐谱作为例证：

① 即歌曲人声结束后附加乐器演奏部分。

② 比如：do、re、降mi、降fa。

谱例2-3

A.车列普宁所热爱的格鲁吉亚为这首狂想曲注入了生命的琼浆，它感情充沛（特别是丰满的主奏部分——大提琴的独白）、节奏引人入胜、抒情段落和富有舞蹈节奏的部分生动交替，其配器绚丽多彩（重奏、弦乐和管乐的对白、鼓声中的大提琴声部等）。

此时在A.车列普宁的思想乃至文字里，还没有出现过“欧亚”这一概念，而这个概念在后来俄侨的精神文化和政治生活里是重要的，同时也是复杂、矛盾而多面的。但是，以回顾的目光，我们难道还不能确定他与“新俄罗斯乐派”的关系？当然，这不是地缘政治上的态度和观点（比起柴科夫斯基来，“强力集团”在情感上更接近俄国）。他的世界观和自我意识，就像感觉到自己属于地球上这块最大的大陆，难道横跨欧亚的俄罗斯不是这块大陆最大的部分？“欧亚”的主题（我们参考了A.车列普宁的《简明自传》）过了若干年之后在《早别依达的婚礼》里得到作曲家的着重强调。

A. 车列普宁对梯弗里斯的印象不仅仅是格鲁吉亚的，因为梯弗里斯当时也是亚美尼亚文化艺术的中心。尤其是当时成立了“克米塔斯协会”。以下是A. 车列普宁在报纸上对1912年5月21日音乐会的评价：

> 克米塔斯[①]是现代音乐领域高水准的代表，是一位精彩的人物！他是民间歌曲热忱的收集者，他认识到这对于音乐教育和技术的重要性和必要性。克米塔斯当时任修士大司祭之职，他去往德国，在那里师从理查德·施密特教授学习了4年。当克米塔斯的创作技术和技能已运用纯熟之时，他却从中解脱出来，完全凭个人的印象转向民间歌曲（指的是不仅仅风格的倾向，而是直接的影响——*Л.К.* 注）。应该指出，克米塔斯向民间歌曲的转变是正确的和令人信服的，要知道在更多适宜的范围和前提下，有这样的认识是困难的！克米塔斯的改编与原民歌浑然一体，你见不到任何的法则和应有的和声配器公式——歌曲与和声配器融合在一起不能分开。

熟悉了克米塔斯的改编民歌，后来又熟悉了其他形式的作品，A. 车列普宁开始接受其最重要的，即亚美尼亚民间艺

① 克米塔斯（1869—1935）：亚美尼亚作曲家、民俗学家、歌手和合唱指挥。

术宝库里那些古老而经典的艺术形象。

Ф.А. 伽尔特曼[①]于1919年来到梯弗里斯并领导“克米塔斯协会”的工作，年轻的车列普宁在那里成为他的复调学生。他们曾一起到过君士坦丁堡。Ф.А. 伽尔特曼（又名托马斯捷·杰·伽尔特曼）在巴黎将与车列普宁一家建立联系，并成为巴黎“俄罗斯（С. В. 拉赫玛尼诺夫）音乐学院”的教授（其校长正如在梯弗里斯那样，在一段时间内曾是Н.Н. 车列普宁）。

1962年，在为Г.М. 施涅尔松寄来的其有关哈恰图良[②]的书（莫斯科，1958年）的回复中，А. 车列普宁这样对作者写道：

> 我喜欢他的音乐［……］，但非常遗憾，我们从没有见过面！您或许知道，我的父亲在1918年秋天（车列普宁的记忆错误，应为夏天——*Л.К.* 注）收到了担任“梯弗里斯音乐学院”院长的邀请，我是他唯一的儿子，我和父母一起从1918年8月到1921年8月在梯弗里斯度过了三年的时光。我的父亲担任音乐学院的院长的同时还兼任歌剧院的指挥。帕里亚什维利，坡兹赫维拉什维利，巴兰奇瓦泽（梅里东），阿拉基什维利都是他的朋友。在第18页您谈道关于《阿别萨罗姆和埃杰里》的首演，并引用了哈恰图良对于这部歌剧印象的评语［……］。其

① Ф.А. 伽尔特曼（1885—1956）：俄侨作曲家。

② 哈恰图良（1903—1978）：苏联作曲家、指挥家、教师、社会活动家。

实我当时也在场并同样受到强烈的震动。这说明，我和哈恰图良曾在同一歌剧院里欣赏着同样的音乐，并有着同样的感受！[……]读完您对梯弗里斯的描述，我仿佛又一次置身于那座我心爱的城市，更何况，您所描述的是那些我所熟知的岁月。所有这些都深深影响着哈恰图良和我。您在我的作品里找到了格鲁吉亚、亚美尼亚、阿塞拜疆民族音乐的成分（我在外高加索频繁的音乐会活动中，处处都在关注民间音乐）。您不仅在我的民族题材的作品里能发现它们，比如《格鲁吉亚狂想曲——为大提琴和乐队而作》、《格鲁吉亚组曲——为钢琴和弦乐而作》、芭蕾舞剧《邵塔·鲁斯塔维利》，等等，甚至在非民族题材的作品里也能发现它们。我的大多数作品的支柱——“九音音列”就起源于外高加索的民间音乐。[43]

在这段文字里，作曲家提到了格鲁吉亚之外的其他外高加索国家的音乐会上演的情况。或许，在《我音乐语言的基本元素》一文中，在谈到关于自己创作的民族素材之根源时，作曲家忽略了此重要的一点。这段笔记写在一张乐谱纸上（产地德国），没有日期，附加的标题文字是：

凭记忆记下这首在从梯弗里斯到埃里温的火车上听到的亚美尼亚歌曲。那是1920年去往埃里温和亚历山德罗坡里巡演的途中，同行的还有女歌唱家车斯诺科娃等。（引自*P.S.S.*）

这首城市歌曲到现在还在日常生活中传播并流行。小三和弦在亚美尼亚的歌曲里是不典型的，它采用了爱奥里亚调式，特别是使用了持续音，非常准确地刻画了管风琴式的效果。

谱例 2–4

提到“九音音列”——“车列普宁音阶”（我们参阅了附页中的论文）的根源，如作曲家所写——“来源于外高加索民间音乐”，那么如果把它与在他之前梅西安[①]确定的“有限移位调式”和他所不知情的Б.亚沃尔斯基[②]的扩展的调式相比较，其分析结果显露出某些必然的相似之处。由此看来“大—小调同时兼容”作为某种个性创作基础显然不是来自东方，或者不仅仅是来自东方。

“东方的主题”（在A.车列普宁所写的文字中如此称呼）不仅仅与音乐有关。“艺术家家庭的产物”——亚历山大·尼古拉耶维奇·贝努阿如此称呼自己、自己的儿子尼古拉，以及尼古拉的同龄人和儿时的好友萨沙（即A.车列普宁）。或许可以说，他的外甥对“艺术的”一词不仅能从广义上，而且还能从“美术”这一狭义的角度来理解。A.车列普宁对“格鲁吉亚艺术家作品展”和“亚美尼亚艺术家联盟作品展”进行了评论。在那里，他见到了20世纪著名画家比如Л.古基亚什维利[③]和M.萨里杨[④]等的作品。陈列品中的亚美尼亚画作引发了作曲家对艺术创作本质的思索，他写道：

① 梅西安（1908—1992），法国作曲家、管风琴家。

② Б.亚沃尔斯基（1877—1942）：苏联音乐理论家、作曲家、钢琴家、艺术博士。

③ Л.古基亚什维利（1896—1980）：20世纪格鲁吉亚著名的画家。

④ M.萨里杨（1880—1972）：苏联画家、剧院画家。

与其他艺术形式一样，写生画真正的激情来自美术家的内心感受。没有内心的体验和自己的“眼镜”便谈不到艺术作品。如果艺术家不能体验自己的艺术形象，只是再现自己看到了“什么”，而不是在表达自己是“如何”看到的，那他便不能称为艺术家。任何一件艺术品的思想，无论是写生画还是别的，都来自洞开的精神世界，反映出心灵的形象，所有的艺术形象都诞生于内心的体验，而不是外在的实际。让心灵从外在感知和外在影响的压迫下解放出来，是艺术家们追求的终极目标。难怪曲尔良尼斯和弗鲁别里等未来派艺术家对“技术的修为”的追求总是与对宇宙的沉思和自我认知结合起来。[……]

音乐家的这些论断有些冗长甚至难懂，而他实际上也还只是停留在对“技术修为”的追求中，其“心灵的肖像”直到10年后才明晰。

在格鲁吉亚画展上，A.车列普宁对M.托依泽[1]、Л.古基亚什维利（充满民族精神和伦理标准的《塔玛拉王后》和《邵塔·鲁斯塔维利》，展现艺术家广阔视野的精彩的《我的梯弗里斯》）和尼克·皮罗斯玛尼什维利[2]的画作给予更多关注。

① M.托依泽（1902—1985）：苏联画家，四次“斯大林奖”获得者。

② 尼克·皮罗斯玛尼什维利（1862—1918）：格鲁吉亚著名画家，奉行原始主义。

他们中的最后一位画家带给A.车列普宁某种疑惑，他最终没有完全理解。作曲家所写的评论诚恳而坦率，与其他所有的记述一起成为那个时代的印证：

在当今的时代，无论是写生画，音乐，文学，要确定它们的美学范畴，就得分析它们的艺术作品。比如奥利金画展上一幅画作上的那只白熊，它以天真朴素的心态画成……您或者从旁边匆匆而过，没有注意它，或者一笑了之……在您的头脑里或许没有闪过此画作可以算作是艺术的，更不用说是艺术成就的念头。那么判定展览会上的这只白熊所提供的美学前提，想得到结论便非常困难。皮罗斯玛尼什维利的画正是这样，一开始，他的画作、他可爱质朴的原始艺术展现出某种独特性和艺术性，但真的是这样吗？是皮罗斯玛尼什维利有意为之还是就是没受过教育的“雏形”？我想应该是第二个答案。

顺便说一句，A.车列普宁在梯弗里斯时期也称自己的《小曲集》为《雏形》。

当然，与东方的联系还有日常生活方面的。在A.哈恰图良和尼科·皮罗斯曼尼的传记里曾描绘了1920年前梯弗里斯喧闹的多民族生活场景：那里有流浪歌手和拉手风琴的艺人，还有从小酒馆传来的多声部的歌声……A.车列普宁显然将这些视觉和听觉印象铭记于心，它们在作曲家的艺术潜意识里开始工作，并影响到其音乐思想和音乐语言的形成，它们被运用在创作里是以后的事。在印度题材的芭蕾舞剧《阿旃陀[①]的壁画》（作于1923年）中，我们可以听到格鲁吉亚式的音调和杜杜克管[②]的演奏（第八幕第二场）。在《格鲁吉亚组曲》（作于1937年）的前奏曲之后，富有表情的对话部分命名为“阿拉维尔德”[③]和“沙米利[④]的祈祷”。《圣尼诺的童年》（Op.69，作于1943年），正如作曲家所写（评注，引自*P.S.S.*），再现了记忆中“神”的历史，它来自格鲁吉亚的基督教福音布道，呈现出格鲁吉亚教堂里福音朗诵式的特点。它以含四度的三和弦为基础。在1927年从伦敦写给父亲的信中，A. 车列普宁写回忆起“我们最喜欢的格鲁吉亚主和弦”并做了解释：

谱例2–5

这是一页没有注明日期的标题为“东方的舞蹈”（引自*P.S.S.*）的谱子，当时这首钢琴小曲可能没有被录制下来，它就来自高加索地区（也许准确地说，应该是亚美尼亚而不是

① 阿旃陀：印度地名。

② 杜杜克管：高加索民间乐器。

③ 阿拉维尔德：来自格鲁吉亚流行的俄语，是祝酒词的一种。

④ 沙米利（1797—1871）：高加索山民领袖。

格鲁吉亚）：固定音型持续到最后，旋律变奏色彩奇妙，含有五度音程，以下是乐曲开始处的旋律片段：

谱例2-6

格鲁吉亚的朋友们长期存在于车列普宁一家的生活中。在巴黎有许多散居的格鲁吉亚人。我们发现了发布在1931年5月25日的《最新消息》报上的一则消息，这只是其中的一个例子：

在由“巴黎格鲁吉亚人联合会”为庆祝格鲁吉亚民族节日举行的舞会—音乐会上，演奏了A.车列普宁的《格鲁吉亚狂想曲》（由作曲家亲自演奏），还有由合唱演绎的民族歌曲等——居戈·维克多音乐厅。

格鲁吉亚的朋友们也从物质上帮助A.车列普宁，特别是在他晚年时期。《格鲁吉亚葬礼圣歌》就是其晚期作品中的一首。

侨居法国后不久，第比利斯的朋友们恢复了与车列普宁一家联系。如众多俄罗斯的音乐家们一样，他们也渴望欧洲的舞台和环境，岁月的流逝更加剧了这种渴望。阿拉基什维利和帕里亚什维利给H.H.车列普宁顺便捎来的信中清楚地表明了这一点（这些信的信封上没有地址和邮票）。A.车列普宁也读了这些信件。

梯弗里斯，1925年7月13日，З.П.帕里亚什维利写道：

经过近4年的分别，我已经完全失去了您的消息，只是在不久前得知，您已经在巴黎定居。[……]在1923年，我曾经收到过您从布鲁塞尔发来的明信片……想给您回复，却没在上面找到您的详细地址。趁现在这个机会，我想与您谈谈心里话。您现在生活得怎么样？在忙些什么？我在这里听说，萨沙（即A.车列普宁——译者注）作为钢琴家和作曲家取得了巨大的成功。[……]我还听说，在巴黎创办了"俄罗斯音乐学院"，您成为学校的主要领导，这太好啦！我相信，在您的帮助下，这个学校将成为俄罗斯音乐文化在巴黎生长的温床。可是，亲爱的尼古拉·尼古拉耶维奇，我请求您，不要忘记您还是一位格鲁吉亚社会活动家和音乐家，请不要忘记这个美丽的小国家和格鲁吉亚的文化，要知道，您曾在这里生活了3年，并且也在类似的机构担任过领导呀！[……]我的歌剧《阿别萨罗姆和埃杰里》已经在这里上演了5个演出季，它受到越来越多的观众的喜爱[……]。另外我又写了一部三幕歌剧《达依西》(《暮色》)。在两个演出季里，它连续被上演了近50个场次。它以另外一种精神写成——以格鲁吉亚风格为基础，在形式上更接近一部西方的歌剧。其中有不少的民族特色的场面，比如有“圆圈舞”等民族舞蹈，当然，也有许多的幽默！［……］到现在为止，亲爱的尼古拉·尼古拉耶维奇，我认为，我真正了解了西方和我们自己的文化。在这一点上，很显然是您和像您这样的前辈们帮助了我们。［……］您对我的歌剧《阿别萨罗姆和埃杰里》是非常熟悉的，您是那么喜欢它，并亲自指挥过它。在您离开此地的时候，曾经向我索要过它的钢琴缩编谱，哪怕只是一些片段……

因为不在巴黎的环境中，帕里亚什维利便通过H.H.车列普宁请佳吉列夫关注自己歌剧的上演。

过了一年，他告知车列普宁，他从“切玛”锰矿工业协会那里得到一笔钱，准备前往欧洲：

读了您的信，我已下定决心在巴黎或在柏林举办“格鲁吉亚音乐”音乐会。到时，将会上演格鲁吉亚作曲家们的作品，其中包括我们音乐学院年轻的毕业生们的作品，如果您还记得他们，他们是塔克塔基什维利、吉达杰、图基亚等［……］正像您所说的，这些民族风格的音乐会的举行具有重大的意义……当然，要做成这件事需要行家和仁慈者的支持，这个人就是您！在您的信中，您不止一次地强调，您为的是格鲁吉亚的艺术事业，当然也为了我，这我从没有怀疑过。一切由您来决定，全仰仗您了！

在移民初的岁月中，A.车列普宁与格鲁吉亚的交往没有被中断。在B.莱赫的专著里刊登了一张梯弗里斯时期的相片，这是车列普宁一家与年轻的音乐家们的合影，他们是萨沙（即A.车列普宁）的朋友们——尼古拉·维格特斯基、伊奥兰塔·米丽曼诺娃、玛丽亚·卡拉姆卡良和塔吉亚娜·哈拉托娃。米丽曼诺娃这个名字在谈到室内剧院（在《萨罗米娅》中任小提琴独奏）和A.车列普宁的奏鸣曲音乐会上见到过。经过艰辛的漂泊后，她与家人来到柏林，并写信给在巴黎的萨沙（1925—1926，引自*P.S.S.*）从信中的语气，可以看出，他们对梯弗里斯的态度是富有浪漫色彩的。

尼古拉·维格特斯基[①]1920年毕业于梯弗里斯音乐学院。4年之后，他前往莫斯科音乐学院，师从A. Ф.盖季卡[②]学习管风琴演奏，师从H.Я.米亚斯科夫斯基学习作曲，并在那里教授音乐史课程，主持管风琴班、组织音乐会活动并进行音乐创作。在一段时间内他成为俄罗斯无产阶级音乐家协会（РАПМ）的成员，享年不足40岁。在他发表的20篇文章里，第一篇就是论及A.车列普宁的《小曲集》和作品Op.1里

① 尼古拉·维格特斯基（1900—1939）：格鲁吉亚管风琴家、钢琴家。

② A. Ф.盖季卡（1877—1957）：苏联作曲家、管风琴家、钢琴家，莫斯科音乐学院教授，俄罗斯管风琴学派奠基者。

的两首乐曲的。这些乐谱出版物都是由作曲家本人从巴黎寄来的，维格特斯基在1923—1925年曾重新誊写了它们（引自*P.S.S.*），其中有许多的信足有12—14页之多。另外，还有这些作品的目录和所附谱例。本书引用了维格特斯基不少书信内容，清楚地描述了他和其他音乐家们的创作生涯，还有这位早已被人遗忘的、有趣的社会活动家单独发表的一些文字。他对自己同行前不久寄来的作品和现代音乐抱有极大的兴趣，并请求再从巴黎寄一些过来。

很遗憾，这些新的出版物不能在这里普及开来。这里的音乐环境就这样了！我们没有了解新音乐文化创作的机会，因此异常艰难地关注音乐发展成长的进程。真正的“俄罗斯作曲家”却不在这里，这是很伤感的。对于音乐形式而言，无疑我们是落后的。（1923年2月12日）

我们有了一个精彩的事物，这在音乐界是一件非常重要的大事，那就是《新堤岸》杂志的出现。他们的组织者和参与者有B.M.别里亚耶夫、米亚斯科夫斯基、格列波夫、萨班涅夫、梅奇克等。（1923年4月15日）

正是在这本杂志的第三期上，刊登了维格特斯基对于A.车列普宁的钢琴曲的评价。他把这些作品介绍给了别里亚耶夫和米亚斯科夫斯基，他们“非常感兴趣”。

A. 车列普宁在对待"那里"的创作问题上写道：

罗斯拉威茨[1]在创作中带来了新的事物——在交响乐队中加入了人声的七重唱……还有关于卡斯塔里斯基[2]，他现在创作的音乐虽具有改革性，但还属于宗教精神的范畴，死气沉沉的！

应A. 车列普宁的要求，维格特斯基还寄来了米亚斯科夫斯基的奏鸣曲。但是，他们之间的交往很快就被中断了，对于他这位巴黎的朋友来说，来自祖国的回应是多么的重要啊！维格特斯基收到的出版物是协奏曲（毫无疑问是《第二钢琴协奏曲》）和钢琴奏鸣曲（No.1）。他简要地写出自己对第二部作品的印象：

我都很喜欢。它展示出的本质是：没有因循守旧的调性仿效（*a.G.dis.a*）和音乐性（所有的乐章里没有公式化的音乐，音乐里也没有陈腐的思想，它们充满着真挚的情感），具有良好的连续性。尤其是第二乐章和第三乐章，和声简单但内容却非常丰富……

① 罗斯拉威茨（1881—1944）：苏联作曲家、音乐学家、小提琴家、教师。

② 卡斯塔里斯基（1856—1926）：俄国作曲家、合唱指挥、民俗家、音乐社会活动家，柴科夫斯基和塔涅耶夫的学生。

这两部寄来的作品均写自其“梯弗里斯时期”。维格特斯基还问到为什么其他的作品均未出版的问题，要知道“它们都很精彩”（1924年12月9日）。《小曲集》也得到评价：“具有梯弗里斯时期的勇猛”，“试图打破古老的传统”。

下面我们引用这本俄罗斯音乐出版物的简明文章索引：第一篇评论就是针对A.车列普宁的音乐的，在相邻的页码上还刊载Л.萨班涅夫的《音乐技术的展望和创作问题》、艾洛依斯·哈巴[1]的《四分之一音乐体系的和声基础》、B.米罗（米约）的《多调性和无调性》、B.别里亚耶夫的《结构还是逻辑？》、H.罗斯拉威茨的《A.勋伯格的〈月迷皮埃罗〉》等。另外还有五篇文章是针对普罗科菲耶夫不同时期的作品，还有一篇是关于里夏德·施特劳斯的《阿尔卑斯交响曲》的。

下面的文章详细分析了A.车列普宁的《小曲集》，并对车列普宁的肖像做了描述：

A.车列普宁——著名作曲家尼古拉·尼古拉耶维奇·车列普宁的儿子，一个杰出的人。年龄：24岁。代表作：近15首钢琴奏鸣曲、两部钢琴协奏曲、两部大提琴与小提琴奏鸣曲，还有大量为钢琴而作的小型乐曲和浪漫曲等。他以与众不同的风格和极高的热情坚持不懈地创作，他的创作是深刻和纯真的结

① 艾洛依斯·哈巴（1893—1973）：捷克先锋派作曲家。

合，具有现代性。他展示给我们闪电和雷鸣般的热情和怪诞。从他在俄国的最后一年到梯弗里斯生活时期，这一段历史与我们是隔绝的（直到1921年），所以我们之中很少有人了解他，现在他住在巴黎。他的创作具有革新精神：不满足于现状，寻求新的创作道路。他寄来的作品属于他早期音乐活动的创作成果。

《小曲集》（*Bagatelles*，最初命名为《雏形》）收集了一些规模不大的小曲，每一首都传递着某种情绪。《小曲集》在形式上虽然陈旧，但却具有永恒性。它在趣味上应该属于我们现代的，有着某种“瞬间性”的倾向。关注《小曲集》不由得使人联想到普罗科菲耶夫“转瞬即逝”的特点，当然，首要的还是“纯真”。A.车列普宁的风格里有许多来自普罗科菲耶夫，比如喜好刺激的，甚至是“放肆”的和声和清晰的节奏，向往“豪放—顽皮”的表达方式，它们往往是率真的、辛辣讽刺的。下面把《小曲集》的曲目进行简短的评述。

第一首：进行曲风，有些做作的庄重，听得出是少年之作；

第二首：具有神秘性，像图画和传说，有些粗糙和滑稽。中间稍慢（meno mosso）部分有里姆斯基-科萨科夫的影子，对待他的仿佛是一脸带有和善和讽刺的笑容；

第三首：是一阵清风；

第四首：想要追求深刻，但是作者没有达到目的，表现出的只是沉思的片刻和一瞬间的忧郁；

第五首：是第四首的延续，是温顺和谦恭的请求，Gis和Fis两个音的重复具有非凡的美丽；

第六首：心灵的冲动、情绪的高涨，体现了创作的渴求；

第七首：狂热—淘气，最后一页幽默滑稽；

第八首：不一般的温和；

第九首：和声非常美丽，虽然简短，有少许格里格的影响；

第十首则是该曲集的结束。

《小曲集》的组成有些程式化，整个十首曲子，表现出连续不断的整体印象，基本特点是体现出少年的、快乐的、健康的意味。

《夜曲》不属于作曲家的成功之作，因为稍显枯燥和形式主义。但是，这里，总地说来，在A.车列普宁的作品里，响彻着热情的音符，这非常博取人心。中段：仿佛雷鸣电闪，狂风暴雨，这与乐曲的整体风格有些不太协调。舞曲的开始比较古典和规矩，但接着转为狂欢的舞蹈，在令人眩晕的旋风里，一切被卷得飞腾而起，疯狂地疾驰而去。突然，坠入峭壁和深渊。接着重新是开始时的安静和高贵。然后又一次狂怒的飞奔，速度越来越快！最后，舞蹈戛然而止。

《托卡塔》是十分独特的。他把巴赫的古典精神和“现代派”的特点精彩地交织在一起，这虽然不是一种新鲜事物，但却总是引人入胜。他喜欢直接借用巴赫（舒曼、M.列盖尔等）的主题作为骨架。A.车列普宁选用的题材在结构上总是与他们的接近。这是新颖的。在预示着忧郁、阴暗的低音区，是一个自我创作的“赋格”。在结尾（最后两页），主题的动机激动人心地响彻着，好像是一段长长的《末日经》(*Dies irae*)。A.车列普宁以上的作品显然不能最大可能地为我们提供评价车列普宁创作个性的证据，要做到这一点只能等到我们得到他以后的作品（Opus）之后。[44]

生活在不同环境的两位同龄人却持有很相似的观点，其中包括对音乐的“进步观”的认识。H.维格特斯基在给车列普宁的信中展示了其现代音乐的视野，这些言论不总是让人信服，但却很精彩，他开辟了一条独特的道路：

追求新的可能性的探索（A.哈巴的四分之一音乐体系技术，勋伯格、罗斯拉威茨，当然还有斯特拉文斯基和普罗科菲耶夫）；运用现代技术作武器，但不是革新者（米亚斯科夫斯基、格涅辛、科林）；在稍后的30—50年间，杰出和天才的人（格拉祖诺夫、瓦希连科、格里耶尔、里亚普诺夫）；别忘了斯克里亚宾，要知道他预先决定了未来的音乐形式！

——作者在信里猛然记起，并以在Op.74里采用Б.亚沃尔斯基[①]的所谓的“链接调式”[②]为例，指出“要知道这就是雏形”，并提出“什么是音乐艺术进步的本质”的追问。

H.维格特斯基这样结束了自己的论述：

> 逐渐充实音乐“武器库”[……]，这条道路是无尽头的[……]，未来将会有新的和声、调性和调式体系的可能。（1925年1月6日）

1919—1921年期间，他们在梯弗里斯共同的朋友和旧相识的消息成为彼此书信中的重要组成部分（比如：B.B.卡门斯基转达“炽热的如波尔诺姆矿泉水[③]般的问候”）；格里沙·伽姆布尔克“在斯特拉基瓦里四重奏团取得成功等”——这些都是A.车列普宁“狂飙时代”（Sturm und Drang）生动的记忆和见证。

像在圣彼得堡那样，A.车列普宁在梯弗里斯也积极创作。作曲家后来把这一时期称为“本能时期”。创作音乐对他来说非常轻松，其中更多的是钢琴音乐和部分声乐作品，可

---

① Б.亚沃尔斯基（1877—1942）：苏联作曲家、钢琴家、音乐理论家，艺术博士。

② Б.亚沃尔斯基的调式术语，具有“大—小调结合”的调式体系特点。

③ 产于高加索中部的一种矿泉水。

以立刻轻松地被演奏和演唱，在玛丽亚·阿里别尔托乌娜[①]的家庭音乐会上它们经常被作曲家自己演奏。A.车列普宁的音乐风格自然不能脱离作曲家自己的诠释。这是我们得到的两篇评论，实际上这是由B.阿纳诺夫[②]所描绘的两幅作曲家的肖像画。第一幅是关于1919年5月22日的音乐会。收藏在*P.S.S.*档案的节目单里的曲目包括：《c小调奏鸣曲》（No.12）》、《钢琴组曲》（《游行》《夜曲》《间奏曲》《蓝苍蝇》《谐谑曲》《大学叙事曲》）、《雏形》（又名《小曲集》，21首小曲）和《E大调奏鸣曲》（No.9）。

文章如下：

A.车列普宁是一位20岁的身材魁梧的青年人，他有着金黄色波浪式的卷发，明亮浅蓝色的眼睛，瓦格纳式“纯洁简单心灵”般的面貌［……］。他总是微笑着，显得朝气蓬勃，因为命运赋予他一件幸事——那就是天才。他的天才早早地、蓬勃地展现出来。［……］艺术对他来说，不是人生简单的一面，而是他整个的世界观。他成长在俄罗斯“现代主义”的兴盛期，在这个潮流里，他迅速发展并渐渐确立自己的风格。“现代主义”对他来说，并不是什么时髦的衣服，也不是什么玄妙

① 玛丽亚·阿里别尔托乌娜是A.车列普宁之母。

② B.阿纳诺夫（生卒年不详）：格鲁吉亚音乐评论家。

的语言。他自己的语言，是不用苦心寻觅的天生的、内心的语言。所以他对新风格的探索与旧风格的毁灭无关［……］。新风格与旧风格一起进入他的创作体系，他认识到自己和声发展的过程只是个开始，［……］难怪在他的形式感觉里有这样的特点。他大部分小巧玲珑的《雏形》都具有三段体的结构，他公开演奏了20首《雏形》，为了加强这部钢琴曲集结尾的形式感，他以重复演奏《雏形》中的第一首c小调作为结束。从他十余首奏鸣曲中，可以看出他对于奏鸣曲式的追求，他对形式的运用，真的，是与古典规范比照后的强烈的变体［……］。他与以声音色彩游戏为目的的优雅的印象主义格格不入，对于这些在古典风格范围之外的色彩，他并不通晓［……］，从中可以感觉到年轻改革者的喜好；《雏形》中的第一首c小调里有许多普罗科菲耶夫的影子，乐曲以里格顿①舞曲的形式写成，这其实完全是普罗科菲耶夫式的加沃特舞曲风格。显然A.车列普宁受到他（普罗科菲耶夫）独特风格的强烈影响，当然，到现在他还没有意识到……他有着年轻人狂风暴雨般的气质，像一棵茁壮的“春苗”，他没有停留在富于幻想的抒情中，正如他的《第九奏鸣曲》里所表现的，他以沸腾的激情勇猛地、积极有效地向戏剧性冲击，这就是他的钢琴艺术……[45]

① 里格顿：法国早期的一种活泼、有朝气的交际舞。

B.阿纳诺夫（从文章署名的姓名首字母可以确认也是他的手笔）的第二篇文章经过一年半后才发表，作者赞扬了A.车列普宁这段时间创作上的巨大进步：

当问到他有多少作品时，A.车列普宁答道："哦！太多了！留在圣彼得堡有一箱子手稿，在这里则有一橱子。"这些数量庞大的作品是A.车列普宁多产创作的见证。他大量非凡的钢琴作品就实质而言，是一片广阔的处女地，是繁茂的原始森林［……］。在他的创作发展过程里，在这个本能的创作期飞快成长，很快就转入下一个时期，而这仅仅是这个卓越天才的早期创作。在A.车列普宁所钟爱的形式中，他开始表现出对过去所排斥的印象主义的喜爱，他开始追求混杂的色彩和喧嚣的声音，正如他自己所说：《启示音诗》以极度的紧张和神经质结束。在新作《叙事奏鸣曲》中他采用了旧形式，即在普通的奏鸣曲结构里"装饰"以全新的主题片段，这部分音乐的心理刻画意味深长，给人留下深刻的印象。该奏鸣曲用一个不平凡的结尾收束，因为在痛苦的心理活动之后，结束的主题转为庄严、安详的管风琴风格。［……］两部音诗——c小调和g小调非常优雅，充满着深刻温柔的抒情性和音响效果。如果说原来A.车列普宁深受梅特涅尔的影响，那么这些后来的作品却展示出自己独特的容貌。[46]（乐曲的命名不太准确，年轻的作曲家本人就用不同的名字来称呼它们。）

从作曲家的创作数量这一角度可以说明A.车列普宁进行创作时是轻松的，但是1927年《第一交响曲》的创作却显露出完全不同的过程——它艰难而缓慢，作曲家备受煎熬，不过最终取得了胜利。在作曲家独特而自然的音乐语言中表现出大量“即兴创作”的因素，可以明显地感觉到这种语言之于20世纪圣彼得堡乐派的归属性，但它带有自己强烈的主观意识。我们权且把A.车列普宁在这段时期的音乐风格定为“新强力集团”风格。需要再强调一下：这种音乐语言方式建立在作曲家的自我意识形态之上，实际上已经远离了“强力集团”的主旨。

在调式的新变革和以后的“九音音列”中，可以明显地看出俄式的，特别是“里姆斯基式”的传统风格，即：它不允许脱离调式范畴，但又否认现有的规则。我们可以在老车列普宁、格列查尼诺夫[①]和卡斯塔里斯基[②]的作品里见到这种痕迹，但是，却没有一个人像A.车列普宁这样在这条道路上走得如此彻底。观察A.车列普宁音乐中“大—小调兼容”调式色彩，我们时刻也不能忘记其民族素材的根源（要知道《早别依达的婚礼》中的“大—小三和弦”就起源于此），但是，无论是在A.车列普宁早期还是晚期的乐曲中呈现出的更

① 格列查尼诺夫（1864—1956）：俄侨作曲家，1925年后移居法国和美国。

② 卡斯塔里斯基（1856—1926）：苏联作曲家、合唱指挥家、民俗学家和音乐社会活动家。

多的是对民间元素的同化吸收，而不是简单直接的模仿。

“俄罗斯—东方”（即高加索—“强力集团”）式的意识（参看写给Γ.M.施涅尔松的关于“九音音列”起源的信中）虽然是后来形成的，但是在A.车列普宁的早期创作中就已经有所体现，特别是在巴黎出版的编号作品中的《托卡塔》（Op.1），仿佛整个建立在“大—小三和弦”的游戏上（像普罗科菲耶夫一样，它用d小调写成）。第1—7小节：

谱例2-7

在节奏进程和节拍运动的手法运用上或许有斯特拉文斯基的印记。第31—35小节：

谱例2-8

钢琴曲《散页》的第一首开始创作于梯弗里斯（No.1—3，1920年），完成于蒙特卡洛（1924年），这些作品在调式和声上体现出鲜明的“俄式的东方性”的特点，是不同种类的大

调的结合（在下面的谱例中，低音区“四音音列”以和声形式两次重复，高音区则是悦耳的旋律）；此外，这种“密集式”的大调形态，赋予了它典型的“东方风味”的倾向（对于欧洲人的听觉而言。很难想象巴拉基列夫如果在半个世纪之后该如何来写）。[47]

谱例2-9

像其他作品集一样，《散页》没能形成一个系列。

梯弗里斯时期创作的乐曲展现出A.车列普宁掌握不同乐器的能力。他对大提琴和小提琴十分熟悉，据演奏家们证实“他全都能够演奏”。来看一下他的大提琴和钢琴奏鸣曲（Op.30，No.2，混合F大小调）：特别的是第一乐章，这一乐章是托卡塔式的，与末乐章一样，它具有普罗科菲耶夫的特性；整首乐曲体现出非凡的厚度、密度和力度。在其大型的器乐作品里，我们简单地提一下《钢琴协奏曲》（Op.12）。它写于A.车列普宁来梯弗里斯的第一年，之后才发表。这首作品最为独特的是它的展开部：它不是主题的发展和贯彻，而是一些没有关联的片段的罗列：赋格段，抒情而缓慢的片段（两处），在它们的中间和它们之后有华彩乐段等。

与父亲一样，A.车列普宁也把自己的室内乐—声乐创作与诗人格罗杰茨基联系在一起。在1920—1922年这一段时间，他根据格罗杰茨基的诗作创作了近20首浪漫曲，这些浪漫曲是写给自己的母亲的。玛丽亚·阿里别尔托乌娜那时正值歌唱家的青春时期，所有这些歌曲都是题献给她的。这些浪漫曲的手稿被注上日期、注释和标记被收藏（引自*P.S.S.*）。

献给亲爱的玛舒特科[1]，为了表达真挚的好感和钦佩。弗特利夫（梯弗里斯？——*Л.К.*注）5/I 1920。

在一本绿色谱本的封底保存着字迹工整的献词：

把它们献给心爱的妈妈，希望这小小的礼物成为她大的音乐使命里小小的提示。并且希望这些歌曲在表演时由她最爱的儿子亚历山大（即A.车列普宁）亲自伴奏。1921年11月8日/21日。

由日期可见，已经是双重日期（旧俄历和公历）标注，这是他们一家前往国外的标志。

许多年后，在1964年8月20日写给Г.Б.贝尔南多的信中作曲家回忆了M.A.车列普宁娜亚[2]的歌唱才能，他写道：

---

① 即A.车列普宁对自己母亲的昵称。

② 指A.车列普宁的母亲。

她非常羞涩［只是和我一起她才没那么腼腆，在我的伴奏下，她演唱了格林卡、柴科夫斯基、我父亲、舒伯特、舒曼等人的浪漫曲和我的歌曲（Op.15、16 等）］，并没有公开演出我早期写给她的作品。[48]

A. 车列普宁所采用的谢尔盖·格罗杰茨基的诗作选自其不同的诗集，比如《春苗》《闪电》《野蛮的意志》等。大自然的美丽和力量（组诗《开花的手杖》）与象征主义的倾向并存，这种音乐美学倾向体现在1910—1920年间的俄罗斯声乐抒情诗“为声乐和钢琴而做的诗作”中，这种倾向也特别体现在米雅斯科夫斯基或者格涅辛的创作中。在以下的手稿片段上，我们可以看出车列普宁音乐语言的复杂化和对“因特拉朋克特”技术和“半音—一个半全音”交替使用音列（还未成体系）的追求。

谱例2-10

作曲家为自己的乐谱附上精彩的手写的解释，比如："孩童般的热情"（浪漫曲《我在梦中》），"彻底的自由"（《我爱温柔的水》），"不祥的预兆"（《经久的恐慌》），"充满热情的"（《在原始森林》），"沉思的"（《生命应该猝然改变》），等等。

正如在彼得格勒那样，在梯弗里斯的音乐学院里，A. 车列普宁的创作活动和学业是同时进行的。但经过多年后，A. 车列普宁并不认为这对他有什么严肃的意义，关于这一点我们不知道细节，但是对于他的老师们，我们倒是应该说上几句。钢琴教授塔玛拉·伊萨科乌娜·杰尔–斯捷帕诺娃[①]毕业于莫斯科音乐学院，师从П. А. 帕布斯特[②]，并曾获得银质奖章。1879年，她返回自己的故乡，在梯弗里斯音乐学校任教直至去世。学校后经改建成为音乐学院，她的班级是当时最优秀的。A. 车列普宁在《高加索语言》报上还提到了伽尔特曼（还仅仅在学业开始时），他在文中详尽地介绍了伽尔特曼

① 塔玛拉·伊萨科乌娜·杰尔–斯捷帕诺娃（1874—1934）：格鲁吉亚女钢琴家，梯弗里斯音乐学校教师。

② П. А. 帕布斯特（1854—1897）：德国出生的俄国钢琴家、作曲家、教师。

的履历（师从A.C.阿连斯基学习作曲；师从C.И.塔涅耶夫学习复调；在德国师从Ф.马特里学习指挥，他最后的工作任职于慕尼黑歌剧院）和作品（介绍了其主要的作品，并对其创作活动的周期进行了分析）。在文章中，青年作者的博学和这位我们完全不熟悉的作曲家Ф.A.伽尔特曼引起了我们的兴趣（本人在《C. И.塔涅耶夫的日记》一书里认识了伽尔特曼，无疑他也是俄侨音乐文化研究中的一员，1921年后他的工作活动在梯弗里斯展开）。

A.车列普宁指出：

在国外居住的日子里，伽尔特曼接受了西欧新的音乐潮流的影响，他迷恋法国的印象主义，如音乐家德彪西、拉威尔和画家高更、梵高等。[……]这个周期以一首舞蹈音诗圆满结束（根据阿那托里·弗兰斯[①]的《神圣的萨基尔》的情节而作）。在这首作品里，伽尔特曼完全摆脱了学派的影响，显露出作曲家独立的创作思想。（署名“Es”，剪报引自*P.S.S.*）

补充一点，在1900年末，伽尔特曼与舞蹈家A.萨哈洛夫[②]一起为画家瓦西里·康定斯基[③]的《黄色的声音》进行配乐

① 阿那托里·弗兰斯（1844—1924）：法国作家、文学批评家。

② A.萨哈洛夫（1884—1963）：俄侨芭蕾舞演员、教师和编舞。

③ 瓦西里·康定斯基（1866—1944）：俄侨画家、艺术理论家、抽象派奠基人之一。

（发表在1912年慕尼黑的丛刊《蓝色骑士》上；在慕尼黑，伽尔特曼与康丁斯基有过交往，当论及这个丛刊时，他认为它应该“联系着过去”，同时更是“未来的曙光”）。伽尔特曼的创作早期受到穆索尔斯基的影响，他用20世纪的音乐语言写作，即多调性、复节奏，他更是一个配器的大师，他在乐曲中丰富多样地使用打击乐器。在1912年，他曾发表了论文《关于打击乐器在乐队中的运用》[49]。在A.车列普宁的《第一交响曲》里，打击乐器也成为音乐中重要的角色。

苏联红军占领了梯弗里斯。A.车列普宁在晚年回忆起在高加索生活的最后一周和离开时的情景：

> 演员和音乐工作者们组成了联盟。在一次歌剧的排练当中，我的父亲纠正了长号手演奏上的错误。这个乐句经过重复后依然没有被改正。父亲对乐队说：“先生们，我要再重复一下这个片段，目前，我们还没有正确地演奏它！”这时，乐队里不知是谁大叫了起来：“先生们都逃到巴统①去了，留在这里的只有同志！”父亲放下指挥棒，离开了。[……]父亲不能忍受任何人干预他作为乐队指挥所赋予的权利，他把这些话当成了对自己个人的侮辱。从此，他再也没有回到第比利斯歌剧的排演中……

① 巴统为格鲁吉亚城市。

在巴统，我们的钱刚刚够买去往君士坦丁堡的车票。海关人员打开了我们的行李，母亲的行李箱一切正常，里面只是一些旧的衣物。我的行李箱里装着我乐曲的手稿。当打开父亲的行李箱时，海关人员发现了一份在1912年伦敦举行的俄罗斯芭蕾舞盛大演出的节目单。父亲当时指挥了自己的芭蕾舞剧《阿尔米达的陈列馆》，他非常珍视这份由蚕丝纸印制的节目单。海关人员涨红了脸，没收了这个行李箱。除此之外，里面还有里姆斯基–科萨科夫、普罗科菲耶夫和其他一些音乐家朋友们的信件。真有意思，难道我父亲的行李箱会发生什么不成？[……]

我们是乘"蒙基别拉"号小渡轮离开的……傍晚许久，它开始了它的行程。我看到港口和群山渐渐消失在雾色里。这多像又一次离开故乡！为什么呢？我自问。我还能再一次见到它吗？（引自*B.F.*）

22岁的作曲家、钢琴家、作家永远离开了俄罗斯（圣彼得堡）和格鲁吉亚（梯弗里斯），他最终成为一位杰出的俄侨音乐家。这位有着数十本作品集的作曲家离开了，他是"白银时代"的产儿，是俄罗斯新艺术特别是新诗歌的亲近者。这位艺术家奔向了"新的堤岸"——很快，这个堤岸将不再是涅瓦河，也不再是库拉河，而是塞纳河！

第三章　侨民的空气和面包

车列普宁一家离开了，他们去了一个在任何一张世界地图上都找不到的“国家”——那是一个“境外的俄罗斯”（Зарубежная Россия），它由许多欧洲和亚洲国家的“角落”组成。在北美洲、南美洲和大洋洲等100多个城市里，能够听得到俄语，能够见得到用俄文发行的报纸和杂志。如今，对1917年10月之后的移民现象的根本和持续意义的研究已初具规模（首先是历史学家、哲学家、政治学家和文学家等），从各个角度对这一现象的探究也大有成就。而对我们音乐史学家来说，这一领域的研究已经到了刻不容缓的地步，这是我们的职责，至少是人性的职责。我们着手这项工作实际上已经是远远落后了。离开共同的志趣和统一的认识，离开对当时环境和现实的描述，则不可能再现流落在世界各地的俄侨的生存状况。

1956年在纽约出版了《流亡中的俄罗斯文学：俄罗斯文学视野历史探索》一书，作者是19—20世纪俄侨杰出的文艺学鉴赏家Г.П.斯特鲁威①。他在书中表明了自己的观点：

侨民文化现象把全俄罗斯原先在同一条河道里流淌的文化潮流，临时引向了另一面。[……] 我们的“这条水流”从理论上完全有理由与苏联的并驾齐驱。[50]

在书中，他还做了精彩的术语解释：

术语“移民”（эмиграция）一词，不能用普通的意义来理解。[……] 我更同意赋予它这样的字眼，那就是“侨民”（русское Зарубежье）或是“境外的俄罗斯”。

斯特鲁威的这本书（巴黎，第二版）于20世纪80年代中期传入苏联。这一时期涌进了大量俄侨的文学、哲学、历史著作，侨民的文化和精神世界逐渐被其祖国人民所认识并熟悉。人们开始讨论斯特鲁威所提出的一些历史—文化现象，研究它们究竟说明了什么，比如以“一种还是两种文化”命名的国际俄罗斯文化学者代表会议的举行[51]，以及

① Г.П.斯特鲁威（1898—1985）：俄侨诗人、文艺评论家、文艺学家、翻译家。

不久前用俄文翻译出版发行的B.卡扎克①的大词典，这是对20世纪整个俄罗斯文学著作范畴的研究尝试。[52]除此之外，还有不少涉及俄侨的文学、绘画等文化遗产的著作在俄罗斯发表。[53]

将“这里”和“那里”的俄罗斯音乐文化进行比较，把“20世纪俄罗斯音乐文化”作为一个整体来研究的任务摆在我们的面前。但是，对俄侨音乐文化的研究依然不多，至今，人们对此仍知之甚少。

这看起来仿佛是无稽之谈——难道对拉赫玛尼诺夫的研究很少吗？还有斯特拉文斯基、梅特涅尔和夏里亚宾？当然，许多年来，他们也是被禁止研究的对象。他们的文化遗产起初返回来的只是很少的一部分（后来，又返回来许多拉赫玛尼诺夫的宗教音乐和普罗科菲耶夫、斯特拉文斯基侨民时期的作品），当然，不管怎么说是回来了。但是，难道还要重复那句老话：他们中哪一个被认为是文化高峰的代表？要知道这些属于音乐范围内的名字（我们不涉及芭蕾）在现阶段严肃的学术著作里是经常被排除在外的。在一本由俄侨民史学的领军人物马尔科·拉耶夫②于1990年在纽约出版的著作的目录中所收录的415个名字里只有6位是音乐家，该书4年后

① B.卡扎克（1927—2003）：德国斯拉夫学专家。

② 马尔科·拉耶夫（1923—）：俄裔美籍史学家，美国哥伦比亚大学俄语教授。

在莫斯科用俄语出版发行（这是一本关于“第一次移民浪潮”的百科全书）[54]。在一本由K.施廖盖尔教授编辑的范围宽泛的集体性学术专著（国际学术会议成果）所涉及的1000个人物里，也仅仅只有近10位音乐家，这其中有一半还是著名的演员[55]。除了我们经常提到的名字之外，侨民音乐家中还有移居巴黎并在那里工作了近8年的A.格拉祖诺夫，另外还有A.格列查尼诺夫、尼古拉和A.车列普宁父子、И.维施捏格拉特斯基、H.阿布赫夫、A.卢里耶、H.纳博科夫、B.杜凯利斯基等。还包括如下各辈代表人物：И.马尔科维奇、И.施林盖尔、Л.萨明斯基、Ю.巴梅兰策夫、Ф.伽尔特曼、И.文科列尔、B.保尔、A.别尔那尔特、Ф.阿基门科、И.里亚敏、E.公斯特、Я.别尔拉茨基、A.蒙富列特、П.卡瓦廖夫、A.特列兵斯基、M.史特里梅尔、И.卡图阿尔、K.康斯坦丁诺夫、B.涅里多夫、И.苏赫夫，等等。在世界上数量如此众多的关于音乐的书籍和文章中，俄侨民各个专业的音乐表演家们所占据的位置最多不超过10页！所以，首要的，我们要明确一点：侨民音乐研究的规模首先要建立在专门、独立的侨民音乐研究的前提和秩序之上，这是由它许多存在的特殊性所决定的。

俄侨的音乐文化世界并没有终结，当然它包括音乐创作、音乐会、剧院演出、音乐出版物、音乐评论和音乐学、音乐教育和音乐家日常生活，等等，这种多层次的画面引领你走进这种文化及其独特的生存状态中。

现在，已经能够按照某种时间性的标志和规律为这种侨民文化断代了：

20世纪20年代，是“积攒力量”和恢复从前俄罗斯文化“聚集希望”的时期；20年代末到30年代上半期，是艺术生活的高涨时期，“俄罗斯境外”的创作蓬勃发展，各种创作上的尝试卓有成效（这在П.Е.卡瓦列夫斯基①和Р.古里②[56]的书中有所反映，但是介绍得还是非常的少）；然后，渐渐地，它们中的一部分消停了，而其他的则被同化了，这是任何一种侨民和散居文化的悲剧。

“第一次移民浪潮”在时间排序上的惯例，是在两次世界大战期间确立的。的确，第二次世界大战从根本上改变了原有的形态，下一次移民浪潮已经与“俄罗斯式生活”的延续无关了，它也不再负有“第一次浪潮”的文化使命。补充一点，在许多文献，包括上面所提到的学术和史学著作中所划定的日期界限（1917、1918、1920—1939、1940、1941），并没有深入地反映出许多文化和创作现象内在的本质，冒昧

① П.Е.卡瓦列夫斯基（1901—1978）：俄侨历史—哲学科学博士、教师、社会活动家。

② Р.古里（1896—1986）：俄侨作家、评论家、回忆录作者、社会活动家。

地提出论断：

“第一次移民浪潮”的代表人物和载体在地球上的生命持续多久，其侨民文化（包括音乐）就迁延多久，他们生活在20世纪50年代、60年代、70年代，并且还保留了某些“俄罗斯血亲”的特点，他们还记得哺育自己的“革命”前俄国母亲的乳汁。他们是“白银时代”的产儿。

侨民们的经历具有一种共同的、规律性的模式。车列普宁一家也不例外，他们被卷入了同一股历史潮流中，他们行进的地理路线也是非常典型的。侨民们迁移的主要路线是：

首先是君士坦丁堡（今伊斯坦布尔）、布拉格、索菲亚，然后是柏林，再从柏林迅速转入巴黎。

巴黎从20世纪20年代中期到“二战”前一直是俄侨移民势力的文化和艺术中心。二战开始后，这个中心转为美国。车列普宁一家选择了这个路线其中的一段：君士坦丁堡—巴黎。A.车列普宁的父母从此没有离开过那里（的确，玛丽亚·阿里别尔托乌娜在1945年丈夫去世后，就不再与在美国的儿子住在一起了）。而这次旅行本身展现给亚历山大的，是完全不同的空间和感受。

A.车列普宁在晚年的回忆中描述了当时他们的经历：

最后，6月27日，穿过美丽如画的博斯普鲁斯海峡，轮船驶进君士坦丁堡，第一晚烤肉的味道让人终生难忘。小狗“图士坎”（在巴图收养的狗的名字，这充分体现了A.车列普宁的软心肠；在另外的材料里，比如给B.A.吉赛廖夫的信中则称之为“博尔坎”。——*Л.К.*注）对卡拉塔区的猫表示出极度的恐惧和敌意。车列普宁一家在那里找到了一处不太贵的宾馆，从此，A.车列普宁再也没有强行把小狗带出过家门。家里第一件要办的事情就是与尼古拉在巴黎的朋友们建立联系，在格鲁吉亚他们已经完全与西方世界断绝了往来。为了生存，他们举办了音乐会。一次在俄罗斯东正教大学生活动的俱乐部，另一次则在名为“玛雅卡”的俱乐部里。（引自*B.F.*）

在档案中收藏着来自君士坦丁堡（今伊斯坦布尔，后同）的俄文报纸的一角剪报，玛丽亚·车列普宁娜亚为其注上“报纸。君士坦丁堡，第155号，周一，1922年7月4日（Presse du. Constantinople No.155. lundi 4. 7.1921）”的字样，文章标题为“剧院和音乐：H.H.车列普宁庆祝会”（没有署名），内容如下：

最近，为欢迎作曲家H.H.车列普宁到达君士坦丁堡，

Y.M.C.A.[①]举办的交响音乐会在Φ.A.伽尔特曼的指挥下进行。[……]乐队和观众连续三次用掌声欢迎H.H.车列普宁来到观众面前。接下来加演的节目留给了车列普宁父子。首先演奏了H.H.车列普宁《弦乐四重奏》中迷人的"Adagio"（柔板），然后，A.车列普宁演奏了一系列自己的钢琴作品。A.车列普宁鲜明、个性的表现形式令全场皆惊。其丰富的和声和节奏与创作上独一无二的率真结合在一起。它们时刻触动着观众，使他们不能冷静下来，最后不得不被他强烈的天才所征服。年轻的作曲家刚刚完成这个音乐会，就直接参加了另一场Y.M.C.A.的交响乐音乐会……（引自*P.S.S.*）

这是在国外的第一篇关于A.车列普宁的评论呀！我们认为，这篇文章的作者就是伽尔特曼，还有谁比他更了解A.车列普宁呢？我们曾在梯弗里斯（今第比利斯）的文章里见到过相似笔触的评价，这是属于伽尔特曼的文风。

还有一个"君士坦丁堡的痕迹"：一页谱子——就像前不久"在去埃里温的路上"所记录的歌曲，车列普宁为其附上标题为"君士坦丁堡流浪手风琴艺人记录。1921年"，并加上附注："或者采用叠句（refrain），或者做休止，模拟流浪手风琴艺人。"（引自*P.S.S.*）

① 全称为Young Men's Christian Association，即基督教青年会。

谱例 3-1

这个音乐片段借用了格鲁吉亚城市流行的民俗风格（管风琴式低音支持的断奏结合着五度音程的大跳）。

在君士坦丁堡自然也有不少在梯弗里斯时的旧友故交，在“异国森林”里的呼喊开始了。

安娜·玛尔科措娃在1921年10月25日从君士坦丁堡写给巴黎的玛丽亚·车列普宁娜亚的信中说：

如果能安排H.H.车列普宁在巴黎俄罗斯音乐学院做院长，这无疑是非常好的。我相信，他可能还没有忘记我。我见到报纸上说A.K.格拉祖诺夫获得了休假已经出国了，我觉得他不会再回去了（多么敏锐的嗅觉呀！——*Л.К.*注）。[……]在君士坦丁堡，他们要建一所音乐学院，施特列依赫尔让我来参与安排……但是实际上，很想在别的什么地方开设它。我的心灵是故乡的，我是那么爱她，正如您那样，离开她我也痛心得很。[……]在塞尔维亚成立了“俄罗斯音乐活动家协会”，正如我所知道的，它由在贝尔格莱德的音乐学院和音乐学校操办。协会主席由Ф.В.巴甫洛夫斯基担任（我不认识这个人）。除了他之外，还有一个小提琴家、一个大提琴家，甚至整个家庭都是音乐家的斯拉汀一家（他们来自哈尔科夫）……

在1922年4月16日的信中，她写道：

您想过要回故乡吗？如施特列依赫尔所说的那样？难道您真想冒险试一下吗？[……] 我也常常被乡愁困扰，但是却从没想到要回去。看一下"热那亚会议"上所说的吧……我本人是不会回去的。（两封信均引自*P.S.S.*）

补充说明：И.И.斯拉汀是著名指挥和音乐活动家，圣彼得堡音乐学院毕业生，П.И.柴科夫斯基的朋友和作品演绎者，俄罗斯皇家音乐协会（ИРМО）哈尔科夫分会的主席。菲奥凡·巴甫洛夫斯基是男中音歌唱家，在梯弗里斯和基辅歌剧院中演唱，在莫斯科大剧院与齐明一起演唱；1926年H.H.车列普宁以巴黎俄罗斯音乐学院院长的名义，把他纳入教授行列。З.施特列依赫尔是他在梯弗里斯时期的朋友，1923年已经在柏林。玛尔科措娃也在那里，在音乐学院任教。

我们再回到车列普宁一家的传记上（引自*B.F.*）：

忠实的朋友维施涅格拉茨基给他们寄来了钱（为了从君士坦丁堡到法国的行程）。经过了6周的时间，获得签证的烦琐手续总算结束了。这一段时间，虽然心情是焦急的，但是却给了年轻的、满怀求知欲的A.车列普宁认识君士坦丁堡的机会，以至于他晚年时认为，这座他路过的城市是一个最吸引他的城市。[……]他对希腊教堂里的礼拜仪式非常感兴趣，这让他想起了俄罗斯东正教堂里的祈祷仪式，但是神父的歌声和赞美诗是完全不同的，它们带有浓厚的东方色彩。

从君士坦丁堡的宫殿、墓地和古老的建筑里，他了解了历史上的土耳其，这引发了他不小的兴致，而穿越博斯普鲁斯海峡到达君士坦丁堡对岸的斯卡达尔的旅行，则更加引起了他对当地历史的兴趣，这里保留着原始而古老的土耳其人的生存状态，这让他想起了他少年时期曾到过的位于克雷姆的鞑靼人的村落。

8月初（1922年——译者注），车列普宁一家最终拿到了去法国的签证。8月4日他们坐上了西班牙的小轮船“圣何塞”号动身前往马赛。与在“蒙基别拉”号上一样，他们住在露天的甲板上，但是因为这一次是在船尾，所以相对要舒适一些。在划归他们使用的东西里有一张桌子，父子俩对能坐在桌旁创作音乐感到非常满意。他们的行程经过了马尔马拉海、达达尼尔海峡（那里还能见到白军残留的基地）、爱琴海和地中海、希腊群岛及华灯照耀的墨西拿[①]之夜，还有圣乔治海峡，以及位于撒

---

① 墨西拿为意大利城市。

丁岛和科西嘉岛之间的博尼法乔海峡。无疑，沿途皆风景如画。

轮船于8月13日夜里抵达了马赛，乘客们睁开眼睛，终于看到了法国的海岸：海港内停泊着许多船只，港口内的运输来往拥挤，时间这么早已是一派忙忙碌碌的热闹景象。火车在短小的隧道里进进出出，到处跑着小汽车和卡车，工厂高耸的烟囱里冒着青烟，而更高处则是飞机的轰鸣声。

经历了多少贫乏的日子，如此富裕的场景令人震惊：加纳比耶尔大街上人头攒动，宽敞的百货商店里堆满了货物。食品店里的食物琳琅满目，优质法国面包的香味扑鼻而来——这里有花样众多的面包，另外，还有许多诱人的糖果点心。或许，对车列普宁一家来说，最愉快的事情就是听到了他们所熟悉的语言，见到了围绕在自己周围的、生活在神赐的世界中的富足而忙碌的人们。尼古拉（即H.H.车列普宁——译者注）像大部分俄国人一样喜欢吃鱼，他放开肚子饱食了自己的早餐。

到了坐火车去巴黎的时候了。在搬运工人的帮助下，他们费力地把行李搬到第三节车厢。年轻的A.车列普宁兴高采烈地算着时间。从火车一起动，整个晚上他就站在窗子边：阿维尼翁、瓦朗斯、里昂、迪龙，然后，在凌晨到达巴黎。A.车列普宁写道：非常遗憾他没有带相机把他们到达巴黎里昂火车站的情景拍下来——他的父亲、母亲和他本人都穿着古怪，还有他们破烂的行李，他们就像在每个角落里搜集着散发着法国气息的大跳鼠。“我穿着西服，那是由青年东正教会送给我的，穿着有点小，头上戴的是一顶很古老的圆帽子，脚上则穿着一双格鲁吉亚（高加索）的民族便鞋。”

到达后的第一个念头就是为自己寻找住处。在里昂火车站转了不久，他们来到了位于里昂街上的“西吉”宾馆。这是一所老式的店面，就只能屈就了！只要能够接受他们就好。他们的房间在三楼，有一张大床是父母的，小床则是亚历山大（即A.车列普宁，下同）的。房间里没有自来水，但是宾馆是干净的，价格也能接受。这么快就找到了合适的临时住所，他们自认为是幸运的，他们甚至从没有怀疑过，侨居将是短暂的。亚历山大的父亲认为，他在巴黎的住处，在某些方面就像是他战前的临时逗留地，他相信世界形势一定会明朗起来，会有人恳请他回到自己的祖国，回到自己的家，会有人请他指挥乐队或者为佳吉列夫的芭蕾季再写点什么。

亚历山大手提箱中的手稿很快就找到了自己的市场。在他的钢琴教师依西多尔·菲利普[①]的推荐下，不止一个，而是四个巴黎的出版商带走并出版了它们。这些让人回忆往昔的感伤主义的作品写于A.车列普宁的少年时期和他在格鲁吉亚逗留期间，如今却意外地大放光彩。起初他把这些乐曲统一命名为《雏形》，但是菲利普，这位总是称呼自己6.4英尺（约1.95

① 依西多尔·菲利普（1863—1958）：匈牙利裔法国钢琴家、作曲家、杰出的教育家。

米——译者注）高的学生为“小男孩”的先生却反对这样命名，于是这些“跳蚤们”（指钢琴小曲）出版时就有了不同的名字，比如《器乐小曲》《小品》《组曲》等。这些稿费加上音乐会的收入，还有来自维施涅格拉茨基的一部分接济，已经能够维持近三年的生活了。

这段关于移民的叙述带有些讽刺意味，甚至在某些方面是残酷的。亚历山大离开故乡和格鲁吉亚几乎是违背他个人意愿的。他并不担心1918年和1921年这两次转折在政治上的影响，但是这两次迁移却让他失去了自己熟悉的职业环境。他喜欢圣彼得堡音乐学院，更喜欢在梯弗里斯的音乐生涯，在那里，他就像“第一次去农村的小伙子”，实际上作为歌剧作曲家、钢琴演奏家、音乐评论家，他已经取得了巨大的成功，而不得不放弃这一切实则是一种挫折。

亚历山大在欧洲取得了成就，自己的艺术前程也一片光明。在这里他有机会在作曲领域证明自己的实力，有机会研究自己喜欢的音乐。更重要的是，他有了在全世界旅行的可能。在中国和日本的工作完全与国家政治无关，然而，“世界音乐公民”的事实却能使他充分展示自己的天才，他需要整个世界。A.车列普宁这次看似勉强的“流亡”，实际上是开启他世界成就的一把金钥匙。

从另一方面来讲，尼古拉·车列普宁（即H.H.车列普宁——译者注）放弃了那个属于自己的世界……不管自己祖国的人民是如何喜欢作为作曲家的他，也不管在出发前他曾获得了何等世界级的成就……他希望进入西方的世界，为的是让事业重回自己的生命中来。

但到了巴黎才发觉，佳吉列夫抛弃了他。而西方观众们对待这些俄裔的常住居民们也完全不像是对待“俄罗斯的使者”。巴甫洛娃继续委约他的作品，但是这起不了决定性的作用。要从事真正属于自己的事业，他需要俄侨的介质，［……］尼古拉融入的这个侨民社会为他准备的实际上是冷遇和一块未可知的生荒地。

许多年过后，作者当时的某些见解看起来有些过于武断和悲观。尼古拉·车列普宁（即H.H.车列普宁）获得了崇高的威信，而且不仅仅是在俄侨圈子里；他创作、指挥，在巴黎的俄罗斯音乐学院任教并担任院长，并且参与M.П.别利亚耶夫出版社和“监理会”的事宜。

B.B.谢尔巴乔夫[①]是H.H.车列普宁昔日的学生（1916年A.И.齐洛蒂的音乐季上演出了他的第一交响曲），在1922—1923年间他居住在柏林，一段时间里想要在那里找一份工作。他从柏林和德累斯顿给自己的妻子写了不少的信，在信中经

① B.B.谢尔巴乔夫（1889—1952）：俄侨现代作曲家，H.H.车列普宁在圣彼得堡音乐学院教授总谱读法课时的学生。

常提到有关俄侨音乐家们的情况：

在德国，我们的兄弟们想从“爱国的”德国人手中得到固定的收入是异常困难的……

关于梅特涅尔，他写道：

德国人完全不认可他，他的心情坏透了。

关于车列普宁一家，他写道：

在报纸上读到，在伦敦，作为一名优秀的钢琴家的萨沙·车列普宁（即A.车列普宁）举办了自己的作品音乐会，并取得了很大的成功；萨沙非常天才地写了一些类似普罗科菲耶夫的东西。（信件写于1922年12月29日德累斯顿）

关于A.车列普宁的父亲，他写的则是完全不同的状况：

可怜的H.H.车列普宁完全成了一个病中的老人，他生活得非常不好。当他来巴黎的时候，当然，人们已经完全把他忘记了，对他来说，这是多么糟糕的事情呀！……[57]

作曲家伊万·维施捏格拉特斯基以及谢尔巴乔夫在H.H.车列普宁班上的昔日同窗，在这之前曾从巴黎到过德累斯顿，可能，说出这番话是受了他的影响。

C.C.普罗科菲耶夫在1921年7月8日从法国写给身在柏林的音乐学家、文学家、朋友П. П.苏甫琴斯基的信中客观冷静、充分地分析了“这里”和“那里”的俄罗斯音乐家的现状和未来的前景：

> 你秋天到俄罗斯去追求“艺术人生”的想法我认为是错误的。现在，在那里，周围满是饿得变了形的、遭受屈辱的、挂满泪痕的艺术面孔。至于巴黎，我不知道有什么关系可以帮助您开始某种独立自主的事业，有人带着聪明的头脑和空空如也的口袋来了，比如：巴尔蒙特、舒哈耶夫、格列斯、施廖采尔，他们什么都没有，巴罗夫斯基勉勉强强，库谢维茨基还不错，是的……还有男高音斯米尔诺夫。[58]

还有一个关于俄侨生存环境的例证。在由玛丽亚·阿里别尔托乌娜保存的家庭纪念册中夹着乔治·阿达莫维奇[①]写的《К.Д.巴尔蒙特70周岁庆贺》(《最新消息》，1937年6月17日)，它不是物质上而是从精神层面上反映出怀乡之情：

① 乔治·阿达莫维奇（1892—1972）：俄侨诗人、文学评论家和翻译家。

巴尔蒙特不是在写诗，他是在歌唱，整个俄罗斯都听到了他热情的嗓音。[……]我们不能忘记那个把巴尔蒙特带上巅峰并允诺带给祖国“春天”的浪潮。这一切是那么遥远，多么遥远而短暂的俄罗斯的“春天”啊！多么向往“主易圣容”日和伊莎道拉·邓肯[①]的舞蹈，以及人流中列宾的学生被风吹乱的头发和围巾……[……]巴尔蒙特现在生活得怎么样？请安慰他并帮助他的生活，他不得不吃那些“流亡中苦涩的面包”。或许，他还唱那些半个世纪前让他激动的歌谣。（引自*P.S.S.*）

H.H.车列普宁用巴尔蒙特的诗作写出了美妙的《仙女的传说》。在巴黎，他们之间用便条和参加音乐会和晚会的邀请函互相交流。以下是一张来自伊莲娜·巴尔蒙特寄给车列普宁一家三口的邀请函（1923年8月20日）：

我们这儿有一个刚刚从印度返回的优秀的法国梵文学者和印度学家西里文·列维，他在塔格尔度过了整整一年。（引自*P.S.S.*）

这对A.车列普宁已有的和未来的东方趣味来说，应该是

① 伊莎道拉·邓肯（1878—1927）：美国著名舞蹈家，现代舞的创始人，1905年首次前往俄国，1921—1924年应邀赴苏联办学，是苏联著名诗人叶赛宁（1895—1925）之妻。

很有吸引力的！

在离开俄国后的一段时间里，A.车列普宁一直与父母住在一起。结婚后在旅行期间，他与自己的父母每天保持通信联系（每天！），所以，他的事业、兴趣和心情不可能脱离H.H.车列普宁的活动和家庭环境的影响。在那里他还与自己的祖父“贝尔吉”、舅父“舒拉”和贝努阿家族保持着联系。

这是一个非常友好温暖的家庭，儿子和父母之间的关系亲密而温柔（或许，A.车列普宁年轻时温和的性格因此而来）。通过阅读来往的书信可以发觉他们之间有一种统一的、习惯的、亲切的语气。父母对于A.车列普宁来说是精神和事业上的支柱，而对于父母，他则是爱和希望。这种互相珍爱的统一性是一笔巨大的财富。通常，A.车列普宁会把自己前一天的工作详细地描述给父母，他写道：

哈哈，我崇拜的人们！我是多么高兴呀，因为，我们三个人彼此间是那么的亲密！生活在这种坚实的基础上，感觉是如此幸福！我亲爱的人！（1927年4月17日，引自*P.S.S.*）。

我和“我们的”今天带着很好的心情醒来，那是因为，你的父亲和我都梦见了你！（M.A.车列普宁娜亚写给A.车列普宁，1928年9月12日。引自*P.S.S.*；“我们的”指的是H.H.车列普宁。）

信中的亲昵感觉并不让人感到过分，这是他们一贯和固有的。玛丽亚·阿里别尔托乌娜在给萨沙（即A.车列普宁）的信中称自己的丈夫为“我们的亲爱的”或者直接称为“我们的”，而称儿子为“萨舒拉其卡”或“萨舒涅其卡”，儿子则称父母为“我崇敬的、温柔的爱。”

这个家庭在完全不同的民族侨居地中却保存俄式的传统，首先是语言。在A.车列普宁的信件和日记中存在如此特别的语言是理所当然的（不仅仅是他的词汇，还有，可以这样说，是诗化的语言），虽然后来这些已经一去不复返了。“珍贵的”“致谢的”“探望”“忠实的”——在别样的语言环境和思维方式里，随着岁月的流逝，在语言风格中掺杂了法国和英国的方式是不可避免的。

儿子和父亲之间交流的重要话题就是寻找歌剧剧本。H.H.车列普宁到那时也没有改变自己歌剧创作的风格。在1920和1930年之间，他创作了两部歌剧，一部是《亲家》（根据A.H.奥斯特洛夫斯基[①]的剧作《贫穷不是毛病》），另一部是《万卡—管家》（根据Ф.萨拉古博[②]的剧作），后者剧本的选择颇费了一番周折。

A.车列普宁在1927年3月4日写道：

---

① A.H.奥斯特洛夫斯基（1823—1886）：杰出的俄国剧作家。

② Ф.萨拉古博（1863—1927）：俄国诗人、作家、剧作家。

> 亲爱的爸爸，在完全放弃阿瓦库姆之前，我们再等一下好吗？我寄给你三本有关他和其事迹的资料书。他是个勇敢的、思想新颖而且有文化个性的人。如果是我，绝不会拿他去和有风格模仿之嫌和供人取乐的《万卡—管家》交换。（引自*P.S.S.*）

当然，父亲最终还是选择了对创作有利的“供人取乐的丑角”。但歌剧创作工作结束后，儿子还是对父亲的新作品报以赞赏和钦佩。A.车列普宁在1928年8月30日去往大西洋的轮船“荷马号（Homeric）”上写下对前不久父亲的歌剧《亲家》的演出印象：

> 歌剧中有许多新鲜感觉和新的手法，这一切都存在于真诚的音乐中，滑稽和欢乐的背后隐藏着多少深刻感人的人性呀！非常高兴地回忆起“瓦尼其吉”[①]的音乐，我认为，它体现了新的音乐本质，它存在着，并将永远存在下去……

谱例3-2

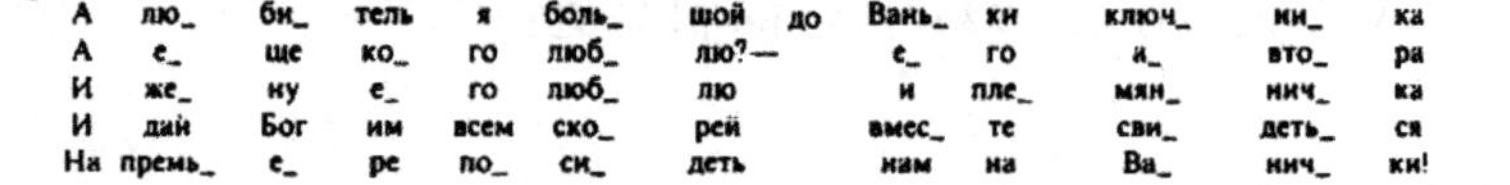

① 瓦尼其吉：即歌剧《万卡—管家》的昵称。

玛丽亚·阿里别尔托乌娜对于两位作曲家来说是很具权威性的。H.H.车列普宁给M.A.车列普宁娜亚（1927年8月4日）的信：

今天整整一天都在重新修订第二幕（指《万卡—管家》），你不太喜欢的组合样式，我认为，这是有好处的！你的感觉是有益的。（引自*P.S.S.*）

玛丽亚·阿里别尔托乌娜在从巴黎写给纽约的儿子的信中，描述了1928年11月5日A.车列普宁两首作品的音乐会的情况：

比耶尔涅[①]很好地呈现了所有的曲目，而《室内协奏曲》（*Concerto da Camera*）则取得了巨大的成功……这是多美妙的音乐呀，萨舒涅其卡！听完它，心中不由得充满了愉快和欢乐。在《如阿仔里》中，比耶尔涅赋予乐队怎样的音响呀！它充满着温柔和神秘。[……]在音乐会上，我们见到了普罗科菲耶夫。“我们”邀请他来听一下《万卡—管家》，他答应了，玛如欣[②]和费加今天5点也一同前来。我决定在这之后请

① 加布里埃尔·比耶尔涅（1863—1937）：法国指挥家、作曲家、管风琴家。
② 玛如欣（1889—1939）：俄罗斯侨民，无声电影演员。

他们吃饭，为的是能坐下来说说话。大馅饼对俄罗斯人来说是最爱，所以我想应该准备。[……]“我们的”（指H.H.车列普宁——译者注）非常兴高采烈，他很好地弹奏并演唱了所有的角色。每一场的开始，他都做了详细介绍，虽然在座的是一群完全不同的人，但是每个人都非常喜欢。[……]伟大的（普罗科菲耶夫——*Л.К.*注）是非常令人着迷的，因为他看上去非常愉快和乐观，他吸引了我们所有的人。他非常喜欢《神秘》（*Mystere*，A.车列普宁作品Op.37第二部分——*Л.К.*注），他从中发现了你的新倾向。对《万卡—管家》他诚挚地表示了喜爱，并认为它好于《亲家》，称其中有很多歌剧的新风格和新方式。[……]关于自己，他说道：他现在重新开始为《伊格罗卡》配写总谱，为此从马林斯基剧院手中获得所有的老材料。他还说道：萨舒涅其卡，你的作品现在经常演奏，他在其间起了很大的促进作用。他给人总的印象是：精力充沛地、充满活力地、自信地，但没有丝毫粗鲁无礼。（1928年11月7日，引自*P.S.S.*）

与C.C.普罗科菲耶夫一家的交往是密切的。他们之间的许多信件被保存了下来，我们摘录一些片段。普罗科菲耶夫在1924年2月27日写给M.A.车列普宁娜亚的信中写道：

亲爱的玛丽亚·阿里别尔托乌娜，今天我们非常顺利地生下了儿子[①]，我急着告诉您。吻您的手！请原谅写得这么短！爱您的C.普罗科菲耶夫。(引自*P.S.S.*)

丽娜·伊万诺娃[②]在写给玛丽亚·阿里别尔托乌娜的信中也谈了家庭的情况，玛丽亚把这封信放在专门的书信集里。1924年7月17日：

谢廖沙[③]有很多工作。我很高兴自己经过一年的沉默重新开始唱歌。玛丽亚·格里高里耶乌娜[④]已经恢复了健康，她觉得自己非常有活力。我们的小家伙健康成长着，他总是很响亮地笑，头已经能挺直了，也能很好地坐在自己的座位上。[……]谢廖沙非常关注我们的音乐家们[⑤]的生活和他们的新创作。(引自*P.S.S.*)

C.普罗科菲耶夫1925年3月24日写给H.车列普宁：

来自蒙特卡洛衷心的问候。从带着香水味道的“香橙”[⑥]处

① 指普罗科菲耶夫长子斯维亚托斯拉夫。
② 丽娜·伊万诺娃：普罗科菲耶夫首任妻子，俄罗斯女歌唱家。
③ 谢廖沙：普罗科菲耶夫名字谢尔盖的昵称。
④ 玛丽亚·格里高里耶乌娜：普罗科菲耶夫之母，俄罗斯女钢琴家。
⑤ 指车列普宁父子。
⑥ 此处是普罗科菲耶夫的诙谐语气，具体地址不详。

归来，在贝尔维[①]（Bellvue）待了两天后来到这里。谢谢您的来信并祝贺您“登基”（felicitation）[②]。见鬼，我成了光荣的叶西波娃[③]学派的代表人物！要知道我与之争吵多于向她学习。我见到了萨什卡[④]，他非常健壮。拥抱您，吻玛丽亚·阿里别尔托乌娜的手。С.П.（引自*P.S.S.*）。

另外一封，1925年6月3日，巴黎：

亲爱的尼古拉·尼古拉耶维奇，寄给您观看库谢维茨基音乐会的票，那里将上演我的新交响曲。或许您有空去看星期五早上九点的总排练？差5分钟9点我将在歌剧院的演员入口处等您。吻！来自*Linette*的衷心的问候。您的С.普罗科菲耶夫。（引自*P.S.S.*）

一年之后的1926年7月2日：

亲爱的玛丽亚·阿里别尔托乌娜，请把这张附加的小纸

---

① 贝尔维：美国城市。

② 祝贺Н.Н.车列普宁担任巴黎俄罗斯音乐学院院长一职。

③ 安娜·叶西波娃（1851—1914）：俄国女钢琴家，普罗科菲耶夫在圣彼得堡音乐学院的钢琴教师。

④ 萨什卡即А.车列普宁的昵称。

条转交给尼古拉·尼古拉耶维奇并转达我一路顺风的祝愿，祝愿他在这个格拉祖诺夫喜欢去的城市中取得巨大的成功！如果尼古拉·尼古拉耶维奇能来听我的交响音乐会，我会非常的感激……最衷心的问候！吻您的手，您的C.普罗科菲耶夫。（引自*P.S.S.*）

最后，是在发表的信件中最早的写给A.车列普宁的，1923年11月13日：

受人尊敬的A.车列普宁，今晚我们会面时，我把《小提琴协奏曲》的分谱弄丢了，为此我非常伤心！除了objets trouves（即失物招领处——*Л.К.*注）我哪里都没去，所以到现在为止，没去您那里，也没去爸爸那里，也没去妈妈那里！但是，如果方便的话，把它的手抄件重新给我，我会非常喜悦去拜访您的。致以衷心的问候！C.普罗科菲耶夫。（引自*P.S.S.*）

“俄罗斯境外音乐家”的交往也成为音乐文化中的重要环节。这一章的题词甚至可以引用优秀的、博学的音乐家，卓越的音乐文化的代表——乌拉基米尔·伊万诺维奇·坡里[①]的

① 乌拉基米尔·伊万诺维奇·坡里（1875—1962）：俄侨钢琴家、作曲家、美术家教师。

信件中的几行。（在C.K.马科夫斯基著名的《在白银时代的帕尔纳斯山上》一书里，曾专门为他写了一个章节）。他在1950年4月14日的信中的最后一行写道：

附上今天《费加罗》中的剪报一角，还有里姆斯基-科萨科夫歌剧中的菲乌罗尼亚的呼喊（在森林里）：

谱例3-3[59]

这种来自异国森林里的“呼喊”经常响起，特别是在1920年间。人们渴望彼此找到对方，相互间的帮助是迫切的，许多的信件简直就是“哀嚎”！车列普宁家中来过许多曾经非常有名望的人，他们如今背负着来自物质、精神和职业上的多重压力。

刚刚埋葬了妻子的H.H.车列普宁的“老学生”A. И.托尔列茨基——著名的歌唱家И.B.伊尔邵夫①（马林剧院斯基舞台上瓦格纳歌剧中男高音角色的扮演者）的女婿，1922年11月

① И.B.伊尔邵夫（1867—1943）：苏联歌剧歌唱家、男高音、教授，苏联人民艺术家，1895—1929年期间在马林斯基剧院演唱。

12日从萨格勒布[1]写道：

从1914年春天我们的最后一次会面到现在，多少光阴流逝了……横在我面前的是一条满是贫困的深渊……妈妈在饥寒交迫中逐渐衰弱下去……我也找不到工作……如果你们自己不能够帮助我，就请求一下别人吧！或许菲莉亚·利特文想要援助"齐格弗里德的女儿"[2]的丈夫，或许普罗科菲耶夫（妈妈的亲戚，是叶卡捷琳娜·格里高利耶乌娜·拉耶夫斯卡雅[3]这条血系），或许萨沙·齐洛蒂也可以帮助我……您过去的学生舒力克的命运就托付在您的手中了……我熟悉《艾尔米达的陈列馆》，我深信它的作者的善良、宽厚和纯洁。（引自*P.S.S.*）

从托尔列茨基的母亲——冯·施杰别里男爵夫人与M.A.车列普宁娜亚的通信中，可以判断最后车列普宁娜亚给予了他不少的帮助。这只是来自众多故事中的一个，只是其中一位音乐家的命运。

巴黎的俄罗斯音乐学院的开设和H.H.车列普宁在那里的工作，引发了整个圈子里的人想去那里工作的请求、申请和提议。但是，其中大部分不能够如愿以偿，导致许多杰出的

① 萨格勒布：克罗地亚首都。

② 指托尔列茨基的岳父伊尔邵夫，曾扮演过齐格弗里德。

③ 叶卡捷琳娜·格里高利耶乌娜·拉耶夫斯卡雅：普罗科菲耶夫的母亲。

音乐家消失得无影无踪。彼得·萨布罗夫来自日内瓦，他是里亚多夫、H.H.车列普宁和施坦因波尔格的学生，圣彼得堡音乐学院的毕业生，从1922年秋天担任电影公司的钢琴师，后来执教和声和复调课。1923年12月，当普罗科菲耶夫去往日内瓦的时候，他恳请普罗科菲耶夫推荐他前往巴黎的音乐学院任教。普罗科菲耶夫回答说，因为他住在法国，所以没法帮助他。

听说在您的英明的指导下，在巴黎已经开设了俄罗斯音乐学院，我在俄文的报纸上看到了，并亲耳从H.H.凯德洛夫那里听到了这一消息。（引自*P.S.S.*）

信的作者恳求前往那里教授任何一门理论课，但最好是“里姆斯基–科萨科夫体系”的和声课。这难道又是这些不幸的音乐家们中的一个？

曾师从于C.И.加贝尔[①]的歌唱家菲奥凡·巴甫洛夫斯基[②]也曾想加入巴黎俄罗斯音乐学院的教授的行列，他的境况不算太坏：任歌剧指挥，在该校歌剧班上任教（来自他的信件，

① C.И.加贝尔（1849—1924）：俄国男低音歌唱家，导演和教师。

② 菲奥凡·巴甫洛夫斯基（1881—1936）：苏联男中音歌唱家，导演和教师。

引自*P.S.S.*)。谢尔盖·亚历山大洛维奇·特拉伊林[①]是圣彼得堡著名的音乐家，他的许多作品曾在巴拉基列夫的推荐下出版。1921年9月15日，从君士坦丁堡（他们或许是在那里见得面？）带着恳请向M.A.车列普宁娜亚通报了自己的近况和下一步的打算：

我的工作并不重要，勉勉强强地活着，我已经10天没有演奏了，花园关门了，音乐家们却增多了。(引自*P.S.S.*)

特拉伊林后来在布拉格成为一位优秀的活动家。布拉格是俄侨国外艺术文化的中心，是“俄罗斯的牛津”。而特拉伊林曾为俄侨音乐力量的凝聚，建立与“俄罗斯音乐的麦加”——巴黎的联系方面做了许多的工作。

俄侨很快就在各种小组和群体里组织和团结起来。我们得知在1921—1922年间在巴黎活跃着的侨民会有（这要感谢Л. А.穆努欣的《编年史》):“彼得格勒侨民会”“莫斯科侨民会”“伏尔加侨民会”“沃伦涅日侨民会”“克林木侨民会”等。还有“法国俄罗斯学生联盟”“俄罗斯文学家和艺术家联盟”“俄罗斯历史和艺术协会”“文学艺术青年小组”“俄罗斯

① 谢尔盖·亚历山大洛维奇·特拉伊林（1872—1951）：拥有顿河哥萨克贵族血统的俄侨作曲家、钢琴家。

之家俱乐部”“俄罗斯神智学协会”“科学和哲学协会”“大型俄罗斯学生东正教运动组织”“国外俄罗斯律师联盟”“俄罗斯法律协会”“俄罗斯退役军官联盟”“巴黎—欧洲救助协会”“俄罗斯医生协会”“俄罗斯体操协会—萨克尔”，等等。这样的协会还能列举出许多，它们体现出一种团结的萌芽状态（我们可以看到，其中没有一个音乐会组织，自然更谈不上聚集俄侨的音乐力量并为音乐家群落——作曲家和表演家们提供保障）。

汇集“俄罗斯境外音乐”力量的最初尝试，是在车列普宁一家来到在巴黎的这段时期。1921年的2月，由时任主席冯·德里曾男爵的组织成立了“俄罗斯音乐活动家联盟”，在一些刊物中，我们找到了有关这个联盟组织的晚会、音乐会、讲座、会议等的报道。另外，在巴黎“俄罗斯音乐学院”组建前，侨民音乐家们就开始了在音乐教育领域探索的尝试，比如：

1920年11月，在巴黎开设了M.阿列妮娜亚·德·阿丽盖依姆[①]（我们记得她是穆索尔斯基声乐作品最佳的演绎者）音乐班。

① M.阿列妮娜亚·德·阿丽盖依姆（1869—1970）：俄侨室内乐歌唱家，次女高音。

1921年，由扎斯拉夫斯基担任艺术总监的巴黎彼得格勒交响乐团建立。分设音乐、戏剧、歌剧和芭蕾分部。（该公告刊登在10月9日的《最新消息》上。）

1923年，由C. B.拉赫玛尼诺夫命名、H.H.车列普宁担任校长的巴黎“俄罗斯音乐学院”建立（后来，在20世纪30年代，A.车列普宁也在此校任教）。1931年，组建了“俄罗斯境外音乐家协会”（俄文缩写为“PMO3”，它的领导权归属于该音乐学院）。

笔者没有在法国得到有关这些机构和团体活动的充分的、有代表性的资料。它们实际上大部分收藏在捷克斯洛伐克的隶属于“俄罗斯境外历史档案馆”（俄文缩写为“P3ИA”）的“俄罗斯音乐协会档案”中，这些档案反映出许多优秀的俄侨活动家们不懈努力的成果，而位于布拉格的“俄罗斯文化艺术博物馆”也成为真正的俄侨资料的宝库。这里，我们顺便公布Л.H.托尔斯泰的秘书瓦列汀·费多罗维奇·布尔伽高夫[1]写给M.A.车列普宁娜亚的信中的一段。B.Ф.布尔伽高夫是当时布拉格“俄罗斯博物馆”的领导，M.A.车列普宁娜亚把父亲阿里别尔特·贝努阿的画作献给了博物馆。布尔伽高

① 瓦列汀·费多罗维奇·布尔伽高夫（1886—1966）：列夫·托尔斯泰的追随者和最后一位秘书，众多文化博物馆的领导人物。

夫把阿里别尔特·贝努阿的水彩画称为“杰出的艺术家美妙的作品”，他称玛丽亚·阿里别尔托乌娜的礼物是“无价之宝”（这是后来在1937年的信中所说的）。B.Ф.布尔伽高夫清晰地记着拜访车列普宁一家时，与玛丽亚·阿里别尔托乌娜和受人尊敬的尼古拉·尼古拉耶维奇相识时的场面：

……非常遗憾，时间不允许我拜访在巴黎的其他的优秀的俄侨音乐家，并参观俄罗斯音乐学院。[……]半年或者一年后，当我再次前往巴黎时，一定要拜访尼古拉·尼古拉耶维奇向我提到的那些人，整理他帮我所做的，关于搜集典型的侨民活动信息的事情[……]。（引自*P.S.S.*）

许多俄罗斯境外历史档案馆的无价瑰宝（指珍贵资料）在1945年从布拉格转移，对于历史研究者来说，这无疑是一个坏消息。他们想从苏联的各类政府档案馆中把它们分离出来，但对于研究者来说它们却被封闭了许多年。当然，它们被保存了下来，现今已经对人们开放了[60]。在这里，我们找到了大量关于巴黎“俄罗斯音乐学院”和“俄罗斯境外音乐家协会”（PMO3）在巴黎的活动资料。这些资料存在的原因，是因为在1931年末到1932年初，住在布拉格的音乐家们着手在捷克斯洛伐克组建“俄罗斯音乐协会”，他们向巴黎的同行和朋友们咨询了在章程、教学和音乐会等方面的有关内容。[61]

这些20世纪俄罗斯音乐的宝贵文献应该进行专门的研究。现在我们把注意力转向它的成员数目、组成和活动事宜。

1931年7月1日，“俄罗斯境外音乐家协会”在巴黎的成员有1260人，“他们全是俄罗斯民族音乐艺术的崇尚者”。协会主席由A.卡纳瓦罗夫[①]担任（原来的皇家大臣），副主席由音乐家、指挥家、教师Ю.巴梅兰采夫[②]担任（С.И.塔涅耶夫的学生）；委员会成员皆由著名的音乐家担任，他们是М.穆罗姆茨耶娃、И.伽拉米杨、Ф.伽尔特曼、А.莫祖欣、В.坡里和Л.萨巴涅夫等。行政理事会与原先“俄罗斯皇家音乐协会”一样，由公主（公爵夫人）Е.阿尔金布尔斯卡亚领导，成员还有Ф.立特文、М.斯拉维娜、А.杨-鲁班、А.贝努阿、Л.科纽斯、Н.凯德洛夫、И.鲁宾斯坦，以及С.瓦尔空斯基公爵等，另外还有不少的名誉会员［名誉会员的资格及权利、义务均附加在《章程》里，现存于俄罗斯境外历史档案馆（РЗИА）中］。其中，除了А.格拉祖诺夫、А.格列查尼诺夫、Ф.夏里亚宾、С·库谢维茨基、С.拉赫玛尼诺夫、Н.梅特涅尔和А.齐洛蒂之外（俄罗斯“明星”们），其他全都是对“俄罗斯境外音乐”表示支持和赞许的外国音乐家，他们是：路易·奥别尔、帕布罗·卡萨尔斯、阿尔弗莱德·科尔托、

① А.卡纳瓦罗夫（1875—1949）：1912—1917年期间任国家杜马成员，俄侨著名政治家、活动家，侨民中有威望的领袖人物。

② Ю.巴梅兰采夫（1878—1933）：俄侨指挥家、教师。

曼努埃尔·德·法雅、约瑟夫·霍夫曼、弗里茨·克莱斯勒、维勒姆·门格里别尔科、莫里斯·拉威尔、里奥伯·德斯托克夫斯基、理查·施特劳斯、阿里别尔·鲁赛尔、阿尔图罗·托斯卡尼尼、让·基博、约瑟夫·苏克、布鲁诺·瓦里杰尔、菲利克斯·瓦因伽尔特涅尔、盖里·乌特，等等。《章程》反映出当时俄侨的特殊的环境条件。协会有两个一致性的目标：

这是一个由“境外的俄罗斯”音乐家和音乐爱好者组成的联合组织，为的是改善和提高俄罗斯侨民音乐家们在生活、物质、精神和法律方面的条件；［……］发展巩固他们团结一致的精神并在“俄罗斯境外”持续发展俄罗斯的音乐传统和文化。

本着这个宗旨，“俄罗斯境外音乐家协会”举办了音乐会、戏剧、会议、讲座，建立了音乐图书馆，安排出版事宜，并组织了比赛等。这些保存下来的文献充分展现了，特别是在20世纪30年代中期“俄罗斯境外音乐家协会”是如何积极有效地展开工作的。

由拉赫玛尼诺夫命名的巴黎“俄罗斯音乐学院”的命运同时也掌握在“俄罗斯境外音乐家协会”的手中，这是复杂的。学院创立的最初几年，师资力量是非常优秀的。保存下来的教学大纲中所开设的学科有：器乐专项、基础理论、和声、百科知识（这门科目在十月革命前的莫斯科音乐学院就存在）、歌剧、合唱、节奏学、器乐合奏、音乐史和美学。这些学科的开设，充分显示了俄罗斯的音乐学院涉猎宽泛的教育传统，甚至，学生们入学时的要求也是非常严格的。但是，遗憾的是，随着时间的推移，学院降低了入学标准，它的教学目标已经不再是培养职业的青年音乐家，而最终变为一个为广大爱好者设立的学校机构，其中大多数学生的学习目标仅仅是为了学会而已。

但是，从建立初到20世纪30年代的后半期，“俄罗斯境外音乐家协会”和巴黎“俄罗斯音乐学院”的确在“境外俄罗斯”的环境中扮演了很重要的角色，它们很好地履行了《章程》里的规章和声明。在与身处其他国家的俄侨音乐家们的信函来往中，描述了当时的情况以及许多人的忘我奉献精神。比如，收藏在捷克斯洛伐克的档案中的信件，这是一封在1931年秋天，巴黎“俄罗斯音乐学院”的秘书Ю.巴甫洛夫斯基（大提琴家，柴科夫斯基的好友，他还清晰地记得其与伟大的作曲家一同前往科林的情景）往布拉格寄送教学法资料，邀请那里的俄罗斯和捷克音乐家们前往“拉赫玛尼诺夫音乐学院”（即巴黎“俄罗斯音乐学院”）任教的信件，信中写道：

在我们的音乐学院中同时存在着三种流派，那就是：莫斯科学派、圣彼得堡学派和维也纳学派。衷心感谢在音乐学院里聚集着如此著名的“音乐和教育”的教授队伍！巴黎的“俄罗斯音乐学院”成为整个“俄罗斯境外”重要的音乐中心。我们虔诚地保存着独具特色的俄罗斯学派的伟大传统，如今它已经驰名于整个世界。（там же，ед. хр.28[①]）

布拉格被算作是“俄罗斯境外音乐家协会”的分会，在章程里表明了协会的主张和目标（用俄语和捷克语两种语言写成），特转述如下：

1. 在捷克斯洛伐克（俄语缩写为“ЧСР”）持续发展俄罗斯音乐文化艺术；2. 团结生活在捷克斯洛伐克的音乐家和音乐爱好者，以及已经存在的音乐团体和小组；3. 促进捷俄，乃至整个斯拉夫人在音乐艺术领域的紧密团结。（там же，ед. хр.1）

协会的组织形式（如实际会员和荣誉会员的划分、权利和义务的阐述等）完全承袭了十月革命前“俄罗斯皇家音乐协会”的模式，但在侨民的生活中还面临着一些特殊的事情，比如，在儿童中间普及俄罗斯音乐，就是一件让人头疼的事

① 收藏于布拉格“俄罗斯文化艺术博物馆”的“俄罗斯音乐协会档案”中，“ед.хр.”是единица хранения 的缩写，是馆藏单位件、本、份、册的意思。下文同。

情。捷克斯洛伐克的“俄罗斯音乐家协会”（РМО）的主席是С. А.特拉伊林，理事会的成员有Б. А.耶乌列伊诺夫[①]和哲学家、音乐作家И.И.拉普生[②]。协会组织了许多俄罗斯作品音乐会，许多年轻的作曲家和表演家参与了音乐会的表演。

另外，在贝尔格莱德还有相类似的较大的组织，它的名称是“С. Х. Р.王国俄罗斯音乐协会”。И.维托尔是拉脱维亚作曲家，Н.Н.车列普宁的同学，也曾就协会组建的材料事宜征求过“俄罗斯境外音乐家协会”，特别是巴黎“俄罗斯音乐学院”的意见。

保持与各个国家的俄侨音乐家们之间的联系是必要的，也是经常的。比如，捷克斯洛伐克俄侨公共组织“统一侨民联合会”在庆祝拉赫玛尼诺夫60周岁生日之时，用这样的语句评价作曲家：

> ……我们崇敬您，不仅仅因为您是位伟大的艺术家，还因为您是一位杰出的俄罗斯人。从您的脸上，我们看到了您对祖国深沉的爱……，以及分散在世界各地的俄罗斯人的迫切的需求。（там же，ед. хр.29）

---

① Б.А.耶乌列伊诺夫（1888—1933）：俄侨史学家、教育家、诗人、记者、政治和社会活动家。

② И.И.拉普生（1870—1952）：俄侨哲学家，音乐作家。

1933年，他们已经知道了我们经历了半个世纪后才知道的，关于拉赫玛尼诺夫对“这里”和“那里”所做出的帮助。

A.格拉祖诺夫在回复捷克斯洛伐克“俄罗斯音乐家协会”（PMO）庆祝他生日的贺信（在这封贺信中，正如评价拉赫玛尼诺夫那样，对作曲家的作品特征做了准确而详细的评述）时，这样写道：

> 它（指贺信——*Л.К.* 注）深刻感人，给我留下很深的影响。[……] 肉体的健康并不重要，重要的是精神上的高度。我的思想从没有离开过我，是的，它从没有和技术脱离过！（там же，ед. хр.11）

格拉祖诺夫的名字再一次把我们引向车列普宁一家。在亚历山大·康斯坦丁诺维奇·格拉祖诺夫到达巴黎之时，H.H.车列普宁已经是一个资深“法国人”了。他开始为格拉祖诺夫的生活保障问题，特别是在“M.П.别利亚耶夫出版社”的出版事宜而奔走。那段时间出版社和监理会的领导H.B.阿尔岑布舍维姆[①]（H.车列普宁在一段时间的通信中称之为“东家”）对出版活动尽量缩减和约束，H.车列普宁对此十

① H.B.阿尔岑布舍维姆（1858—1937）：俄侨作曲家，音乐社会活动家，受M.П.别利亚耶夫遗托，从1907年起成为“俄罗斯作曲家和音乐家促进会”委员会主席。

分反对。在1928年8月25日的信中（从巴黎到阿尔卡雄[①]），他向妻子描述了格拉祖诺夫的近况（他病了——耳朵里长脓疮，所以不能来拜访）：

> 昨天……白天，去了一趟格拉祖诺夫那里，并带去了几本俄罗斯的小书给他读，为此，他非常高兴。他的病好多了[……]，自我感觉和精神状态很好。[……]在桌子上放着奥尔[②]寄来的信，他现在就在巴黎……就是他邀请格拉祖诺夫前往他处，因为格拉祖诺夫自己是不能出境的。[……]我向“东家”阐述了在巴黎帮助格拉祖诺夫和奥列伽·尼古拉耶乌娜亚[③]重建生活的必要性，以及他所有的能力，另一方面，为他确定了按月从“别里亚耶夫”出版社领取费用的金额！（引自*P.S.S.*）

过了一周，在8月31日写给儿子的信中，H.H.车列普宁又提起格拉祖诺夫的事情：

---

① 阿尔卡雄：法国城市。

② 列奥波德·奥尔（1845—1930）：匈牙利-俄罗斯小提琴演奏家和教育家，俄罗斯小提琴学派的奠基人，1868—1918年期间在圣彼得堡音乐学院任教，后赴美国柯蒂斯音乐学院任教。

③ 奥列伽·尼古拉耶乌娜亚：生卒年不详，作曲家格拉祖诺夫之妻。

音乐学院接收了大量的信件，然后来了一群完全不同的学生，他们中的大多数已经具备了牢固的知识修养，还有的在别的国家就结束了音乐学业，另外一些甚至不是音乐专业。[……]晚上，和“东家”一起到了格拉祖诺夫那里，先不说他获得了机会，起码我见到他是非常高兴的，我觉得他见到我也同样很高兴。[……]从格拉祖诺夫那儿出来，我请“东家”到了咖啡馆，用最坚决的语气阐述了出版格拉祖诺夫全部作品的必要性，并提出，除了带给他应得的稿费外，是否能先预付给他另外的，最后，他同意了。现在“别里亚耶夫”出版社又重新开始了出版事宜，上帝保佑！（引自*P.S.S.*）

H.H.车列普宁还帮助过圣彼得堡的老朋友Φ.C.阿基门科（他是里姆斯基–科萨科夫和里亚多夫的学生，斯特拉文斯基曾上过他几节课）。在20世纪30年代后半期，阿基门卡给M.A.车列普宁娜亚写道：

亲爱的玛什卡，谢谢你给我这个长期饱受贫困的人寄来钱。为备急需，我寄给你我音乐会的5张门票，希望你把它们卖给喜欢我音乐的人们。（音乐会应该是在圣麦尔金伯爵的家中举行，引自*P.S.S.*）

在20世纪20年代到30年代两个十年间，在巴黎的各大音乐厅里都上演过俄罗斯音乐，参加演出的，都是已经享有盛名的俄侨音乐家，比如：C.拉赫玛尼诺夫、C.普罗科菲耶夫、A.巴罗夫斯基、H.阿尔洛夫、B.霍洛维茨、Я.海菲茨，等等。另外，俄罗斯音乐还在其他地方上演，比如小型的剧院、学校机构的礼堂和沙龙等。

A.车列普宁的第一次演出是在1921年12月9日：

H.库兹尼措娃为“Ю.Э.阿扎洛夫斯基”[①]学校捐款义演的晚会上表演，参加演出的有Г.М.巴泽姆科夫斯基[②]、B.B.阿巴扎等演员，当然还有作曲家A.车列普宁（在M.C.和M.O.采特林的住宅中举行）。

在M.C.采特林[③]“富足”的文化艺术沙龙里聚集着近百人（在那里还举办过由俄侨作家互助委员会组织的И.布宁[④]的晚会等）。1922年7月2日，A.车列普宁参加表演了作曲家Л.И.萨明斯基[⑤]的关于《俄罗斯各民族的音乐（亚美尼亚、格鲁吉亚、塔塔尔）》专题讲座音乐会。

---

① Ю.Э.阿扎洛夫斯基（1869—1924）：俄国皇家剧院演员、导演，剧院艺术理论家。

② Г.М.巴泽姆科夫斯基（1890—1958）：俄侨抒情男高音歌唱家。

③ M.C.采特林（1882—1945）：俄侨诗人、作家、文学艺术慈善家。

④ И.布宁（1870—1953）：杰出的俄侨作家、诗人，1933年诺贝尔文学奖获得者。

⑤ Л.И.萨明斯基（1882—1959）：犹太作曲家、音乐学家、指挥、音乐社会活动家。

从此之后，A.车列普宁频繁参加音乐会并举办自己的作品音乐会。1924年11月4日，他在音乐会上演奏了自己的《a小调奏鸣曲》《小组曲》《斯拉夫改编曲》等。随后的评论文章出现在当时主要的俄文日报上。

B.瓦里杰尔[①]的评论文章写道：

A.车列普宁在自己的音乐会中向人们展示出他不仅是一个卓越、成功的钢琴家，而且还是一位兴趣广泛的年轻作曲家。他的曲目中最能代表他的创作特点的是他的新钢琴奏鸣曲，这首奏鸣曲体现出作曲家独特而鲜明的创作原则。A.车列普宁具有非常现代的风格，这不仅表现在对新颖的和声和复杂的对位构架的嗜好上，还表现在对待音乐的所有途径上。他丰富的激情总是从属于作曲构架下，而他的音乐构架总是清晰的。音乐主题非常明确，非常别致而富有深意和表现力。这种表现力并不惹人厌烦，在他的乐曲中你找不到那种甜得发腻的伤感主义。[……]A.车列普宁的作品中还表现出另外一个特点，那就是深刻的民族性。他改编的小曲（《哎呀！我们大喊》《沿着伏尔加母亲河，我们顺流而下》等）非常本真而新奇。《哎呀！我们大喊》是一首非常成功的改编曲，它深含着巨大的恐怖。我认为，在十月革命前如此改编这个乐曲是非常困难的。A.车

① B.瓦里杰尔（1865—1935）：俄侨小提琴家、音乐评论家。

列普宁无疑将会从许多著名的俄罗斯作曲家中脱颖而出。[62]

B.Γ.瓦里杰尔是评论文章的作者，小提琴家、音乐作家、圣彼得堡音乐学院的毕业生。离开俄国前，曾发表过10本小册子与教学参考书，在《俄罗斯音乐报》《语言报》《欧洲公报》上发表文章，是“布洛克伽乌斯”和“耶弗隆”字典音乐部分的主编。在巴黎，他是巴黎俄罗斯音乐学院的教授，最著名的音乐评论家。

我们找到了两篇Б.施廖采尔①的文章，他把A.车列普宁列入整个俄罗斯的范畴，并希望评价他在俄侨民音乐环境中的地位：

我要写一下作曲家A.车列普宁，这位俄侨音乐天才里最年轻的代表人物，对于在苏联工作的人来说，知之甚少，我们所知道的往往更多地来自第二手资料。但是我们却能够预测到，这位与祖国音乐中心失去联系很久的年轻人现在所做的，还是与某种莫斯科和圣彼得堡的创作有关，它伴随着对新古典主义风格的探索和对纯音乐的追求。

这篇文章写于1924年。一年之后，他又写了一篇全面而

① Б.施廖采尔（1881—1969）：生于俄罗斯的法国作家，文学、音乐评论家。

详细的文章，重要的是，该文章也是建立在苏联音乐环境之上的：

我们确认，不管这个包含着斯特拉文斯基、米亚斯科夫斯基、老车列普宁（即H.H.车列普宁）和格涅辛的俄罗斯音乐学派存在了多久，也不管它从不间断的发展过程是何等宽泛，它的衰弱是不可怕的，因为，正是在这个时期，新生的力量和接班人已经出现。他们中的代表人物正在接受着前辈们的考验，但是他们还是表现出属于自己的特性。这种交替和进程有时会引起争斗。不久前，我们还把C.C.普罗科菲耶夫称为“初学者”，能看到他初期的作品中未成形的音乐个性，它吸取又背弃了老一辈如斯特拉文斯基和斯克里亚宾的影响……但是，实际上，我们看到，普罗科菲耶夫自成一派，他的活动影响了更加年轻的一代，在这个进程中，他扮演了一个“导师”的角色，许多人争相模仿他的风格并为之所同化……我们把C.C.普罗科菲耶夫和A.车列普宁相比较，他们实际上是相呼应的，我指的是普罗科菲耶夫最近两三年的抒情作品。[……]A.车列普宁的音乐中的率真使人着迷，其中没有任何的蓄意和理性，这正是这些早期的作品中所体现出来的。轻快、活泼、丰富的灵感像春天的溪流一样流淌而出。[……]这些作品中的率真，他的“本能”，有时流于平庸，带有一种粗糙的狂热和敏感，从而破坏了柴科夫斯基的传统。可是，我不认为，这种“危险”会妨碍A.车列普宁——正如普罗科菲耶夫那样，音乐家凌驾于心理之上。A.车列普宁的作品，首先是声音的体系，观众们明确地感受到，作曲家欣赏自己的声音游戏、自己的舞蹈和结构的摇篮。

在A.车列普宁的创作中还有一个特点，那就是：他对多声部结构的强烈的爱好和其复调创作的轻松、鲜明和自由。[……]评论家们一贯善于分类，[……]而我却无法给A.车列普宁下一个明确的定义。[……]，他有时写得非常简单，甚至显得幼稚，但有时给自己的和声和旋律轮廓来个急转弯，其新颖、巧妙和别出心裁让人大吃一惊！我们能不能像普罗科菲耶夫那样，为他定义为“新古典主义”呢？我们有权拭目以待！[63]

Б.Ф.施廖采尔非常关注A.车列普宁的成长，在下一章里，我们将会见到他在法国音乐刊物上的评论文章。虽然在A.车列普宁成熟的表现形式中并无太多与新古典主义的相似之处，但是，至少他对作曲家概貌的描述却是清晰而准确的。

这就是“境外俄罗斯”的评论家对年轻的A.车列普宁的评价。通过对“俄罗斯人的巴黎”的音乐生活的描述，我们还注意到A.车列普宁所参加的音乐会演奏曲目和其他参与晚会的成员。

1926年3月6日：

巴黎“俄罗斯音乐学院”。音乐会曲目来自С.普罗科菲耶夫、И.斯特拉文斯基和А.车列普宁的作品。Б.Ф.施廖采尔做了关于俄侨音乐的开场白。地点：地理厅。

1926年6月9日：

大型的音乐会，这是为居住在国外的俄侨作曲家们举行的专场音乐会。节目单上的曲目由Ив.维施涅格拉茨基、В.杜凯利斯基、А.卢里耶、Н.纳博科夫和А.车列普宁的作品组成（作曲家们亲自参加演出）。另外，还演奏了И.斯特拉文斯基和С.普罗科菲耶夫的作品。地点：普列杰里厅。

同年11月12日：

俄罗斯作品音乐会。音乐会为中学生和大学生举办。参加演出的是由Н.凯德洛夫，安娜·科施茨，А.Н.车列普宁和В.Г.瓦里杰尔四人组成的四重奏。地点：特罗卡杰罗厅。

1927年12月18日：

巴黎“俄罗斯音乐学院”。教授В.Г.瓦里杰尔的讲座，现代室内乐专场。曲目来自米亚斯科夫斯基，普罗科菲耶夫和

A. 车列普宁。参加演出者：大提琴家、教授П. 格留梅尔，教授B.Г. 瓦里杰尔和A. 车列普宁。地点：别基特公馆街27号。

这些数量众多的音乐会，显示出A. 车列普宁作为一名俄侨音乐家对自己民族归属性的自我认同（也正是在这些年，A. 车列普宁人生的“欧洲”路线铺展开来）。

演奏自己祖国各个时期的音乐作品，成为俄侨音乐家、表演家们活动中的重点（究其根源，则来自C.П. 佳吉列夫在巴黎上演的剧院—音乐作品，对这一点我们了解得是非常详细的）。

1918年后，在俄罗斯音乐的宣传中，首推的是古典音乐。在欧洲的各个国家，在北美和南美，它继续存在并发展着，其中侨民音乐家们起着重要的推动作用。这是他们使命中的重中之重。当然，同时，现代的作品也在最好的音乐厅，由最好的音乐家们演奏（特别是斯特拉文斯基和普罗科菲耶夫的作品），在世界音乐会舞台上有一个伟大而重要的角色，那就是指挥家C. 库谢维茨基。库谢维茨基是俄国十月革命前最好的指挥家，与他同时离开俄国的还有A. 齐洛蒂、H. 马里科、Э. 库贝尔。在国外他组织了乐队和“库谢维茨基交响乐协会”，乐队经常同时演奏世界古典音乐和欧洲现代音乐，其中也包括俄侨作曲家创作的作品，比如：普罗科菲耶夫的所有实验性的作品，A. 卢里耶的第一交响曲《辩证》（后来，还有另外一些伟大的指挥家，如斯托科夫斯基、米翁施、福特文格勒、门格里别尔克也指挥过这一乐曲）、第二交响曲《领袖》（与他同时演出的还有安塞尔梅①），以及A.车列普宁等人的作品。

祖国的经典作品是“俄罗斯境外”音乐家们演奏曲目中的核心，这些经典的作品随着侨民们迁移的洪流被推上了世界歌剧院和音乐厅的舞台，在很大程度上这是一种自觉的艺术任务。Э.库贝尔的回忆录手稿中（1988年他的回忆录发表时实际上省略了移民生活时期的这一部分）描述了这一番忙碌的景象。Э.库贝尔——“俄国皇家剧院”指挥，后来的“C.佳吉列夫演出季”（1908至1909年间），与夏里亚宾合作演出《鲍里斯·戈杜诺夫》；几年后，担任鲍罗丁的《伊戈尔王子》和穆索尔斯基的《霍万欣那》西欧首演的指挥，从最终离开俄国那一刻起，他到处组织俄罗斯歌剧的上演：从布宜诺斯艾利斯（1924年《鲍里斯·戈杜诺夫》）到里加（1926至1928年）。

“很显然，俄罗斯的艺术流派是我的所爱，在里加，在科夫诺，我非常乐于并努力坚持俄罗斯剧目的上演。”库贝尔如此写道。[64]

在里加他组织上演了《伊戈尔王子》、A.鲁宾斯坦的《恶

---

① 安塞尔梅（1883—1969）：瑞士指挥家。

魔》、穆索尔斯基的两部歌剧、柴科夫斯基的《叶甫根尼·奥涅金》和《黑桃皇后》，还有好几部里姆斯基–科萨科夫的歌剧，其中包括《隐城基捷日的传说》（以下简称《基捷日》）等。

《基捷日》的命运是特殊的。这部作曲家晚期的杰作堪称"俄罗斯的'帕西法尔'"，它充满着深刻的宗教意味，长期以来只能在"俄罗斯境外"上演，因为从20世纪20代中期开始，苏联的舞台上便禁止上演这部歌剧。1926年，在库贝尔的指挥下，《基捷日》于巴黎的大公剧院上演（歌剧的表演班底是采列杰利公爵的私人剧团）。这部作品以后的命运，与车列普宁父子所亲近的"俄罗斯私立歌剧团"这个优秀的艺术团体的活动紧密相连。

像其他俄罗斯经典歌剧一样，《基捷日》在"香榭丽舍大街大剧院"的上座率也总是场场爆满。每一次演出都准备了大开本的节目册子，里面附有印着К.卡罗文、И.毕里宾和另外一些著名的艺术家们设计的舞台装饰和服装的彩色的插页，另外还附有所有演员和导演的照片，以及首演时法国报界的反响……评论家们把戏剧的质量和演出的成功，与以下两方面联系起来：一是指挥家Э.库贝尔和大部分演员曾经效力过的"俄国皇家歌剧院"的伟大传统；二是巴黎人对"俄罗斯演出季"的印象。

现在，我们引用其中的一篇评论文章：

《隐城基捷日的传说》结束了本演出季的“俄罗斯私立歌剧团”系列演出（1928—1929年——*Л.К.*注）。总的来说，它具有非凡的意义。它让我们俄侨陶醉在鲜活的古罗斯色彩斑斓的幻境里。在我们面前展现的是《雪姑娘》中多神教的“罗斯”;《伊戈尔王子》中史诗般的基辅“罗斯”;《萨坦王》中童话的“罗斯”和最后的《隐城基捷日的传说》中充满宗教神秘主义的“罗斯”。外国人对这些陌生而美丽的场景，显然也是赞叹不已。俄罗斯的歌剧上演时总是场场爆满、客满为患。[65]

这个演出团体是在M. H.库兹尼措娃–马斯涅的倡议和赞助下组建的。在马林斯基剧院时，她还是“菲乌罗尼亚”（库兹尼措娃·贝努阿[①]曾是主角）的首演者，在巴黎，除了这个角色之外，她还扮演了“雅罗斯拉乌娜”和“雪姑娘”。玛丽娜·尼古拉耶乌娜·库兹尼措娃曾是A.车列普宁的舅母（按她的第一次婚姻来说）。

与M.H.库兹尼措娃一起活跃在世界舞台上的，还有在俄罗斯享有盛名的Д.斯米尔诺夫、И.塔尔塔科夫、H.伊尔莫连科–尤日娜、H.科施茨、M.达维多娃、K.凯达诺夫、E.兹党诺夫斯基、E.萨多文、Г.波则姆科夫斯基、K.扎波罗若茨、

① 库兹尼措娃·贝努阿（1880—1966）：俄侨女高音歌唱家、舞蹈演员，1905—1917年在马林斯基剧院演唱，“佳吉列夫俄罗斯演出季”参与者。曾是美术家阿里别尔特·尼古拉耶维奇·贝努阿（A.车列普宁的外祖父）的儿媳。

A.莫祖欣、A.安托诺维奇、M.库连科、M.斯拉维娜、Ф.立特文，等等。还有一位，那就是立于俄侨艺术，甚至是世界歌剧艺术之巅的菲奥德尔·夏里亚宾，他也曾经与库兹尼措娃-马斯涅一起在世界上许多国家的舞台上演出过。

另外，有一个《基捷日》一剧“走出”巴黎的情节与H.H.车列普宁有所关联，《“基捷日”在捷克》——Вл.坡里在文章里这样命名。这部歌剧是布尔诺市歌剧院为庆祝剧院成立50周年而倡议上演的，演出依靠的完全是该剧院自己的演员阵容。

这是一件音乐界的大事，对于我们俄侨来说有着特殊的意义，非常有价值。[……]富有特色的巴拉莱卡琴[①]乐队由在布尔诺的大学生组成，情景非常感人。

戏剧开演前有一段演讲时间：

在讲话人当中有一位里姆斯基-科萨科夫当之无愧的学生——作曲家H.H.车列普宁。在回巴黎的途中，他曾客气地与我交流对此事的印象。他是接受了剧院经理的邀请和他在M.П.别里亚耶夫出版公司的同行，以及A.K.格拉祖诺夫和

① 俄罗斯民间一种三弦的三角形状的乐器。

H.B.阿尔岑布舍夫的建议下前来捷克的。H.H.车列普宁在那里待了两周的时间，期间，他不知疲倦地、真诚地、卓有成效地在《基捷日》的排练中与演员们合作。首场演出便取得了罕见的成功。[……]许多捷克斯洛伐克、奥地利和德国的剧院开始认真地关注这部歌剧。[……]H.H.车列普宁充分肯定了报界对杰出的指挥家、天才兹杰尼克·哈拉巴拉①和文学导演布兰克·伽维罗博士，以及对演员们的高度评价……[66]

歌剧舞美设计是由从巴黎请来的И.毕里宾②完成的。

完整地列举当年在巴黎参加系列音乐会和专题晚会的杰出的器乐演奏家们是不可能的，他们当中，包括钢琴家A.巴罗夫斯基、B.霍洛维茨、A.布拉伊洛夫斯基、A.多尔夫曼，小提琴家Я.海菲茨、M.艾尔曼、P.伽尔布措娃、И.加拉米安、Л.柳鲍施茨，大提琴家Г.比亚吉霍尔斯基、И.普列斯，等等。这只庞大的演员队伍一直坚持演出俄罗斯音乐（这是他们天然的“标志”）。俄罗斯演奏学派充实了世界音乐会实践的成果，它的地位是非常重要的。而声乐家们，不管是歌剧歌唱家，还是室内乐歌唱家，也经常在大型的、权威的音乐厅里举办独唱音乐会，其中也包括一些小型的，甚至是各

① 兹杰尼克·哈拉巴拉（1899—1962）：捷克指挥家。

② И.毕里宾（1876—1942）：俄侨画家、舞台设计家，“艺术世界”组织成员。

个协会的更小的场所。比如M.奥列尼娜·德·奥列盖伊姆和A.杨-鲁班（Вл.坡里的妻子，他经常在音乐会上给她弹伴奏）。为延续十月革命前俄国音乐会重视教育的传统，在音乐会开始前都设立讲解部分，或者由乐队或独奏家们举办“历史性的音乐会”系列。比如：1923年著名的歌唱家A.亚历山德洛维奇在乐土歌剧院（将近1000个座位）连续举办了9场俄罗斯作品音乐会——第一场是俄罗斯民歌专场，第二场是“前格林卡”时期的音乐……最后以斯特拉文斯基、普罗科菲耶夫、格涅辛、H.H.车列普宁的音乐作品结尾。正如我们所知，第一次在俄罗斯表演史上举行系列历史性音乐会（钢琴音乐）的是安东·鲁宾斯坦，然后音乐会开到了美国。

在俄侨居住的国家里，俄罗斯音乐的公开演出活动充分地展开。在这里要感谢由Л.А.穆努欣所编辑的四卷的《编年史》，我们从中得知了另外某些群体和事件。比如，在1930年5月4日所举办的为俄侨难民募捐的义演晚会，其中参加的演员有：M.库兹尼措娃、Д.斯米尔诺夫[①]、著名舞蹈家伊达·鲁宾斯坦[②]，以及萨拉·贝尔纳尔。在俄罗斯的晚会和各类小组里，还吸收了许多法国著名的戏剧演员和当地优秀的

① Д.斯米尔诺夫（1881—1944）：俄侨抒情男高音歌唱家、教师。

② 伊达·鲁宾斯坦（1883—1960）：俄侨女舞蹈家。

艺术人才。在整个1920年期间，“星期四”“俄罗斯演员协会”“音乐的早晨——为了俄罗斯的青年们”等，数不尽的团体里也经常演奏从格林卡到柴科夫斯基时期经典的俄罗斯古典音乐。

有关俄罗斯经典音乐在另外一些国家和城市上演的状况，我们掌握的信息比较零散，但是也是对这一大众现象的补充说明。比如，由“俄罗斯实验剧院”（可能全部都是业余爱好者）上演的《金鸡》吸引了大批的观众（赫尔辛基，1933年），“巴扬协会”组织的纪念里姆斯基-科萨科夫音乐会（里加，1933年），以及纪念格林卡、穆索尔斯基和柴科夫斯基的大型活动。

提到俄侨歌唱舞台，如果不提“茨冈”和“巴拉莱卡琴”等乐团等是不公正的。他们拥有自己的“明星”：著名的H.普列维茨卡娅[①]，她辉煌却悲剧性的一生几乎人人皆知；A.维尔京斯基[②]，在他从上海、哈尔滨到布加勒斯特、华沙，然后到美国的移民历程中取得了巨大的成功，像别人一样，他也频繁在法国的俄罗斯酒店中演出；Ю.摩尔菲斯[③]曾经风行一时，取得了近乎伟大的成绩；还有俄侨吉卜赛（茨冈）人纳

① H.普列维茨卡娅（1884—1940）：俄侨女中音歌唱家，被俄皇尼古拉二世称为“库尔斯克的夜莺”，后被当作苏联间谍被捕死于法国监狱。

② A.维尔京斯基（1889—1957）：俄罗斯流行歌手、演员、词曲作家。

③ Ю.摩尔菲斯（1882—1957）：俄罗斯巴扬歌手。

斯加·帕里亚科娃[1]、米哈伊尔·瓦维奇[2]、安娜·什史金娜，等等。他们当中很多被迫降低了自己的水准，甚至到了为了“日用必需”的程度，但是他们同样也证实了俄侨音乐文化的存在。他们满足了一部分（或者说很大一部分）固定的俄侨和外国欣赏群体的精神需求。

特别应该提一下合唱艺术，它是俄罗斯音乐世界观和音乐事业蓬勃发展的不可分割的一部分。正是那个时候，在“俄罗斯侨民”世界中，这种独一无二的表演形式所上演的全是俄罗斯曲目。许多合唱团在教堂和音乐会舞台上表演着宗教和世俗音乐。我们不打算逐一列举这些数目众多的合唱团体，在此只提一下其中最卓有成就的。俄侨合唱艺术很自然地植根在许多斯拉夫国家里，首先是捷克斯洛伐克。在布拉格出版了《俄罗斯合唱学报——为“俄罗斯国境外”合唱事业而设的月刊》，1928年期间，共出版了9期。另外，还出版了《俄罗斯合唱曲集锦》，等等。这些出版物均由A.A.阿尔海盖里斯基[3]合唱团属下的出版公司出版发行。在离开俄国前，阿尔海盖里斯基是圣彼得堡著名的合唱指挥、优秀的合唱组织者、作曲家和俄罗斯民歌的改编者、合唱文献出版者和教师，在俄国享有盛名，但在离开俄国不久之后便去世了

① 纳斯加·帕里亚科娃（1877—1947）：吉卜赛歌手，俄罗斯、茨冈歌曲演唱者。
② 米哈伊尔·瓦维奇（1881—1930）：俄罗斯歌舞剧演员、流行歌手、男低音。
③ A.A.阿尔海盖里斯基（1846—1924）：俄侨作曲家、合唱指挥家。

（死于1924年）。在侨居地布拉格的屈指可数的几个月间，他为俄侨合唱事业做出了巨大的贡献。

Н.П.阿冯斯基[①]的名字在侨民中享有盛名，他是过去的基辅神学院的毕业生。他担任宗教合唱指挥的工作，首先是在德国，后来在巴黎的“亚历山大—涅夫斯基教堂”。他创建了自己的“都主教合唱团”，经常组织宗教音乐和民族音乐的音乐会，尤其是去欧洲各国，美国和加拿大组织过巡演。从1950年开始，阿冯斯基担任“纽约大教堂”的合唱指挥。高水准的合唱团还有在В.Ф.基巴里齐齐指挥下的“俄罗斯合唱团”。另外，稍逊色一些的合唱团有在В.Л.马里切夫斯基指挥下的“俄罗斯合唱团”、И.А.基塔夫的“萨德克合唱团”、“库班河军队合唱团”等。当然，还有个最大的在全世界享有盛誉的“顿河哥萨克合唱团”，指挥是谢尔盖·扎罗夫。他是莫斯科主教公会宗教圣咏学校的毕业生，1921年离开祖国，他首先去了列莫诺斯岛[②]，后来，在保加利亚建立了自己的合唱团。合唱团在自己的巡演岁月里，共组织了超过8000场以上的音乐会。1935年合唱团的第三千场音乐会曾让С.拉赫玛尼诺夫异常兴奋，女亲王科尼亚金娜·玛丽亚·巴甫罗乌娜也因此给合唱团发去了长达8页纸的贺信，当然，普通的俄侨也

① Н.П.阿冯斯基（1892—1971）：俄侨教会合唱指挥家。

② 列莫诺斯岛属于希腊。

因此而高兴。

还有一件与音乐密切相关的公共艺术活动对俄侨力量的凝聚有着重要的意义（车列普宁父子先后被吸收参加入其中），那就是为纪念普希金诞辰而举办的“俄罗斯文化日”活动。俄侨在1924年的爱沙尼亚发起这项活动，同年秋天在布拉格举行的“与丧失俄罗斯民族特征的现象做斗争的会议”上，决定推广和普及这一活动。1925年，“俄罗斯文化艺术日”活动分别在美国、保加利亚、德国、拉脱维亚、波兰、土耳其、芬兰、法国、捷克斯洛伐克、瑞士、爱沙尼亚和南斯拉夫举行。在E.Φ.史姆尔洛[①]教授所写的关于“俄罗斯文化日”的文集中，他指出了“丧失对自己祖国的敏锐感觉”的危险：

“俄罗斯文化艺术日”给自己树立了一个宗旨，那就是：唤醒并重新传播我们对“俄罗斯民族性”的觉悟，它对于我们具有永恒的意义……

接着，就这个意义进行了探讨：

① E.Φ.史姆尔洛（1854—1934）：苏联历史学家，俄罗斯科学院院士，圣彼得堡大学教授。

从格林卡到斯克里亚宾时期（包括斯克里亚宾在内）的俄罗斯音乐具有“俄罗斯民族性”，在国外，这样的音乐显得特别珍贵。[67]

俄罗斯音乐自然成为庆祝活动中重要的组成部分。从C.M.沃尔孔斯基①的关于不同年代举行的教育—音乐会曲目的讲座集《普希金和俄罗斯歌剧》里，我们可以看到大量的有关音乐的描述：

在普列耶里厅上演的——来自《在天才普希金的灵感照耀下的俄罗斯作曲家的创作》（节目单上是如此印刷的）的音乐会上（1937年，盛大的庆典活动），著名的俄罗斯歌剧演员表演了柴科夫斯基和穆索尔斯基的歌剧曲目集锦，还有凯特洛夫的四重奏组演奏的格列查尼诺夫的《纪念碑》和H.H.车列普宁的《三把钥匙》；音乐会的下半场演出了《渔夫和鱼的故事》，由作家A.列米措夫朗诵了普希金的原词，H.H.车列普宁的音乐说明则由П.科瓦廖夫讲解；还有C.里法利表演的《鲁斯兰与柳德米拉》中的勇士舞，等等。

这些大规模的活动为我们提供了关于侨民的规模和散居

① C.M.沃尔孔斯基（1860—1937）：俄侨剧院活动家、导演、评论家、作家。

在世界各地的百万俄侨的信息，对于观众和组织者本身都具有重大的意义。大量音乐回忆录文学出现在“境外俄罗斯”并不是偶然，比如有关柴科夫斯基的，几乎全部有关他的私人信息都汇集在“那里”。[68]

这些所记述的事实和事件的过程，在A.车列普宁的眼前驶过，他和父亲以及自己最亲密的音乐家朋友们曾经参与其间，这些对车列普宁以后的创作生涯产生了直接的影响。

还不能忘记贝努阿兄弟——A.车列普宁的外祖父和表外祖父。阿里别尔特在1936年获得了“荣誉军团”勋章，但是他生活得非常低调朴素，在家庭中他是膳食和生活的支撑者，是A.车列普宁面前最后的希望。在美国的时候，A.车列普宁曾尝试卖掉外祖父的画作，但是没有太大的收获。

亚历山大·贝努阿是许多剧院大事件的参与者，他继续着自己的艺术活动。还在圣彼得堡的时候，他就在《语言报》上连续刊发自己的“艺术书信”。在侨居期间，以同样的名字命名的随笔文章定期刊登在最重要的俄文日报《最新消息》上，其中主要的文集，如今收录出版成很厚的一大卷。但是，有一篇他献给哥哥的重要的悼念文章却未被收入其中，这篇文章占了两页报纸底栏，它结合了回忆录和生平概述，是一篇家庭大事记和艺术理论相结合的文章。阿里别尔特·贝努阿是天才的音乐家，即兴钢琴演奏家。他是旅欧俄侨，直到生命的最后一天依然坚持自己一贯的风格；他的艺术，特别是他的早期的艺术：

> 其真诚和率真总是吸引着并征服了我们，带着坚定和轻松，他全身心地展现给我们，他是位博学的艺术家，他的艺术尽善尽美……[69]

A. 卡鲁金是俄侨，曾居住在布宜诺斯艾利斯，他把在各国收集的剪报编成四本大集子《大墓地》（在20世纪六七十年代期间；收藏于莫斯科"俄罗斯侨民"资源—图书馆）。在"序言"的第一页他痛苦地写道：

> 俄国历史是国王的历史，俄国的东正教历史是都主教和宗主教的历史，而俄侨的历史则是祭文的历史……

虽然直到20世纪30年代人们还是"坐在行李箱上"，但是文化艺术依然是侨民们在巴黎生活中重要的组成部分。风行于1927年（十月革命10周年后，俄侨们再一次把目光转向自己的祖国）的杂志《俄罗斯图册》上收录了列里①的诗歌［B.A. 科洛波托夫斯基，No. 40（125）第4页］：

① 真名为乌拉基米尔·克洛博托夫斯基（1883—1944），俄侨诗人、讽刺作家、专栏作家、记者。

这一天来到了（我们日夜期待的它，越来越近了）

巴黎留不住我们

我们将重回家园

［……］

把欢乐穿成一串

这个让人望眼欲穿的时刻……

那么

你想过吗

巴黎失去了我们

将会发生什么？

［……］

这意味着不会再有俄罗斯的厨娘

和文化艺术日

也不会再有纷繁的俄罗斯晚会

［……］

这就是当时人们抱有的梦想。

《侨民的音乐创作》——著名的、极具威信的“境外俄罗斯”音乐作家列奥尼德·萨巴涅夫[①]如此命名自己的文章，其标题鲜明地交代了该文所研究的任务，它写于20世纪30年代

① 列奥尼德·萨巴涅夫（1881—1968）：俄侨音乐学家、作曲家、音乐评论家。

末，发表在严肃、权威的俄侨杂志上，与其作者一起赢得了人们的瞩目。[70]

Л. 萨巴涅夫曾是C.И. 塔涅耶夫的学生，他参加了由塔涅耶夫所指导的综合课程教育培训（和声、曲式、复调、作曲技法），从学校走出来后他成为一位优秀的职业音乐家，其主要音乐创作活动体现在音乐学术和评论方面。从1900年起，他开始为《音乐》和《音乐当代人》杂志撰稿，后来为《新堤岸》杂志社效力。他的关于斯克里亚宾的学术专著和论文集至今还有着重大的现实意义。在国外（1926年后），萨巴涅夫出版了论塔涅耶夫的专著，并积极为报纸和杂志撰写文章，他曾任巴黎俄罗斯音乐学院的教授。

后来在杂志上发表了其名为《音乐创作的转折》[71]的文章，这是一个非常严肃的题目，把该文与上面提到的文章放在一起做一下分析，我们发现这种结合是极具说服力的。俄侨的作曲家们不仅身处在一个完全不同的世界中，那里有着不同的趣味和倾向，对待创作者和音乐功能的看法也完全不同，而且他们无疑还处在时代风格的交界线上。原则上这种艺术上的转变早在1910年就开始了，它曾经引起不少作曲家们的兴趣，而且在以后的10年里持续影响了祖国“激进的年轻人”，但是，后来在苏联这一切很快就被杜绝了，来自国外的有关新的创作和探索的信息也非常少，所以，侨民们实际上是处在欧洲的这个“大熔炉”里，那里“新风格”和“旧风格”的冲突是鲜明的，但是，它们当中任何一种都不能作为调节的标尺，因为它们本身存在着各自的优劣。

除去斯特拉文斯基和普罗科菲耶夫之外，“俄罗斯侨民”音乐的“躯干”还有一个庞大而著名的组成部分，直接延续了柴科夫斯基、里姆斯基–科萨科夫和塔涅耶夫的传统。这些老一辈音乐家不仅保留了俄罗斯民族传统，而且在音乐中体现出强烈的“俄罗斯民族精神”，它被深深植入侨民的听觉经验中。他们在俄罗斯音乐历史发展进程中的地位是明确而清晰的。正如布宁和库普林[①]，他们按自己的方式写作，并不投身于流经身旁的进步艺术的洪流中，他们不能，不愿意随波逐流，但他们拥有不少忠实的追随者。

Л.萨巴涅夫也属于这一代人，他不是保守主义者，他关于在这个历史转折时期侨民音乐创作的观点是精彩的，许多文章在今天仍具有现实意义。他所提出明确的时间、地点等成为宝贵的历史见证。作者不怀疑音乐创作上转折的出现：音乐是“文化艺术最敏感的晴雨表”，它是社会状况和艺术知觉的反映。

我们到处可以感觉到对专门的、小范围的艺术类别的兴趣在高涨，[……]音乐的织体丰富了起来……在音乐创作者和

① 库普林（1870—1938）：俄侨作家。

观众之间出现了强烈的分化……（22，386）

对于德彪西、斯克里亚宾、理查·施特劳斯、斯特拉文斯基、欣德米特和普罗科菲耶夫的创作，作者指出它们是“音响表现”领域的再生，与这种再生音乐语言相适应的元素是语言的复杂化和变形等。

在这样一种令人焦虑的环境中，萨巴涅夫用自己的视角透析了“俄罗斯侨民”的音乐创作，其中最为精彩的是斯特拉文斯基、拉赫玛尼诺夫、梅特涅尔、格列查尼诺夫和H.H.车列普宁的创作。作者写道：

如果比较一下年轻人……目前的年轻一代，说实在的，没有，我们不得不悲观地思考境外音乐的命运。但是已经不容我们深思了，因为我们已经临近侨民生活的最边缘，这之后，它或者重返祖国的土壤，或者被异族所同化。（21，383）

正如任何一种现代音乐都需要新的创作，这是个很大的难题。除此之外还存在另外一些现实问题：四个“境外俄罗斯”音乐出版社很少出版和发行现代音乐作品，而观众们也确实没有钱去欣赏音乐会。Л.Л.萨巴涅夫把从梅特涅尔、拉赫玛尼诺夫、格列查尼诺夫到斯特拉文斯基和完全不同类型的“境外俄罗斯”音乐创作看作是从“右”到“左”的“光谱”。斯特拉文斯基获得了世界性的荣誉这是个现实，而萨巴涅夫看待他就像对待一个冷漠的、精打细算的工匠，斯特拉文斯基使用的是与“在他之前的俄国音乐家们所完全不同的精神素材”。他否认在音乐中“表情和含义是首要的”（231，400—401）。关于普罗科菲耶夫，因为“境遇”的原因他没谈到：普罗科菲耶夫回到了苏联，已经不再是侨民团队的一员。普罗科菲耶夫的离开在“俄罗斯侨民领域”引起强烈的反响，有人说他经不起与“伟大的伊戈尔”①的竞争。P.古里在自己的《我心怀俄罗斯……》一书中阐释了普罗科菲耶夫这位“获得世界荣誉”的音乐家和“世界闻名”的作曲家，以及获得“巨大成功”的钢琴家的这个“固有的古怪行为”。在古里看来（见上面所提到的书中，写于作曲家死后），普罗科菲耶夫这个举动在艺术和人生上都是一个是令人失望的结果。萨巴涅夫在自己的文章里以“俄罗斯侨民”音乐存在为前提，解释了普罗科菲耶夫“逃跑”的原因：

俄罗斯的环境和认知对他来说还不够，他奔向了自己的观众。虽然俄罗斯音乐世界的“认知”是庞大、完善、独具一格的，它与欧洲的具有同等的地位，它具有深刻的、欧洲民族早已遗失的民族共鸣。（21，397—398）

① 指伊戈尔·斯特拉文斯基。

关于“年轻一代”，萨巴涅夫是首位称A.车列普宁是一位“多产作曲家”的人，他的音乐受到了“德国现代作曲家和普罗科菲耶夫的影响”；他的音乐“精力充沛”“精神饱满”“敏捷灵巧”“响亮”，但是“无所用心”，有着明确的“对诱人的音响组合的探索”的倾向（21，407）。类似的指责还针对了H.纳博科夫[①]等其他青年作曲家。最后作者意味深长地总结道：

> 如果说侨民的音乐创作没有在国外引起反响，侨民界需要的只是对美好过去的回忆而不进行新的创作尝试，那么这说明，侨民作曲家们就只剩下保存的功用了——他们把境外自由的文化艺术残渣注入俄罗斯同胞共同的储水池中，那时，就是统一的文化艺术了。（21，409）

A.车列普宁是如何面对这些严肃的指责和难题的？他的音乐在“侨民领域”之外获得了怎样的反响？正如别的青年作曲家们的音乐那样，是否只是针对，还是主要针对“俄罗斯侨民”这个观众群落？他的“欧洲命运”是如何最终确定的呢？

---

① H.纳博科夫（1903—1978）：俄侨作曲家、社会活动家。

第四章　巴黎的学派与欧洲的命运

实际上是不存在“境外俄罗斯”这样的国家的，生存在这个“国家”光环里的首先是老一辈的音乐家，不用说，他们自然保留并讲着前辈的“语言”。他们的创作在侨民环境中具有特殊的意义，是“俄语”原本的象征。但是，对于音乐的发展和革新来说，却相去甚远。

借助自己和朋友的家庭，通过自己的朋友、同学、同行，借助所有散居“在巴黎的俄侨”（P. 古里的《我心怀俄罗斯》一书的第二部分如此命名）的同胞，A. 车列普宁在这一时期很快便融入了法国音乐生活的洪流中。

经过彼得格勒（今圣彼得堡）和梯弗里斯（今第比利斯）的音乐学院的学习之后，他在巴黎音乐学院继续自己的学业。传记作家称依西多尔·菲利普和坡里·维达利是A. 车列普宁的钢琴和作曲老师，除此之外没有过多的解释。也许对于西方的读者并没有解释的必要，但是我们则要简单地介绍一下他们两位：И.菲利普出生于匈牙利的法国钢琴家、作曲家、音乐评论家，他曾以第一名的成绩毕业于巴黎音乐学院，然后继续师从K.圣-桑和其他知名音乐家学习；曾担任音乐学院教授近30年，发表了大量教学方面的论文，其中有圣-桑作序的《每日练习》，还有法国传统和现代音乐荟萃等；他同时还是《游吟诗人》杂志的撰稿人；他迅速认同了A.车列普宁，帮助出版他的钢琴作品，并参与其编辑工作。П.维达利[①]是法国作曲家、指挥家（同菲利普一样，于1883年毕业于巴黎音乐学院），兼任音乐学院的教学工作；他是"歌剧和喜剧歌剧院"的乐队总监，创作有芭蕾舞剧和喜歌剧。据车列普宁后来回忆，除了作曲外，他还师从维达利学习过复调。

在1967年访问莫斯科时，A.车列普宁接受Г.哈依莫夫斯基的参访，并参观了《苏联音乐》杂志社，通过自述，他向读者介绍了其对少年时期的偶像普罗科菲耶夫的看法和有关父母家庭方面的情况。

以下是他对自己巴黎时期的观点的自述：

顺便说一下，我在巴黎的老师是不用怀疑的，他们一个

① П.维达利（1863—1931）：法国作曲家、指挥家。

教我弹琴，一个教我写作。当菲利普见到我的作品的时候，他非常惊讶，并热心地把我介绍给出版商。这是非常有现实意义的，因为随后的三年，在巴黎我就依靠出版这些写于俄国时期的作品维持生活。后来安娜·巴甫洛娃向我委约了一部有关佛陀脱离尘世故事的芭蕾舞剧《阿旃陀的壁画》的音乐，由芭蕾舞演员赫柳斯汀和舞美阿列克里合作完成，于伦敦科文特花园剧院上演。

早在1921年离开祖国之前，我就按照理论课、作曲课和钢琴课同时学习的方式来塑造作为音乐家的自己。

在法国，我并不是完整的俄侨代表，相比同胞们我更愿意接触法国和英国的音乐家。但是，我仍然是一名俄侨作曲家，在很大程度上，我能够感觉到来自整个俄罗斯音乐文化中的某个流派或者大师对我的影响。

我加入了一个名为“巴黎学派”（Эколь де Пари）的组织，在20世纪20年代加入该团体的有：捷克人鲍古斯拉夫·马尔基努、罗马尼亚人M.米哈洛维奇、匈牙利人哈尔沙尼、法籍瑞士人阿尔图尔·奥涅格、瑞士人康拉德·别克。我们成为非常好的朋友，虽然我们各自遵循不同的美学观念，但是在艺术观念的某些方面是一致的。

法国学派具有一个明确的标志，那就是从世界上任何一个国家来到巴黎的美术家或者音乐家，他们与祖国的美学联系非但没有被同化，其中某种重要的特征反而得到了强化。纳杰·布朗热[①]成为不同国家音乐家们的老师不是偶然，她有一个原则，那就是：保留你自己的。是的，巴黎的艺术氛围有助于用自己的语言来思考，鼓励追求独特性和民族特色。应该说，在巴黎度过的近30年的时光帮助我保留了作为俄罗斯作曲家的特质。

某些法国作曲家的志趣与我相近，比如：短小的形式、节俭的办法、简洁的笔法，等等，这是法国音乐思维中特有的共性。在梅西安作品中织体臃肿的现象是不存在的，甚至在他采用“鸟鸣的素材”创作的作品里，也没有掩盖音乐思维的光彩（勋伯格的音乐中也存在）。“鸟鸣的素材”是一个很精彩的领域，像梅西安那样，甚至在他之前我就开始搜集这样的素材，在《第一大提琴奏鸣曲》中我就运用了它。

我从来没有放弃过对简练的追求，我宁可让素材变得极度明确。普罗科菲耶夫说过，不要同时采用三个以上的主题。还在梯弗里斯时，我就经常采用“因特拉朋克特”（интрапункт）的对位办法，它很简练，各声部的结合不再遵循“音与音相对”，而是遵循“音在音和音之间”的原则。当然，在实际的运用中它是非常复杂的。[72]

在A.车列普宁关于这个“法国学派”团体组成的叙述

① 纳杰·布朗热（1887—1979）：法国音乐家、指挥家，杰出的女作曲家和教师。

中有不确切的地方，这并不意外，因为当时音乐家们之间联系的纽带是非常自由的。实际上，奥涅格[①]并没有加入这个团体，而另外一个该组织的常任成员波兰人亚历山大·唐斯曼[②]，车列普宁却并没有提到。在这里，为了扩展对“巴黎学派”的认识，我们把目光转向Я.采格耶拉的著作《幸运儿亚历山大·唐曼斯及其人生岁月》，传记作者再现了20世纪20年代巴黎的状况，并回忆了当时音乐界的各位主要角色：

从20年代初开始，巴黎就成为世界上最大的音乐文化中心，也是当时（与之并列的是维也纳及其代表人物A.勋伯格、A.贝尔格、A.韦伯恩）现代音乐的“司令部”。那里还遗留着对1918年去世的伟大的音乐改革者、印象主义的缔造者德彪西的记忆。年长一些的有享有盛誉的85岁的圣-桑、75岁的福雷、68岁的文森·恩基，45岁的拉威尔也扮演重要的角色，还有55岁的波利·纠卡、51岁的阿里别尔·鲁塞里、50岁的弗洛兰·施密特也获得了至高的荣誉。年轻的先锋派艺术家们把自己命名为“六人团”（Les Six），他们是Д.米约、A.奥涅格、Л.迪雷、Ж.奥里克、Φ.普朗克和Ж.泰菲尔。另外还有坚持自己创作道路的让·科克托。在法国首都还活跃着十个来自

① 奥涅格（1892—1955）：瑞士裔法国作曲家、音乐评论家，法国“六人团”成员。

② 亚历山大·唐斯曼（1897—1986）：波兰裔法国作曲家、钢琴家。

欧洲其他国家的外国音乐家，年轻的代表人物有伊戈尔·斯特拉文斯基，稍后的谢尔盖·普罗科菲耶夫、A.车列普宁、马尔谢里·米哈洛维奇、巴古斯拉夫·马尔基努、基波尔·哈尔沙尼，老一点的有曼努埃尔·法雅，他们都在自己的探索实践中获得了荣誉。[……]当时法国浓厚的音乐氛围实在是令人惊叹不已……[73]

以下是Я.采格耶拉所引用的A.唐斯曼关于“巴黎学派”的一段精彩的回忆：

不能单从字面意义上来理解这个学派。更准确地说，这个小组由来自东方和中欧的作曲家们组成。亲密的友谊和对法国及其文化的爱好把我们聚拢在一起。当然，我们的趣味与我们的年轻紧密相连，但是，我们从来没有给自己建造一个“小教堂”，我们没有沉迷在集体性的艺术里，也没有在美学和技术方面给小组设定什么共同的口号。我们中的每一个人，比如米哈洛维奇、马尔基努或者哈尔沙尼等，都按自己的方式进行创作。实际上，“巴黎学派”小组的存在是因为法国的首都是吸引艺术家的磁石，他们从法国的艺术源泉里吸收营养来丰富自己的审美结构。比如，我们会记起吕利、格鲁克、阿尔贝尼兹、法雅、莫吉里杨、毕加索、沙伽尔、阿坡里涅尔、海明威，当然，就某些方面来说，还有斯特拉文斯基和普罗科菲耶夫。巴黎总是给艺术家们以一种平衡，他们从来不担心自己的个性被削弱。

维系我们这个小组的，无论是年长的还是年轻的同行，首先就是对音乐现象要有自己的主张，对音乐有革新的蓝图和追求的目标；在创作方面是主动的，在接受方面是被动的。在最初的创作阶段几乎完全出于原始的自发本能，这要感谢各自独立的个性和在创造艺术上神秘的天赋，它受自己特有的内在规则和需求所控制。[……]

表现形式的革新具有一定的时代性，但是这些对音乐主动或者被动的尝试，也只是在声音的组合方面，在我看来，在自己主动而潜在的成长过程中，其道路越走越窄。[……]形成这样的认识并不让我感到意外和难堪，它相对快速地衰退和消减，这不像是先锋派代表的理解，就好像两代人在认识上不可能存在共性。每一代人都有自己的先锋队，在1967年才把我说成是它的代表有些可笑，实际上在1920年我就是了！这一切不是不可能，而是完全有可能！问题的真实性在于我不可能随意认同新的流派，因为这样做是人为的。当然这不能排除用新的表现方法和可能性来充实自己的技艺的机会，但是绝不能抛开最主要的——那就是真实的创作目标。再精彩的表现形式也不是目的本身，而是为这个目标服务。[74]

这里可能有些远离本章的主题，但是重要的是，这与

A.车列普宁和其他在1910—1920年期间，经过半个世纪过后仍然坚持创作的作曲家们的命运是如此相近。“两次先锋派浪潮”，后者是前者的否定还是补充？

我们再次把目光转向A.唐斯曼传记作者的记述，值得注意的是，这和前面引用的车列普宁的口述相一致。Я.采格耶拉指出，唐斯曼第一次在巴黎逗留期间就与“六人团”关系紧密，他与米约、奥涅格成为朋友，甚至得到了成为他们当中的“第七位”的提议，但是他拒绝了这个荣誉并令人可敬地保持着自己的独立性，他认为这种团结有些人为和斧凿之意。1923年左右，唐斯曼加入了另外一个团体：

这里没有统一的风格定位，这个团体在音乐观点上是不一致的。许多作曲家参加进来……他们选择自己的活动地点不在柏林而是巴黎。正是在那里出现了名为Ecole de Paris[①]的杂志社，他们被收入了这个杂志社出版的词典和百科全书里。其中，除了波兰人亚历山大·唐斯曼之外，还有俄罗斯人A.车列普宁（在文中错误地把名字写为“尼古拉”——*Л.К.*注）、捷克人巴古斯拉夫·马尔基努、罗马尼亚人马尔谢里·米哈洛维奇，还有匈牙利人基波尔·哈尔沙尼。

他们之间的关系，更准确地说是在创作观点的坚持和作品

① Ecole de Paris：法文，意为“巴黎学派”。

表现的相互性上。如果非要找出一种一致的风格特点，那可能就是民间创作……这个团体的总部设在蒙帕尔纳斯街心花园的小饭馆里。“巴黎学派”不在反对某潮流的“抗议中成长”，甚至让·科克托干脆不想出现在任何出版物上。[75]

非常有特点的是，许多“出身”不同的作曲家汇入这个“巴黎学派”中，比如：博学的音乐家安里·普留涅尔、斯特拉文斯基、普罗科菲耶夫、И.马尔科维奇、H.奥布赫夫、康拉特·别克、埃日·菲杰里别尔克（其父为著名指挥家）[76]。传记《法国时期》的作者博古斯拉夫·马尔基努①把俄罗斯、波兰、罗马尼亚、捷克斯洛伐克的“四人组”并列排在一起，还有奥地利人亚历山大·施皮茨米尤勒尔②[77]；同时，在M.施杰法涅克的专著也有关于“四人小组”的一章。权威的两卷《百科全书词典》（*Larousse de la musique*）③从广义和狭义（自身的）的角度论述了对“巴黎学派”的理解：

这个“学派”缺乏一种统一的“主义”，列入其中的“有许多痴迷于法国艺术观的外国年轻人，他们是瑞士人康拉特·别克、匈牙利人哈尔沙尼、捷克人马尔基努、罗马尼亚人米哈洛维奇、波兰人唐斯曼和俄罗斯人A.车列普宁。”

① 博古斯拉夫·马尔基努（1890—1959）：捷克作曲家。

② 亚历山大·施皮茨米尤勒尔（1894—1962）：奥地利作曲家。

③ 又译为《拉鲁斯音乐词典》。

但是，《百科全书词典》的作者A.日拉尔认为，从广义上讲，实际上属于“巴黎学派”的，可能还有近30位知名的其他国家的作曲家，比如俄罗斯、美国、英国、奥地利、意大利、保加利亚、芬兰、希腊、挪威、加拿大、葡萄牙、瑞士、南斯拉夫等国家，巴西人海托尔·维拉-洛博斯①还开列了名单。[78]

在A.车列普宁逝世后的告别词上，他巴黎的同行马尔谢里·米哈洛维奇②说道：

我们失去了一个怎样的人呀！[……]车列普宁拥有罕见的善良和慷慨，他从来不知道什么是妒忌……他创作了大量的总谱，在所有体裁上的创作常常都是成功的。在我们这个时代与他并列的还有米约、欣德米特和马尔基努，他们当中，只有他还像上个世纪伟大的缔造者们那样辛勤地劳动。[……]我认识萨沙（即A.车列普宁）超过50年了，我还能准确地说出第一次见到他的那个晚上的日期，这应该是1925年的事情。车列普宁的为长笛、小提琴和室内乐队创作的协奏曲刚刚在德国的“朔特”（Шотт）获奖。一天晚上，我和拉威尔和奥涅格从咖沃音乐厅走出来，拉威尔建议去“圣-拉扎尔”火车站附近的格拉芙酒吧喝啤酒。我们在里厅找了个座位。安德烈·瓦拉

① 海托尔·维拉-洛博斯（1887—1959）：巴西作曲家、指挥家，又是民俗学家、教师、音乐社会活动家。

② 马尔谢里·米哈洛维奇（1898—？）：罗马尼亚作曲家。

布尔——奥涅格的妻子突然说道："那不是车列普宁吗！"拉威尔想知道这是不是就是那个刚刚在"朔特"获奖的车列普宁，瓦拉布尔说正是。拉威尔便建议请车列普宁来我们的桌子坐下。车列普宁来了，他非常漂亮，高挑而匀称，浅褐色的长发，淡蓝色的眼睛，像一个真正的王子！他非常赶时髦，没戴礼帽，浅蓝色的衬衣敞着领口，没系领带。整个晚上他缄口不语，我甚至怀疑他是不是个哑巴。但是在分手的时候，他却说了："谢谢！再见！"这说明他还不是个哑巴。

后来，因为我们共同的朋友基波尔·哈尔沙尼的关系，我和车列普宁渐渐熟识起来，并经常见面。他与我们的组织也有了来往。这个组织在那段时间被音乐评论家们称为"巴黎学派"（包括马尔基努、哈尔沙尼、别克和我）。这个命名起先发起于造型艺术：从1910年开始宣称在巴黎工作的画家和雕塑家们属于"法国学派"。生活和工作在巴黎的外国音乐家们也有资格加入该组织。在巴黎曾出现过"巴黎圣母院"学派和"文艺复兴"时期的音乐家们，还有后来的吕利、莫扎特、瓦格纳，当然还有肖邦、法雅、埃奈斯库，奥涅格、斯特拉文斯基、普罗科菲耶夫、科普林德，还有我们的老同事亚历山大·唐斯曼。[79]

在A.车列普宁关于巴黎时期的回忆中（引自*B.F.*）还有重要的一环，那就是在巴黎初年他见到巴托克的情景。车列普宁回忆，作曲家希曼诺夫斯基[①]和小提琴家帕乌里·克汉斯基[②]曾邀请他一起前往一个招待会。他写道：

经过一段简短的座谈，我们前往《音乐评论》的经理安里·布留涅尔家。在希曼诺夫斯基的介绍下，我认识了“全巴黎的音乐人士”……希曼诺夫斯基说这个招待会实际上是为了欢迎贝拉·巴托克而举行的，这里汇聚了几乎整个巴黎的音乐家。在钢琴前坐着普朗克和让·费乌里耶，他们演奏了爵士乐，许多房间都客满了。安里·布留涅尔夫妇忙得不亦乐乎，但始终没有机会向客人们做一一介绍，当然，可能认为“全巴黎音乐人士”应该都互相认识。人们都在闲谈，看来，大家都非常喜欢这个晚会。

我那时有些腼腆，所以远离人群到了一个角落里。这时我发现那里还有一个看上去和我一样被遗弃的人，其表情茫然若失，仿佛在自问：“为什么我会在这里？”我们就这样站了很长时间，谁也没有说一句话。后来我怀疑是他先打破了沉默，因为他说的是德语，要知道，我不会向任何一个法国人说德语的。

这个与我谈话的人就是巴托克，竟没有人注意我们这位

① 希曼诺夫斯基（1882—1937）：波兰作曲家、钢琴家、教育家、音乐评论家。
② 又名帕维尔·克汉斯基（1887—1934），是波兰小提琴家、作曲家。

"尊贵的客人"！我们谈了整整一个小时。我们的主题涉及"民间素材"的问题。巴托克说他对匈牙利、罗马尼亚和保加利亚的民族音乐有强烈的兴趣。当他得知我是俄罗斯人的时候，他便问起关于俄罗斯民族音乐的节奏和表达情态等方面的问题。他对我所讲述的有关格鲁吉亚民间素材的情况，特别是建立在四度音程上的三和弦第一转位是格鲁吉亚基础和弦的说法非常感兴趣。我们甚至还讨论了语言和音乐的血缘关系，特别是语句和乐句在节奏上的相互关系……那时候我对巴托克这个名字与他的音乐并不熟悉，当然他对我也知之甚少。这是一次友好的长谈，我们互相知道了对方的名字，交换了地址，讨论了彼此之间特别是音乐上共同感兴趣的问题，尽管在未来的创作中我们呈现出各自不同的形态。

还有一个关于Б.马尔基努的令人伤感的回忆，A.车列普宁在回复B.A.吉赛廖夫请求写一些有关他这位捷克朋友的情况的信中写道：

虽然我非常了解马尔基努，我们一起加入了作曲家组织"巴黎学派"，但是，对于想要发表的回忆他的文章来说，我没有太多精彩的素材。[……]我只知道，他和我一样从来没有丢弃对祖国的爱，并时刻渴望见到她。他最后一个未了的心愿就是在祖国庆祝自己70岁生日，为这他事先就做了准备，为的是或多或少为实现这个可能提供保障。1959年8月，我从卢加诺写信给身在巴塞尔的他，说我想比约定的时间提前一天见到他。但是，当我赶到的时候，却见到他躺在了灵柩里——他正好就在我们约定见面的日子去世了……[80]（巴黎民族图书馆音乐分部）

总的来说，“巴黎学派”这个外国作曲家组织虽然缺乏某种坚定的主张，没有统一的立场和美学纲领，但是它至少展示出他们在异国环境中生存的共同点。他们当中的每个人，都努力保存（并坚定地保存了）祖国文化中的特性。毋庸置疑，他们都被卷进了欧洲文化的洪流中。A.车列普宁来到这里并投身其中，他亲自见证了西欧音乐在历史巨变中的转折。波兰人A.唐斯曼的创作受到了斯特拉文斯基和拉威尔的影响，他以波兰民间素材为基石并结合了新古典主义的倾向，倡导多调性和自由调性的创作。罗马尼亚人M.米哈洛维奇的音乐语言的调性特点既表现出古典主义的倾向，又表现出从十二音音列中“解放”的倾向……在19—20世纪形成的新兴欧洲职业音乐学派里，民族自我认同的保留尤为重要。在A.车列普宁写给П.М.玛松、Ф.施密特、М.平舍尔里等未公开发表的书信里，精彩地记述了他与巴黎音乐家们密切交往的细节。

对于A.车列普宁这样一个俄侨和圣彼得堡人来说，1920年巴黎的音乐时局恰如“王车易位”的特殊时期。给巴黎人留下深刻印象的，首先是穆索尔斯基和鲍罗丁（要感谢佳吉列夫）的音乐，而后是斯特拉文斯基（《春之祭》，1913年）。一方面，像车列普宁一样，俄罗斯作曲家来到巴黎感受并融入法国音乐的氛围中；另一方面，法国音乐界也被来自俄罗斯圣彼得堡的音乐所吸引。“强力集团”——*Les Cinq*（“五人团”，如法炮制，评论家也称法国的乐派为“六人团”）在流派组织上并不是以德奥为目标，而是主要以法国的传统为基准，他们的偶像是柏辽兹，就是李斯特也在巴黎吸收了丰富的“养料”……可能因为艺术语言发展规律（这里指欧洲的）的某种客观性和内在性，车列普宁自然地汇入到西欧的音乐生活中。在车列普宁20世纪20—30年代的音乐中，不自主地能听到某种欣德米特的影响，除此之外法国音乐的影响是主要的。

法国人（“六人团”）对俄国十月革命后的初期非常感兴趣。Д.米约[①]曾在《新堤岸》（1923年）杂志第一期上发表了篇幅不大的公告性的文章。不久之后，米约来到了列宁格勒（今圣彼得堡），会见了Б.В.阿萨费耶夫[②]和其他同时代的音乐家们。1926年，阿萨费耶夫便发表了自己关于法国现代音乐

---

① Д.米约（1892—1974）：法国作曲家、指挥家、音乐评论家、教育家，“六人团”成员。

② Б.В.阿萨费耶夫（1884—1949）：苏联作曲家、音乐学家、音乐评论家，苏联音乐学学科创始人之一。

的著作。[81]

虽然目前关于这个主题，包括我们的文献是非常充足而有分量的，但是这篇早期篇幅不大的文献却显得尤为精彩，因为它本身就是那个时代的声音，是发自俄罗斯圣彼得堡的声音。阿萨费耶夫的叙述中有不少是关于A.车列普宁音乐研究的，让他感到惊讶的是车列普宁音乐的“归属”是“强力集团”的产物。阿萨费耶夫的美学思想仍具有现实意义（其中有不少关于A.车列普宁“梯弗里斯时期”，后来“在巴黎被派上了用场”的乐曲的分析）。在这里，我们记起A.奥涅格讲述的关于德国和法国音乐家们不同艺术时期的不同的感受（有关法国音乐的部分较为简短）[82]；奥涅格早期的乐曲反映出自由节奏和复调结构的结合；在半音调性和十二音自然调式（各种自然调式）结合的道路上发展的大小调体系，并以它作为调式的基础，这也是A.车列普宁音乐的特性之一。后来O.梅西安的体系也可以与之做比照。

对比法国音乐和德国音乐的主要特点，阿萨费耶夫可能没有想到，他的创作思想也影响了两个俄罗斯作曲学派，当然是经过革新的。他的论述是这样的：“德国交响乐建立在内省和戏剧性上，注重心理分析，而法国音乐则注重外在的形象性、观赏性、表意性和如画性。”（第46页，关于交响乐的形式和体裁的论述。）法国音乐是“情感的克制”（第36页）、“坚定的追求”，“通过映像，以表现力为具体的基础……”。

阿萨费耶夫关于形式构成的论述中写道:“甚至在法国大型的器乐作品中,组曲性成为公式并扮演重要的角色。”(第45页)这无意中也传达了A.车列普宁“梯弗里斯时期”及更重要的“巴黎时期”的风格。

关于奥里克和普朗克,阿萨费耶夫认为二人的作品具有“灵活性”“简洁性”,“追求鲜明、简单、朴实的叙述方式”(第34、35页)。而米约则喜用简短的形式,对立的比较[而不是贯穿发展(Durchführung)]。这些同时也是车列普宁所固有的特点,比如作于1925年三乐章的《钢琴三重奏》(Op.34),持续了不到8分钟。

笔者曾与指挥过A.车列普宁的交响作品的罗日杰斯特文斯基座谈,当我问起哪一个外国流派影响了我们这位俄罗斯作曲家的音乐时,他毫不犹豫地回答:“六人团。”

A.车列普宁在欧洲最初的成功是在英国。1922年11月,在伦敦举行的其移民后的第一次创作音乐会取得了巨大的成功,所演奏曲目中包括《小曲集》。半个世纪后的1972年11月11日,车列普宁于英国首都伦敦写道:

> 为了庆祝我在欧洲首次登台50周年,我同耶胡迪·梅纽因一起在BBC(英国广播公司——译者注)演奏了自己的小提琴奏鸣曲和钢琴作品等,另外还举行了访谈会。[83]

一年后，也就是1923年，伟大的芭蕾舞演员安娜·巴甫洛娃与自己的剧团在伦敦上演了向A.车列普宁委约的芭蕾舞剧《阿旃陀的壁画》。这其中有些天意的味道，A.巴甫洛娃决定委约这首作品，还是在车列普宁一家前往巴黎的时候。要知道，正是在马林斯基剧院的《艾尔米达的陈列馆》一剧中，她第一次展示了自己的戏剧才华；在第一个“佳吉列夫演出季”中她也在该剧中饰演角色（1909年）。对A.车列普宁来说，A.巴甫洛娃的这次委约，意味着他开始接触其创作中主要的体裁之一——芭蕾。随后，《阿旃陀的壁画》伴随着巴甫洛娃在世界各地游历。舞蹈家给年轻的作曲家提供了印度神庙的图片，描述了佛在那里的生活，包括他脱离尘世的一段，当然还有印度音乐的录音。除了高加索风格，这是他第一次尝试用另外的东方风格创作……1923年9月，该剧在伦敦科文特花园剧院的首演非常成功，随后A.巴甫洛娃携该剧在美国各地巡演。3年之后，当A.车列普宁第一次前往美国旅行演出的时候，他的名字已经被当地人所熟知了。

A.车列普宁作为“欧洲”作曲家成长道路上的一个重要的台阶，是他在1925年于美因茨[①]的著名的朔特出版公司（Schott）主办的比赛上获奖。他提交给比赛的是自己为长笛、小提琴和室内乐队而作的《小协奏曲》的总谱（未来的

① 美因茨：德国城市。

Op.33)。朔特出版公司慷慨地赠送给作曲家含有以往比赛档案材料的书籍，并于1925年3月21日寄给作曲家一封信，内容如下：

请允许我们用此贺电作为书面的祝贺！非常高兴，我们已经能够揭开面纱并读到您的名字。这是个事实，从参赛的103首作品中，我们经过筛选并决定把奖项颁给您，因为对您作品的评价胜过其他任何一首。请允许我们这样说，您高尚而宽广的作品风格让我们备受鼓舞，我们为把奖项授予您的作品而感到无比自豪！

我们希望，这一次的相识不仅只是个开始，而且还将继续下去。我们将感谢您在任何时候向我们提供新作品。

顺便还有一个好消息，那就是您的《10首创意曲》——为钢琴而作，被我们德国的“Max Esching & C”公司在巴黎的代表处出版发行，您的名字已经被列入我们的目录册里。

除此之外，我们还希望您尽快把生平简历和相片寄给我们——这是公布比赛结果所必需的。

随后，报刊的评论接踵而来。1926年7月9日的权威报刊《公众音乐新闻》(*Allgemeine Musikzeitung*)写道：

车列普宁要感谢自己超群出众的本领。是的，我体验到更多地对大小三和弦同时奏响的“大—小调”和声的犹疑。

[……]这种不协和现象首先出现在第一乐章(a—b—a结构)18世纪风格的天真主题里，就在不久前这种风格再次成为典型；中段(b)美丽精致，遗憾的是太简短了些。更成功之处是采取d小调的调性和小行板，这是一首抒情诗；特别有魅力的是华彩部分的音响处理，这里弦乐采用很弱(***pp***)的震音演奏。谐谑曲部分新颖而有活力，或许是乐曲最成功的部分。[……]这首协奏曲在1925年在由出版公司举办的比赛中获奖，车列普宁的作品获得了人们的瞩目。

《小协奏曲》曾在“多那崴申根斯基音乐节”由盖尔曼·舍尔海[1]指挥上演。以下是一段态度非常友好的评论：

俄罗斯音乐家A.大车列普宁成为一位欧洲意义上的音乐家。[……]他与斯特拉文斯基和欣德米特齐名。

[《汉诺威尔申快报》(*Hannoverscher Kurier*)；注有日期的复印件，评论作者X.艾尔普夫。]

这首协奏曲成为音乐会保留曲目。在1926年该曲(钢琴版本)在巴黎再次被上演。在《音乐杂志》(*La Revue*

[1] 盖尔曼·舍尔海(即舍尔欣，1891—1966)，德国指挥家。

musicale）上发表了莱蒙·普吉（从署名的缩写我们不怀疑文章是他所作）简短的评论文章，评论体现出对A.车列普宁音乐的高度关注，文章这样写道：

这是作曲家的一首优秀的作品，但是遗憾的是，它非常不均衡，但是音乐非常精练并体现出辉煌的力量，[……]协奏曲非常迷人，快速乐段显得轻松活跃，然后转入慢速的“行板”。[……]乐曲的结构并不总是很准确，但是我认为，在节奏方面没有任何疏漏，丝毫不乱。[84]

车列普宁在圣彼得堡时期的老师B. M.别里亚耶夫也出席了“多那崴申根斯基音乐节”，之后他们之间保持着交往。不久后，他发表了一篇大篇幅的文章，如果不算援引的乐谱索引笔记和关于1967年音乐会的评论，这就是唯一一篇苏联国内关于A.车列普宁的文章，但是文章的主人公却被无情地从祖国的艺术生活中除名了，这篇文章也被人们忘却了，文章对这位作曲家20世纪20年代中期的“音乐评述”是最佳的，它出自一位资深的俄罗斯现代音乐行家之手，是西方评论家所不能比拟的。文章寄给了车列普宁，作曲家认为所述是精彩和准确的，过了许多年之后车列普宁坦白地告诉B. M.别里亚耶夫：

你关于我的文章是第一篇有如此预见的文章，在42年前你就看清的一切，别人到现在也不很明白，就连我自己当时也不能做出解释，只是后来才渐渐明白了！你把我像小船一样送下河道，并预见和预言了我将飘往何处！[85]

总体来说，这是一篇严谨而富有远见的文章，对于当代读者来说它是非常陌生的（这本杂志在图书馆中罕见），我们决定把它刊载在本章最后的附录中。B.M.别里亚耶夫称自己文章的主人公从“骨子里”透出的是俄国圣彼得堡乐派——“新俄罗斯乐派”（“强力集团”）传统在20世纪的折射。在西欧现代音乐活动范围里，作者敏锐地发现了它们的共同点和不同。

在创作初期他就表现出其现代音乐追随者的倾向，他拒绝继承自己父亲的创作路线，也拒绝了整个俄罗斯作曲家创作中所固守的“心理主义”。侨居欧洲的现实帮助他很快树立了自己的创作理想。今天，他已经完善了自己所特有的简单、天真的风格……

（第5页）

“六人团”的作曲家们，特别是米约多次声明：因为大量的不协和音长期相伴，他们的音乐语言、首先是在调式和声领域呈现不明确性。这首《小协奏曲》所表现出来的“现代性”对于观众的听觉来说是异己的（特别是对于德国观众）。下面是一段登载在1929年2月4日报纸上的关于这部作品的评论：（由朔特出版公司组织）演出地点是希尔德斯海曼[①]，指挥弗里茨·莱曼。[《希尔德斯海曼新报》（*Neue Zeitung Hildesheim*）署名：“我”]，评论家为了更好地评价这部作品，亲自观摩了早上的总排练。评论家写道：

> 这是现代的音乐，它不仅仅是艺术，而且是科学。这一点，听到过A.车列普宁的超现代作品的人都确信……这是一位超前卫的俄罗斯革新者。《d小调小协奏曲——为长笛和小提琴而作》（Op.33）使每位第一次听到它的人感到震惊，甚至是恐惧。第一乐章不由得使人感到是模仿野兽的吼声。不过，没什么，当晚上第二次听到它的时候，耳朵已经开始接受一些了。[……]乐曲的总谱展现出这里运用了现代的九音音列C大调式，这当然为所谓的不协和提供了可能。在彩排中感觉到这些和声被剥夺了旋律性，粗鲁的节奏贯穿始终，这种风格在协奏曲的画面中越来越鲜明地延展开来。第一乐章的主题还是模糊的就已经进入了第二乐章，从这个“小行板”里能够感到死亡的象征，像是哀悼者的步伐，丧钟的鸣响和葬礼的哀歌。第三

① 希尔德斯海曼：德国城市。

乐章（活板）像是死神的舞蹈，与圣–桑的《骷髅之舞》十分相似，巨大的声音一个叠一个堆积起来，简直是到了荒诞的程度！像是死人聚集在地狱里，或是地狱的幽灵令人恐怖的聚会，刺耳的和弦就像惨叫声！然后，重新响起了深远古怪的钟声。独奏小提琴和长笛像是乐队致敬的歌声中坚定不移的领袖。第四乐章，很短小（非常幸运）！还是像其他乐章一样在可怕的背景上开始了恶魔的舞蹈，节奏好像来自骨骼的碰撞声。这种可恶的吵闹最终结束在虚无中。

评论作者老实地结尾道：

车列普宁的作品自有其价值。有一点是很明确的，那就是选择演奏它的音乐家是聪明而勇敢的，比如弗里茨·莱曼！

我们不想参与由这个作品而引发的带有主观色彩的论战（这种讨论并没有形成出版物展示给读者：还没有哪一个国家的图书馆有如此出版物）。我们看到，A.车列普宁曾走过的是一条现代音乐创作者艰难的、“正常的”道路。

在与现代音乐有紧密联系的《音乐评论》上，莱蒙·普吉刊登了对A.车列普宁的《奏鸣曲——为大提琴和钢琴而作》的评论，对A.唐斯曼的《奏鸣曲——为小提琴和钢琴而作》，对A.奥涅格的《前奏曲和布鲁斯舞曲——为竖琴而作》和对

B.达维克的《乐曲》等作品的评论文章。文章写道：

可以指责这部作品不是“非常奏鸣曲化”，也没有“趣味”。这完全不是吹毛求疵的纯粹主义者的见解。问题在于：这部作品首先存在调性组织上的不足，另外结构也非常不清晰，但车列普宁至少向我们展示了他本真自然的音乐天赋。像机枪的散弹一样高高低低的音布满在音乐构架里，两个声部的对位，持续的三连音都体现出他的个性。[86]

其实，从“调性”和“结构原理”（从严格意义上讲是非奏鸣曲式的）方面看，这并不是缺点，而正是其内在的特性。

还有两篇关于《四首前奏曲》（Op.24，巴黎杜兰德出版公司出版）和《四首钢琴浪漫曲》（Op.31，维也纳通用出版公司出版）的评论，莱蒙·普吉写道：

我认为《前奏曲》比《浪漫曲》要好很多，后者显示出曲作者的某种肤浅，不过第一首和第二首非常悦耳动听。《前奏曲》是车列普宁作品里最出色的，特别是其中一些带有严肃的乡愁情绪的作品，与以往的轻快和活跃大有区别。大量的半音关系充斥在快速的音阶经过句里。在这里车列普宁像以往的作品一样，采用了在包含增五度的各级和弦的模进，我认为这种手法不总是很成功。第二首前奏曲为极慢速，具有极好的旋律线条组合，它很适合在管风琴上演奏。有时会稍稍感觉到受米约的影响（比如在第二首前奏曲中的两声部）。车列普宁用两个美妙的同时结合着大—小三和弦的双重和弦上结束了自己的乐曲，这难道不应该感谢他对某些大小调和弦混合使用的偏好？不过好在所有乐曲都很美妙，这迫使你不得不思考：对于整个乐曲的表现力来说，这种短小的性质是完全适合的。[87]（紧接着这篇文章之后，刊登了关于Д.米约的《第六首弦乐四重奏》的评论文章。）

《音乐杂志》（*La Revue musicale*）是记述年轻的作曲家创作的独特的编年史，我们认为其观点虽然偏颇，但是这些文字还是真实而有意义的：它向读者们介绍了某些A.车列普宁的作品，包括一些不出名的，它们来自作曲家和其同时代评论家同时生存的艺术空间深处，这些文字因此丰富而翔实。它们见证了车列普宁作为欧洲职业音乐家生涯的快速成长和所取得的成功。这些文章和笔记的作者们都是著名的、敏锐的、富有才华的评论家，他们对A.车列普宁20世纪二三十年代初主要音乐特点的记述是不容置疑的，比如：新颖、率真，表现方式中吸引人的本能性（有时作曲家有些过于相信它）；音乐语言独具个性，特别是在和声和复调结构领域；强烈的节奏；形式简洁而自由——虽然有时显得不是很成熟……

以下是莱蒙·普吉记述的关于在“科隆系列音乐会”上演奏《格鲁吉亚狂想曲》（Op.25）的评论：

这首作品体现了A.车列普宁音乐的所有特点：少年的激情、动感的节奏、新颖的手法、乡愁和克制的叠置。不只是这部作品会让你感受到他的个性表现出过分自由和缺乏监督，只是偶尔你才会感到一种不同的厚重和丰满，比如他的《第二钢琴协奏曲》。这首曲子的主题并不是直接采用民间素材，它无疑非常优美，但是其轮廓却不够明晰。领奏乐器（大提琴）在乐队富有创造力的衬托下优美地演奏着，在这首协奏曲形式的乐曲中，车列普宁很少采用他所擅长的对位织体。当他成功地采用这种形式的时候，你会感到是何等的快慰呀！长笛和大提琴的对话虽然短促，但却是如此美妙！民间舞曲的节奏没有被削弱，它冲动、狂暴、甚至令人疲惫，但是总是富有创造力。轻盈的鼓点在没有别的乐器的陪衬下开始直到进入最激烈的部分，我敢打赌，在这个时刻任何一个人是很难安坐在自己的座位上的。[88]

在《音乐杂志》杂志社继A.普留涅尔[①]之后的第二号人物是Б.杰·施列泽，在俄罗斯时其名字是鲍里斯·费德罗维

① A.普留涅尔（1886—1942）：法国音乐学家，《音乐杂志》的创始者。

奇·施廖采尔（即Б.施廖采尔），他是A.H.斯克里亚宾的妻弟，同时也是其最亲密的人。他发表过关于斯克里亚宾和斯特拉文斯基的文章和著作，并经常在《音乐杂志》上定期发表美学—哲学分析评论文章和专论。

他关于A.车列普宁两首钢琴协奏曲的评论文章越来越体现出重要价值：

他的《第一钢琴协奏曲》大约创作于两年前，曾经由贝尔基耶小姐同"拉姆廖乐队"①一起演奏过。第二首（A调），其双钢琴改编版刚刚由作曲家本人在最近的一场由"民族音乐协会"组织的音乐会上演奏过。[……]把两部有些间隔时间的作品做一下比较，我们会发现，车列普宁音乐创作道路的发展是成功的。我非常喜欢第一首的开始部分，伴随着不规整的节奏，四度和五度音程交替出现在钢琴鲜明有力的第一主题里。一些主题发展部分也非常漂亮，而某些乐句存在浅显和人为的激情，这使我感到困惑，但大量光辉的经过句让你迷恋上这部作品。A.车列普宁喜爱钢琴，熟知其所有的性能，他针对自己演奏技术的特点来创作，但是有时他允许乐器"操纵"自己的意志，那时你会感觉到音乐像音阶和练习曲一样，从他训练有素的指间涌出。《第一协奏曲》以严格的奏鸣曲式写成，快

① 由法国指挥家和小提琴家沙里·拉姆廖创建的乐队。

板，但是我认为它有些模糊和拖沓。这一点在《第二协奏曲》中有明显改善：它的长度与《第一首协奏曲》差不多（大约半个小时），但是，它显得更完善和紧凑，虽然这一次作曲家赋予奏鸣曲式更多的自由，但是作曲家为第二主题采用了一系列的变奏。《第二协奏曲》并不显得冗长，其组织结构由清晰的技术经过句密集组成。作曲家批判的嗅觉和品位正在逐步完善，他不再允许自己采用空洞无聊的多愁善感：它的主题和旋律更加清晰，它的轮廓更具特性；它的和声色彩丰富而新颖，虽然作者有些过多地使用半音音程；青年人特有的欢乐体现在跳跃的节奏上，作曲家赋予它的多声部以精致和自由的形态。

这首协奏曲无疑是俄罗斯音乐文化史上的一部杰作，与普罗科菲耶夫的新古典主义风格接近，它对俄罗斯新的学派影响越来越显著。[89]

在上一章我们曾顺便提到了俄侨音乐生活的一件大事，那就是在1926年6月9日举行的“俄罗斯作曲家作品音乐会”。Б.施廖采尔（即Б.杰·施列泽）的评论文章在法国音乐评论界占据了相应的位置，虽然其中关于车列普宁的评述并不多，但是却翔实地介绍了当时俄罗斯音乐在国外的情况，下面我们引用这篇文章：

斯比纳杰里为其组织的这个系列音乐会命名为“现代俄罗斯音乐”，向我们展示了不少现居巴黎的俄侨作曲家的作品，其中包括B.杜凯利斯基、A.卢里耶、H.纳博科夫、A.车列普宁、И.维施涅格拉茨基，还有普罗科菲耶夫和斯特拉文斯基，等等。[……]

我们有机会欣赏了A.车列普宁的乐曲。两首阿拉伯风的钢琴曲（由拉威涅演奏），大提琴和钢琴奏鸣曲（D调，由克莱曼和作曲家本人演奏）展示出作曲家的实力和在旋律、节奏上丰富的创造力。但是，说实在的，他的作品有时显得缺乏控制力并过分的冗长。

如果说从车列普宁的年轻的才华中可以看到普罗科菲耶夫的影响，那么显然杜凯利斯基也并没有摆脱这一点，他的《八行诗》(由瓦日弗斯卡演奏）中有着美妙的旋律；而在纳博科夫和卢里耶的作品中可以感受到模仿斯特拉文斯基的痕迹。纳博科夫的《旋律》接近格林卡，甚至是“前格林卡时期”的传统，可以看出作曲家为回归“摩尔人”生活所做出的努力；卢里耶的钢琴《托卡塔》(由克劳吉奥·阿劳[①]演奏）很显然受到了斯特拉文斯基《奏鸣曲》的影响，但是，卢里耶并没有完全模仿而是进行了自我创造。他的《托卡塔》一气呵成，展现出卓越、完善而独特的创作风格，他富个性的旋律和声建立在牢

① 克劳吉奥·阿劳（1903—1991）：智利钢琴家。

固的调式基础之上，和声的统一以不同的调式途径的交织为前提。

音乐会以维施涅格拉茨基带有“四分之一音体系”特点的双钢琴作品《赞美诗》作为结束，为此其中一架钢琴比正常音律调高了四分之一音。

我完全接受“四分之一音体系”音乐的存在，任何关于它的技术方面的争论，在我看来都是徒劳的，它的存在是无可争辩的事实（维施涅格拉茨基再一次证明了这一点）：我们清晰地感受到这些富有特性的音程；是的，我说的是在《赞美诗》中，其实维施涅格拉茨基完全没有坚持这种音乐的必要性；我非常想弄明白，他是如何使我们相信他怎么会自然地接受“四分之一音体系”的，这样的音程对他来说并不是必需的，但是观众们看到的是苍白的音乐思想，被剥夺的个性和带有斯克里亚宾似的程式；虽然听到了一些美妙音响的新奇的和弦，但是这并不能把我们从这个由单调乏味的乐句重复堆积而成的冗长作品里解救出来。[90]

A.车列普宁无疑非常专注地读了这些评论，或许文字里对其音响缺乏有效的组织性的责备，与他的音乐思想的初次转变相吻合，这其实是一种自然的表现形式。整个欧洲的音乐艺术形势推动了这种转变，要知道巴黎创立了“另类的”德—奥音乐；欣德米特和勋伯格经常演奏并在刊物上（杂志上同时刊登了对车列普宁乐曲的评论）就无调性和多调性的理论问题，以及其整个音乐语言中的意义公开进行讨论。

评论文章中提到可以听到“半音—一个半音”音列，但是那时它还没有被当成原则并形成体系在创作中运用。A.车列普宁是在什么时候确定其为创作原则的，我们不能确定，但是实际上在当时巴黎时期他已经开始严肃并系统性地使用它了。后来作者所谈到的这种音乐语言的解释，没有在任何访谈、唱片简介和出版物（在档案馆里它们被大量收藏）的文字中提到。

在朔特出版公司举办的作曲比赛获奖的《小协奏曲》（Op.33）体现出A.车列普宁的技术倾向，在以后的某些编号作品中也被成功运用，关于这一点，在本章里我们将引用作曲家本人的慷慨叙述。在它们当中《三首为室内乐队而作的小型乐曲》引人瞩目。我们从书信中得知A.车列普宁的父母非常喜欢这部作品，特别是其中的第二首《神秘》（*Mystere*）。该曲是为大提琴和小型乐队而作，经常单独在音乐会上被演奏，它的确是三首乐曲中最好的，甚至可以说是A.车列普宁作品中最优秀的、最富有灵感的杰作。这里表现出的不是拘谨严肃的“理性”，而是感情充沛的、宽广的、悠长的旋律气息，比如，呈示部副部主题：

谱例4-1

在作品第37号（Op.37）中，年轻的作曲家展示了自己在曲式构成上（在第一乐章“前奏曲”里结合了赋格和奏鸣曲式，与塔涅耶夫的《约翰·达玛斯基》第一乐章的简化明净的再现部有些相似），在素材的发展特别是在复调手法的运用上，在管弦配器效果上，在主题对比发展上（在副部主题的抒情旋律中加入了主部主题的元素，第二乐章，标有数字“230”处）的非凡功力。

下面已经接近作曲家最精彩“如何来做”的时期。

1926年A.车列普宁与美国女社会活动家路易斯·威克斯结婚（他们的婚姻持续了十年多一点的时间），他生命的一段岁月便在欧洲（在巴黎他住在其父母家里，而在其他欧洲国家则忙于歌剧和芭蕾的巡演）和美国（在纽约他住在位于纽约郊外埃斯利坡妻子的住所里）之间流逝。在这段时间他创作了自己的《第一交响曲》，对车列普宁来说这是一部里程碑式的作品，它被认为是欧洲交响音乐风格的产物。

我们从他给父母在1927—1928年期间的书信里发现，正是在这一时期他开始记述自己的创作过程（这种叙述还可能出现在更早一些的文字里，但是我们目前还没有发现）。有关这一现象我们会在另外一章里进行详细的探讨。

在这首交响曲创作之前车列普宁已经拥有了大量形式多样的作品，比如歌剧《奥莉-奥莉》、两首《弦乐四重奏》、三首《小协奏曲》（Op.37），以及不大的乐队作品《圣母玛格娜》，并为下一部歌剧（X.冯·霍夫曼斯塔尔的脚本）《早别依达的婚礼》的创作做准备（做剧本交涉）。

在1927年4月20日去纽约的第二日的信件中，他第一次提到了其新的创作：

脑子里充满着乐思，我竟写了10页（纸不大）的想法。下一首乐队作品的计划和开始的设想已经明确了。（引自*P.S.S.*，以下所引信件片段皆出于此。）

此时还没有提到“交响曲”一词，并且以后很久都没有提到。

4月23日：

虽然对《早别依达的婚礼》的思考有些搅乱我对乐队作品

的想法，但是我还是准备首先完成它们，好在萌芽已经有了……

4月24日：

现在试着工作一会儿，头脑很清醒，到晚上想法算是固定了下来。

4月26日：

昨天工作非常有成效，核对了两处对位部分。到此，创作的第一阶段算是结束了，具体地说，大约完成了预想中曲式结构的六分之一。重要的是，这一次我想抛弃短小的曲式，准备平静地、专心致志地为作品的交响化和宽广性而工作，虽然目前这种效能还不大。如果我不着急去别的地方，而且头脑在任何时间都是清醒的，那么就会有办法掌控主题，我相信，只要有足够的耐心和毅力，我就能赋予作品以真正的交响性，它是为大型乐队而作的，而不是短小的室内乐形式，就像之前的《圣母玛格娜》那样。这种大型乐队的创作激励着我，使我从许多禁忌中摆脱出来，深思曲式的结构问题并逐渐为其注入内涵。昨天第一阶段的创作结束后，我就可以安心地去纽约了。在上汽车的时候，头脑中还萦绕着许多想法。

预先提出任务和克服技术难点的方法（解决方法），不在一开始就“注入内涵”，很明显，这意味着其创作带有“主题对比”的性质，或者是完全执行了这个功能。创作进程是缓慢的，关于这一点在以下4月28日的信中可以证明，他抛弃了原有的本能性（或者已经丧失了本能性？），并做出了理智上，更多的是对作品构建上的努力：

整整一天在谱纸上工作，经过了8小时的努力，终于攻克了26小节的难关。今天准备给它们加上复调织体，虽然这比昨天、前天的工作还要艰难，但是却更加有意思。现在头脑里已经有了许多乐队的思维和可能性；与格留梅尔一起演奏列盖尔和我的乐曲唤起了我对他的热爱，我现在所做得比从前所做的拥有更为开阔的视野……

帕乌里·格留梅尔[①]是著名的大提琴演奏家，是作曲家的舞台伙伴和朋友。

5月1日的记述提出了纯粹的技术问题：

昨天，正如所料想的，整个上午都在为技术困难的部分努力，目前我产生了一些动摇：这里共分了三小组——第一组有

① 帕乌里·格留梅尔（1879—1965）：德裔奥地利籍大提琴演奏家、教育家。

4个声部，第二小组有6个到7个声部，第三组有5 个声部。在每一个小组中间是纯粹的声部进行并以此结束，但是它们一个接一个结合在一起，产生了不少平行八度，这是我避免使用的。在这里，我不想改变声部进行或者使主体变形，这就是我的小小的困惑；我认为不如就这样算了，因为到最后每一个独立的小组已经顺利结束了，总的说来，七度、二度、四度、三度和五度比起八度来要差，你怎么建议我呢？亲爱的爸爸！

5月2日：

昨天工作了很长时间，很吃力，直到晚上还在考虑如何解决这些地方的办法。哎！只是成效并不显著：这里的形式虽然可以理解了，但是并不是置于音乐下的，一切都是那么形式主义！或者重新陷入以往的规范里，或者有点像带伴奏的齐唱。

“音乐材料”（内涵）“投入”（附加）的问题产生了。与以往惯性（在方法发展中表现出来的习惯）的斗争是经常的。

5月3日：

昨天整个早晨都在努力地工作并且完成了一处最困难的地方。早饭后［……］我又深陷其中，直到下午5点又明确了许多地方……然后，继续艰难前进。这样，经过两周工作，到今天为止，我已经写到了第一乐章的下半部分。[……]然而，还有许多工作留下来，它们还都是草稿，乐队的配器和改编还要花去很多的时间。

我们发现：乐队配器对于车列普宁来说是下一个步骤里一个单独的程序，这使人们确信他先做好草图、一个框架或者轮廓，然后再涂上颜色，这显然与那些边写作音乐主题边配器的作曲家有所不同（比如柴科夫斯基）。

我们继续A.车列普宁的“创作记述”：它俨然就像在20世纪由作曲家所主持的“作曲班课堂讨论课”。虽然第一乐章已经明确了，但是作曲家在文字叙述中还称之为“乐曲”，显然作曲家对自己乐曲的体裁还没有明确（这是交响曲吗？）。

5月6日：

昨日一整天忙于自己的乐曲，完成了几处较容易的地方，然后又写完了6页谱纸；目前第一乐章从头到尾都已经明确了，但是还有许多地方要推敲——要结束其草稿还需要至少一周的时间；在想象中已经能够听到规定乐章的四分之三处，我对音乐还是比较满意的，整个乐章的长度，看上去将持续8分钟的样子，而且乐曲是快速的，没有一处慢的地方。总是加快速度对我来说是没有体验过的——也就是说，我给自己下了一个任务：那就是不要短小的形式，这是真正的主题贯彻发展

（Durchführung）的8分钟——主题陈述从前8个小节开始，然后一个接一个由此发展而来，没有再现部，节奏和旋律抑扬的方案已经完善了。总的说来，我对自己到目前为止所完成工作是满意的，希望一周后能够大致完成第一乐章的写作。第二和第三乐章的想法已经有了，但是还没有开始考虑如何提炼它们。

和“短小的形式”做斗争，要想取得成功需要技术的完善和发展的帮助——这难道说明作曲家的自然倾向就是“小型作品”？作曲家的创作过程的心理描述固定地表现出在不同的情况下（或者是在不同的时期）的直觉和理性的结合中，谁占有主导地位。

5月11日：

经过昨天的努力，最后大致完成了乐队作品的第一乐章。遗憾的是试奏后删掉了某些部分，一切还都在零碎的散页上，甚至我认为再不休息创作就会更加困难。但是，仍然还是有许多让人满意的地方，实现了自己的想法。现在准备动手写这一乐章的草稿，并准备思考下一乐章的写作。我想，草稿的写作应该简化材料，因为我不想使自己的思想陷入这种摩天大楼似的材料堆砌当中！最后，最好的草稿应该照亮并且深化思想，而不应该有一处混沌不明的地方，这种地方遮掩了思想的光辉，我在谱纸上找出了三处并准备修改它们。

但是，昨天我处在一种非常奇怪的状态中：3点结束写作，从4点开始，我就像坐在化妆间里，什么也没有做，某种音乐在我的脑海中活跃着，我记起它们，这让我感到高兴，就这样持续坐到深夜，谱子上还是什么也没有！！[……]或许，这就是下一乐章潜意识里的乐思。

还在1924年创作的大提琴奏鸣曲的结尾部分，我们就发现了车列普宁把“鸟的叫声”（可能是最早采用）作为“音乐素材”用在自己的创作中。在《第一交响曲》的“创作记述”中它们再一次被提到，虽然这首作品没有直接采用这一技法。作曲家关于结构写得非常精彩：

昨天为第二乐章的创作工作了许久：获得了许多想法，曲式结构也开始明确了，与第一乐章的工作量比起来可能少不了多少。我想用一些神来之笔把它写得有趣一些。埃斯利坡的鸟（埃斯利坡，在纽约附近——*Л.К.*注）对我非常有启发，特别是节奏部分。早先我就结识过它们（聆听它们）。[……]我被它们的语言和“创作”所诱惑，它们的乐句拥有自己的旋律和节奏方式，包括附点节奏，而且，发音的长短、间歇、延长有时候还会变化（虽然不多），但是结尾的方式总是不变的。忠实地记录下它们的节奏，是非常有意义的事情。总之“鸟的叫声”激励了我创作第二乐章，但是这只是原始的积累，最初的草稿我还没有开始写。

在这首乐队作品，也就是交响曲的创作过程中，对歌剧《早别依达的婚礼》的思考总是搅乱并使其创作境况复杂化：车列普宁缩减了霍夫曼斯塔尔的歌词，使剧本得到定型。

5月14日：

昨天，虽然听了鸟的叫声，也忙了一整天，但是工作效率不高。虽然产生了一些有特色的想法，但音乐往前推进得很少。

5月15日：

昨天是非常不成功的一天。虽然一整天都坐在书桌前，写作部分已经接近尾声，但是想法的实现却让自己失望，与其说这样形式的音乐适合交响曲的中间乐章，还不如拿它作为《早别依达的婚礼》第三幕的间奏曲更恰当。

第二天开始也是这样——摘自5月16日的信件：

昨天非常勉强地为第二乐章忙活，我的症状是：读完了《早别依达》[1]的材料，大概是下意识地，大脑完全不自觉地按

① 即《早别依达的婚礼》，后同。

另外一种方式工作，就像河水冲溃了大坝流向了另外的方向。昨天，当我转入第二乐章的审阅时，我确定，这些天所做的工作和我所采用的曲式，就是《早别依达》第三幕的间奏曲。早饭后，我还是认真地坐下来，按第二乐章的原定计划开始工作。但是，刚一开始，脑子就又偏离了航向并开始创作《早别依达》。与夫人一起到此处并不让人满意的海边溜达了一会儿，为的是呼吸一下新鲜的空气。回来后，代替第二乐章的，是写了整整一页有关《早别依达》的音乐素材。这就是一周来的工作成绩，重要的是，我已经有了超过10页的收获，它们被规整在一个注有"早别依达"名字的专门的袋子里，而完成第二乐章的创作，与之相距甚远，一切还只是开始。

到了午饭前，第二乐章才有了实质性的成效［……］并最终确立了创作计划：三组形成和声关系的对位，每一组都处在远距离的声部之间，这样第二乐章就能结束了。我现在担心如何把这三组不协调的组合之间变得协调，也就是，寻找在每一组单独进行后，最后一起进行的方案。

离达到效果显然还很远，但是我很高兴。我找到了充分的自我批评，为的是弄清楚，创作工作完全不是按照预定道路推进，并且丢开了预定的体裁，但是余下的将会按原计划进行。

这种想法，是纯粹建设性的和提纲式的，是一种预想形式的体现。

谱例4-2

在写给父母的信件中，在我们所摘引的有关交响曲的“创作记述”中，A.车列普宁虽然还没有宣称但实际上已经是

一贯使用“因特拉朋克特”[①]（интропункт）、“对间法”技术和九音音列了。5月21日，H.H.车列普宁回复了我们前面摘引过的A.车列普宁写于5月1日的来信，之后年轻的作曲家回信写道（在这里，我们又有机会投身于作曲家的“工作室”里，分析作曲家的创作细节）：

爸爸，你所写的有关平行八度的见解非常精彩，遗憾的是，看上去每一层在合奏时不太相称，它（层）没有体现出和声上的旋律线条，总的看起来还是一团糟。我认为在横向逻辑思维里已经有了纵向的设计试验，也就是说，保留声部的横向逻辑，没必要更换它们，对于听觉来说也没有必要，这样做对旋律组织只是一种破坏，因而我想留下原有的各声部层，但是又在想，这里是不是不需要支声部？思想一团混乱。如果解决了这个问题，我就胜利了！

现在关于第二乐章已经有了许多不同的解决方案，但愿会有所帮助……

5月22日：

今天晚上又补写给您，是为了告诉您，今天早上第二乐章的草稿已经完成，试奏之后，基本上满意，任务总算完成

① A.车列普宁标记的是“因特罗朋克特”。

了。当然我是正确的，那就是：抛开临时的方案，执行原有的计划。[……] 回家后，我开始着手考虑继续前进的方案，其实下一个乐章我已经有了想法，这样乐曲就成为交响曲了。我想如果在第一和第二乐章之间写一个快速谐谑曲风格间奏曲应该不错，这样就能够在整体上加深第二乐章的思想内涵。这种想法在我的脑海中闪现过好多次，现在已经确定了只用打击乐器的谐谑曲形式：鼓、铙钹、两面小鼓（有音色和无音色各一个）、铃鼓、响板、敲击小提琴腹板的奏法也在这一部分会出现。现在的问题是能不能把它写成三四分钟的样子，如果能行，我就写它，如果不行，只好忍痛割舍，因为我不想做得过分刻意，还有问题是在于我能不能做到足够多样的布局组合。[……]，现在，我亲爱的爸爸，已经晚上11点了。

在以上这篇和以后的记述里车列普宁确定了两个最基本的动机：明确了创作过程将采用交响化的形式并确定了实施的阶段；确立了包括一组打击乐器的完全革新的方案。我们前面已经引用过20世纪音乐史编纂者H.斯洛尼姆斯基的论述，关于车列普宁的《第一交响曲》他写道：

他的革新就是在《E大调交响曲》的一个乐章中，为打击乐器写了一段没有固定音高的音响，开了肖斯塔科维奇歌剧《鼻子》打击乐幕间曲的先河。在这首交响曲中，弦乐器采用了特殊的演奏效果，尤其是：琴弓子在弦板上敲击的技法。

在这些有关车列普宁的记述中还声明，直到作曲家创作晚期（半个世纪后）还保持了这种技法。

5月23日：

现在我们这里还是早上，我已经工作了一个小时，并为新的过渡段的打击乐节奏部分写了6页谱纸，为此我很开心。我想，能够达到相适应的规模，除却这一部分对听觉来说是一个巨大的损失！这一段我加入了用琴弓敲击音板的技法。[……]为了我的总谱，我闭门不出……早上工作卓有成效，打击乐部分进行得非常顺利，但是我担心是不是赋予它太多即兴的成分？这个激烈的节奏性的过渡段与下一段相比，应当有更多的明智。我已经在这同时着手创作第四乐章，采用经典的回旋曲式。我为它选了不少的素材。在比特尔斯夫人（指其岳母——*Л.К.*注）那里吃早饭的这一段时间，头脑里也老是考虑这个节奏部分。回家后便立刻拿出纸记下来，我怕忘记了。[……]然后才开始做下一步的工作。

5月24日：

昨天到晚饭前已经为节奏部分做了许多工作，现在它已经拥有2分40秒的长度，但是我不知道如何来延展——继续第二、第三、还是展开的尾声？今天准备考虑一下这个问题，还有第四乐章的写作。现在第四乐章已进行了三分之二，工作起来愉快了许多，第四乐章不应该那么复杂，应该轻快活泼一些，就像第二乐章那样，第四乐章的轻快气氛（摈弃粗暴和尖锐*schroff*——*Л.К.*注）让我感到欢欣鼓舞。

以下是“创作记述”的尾声部分，它记述的主要是整个交响曲的结尾写作。

5月25日：

昨天全力为第四乐章写作，现在已经不再关注那个打击乐器的部分了，经过一天的“劳动”，第一主题陈述已经大致完成，这是勤奋的结果。许多地方，比如“因特拉朋克特”对间的主题，原来写的有些刻意，经过我的锲而不舍，现在已经趋于自然了；为第一主题写了一个合适的结尾部分——切分性质，它同时引入了第二主题。

5月26日：

昨天工作到午饭前。但实际上是不成功的……虽然也写了一些片段，执行了某些计划。为很好地引入结尾部分，还考虑了一些转调的方式。

5月27日：

亲爱的父亲，昨天是这样度过的——早上为第四乐章写作。一番辛苦的“劳作”之后，完成了第二主题的发展部分（Durchführung），这个主题按照自己的组织需要这样处理，以下就是它（主题）：

谱例4-3

这个主题是由铜管来演奏的，本身非常明亮，为的是下面的重复再现（伴奏给予它许多的可能性）；经过许多的尝试后，最后达到了再现它的目的，但是这里需要的不仅仅是再现，而是发展，要把它发展到了16小节的样子——再往后，便大都明确了。这样，到早饭前整个乐章的思路就都明朗了，剩下的就是按照预定计划耐心写作了。

很显然，意外出现的增补的乐章（确定为第二乐章）与交响曲整体已经不可分割了：以后的时间他只提到了第四乐章。细节是其所提到的“方整性”实际上有些许消极的意味。

5月28日：

昨天工作了一整天，甚至晚饭后到十点半还在写作第四乐章。完成了第二主题的执行方案，第一乐章的第二套执行方案前天我就开始思考了，晚上写作第三乐章。第三乐章非常方整，但它应是第一和第二乐章不稳定的均衡，但是创作时，我就像拿着直尺在测量。我的大脑里满是这些工作，甚至夜里做梦都梦见自己在测量和锯木头。（难道这是作曲进程意识形态的一种暗示？）

5月29日和30日的记述，表明在“与习惯做斗争”的状态中，其创作已经到达了末乐章的尾声：

非常专心致志地工作了一整天，末乐章已接近尾声。结尾应该是第一主题（第四乐章）的补充再现，我已经欣喜若狂了！经过考虑，我最后确信，决定用这样的结尾方式是很大的错误，兴致立刻冷却了下来，为了结构我采用了新的、发展的、含切分节奏的结尾。

5月31日的记述表明已经结束了全曲第一阶段的创作工作：

昨天加紧了对切分节奏部分的写作，早饭后已经大致完成了这首交响曲。余下的是要弄清是否有必要加长打击乐的那一部分，再更改一处转调的部分，然后我就开始着手草稿的写作，这将会更加复杂，许多地方需要批判地研究和加工。不管怎样，第一阶段的工作已经完成，作品已经初步成形了，但一切好像还在“森林”里，脱离它还需要加倍努力，那时才可以对全部工作做出评判。目前的工作计划是这样的：写草稿，思考《六重奏》，不时地读一下为《早别依达》收集的素材，考虑到《斯金卡》的写作背景，除此之外，还要稍稍活动一下手指。

文中所提到的《六重奏》表明：A. 车列普宁同时还在进行（有时是具体的，有时只是思考）至少两部或者是多部作品的创作，只是在其他记述中没有被记写下来。

6月1日：

昨天［……］，用了一个小时的时间思考《六重奏》并着手其草稿的写作。哎！很快我就明确了，这种写作不仅需要琐碎的合成，而且还需要一条整体加工和完善的思路。第一处对位实际上只是在脑子里仓促而就的，还不是听觉上的结果。下午还在为之努力，直到晚上11点还没有完成，今天打算继续。目前已经显而易见，这一切还只是创作的轮廓，才刚刚开始，并且还有以后的配器工作。现在我琢磨把精力转到《六重奏》上实在是不应该的：不但《六重奏》写不好，而且交响曲也一团糟！今天将把全部精力认真地投入到交响曲上，为的是能够在声部进行等方面基本上结束草稿的写作，目前越是全力以赴，后面的配器就越显得容易，[……]还有巨大的审定工作摆在面前，[……]实际上我还是很高兴的，因为这些不满意之处自有原因，也有改善。我认为，对于完成这首作品需要的技术手段和展开的可能性，我还是非常有把握的。

我们忽略一些说明，直接引用6月5日的信件片段，这是技纯术性的，凌驾于“音乐”之上的记述，我认为（就像车列普宁所有的“创作记述”），像这种有意识地针对作曲创作的描述是罕见的：

为这个街垒似的地方我已经忙活了五天了，现在已经攻克了它，它的难点在这里：我写了三个声部的复调，然后每一个声部都加倍为大六度，但是就层来说，这样就出现了三个八度的重叠，获得了六层的构建，在其中各声部或者互相碰撞或者相互离开，两层之间就会突然出现空洞，等等。而这一切都构建在运动的准固定低音上，它们也妨碍一切。一开始，我认为三个主要的声部是不能动摇的，实际上这是错误的，它使我好几天堵在这里。但是，昨天我已经处理好了让我疑虑的主要声部中的一个，现在我已经从中摆脱了出来，只剩下了两个声部是稳固的。结果是非常满意的——高处，在两个八度之内安置了三个独立声部的对位，它建立在第一个稳固的声部之上；低处，第二个稳定的声部对位首先是加倍重叠，然后缩减到仅留下自己的对位，在这些层之间，加入了新的慢速主题（en ralenti）；低音现在的状态已经不再妨碍什么了，实际上的结果要比原来的要复杂了许多，但是，声部的进行和安置已是无可非议的了。（这一页难道不是作曲教材的典范？）

间隔两周之后，他收到了来自父亲的评判。

从大量详细的“第一交响曲的日记”中，我们再引用几篇。

第一篇是关于体裁风格的疑虑：

交响曲在混乱无序的状态里已经初具音乐轮廓，[……]我觉得，在这里不见得非要命名为交响曲。如果就规模上来说具备交响性的话，那么在素材上还不够深刻，更准确地说，从另一个角度来看不如说是一个扩大了乐队规模的大协奏曲（Concert Grosso），所以我想把它命名为“为乐队而作的”。各乐章标记为：托卡塔1（Toccata 1）—托卡塔2（Toccata 2）—柔板（Adagio）—回旋曲（Rondo）的“协奏曲”。我认为，这样做，第一会更准确一点，第二也免得出版商和指挥家本能地惊讶！！而且，这首作品里确实缺少真正的奏鸣曲式的快板（Allegro）。在意识形态上它实际上更具有室内乐协奏曲（Kammerkonzert）的倾向，而不是交响曲式的。

第二篇则精彩地展现出作为20世纪作曲家也在作曲理论（和声）分析上寻求帮助（6月10日）：

原始的草稿最后看起来已经不错了，但是实际上它具有偶然性：也许可以按另外一种方式来写。当然要除去这种偶然性并且确定它需要寻找另外一种标准和途径。早上花了很多时间，但是没有找到办法，日间，我找到了出发点：[……]克服了两处小提琴部分和声分析的难点，然后计算出那里“区域”运动的可能性。现在写起来已经不那么复杂了，准确地说，现在要选择并确定每一个主题，依我看目前在整体上已经有说服力而且合乎逻辑了。

“为了学习和研究”“昨天”他特意买了贝多芬的“第六”和“第八”交响曲的总谱。

为了作品的构建，作曲家在理论上常会出现一些意外而本能的想法。在6月13日与妻子倾谈之后他写道：

我脑子里又涌出了许多乐思，或许应该再添写一个第五乐章！但是，如果这样的话这个乐章需要管钟，我担心，如果我这样做了，这首交响曲将永被埋没不会上演。而且我还担心这将与乐曲风格有出入。但无论如何，亲爱的爸爸，请告诉我什么样的管钟适合放置在一般的乐队里呢？我的想法是这样的，为了整个形式的平衡，在“行板”之后不妨再加一个打击乐器的独奏组（concertino），为这应该又一次考虑采用一些“专门”的乐器，我考虑这里是不是应该采用钟琴（glockenspiel）？准确地说是管钟、钟琴（campanelli）、钢片琴（为了快速度）、定音鼓，等等。但是，这还没有完全确定。因为该乐章的形式与乐曲风格太不融合，或许我不会采用这些乐器，实际上我不会着手这样做。只是，无论怎么样，爸爸，你还要告诉我一般的钟的区域（指音域？——*Л.К.* 注）和记谱方式，还有，能不能把定音鼓“sol”调高到“si”？为的是得到“si—do—re”？

这种音响思路最终没有付诸现实。在6月14日的信中，他写道：

昨天加紧审订第三乐章，到晚上11点全部加工润色后写进了草稿。公正地说，我对这个乐章的精心考虑甚至超过了第一乐章，审订后它被简化到两声部的进行，在许多其他写法上也做了调整。无论怎么说，目前乐曲的四分之三已经明确写在草稿中。我相信，下一周整个草稿将修订完毕，然后就是配器了。我放弃了补写已经成熟的“钟声”的第五乐章的想法，因为它与乐曲的风格出入太大，而且再写一个独奏群也显得有些故意了。那个打击乐的乐章应与相邻的乐章一样，从思想和意识形态上都显得正常和自然。

过了几天（详细的叙述），A.车列普宁在书信文字里却表现出在细致耐心的修订工作里，自己对“粗略的草稿”中某些地方有些不满意，6月19日：

将要着手我的总谱——我希望很快就会结束其草稿并进入配器阶段。现在对结尾处又有些疑虑，它结束得有些突兀，或许应该改写它……

我们从第二天冗长的记述中，挑出有关乐队配器的几行：

现在配器已经不那么复杂了，建立在草稿的每一个音上的主要形式都是可信的，配器工作已经不用再校对原稿了，因为作品本身已经是清楚而令人信服的了。

A.车列普宁把自己的配器过程和他的意愿写给了自己的父亲——这位乐队的专家里手。

7月3日：

今天，从早上开始我就集中精力扑在总谱的配器上。“草稿”结束已经过去两周了，在这段时间里我写了《圣母玛格娜》的配器，而现在，一切都还刚刚开始。第一处是所有弦乐组（低音提琴除外）的划分，我赋予它们8个声部的对位；在这个背景上，木管奏出最主要的思想（起始的）——长笛和双簧管高八度，还有单簧管和大管。为了小组的整体性，第二大管作为低音支持，然后，第一大管平静地进入下一个低音，但是是在大号的支持下。圆号有自己的音型，那是富有节奏性的持续音。在结束前，除了大号，所有乐器按自己的节奏和轻盈的对位形态进入下一个转调。在此同时，隐蔽的铜管乐器用独立的减弱（en ralenti）的主题穿越了"混沌"。在这里，我没有使用长号。还是出现了一些不尽如人意的地方：双簧管部分结束得有些突兀；第四圆号的对位结束时比第二高出了六度，这就是我要请教你的有关总谱研究的问题，爸爸。这种开始的合奏的布局让我感到不安，以下就是谱子，爸爸，请告诉我，这样的开始可行吗？

谱例4–4

在这个合奏里，我把管乐放在第一个八度[①]里，为的是使主题具有跳跃性。

谱例4–5

同时在第一合奏里我没有使用铜管乐器，为的是保留圆号回答时的新鲜感：为了强度，第一和第二小提琴在第二个八度[②]内合奏，我没有把它们放在更高的位置，为的是使它们一开始就有自然稳定的感觉，而且我没有让大提琴和低音提琴更低，为的是让这个合奏保持高度和光彩。这就是我的想法，从这个出发点上我是不怀疑的，让我非常犹豫的是，对于听觉来说，这是不是充分让人信服？这种开始是不是有些软弱无力？请告诉我，亲爱的爸爸，这个合奏用***ff***的力度是不是可行，还有上述的关于配器的想法是不是合适？你要告诉我，我错在了哪里……在我的曲目中，对这个作品（ёвра——来源于法语，意为“作品”，*Л.К.*注）我投入了极大的精力，它冗长的创作过程已近尾声，我不能停滞不前，我要做得是真正彻底地写总谱，为的是配器完全与内容主旨相符，为的是使音乐更加鲜明突出……

① 小字1组。

② 小字2组。

在下一封信里（即第二天的），整个的论述是有关不同类型作品的配器特点，即室内乐和交响乐体裁的内在属性及“自我认识经验”。

这是些附带的意见。对位线条的音乐，如果它不像瓦格纳那样以和声基础为支柱，那么对于乐队来说是最苍白而没有意思的。如果音乐是简单的，那么它或者倾向重叠，或者音响平淡乏味；如果是多声部和复杂的，那么它具有管风琴特质；如果声部着重重叠，那么它是枯燥而没有说服力的：乐器的音区成为色彩鲜明的成果，大多数对位音乐成为线条逻辑的牺牲品。结果是：这样的音乐最好采用室内乐形式，想要在内容上从室内乐风格转变成交响乐队，赋予它展开的对位结构，其方法很难获得。为了使音乐精彩一些，它需要找到各乐器组互相交替的方法来表现音乐主旨，不考虑赋予合奏内容平衡上、时间上的室内乐性，一句话，就是运用全部明暗效果的可能性。

只有音乐从对位—线条转变为对位—主题，也就是说是听觉的主题，而不是主题的发展，这样就完全会有另外一种可能性，它就会立刻变得容易起来，这种音乐的体裁采用交响乐形式更为恰当。[……] 简单地说：我的草稿写作就像路易基·普列马茨[①]完成自己的水彩画那样精心区分出每一棵小草、每一

① 路易基·普列马茨（1814—1891）：意大利裔俄国水彩画家。

片叶子，但我相信，把我的草稿放置于乐队之上，实际上却不像普列马茨为布景所采用的手段那样合适。

比起在原始素材完成时直接为每一件乐器来考虑配器来，完成（不能再添加也不能再否定）对位的草稿为配器带来更大的难度。

实际上这首交响乐的原来的想法，可以说是向室内乐协奏曲（kammerkonzert）的回返，是向纯音乐性质的《神秘》（*Mystere*）、《弥撒》、《第20号四重奏》和《圣母玛格娜》的回返。这首纯音乐采用五个标题乐章的手法是困难的，实际上它的音乐任务更具管风琴化。特别是第一乐章很难，这种形式的音乐与我最近一年半里的时间里所采用的创作形式完全不同，可以这样说，这首交响乐的完成将成为我作曲技术的一个总结点，在以后的创作道路上，我会更加自然和准确。可以说，这是《早别依达》之前的"冷冻机"（refregirator）。

交响曲的配器在1927年7月18日结束（到尾声经历了不少的困难）。

我们发现在关于《第一交响曲》创作的详细记述中，作曲家并没有明确指出按照自己的"创作体系"来工作，但实际上整首作品的发展和素材基础都建立在九音音列调式和"因特拉朋克特""对间"技术的基础之上（引文出自论文《我的音乐语言的元素》，参看附录二）。以下列举结尾的和弦作为演示：

谱例4-6

正如A.车列普宁文字中所描述的那样，这个四乐章形式的作品，让人感受到各乐章间对比鲜明、动感强烈、引人入胜，整个作品具有一气呵成的特点。在我们了解了它的创作过程之后，对这一点感受更加强烈。交响曲长达24—25分钟。四乐章分别是：Maestoso（庄严地）和Allegro resoluto（果断的快板）；Vivace（活板，专为打击乐而作）；Andante（行板）；Allegro con anima（有活力的快板）。

该曲在1927年10月29日首演，是"科隆音乐会"系列中的一场，指挥是加布里埃尔·比耶尔涅，一位现代音乐（包括俄罗斯音乐）的积极宣传者。现在我们感到非常惊讶，那就是已经习惯了现代音乐的巴黎观众对它竟感到如此不快。感谢A.里施科协助我们得到了莱涅·布兰库尔发表在《游吟诗人》（*Menestrel*）杂志上的评论文章的复印件。这是一篇音乐会后对作曲家评论文章的代表：

不仅仅是对音乐艺术，甚至是对其本人也是绝对地否认。我们指的是车列普宁的《E大调交响曲》——我甚至就没有想到这首作品还有某种调性。我相信，它的作者真的很爱开玩笑，他想弄昏这些令人尊敬的观众们的头脑。难道不是吗，不少勇敢的绅士买了票，来重温这《不得已的医生》[①]“柳卡斯”式的旧梦，“这真好，我在那里什么都不明白！”只是，这些勇敢者们并不能阻止大部分人来到“夏特勒剧场”听音乐。

第一乐章，打个比方，就像描述了一出精神病院里的暴乱闹剧［……］。第二乐章展现了打击乐嘈杂而不友好的音响协奏。这个乐章无疑在总谱中起着连接那些显得精致和优雅的素材的效果。剩下的两个乐章，不幸的是，也不那样令人有趣。我认为作曲家打算在这里应该表现自己的诗意性，要在炽热的管乐器和高尚的小号之间表现爱情的二重唱，甚至，时而是小提琴，时而是低音提琴无休止的领奏，让人联想到两个奴颜婢膝的人极力摆脱自己无休止的孤寂。［……］最终我们要感谢作曲家，成功的结束了自己过分丑化的不悦耳的音乐——显然这并不有助于他在这条寻觅的道路上得到特别的位置。[91]

《音乐杂志》（*La Revue musicale*）自然也不会错过这件音乐界的大事：

除了那些一贯对新事物和新人持怀疑态度，并认为年轻人

① 莫里哀喜剧，作于1666年。

最爱惹是生非的观众群不愿接受这首交响曲外，它还受到了不少平静的、小心翼翼地指责，它们来自批评家和作曲家—评论家这些并不怀疑任何现代派的人们。当然，因为A.车列普宁的天赋、成就、机智和热情，他们经常称他为现代音乐学派的希望，对他也并不乏赞赏和敬佩之意。这首作品从头到尾让人感受到在表现形式的选择上几乎是禁欲主义者般的精心性，正如某些人认为的那样，庞大的计划带来宏大的乐队色彩，但是却忽略了对细节和装饰性的刻画。他喜欢预先设计好的刺激的音色组合。年轻的暴风雨般的个性和交错节奏倾注于旋律进行中，就像一场打击乐器的协奏曲。总之，我发现，在其表现方式中存在大量华丽的辞藻，他有意并过度使用了古典对位技术。其实那些听过乐曲的其他人只不过是些普通人，而不是演说家。我发现它更多地具有某种粗鲁浮夸的本质，作曲家经常使用幼稚的、绣花用的白线，这里所表现出来的粗鲁就是为了能够让人们发现它。出现这样的现象并不是他心存恶意而为之，只因其年轻莽撞所致。除此之外，这首作品还是能够让你深刻地体验到许多优点。我认为，如果作曲家能够少写一点的话倒不一定是件坏事，我已经发现了他有些过分的多产。现代音乐不能成熟得过快，它需要一个深思熟虑的过程。[92]

A.车列普宁的父母经常会从大量发表的评论文章中摘录一些寄给他。一封20世纪70年代A.车列普宁写给Г.М.施涅尔松的关于音乐界限的拓宽和可能性的思索的信“浮现”出来：

1927年，我决定在《第一交响曲》的第二乐章里不采用固定音高（pitch'a），而只采用打击乐器和弦乐器弓子在音板上敲击的表现方式。乐曲在夏特勒剧场的“科隆音乐会系列”上由加布里埃尔·比耶尔涅指挥首演，之后引来了让人难忘的闹剧。众多的批评家朝我扑面而来，他们认为，他们没有发现用无音律、纯节奏形态的打击乐乐章来表现第一乐章主题、动机方面的意义！其实我只是想摆脱八度十二半音体系，摆脱固定的音律，而按照“善与恶的方面”来创作音乐，就是说不用固定音高。如今，对音乐的认知拓展了，对于这个乐章的争议也消失了，原来所谓的胡闹其实是有充分根据的。这首交响曲在最近10年内上演得相当频繁。在英国广播公司（BBC）的邀请下我在伦敦指挥过它，几年后，柏林广播电台也选播了它。施图肯施密特①当时告诉我，据他所知，在我之前在交响曲里还没有人像我一样整个乐章只采用打击乐的“无伴奏（a cappella）”形式，他甚至还要授予我首创证书！”[93]

A. 车列普宁在最后几年里仍把《第一交响曲》列为保留曲目，包括列入“车列普宁音乐世家”的节目单。

① 施图肯施密特（1901—1988）：德国音乐学家、评论家。

在日记中（1967年8月10日）中有一段记录：

不知为什么早上关于我的作曲技术的讲座标题为《因特拉朋克特》[1]（Интропункт）？听众比第一场的时候多得多。只是蒙吉没有组织好我的《第一交响曲》。

讲座地点我们无从知晓，大概在欧洲的某个国家。但是却明确地指出引用过《第一交响曲》做范例。

在《第一交响曲》（Op.42）前后，曲作者还创作了两部作品：《第二弦乐四重奏》（Op.40，之前）和《钢琴五重奏》（Op.44，之后）。这两首乐曲在体裁、风格、创作语言上反映了车列普宁当时代表性的创作风格。保存下来的作曲家为录音所做的简注（引自*P.S.S.*，俄语打字机录入修正稿）就是这两部作品的创作见证，它描述了它们的特征，说明什么是精彩的，什么是重要的。我们期待作曲家对其作品的自我诠释中，将为听众坦承在乐曲中他要表现什么和要回避什么。

在“简注”里，A.车列普宁宣称：

艺术的结果是观众的课题，它由观众们的认知所决定；而作曲家的任务就是“创作音乐”，在乐谱上，除了音符别的什么也没有。

---

① A.车列普宁此处用的是“因特罗朋克特”。

的确，在“简注”里，除了叙述乐曲相应的创作过程，并告诉我们是“如何来做”的之外，其他的什么也没有。“简注”是作曲家乃至那个时代的典型写照，这些翔实可信的有关作曲家室内乐创作的介绍，是读者所不熟悉的，可以称之为是“来自第一手的资料”（据推测，这些文字写于20世纪40年代中期）。在“简注”里，车列普宁首先对原先就在使用，而今再现的“创作体系”做了简要的描述，以下是“简注”中相应的文字（引自*P.S.S.*）：

在童年时期，我完全凭本能来创作，还没有受过传统和声的训练，但是我对大—小调结合的调式结构充满喜好，并感觉到“大—小调四和弦”（do、降mi、还原mi、sol）像古典作曲家赋予大三和弦那样具有结束性和完满性。“大小四和弦”的序列性是：一个半全音—半音—一个半全音——然后发展为六音音列：do、降mi、还原mi、降sol、la、si、do。

接下来他描述了所有可能的组合形式：上行和下行的动态、不同的结合与转位，作曲家称“大小调四和弦”是九音音列音阶的三个基础主音。

接着作曲家谈到了另一重要的方面：

与已持续十年的印象派先锋队相反，我在自己的创作中寻找（是的，到现在还在寻找）明晰性，还在10年代末的梯弗里斯时期，我就认识到自己的复调手法要从过分的雕饰、浓烈的和声和模糊性中摆脱出来……我在实践中逐渐形成了自己独特的复调形式，我为之命名为“因特拉朋克特”（ннтрапункт），也就是用“音在音与音之间”代替了古典对位“康特拉朋克特”（кантрапункт）里“音与音相对”的手法。“因特拉朋克特”可以是纵向的，也就是说真正的音符在音符之间；也可以是横向的，也就是在每一个声部里包含着另外一种节拍特点；也可以是混合的，也就是在不同的声部里隐藏各种长度的对位句。（关于интрапункт这一术语的解释参看《原著者序》——*Л.К.*注。）

1921年当我乘“马赛号”列车前往巴黎，在里昂火车站上，九音音列音阶、“因特拉朋克特”“对间”技术、明晰性、简短的形式——就是我全部的“音乐行李”和理念。在格鲁吉亚鲁度过了三年时光后，我在巴黎定居。

还在梯弗里斯时期，除了对钢琴艺术迷恋之外，我找到了使音乐任务具体化的最合适的形式，那就是室内乐。[……]之后的一系列作品中结构上最复杂，也是最后一部室内乐作品是我的《五重奏》（Op.44），它写成于1927年《第一交响曲》之后（该交响曲由加布里埃尔·比耶尔涅在“科隆系列音乐会”上指挥首演，演出招致了令人难忘的闹剧和新闻界口径不一的评价）。[……]

《五重奏》分三个乐章。

1.奏鸣曲式的快板。两拍子的钢琴领奏揭示了第一主题的主旨，它的旋律建立在三个连续的音符基础之上，它们是：降si、还原si和sol，之后便得到了多方面的展开。第二主题与第一主题相反，它宽广、如歌、悠长。它从大提琴的低音区开始，然后转为中提琴和第二小提琴，在第一小提琴的高声区结束，钢琴伴奏声部从弦乐主题里解放出来。钢琴伴奏的主题在一个短小尾声后，接着在展开部发展为不均匀的节奏，是第一主题在乐器声部间横向的“因特拉朋克特”对间，[……]第一主题在宽广的节奏中得到发展。在七个声部的“因特拉朋克特”的渐强之后展开部保持着各层的发展。钢琴主题发展为$\frac{7}{8}$拍。而弦乐齐奏这一主题则采用$\frac{7}{4}$拍，然后，弦乐变为：小提琴持续$\frac{7}{4}$拍，而中提琴和大提琴则$\frac{7}{2}$拍，与这个主要的主题相对，钢琴的左手有着更为宽广的节奏，同样的$\frac{7}{8}$拍，这之后开始紧缩节拍（节奏）——首先是弦乐$\frac{5}{8}$拍的横向四声部的“因特拉朋克特”对间与钢琴$\frac{5}{4}$拍的二声部横向的“因特拉朋克特”对间，然后是$\frac{4}{8}$的弦乐与$\frac{4}{4}$拍的钢琴相对，最后是$\frac{3}{8}$拍的弦乐与$\frac{3}{4}$拍的钢琴相对，然后进入再现部，与呈示部相比它显得非常简短。最后是个全新展开的结尾，所有弦乐整齐的四拍子的弱奏就像是逐渐提升的钢琴主题的背景（background），然后由钢琴在八声部和弦上结束第一主题，弦乐回应的则是九声部和弦所缺少的那个音（sol）。

2. 小快板。大提琴用拨奏和钢琴声部形成“因特拉朋克特”对间来陈述主题。接着“因特拉朋克特”声部的发展首先是旋律性的，然后是钢琴的和声性的，弦乐（拨奏）为“因特拉朋克特”组成新的“因特拉朋克特”。这个乐章中段的表现手法最为复杂，弦乐四声部纵向的“因特拉朋克特”对应着钢琴四声部横向的“因特拉朋克特”。接着主题素材自由发展到了尾声，钢琴以号角般的“因特拉朋克特”对间结束，大提琴与之交相辉映。整个这一乐章大提琴都是以拨奏形式来演奏。

3. 快板。这是个单主题的乐章：一开始是完整陈述主题；结束之后是主题倒置，组成第二陈述，然后接着倒置组成第三陈述。在这三种陈述方式里，采用统一的主题素材组建成形式各异的竖向、横向、隐蔽的“因特拉朋克特”对间形式，并引向一个宏大展开的结尾。

《五重奏》的调性建立在九音音列的基础之上。

初看起来，在这篇非常“技术化”的《五重奏》记述文字中作者不想丢弃“主题”“旋律化”“和声”的发展和“调性”这些关键的概念。《五重奏》的音响范畴是以九音音列为基础的（在草稿上他每一次都写上），其创作是缓慢而艰难的，在作者的“简注”里可以发觉其音乐结构在理论上的复杂性。它的运动机能或许带有某种“欣德米特式的”特点：

第一乐章富有动感的推进，刚毅而坚决（它的长度是后两个乐章的总和）；第二乐章带有间奏曲的性质，它开始和结束在富有表现力的钢琴和大提琴的对话里；末乐章具有密集、紧凑的语调特点。这首乐曲表现出车列普宁对音乐动态和出人意料的反差对比的强烈兴趣。

创作《五重奏》的第一次冲动源自一次外在的因素。1927年5月19日A.车列普宁告知父母：

在一份美国杂志上刊登了在费城举办大型音乐比赛的通知，参赛作品要求为3—6件乐器而创作的室内乐形式，倡导民族性。所设3个奖项，奖金分别是5000、3000、2000美元，上交作品的期限是1月1日。只是比赛评委由当地音乐家组成，他们的思想意识还耽于德彪西和瓦格纳之间，所以很快就有人建议我不要试图参加这个比赛，但是，为什么不试一下呢？夜里，我产生了为长笛、小号、圆号、中提琴、低音提琴和鼓写一个六重奏的想法。这种组合将赋予作品非常独特、忧郁的色调，同时允许我采用大量的布局手段和现在我所研究的多个八度内的对位手法。只是上哪里找时间呢？因为到7月份，我要为音乐会准备器乐曲，而《早别依达的婚礼》的创作也迫在眉睫！如果再写这首六重奏，将会非常占用时间……（引自*P.S.S.*）

我们已经知道如此组合的六重奏创作构想并没有实现。但是在“器乐曲”，也就是《第一交响曲》完成之后，在1927年9月到次年2月写给父母的信中，我们找到了有关创作《五重奏》的信息。因为这年夏天的几个月，作曲家在离父母不远的地方度过，所以通信一度中断，因而有关更早些的创作信息我们无从得悉。创作缓慢地进行着，但是A.车列普宁把《五重奏》寄给比赛评委会的愿望最终没有实现。

11月6日：

> 如今，我越来越觉得不能够完成《五重奏》的写作。这是非常令人沮丧的。但是说实在的，获奖的机会非常渺茫，因为这种形式的音乐不会激起轻松的热情，但还是非常可惜！

也是在这一天，为试奏他所写成的部分音乐，“斯氏提琴的拥有者”卡萨多[①]前往他的住处。

1927年9月到12月，有关《五重奏》的创作情况记述得非常详尽。最后的期限制约着他的创作工作，也成为最后冲刺的动因（实际上是鞭策！）。

12月13日：

① 卡萨多（1897—1966）：西班牙大提琴家和作曲家。

昨天，从早上10点到晚上11点都在创作《五重奏》，还有许多工作要做。昨天完成了第二主题的写作、第二主题与其他主题之间的连接部、第一主题的再现和第二主题再现的尾声。这些大都已写入了草稿。今天我不担心细节，相信会写到尾声部分。但是每当想到临近的期限就得把真正的乐谱手稿寄过去，而我还有许多不明确的地方时，我就觉得这简直就是一场噩梦！

12月28日（有关创作热情）：

不知疲倦地工作。但实际上已经很劳累了，却没休息，后天就是送稿的最后期限了！现在是晚上8点，已接近最后的尾声。到现在为止非常满意《五重奏》的写作。许多地方都非常可信！

最后，12月30日：

昨天到半夜总算全部结束了。规模当然是可观的！誊写手稿从25日开始，也就是说整整用了5天的时间。题词我用到了“因特拉朋克特”一词，如果这里的主题是“因特拉朋克特”式的，那么题词和注解也应该标出。为了避免轻易地识别出我——或许在评委中有人就熟悉我的音乐，“大—小调结合音阶”更名为“三个四音列的结合”，而且这样的命名更加贴切并有助于人们更好、更快的弄清楚它的本质……上帝保佑！虽然我完全相信，这样的音乐并不对美国评委们的胃口。[……]

在这一段紧张的修改工作中，我开始喜欢上了这首快速的作品，它是一首真正的具有“因特拉朋克特”对间技术结构的五重奏。其中每一件乐器都执行自己的任务并扮演自己独特的角色，其形式宽广、完善，是短小的《三重奏》之后的一大进步！

1930年，《五重奏》在哥本哈根由作曲家本人与维也纳弦乐四重奏组担纲首演。作曲家宣称，第一小提琴乐手鲁道夫·考利施[①]（勋伯格的学生、亲戚和作品演绎者）发现，车列普宁的创作体系原则上与十二音体系作曲法相近，但是就我们所知其“创作体系”的形成过程和它所带来的实际音响效果而言并非如此。

也正是在这一时期，A.车列普宁全力以赴地进行《早别依达的婚礼》的创作（有关这部歌剧的创作过程，以后还会有所提及），这是作曲家在经过对钢琴音乐、室内乐、交响音乐和舞台音乐体裁的探索后的创作总结。更重要的是，作者

① 鲁道夫·考利施（1896—1978）：奥地利小提琴家。

认为从中能够看到H.H.车列普宁的《万卡—管家》的影子，它远离了多样的复杂性，体现出了自己和当时欧洲同行们的创作特点。或许他开始感觉到自己作曲个性的某种不适应和偶然性。

正如1928年11月11日，他写信给父母：

> 现在我正在忙着《早别依达的婚礼》的创作，当然，改变组建作品的三个“支柱”已经晚了。但是应该说，《第一交响曲》《五重奏》《弥撒》《早别依达的婚礼》是我音乐创作领域的四个“焦点”，我的困难在于，我认为自己的创作与我创作圈子的可能已经完全脱离，我把自己关在了这个门外。《万卡—管家》在我的认知里扮演了重要的角色，《早别依达的婚礼》完成后，我会给了自己一个休眠期，为的是从现有的力量中摆脱出来寻找新的补充的支柱。那时，我的创作就会得到现在所缺少的自由和快乐的元素……(引自*P.S.S.*)

“土壤和命运”带领作曲家继续前行。

附：齐尔品与现代音乐[①]

维克多·米哈伊洛维奇·别里亚耶夫[②]

虽然俄罗斯音乐作为民族音乐还很年轻，但是它的发展也经过了几个明确的历史阶段。其中的一个阶段被称为“新俄罗斯乐派”，按照我们的观点，这个学派以格拉祖诺夫的创作作为终结。这段俄罗斯音乐史里程的终结，正如所有历史阶段的终结那样标志着其风格和所取得的某种成就的结束。这个阶段的早期在技术上并未达到一定的水准，它下意识地发展着，在进入另一个历史时期后则呈现出别样的面貌。尼古拉·尼古拉耶维奇·车列普宁（即H.H.车列普宁——译者注）的创作就是其中的一个代表。实际上他并不是纯粹的

① 本文发表在苏联《现代音乐》1925年第11期上。据本书作者柳德米拉·克拉别里尼科娃考证，其关于A.车列普宁的传记1999年出版之前，这是俄罗斯国内文献中唯一一篇论及A.车列普宁的文章。本文着重介绍了国内所不熟悉的车列普宁早期艺术的特点及他与现代音乐的关系，并对其父亲、俄国十月革命之前重要的音乐家H.H.车列普宁和撼动整个古典音乐基石的斯特拉文斯基的创作也形诸笔墨。

② 维克多·米哈伊洛维奇·别里亚耶夫（1888—1968）：苏联音乐学家、苏联艺术博士（1944年），曾是A.车列普宁备考圣彼得堡音乐学院时的老师。作者著此文时任该音乐学院音乐理论教师。文章对20世纪20年代中期车列普宁创作特点的评述是严谨而准确的，该文得到了车列普宁本人的高度评价。

"新俄罗斯乐派"，虽然他继承并发展了"新俄罗斯乐派"的传统，但是后来便与之脱离并开始了新的艺术思想的探索。H.H.车列普宁与"新俄罗斯乐派"的脱离从本质上并没有摆脱其创作技术传统，而是把从中借鉴而来的基本作曲技术复杂化、精练化，并以此开始他新的创作使命。在这个观点上，他一方面是"音乐前辈们的儿子"，一方面又成为这些曾是他早期创作基石的艺术思想的推翻者。但是，这种"推翻"的消极性大大负于正面性，因为他不能彻底与旧传统脱离开来，只是在他后来的创作活动中做了一些艺术形式上的"突破"而已。

H.H.车列普宁所没有达到的，在比他年轻一代的作曲家伊格尔·斯特拉文斯基那里实现了。斯特拉文斯基的创作活动开始也是植根于"新俄罗斯乐派"这片土壤之上，正如H.H.车列普宁所走的道路那样，作曲家也是从"新俄罗斯乐派"中得到启迪和帮助并把自己的作曲技术复杂化、精练化，但他却不像H.H.车列普宁那样在这条道路上停滞不前，他继续前进并找到了自己新的创作风格，其最主要的特点就是脱离"复杂性"而转向"原始主义"，毫无疑问，这被认为是我们新时代的音乐风格。

"原始主义"成为我们这个时代的风格是一个不争的事实，这是新时代衍生出来的新的音乐风格。时代赋予它不寻常的品位，作为同时代的人，我们虽然不能从细节上完整地认识它，但是至少能够指出：它无疑带有某种时代"粗犷"

的音乐趣味和思想。我认为这样说无疑是正确的，那就是：在当今欧洲音乐创作意识的深处已经丧失了对音乐“原始主义”的追求。一方面，经过19世纪紧张的创作劳动之后他们急于寻求在创作上的“小憩”；另一方面，他们渴望在战后低迷动荡的政治和经济环境下获得休养生息。所以，当今欧洲所谓的“原始主义”带有不容置疑的“享乐主义”的特点，这与斯特拉文斯基严肃的“原始主义”是有区别的。如果对当代西欧的“原始主义”做一些深入地研究，我们就能发现其中在民族性上的差别，而就其实质而言这是难以改变的。①

当今生活在苏联的俄罗斯作曲家们走的是一条与斯特拉文斯基和他奉行“原始主义”的西欧同仁们所完全不同的道路。他们的音乐善于揭示“精神性”，也就是说，他们是从自己深刻的精神体验中汲取灵感，而不像西方“原始主义”者们那样凭借愿望从外部世界的描述入手。当今苏联的俄罗斯

① 我们可以看出法国现代“原始主义”的美学倾向是拉莫和库别林风格中现代性的再生。意大利式的“原始主义”，正如卡塞雷作品中所表现出来的，它更具血肉丰满的强烈的感性特质。德国式的“原始主义”则因为日耳曼民族的特性体现出比法国和意大利更加严肃的特征。作为一种追求的成果，它本能地与音乐风格的改革联系起来。今天，我们甚至可以说一下美国式的“原始主义”，其艺术产物就是铜管—爵士乐，它诞生于美国乡下酒吧（根本不是资产阶级式的）的光影之中，并希望征得如维也纳圆舞曲般的地位。铜管—爵士乐具有丰富的生活性和天真性，但是直到今天也不能被带入古老欧洲的新艺术形式中，它只是为了尽力满足自己“享乐主义”（这个词汇经常含有庸俗化的意味）的需求而已。

作曲家们并不在意音乐形式的改造问题，他们或多或少对前辈们所创立的创作道路习以为常，他们只重视深刻的心理刻画和内省。而此时此刻对于他们的欧洲同行来说，各种有关艺术形式和结构的问题是摆在眼前的首要任务。享乐主义的音乐观在苏联作曲家看来完全是另类的，他们认为，创作的简单化等同于肤浅，对此应该持否定态度。

现代音乐今天处在如下态势中：一方面，把旧传统里重要的东西复杂化、深刻化；另一方面，力求脱离旧传统，利用它的元素进行再创作从而形成新风格。这种倾向表现在年轻一代作曲家的创作里。A.车列普宁无疑就是其中的一个代表。在最近的四年中，他不仅确立了自己的创作风格，而且成功地从欧洲作曲家中脱颖而出。

……A.车列普宁很早便表现出作曲的天赋。早在考入音乐学院学习之前，他的创作库中在不长时间里就已经拥有不少于6首的钢琴奏鸣曲和相当数量的零散作品。如今，他已创作有歌剧（《奥莉—奥莉》，根据剧本《我们今天的生活》而作）、芭蕾舞剧（《阿旃陀的壁画》）、两部室内乐协奏曲、两部钢琴协奏曲、两部大提琴协奏曲、《格鲁吉亚狂想曲》、小提琴奏鸣曲、钢琴奏鸣曲，以及数量众多的钢琴小曲和浪漫曲等（作品总数在130首左右）。

在创作初期他就表现出其现代音乐追随者的倾向，他拒绝继承自己父亲的创作路线，也拒绝了整个俄罗斯作曲家创作中所固守的“心理主义”。侨居欧洲的现实帮助他很快树立了自己的创作理想。今天，他已经完善了特有的简单、天真的风格——这正是新时代的风格。究其心灵深处虽然与19世纪主要的艺术思想息息相关，但是在表达方式上他已经远远脱离了它们!

A.车列普宁没有经历过像他父亲那样对旧传统的“背离”时期，也没有经过斯特拉文斯基从旧传统向新风格蜕变的过程，他与现代风格几乎同时诞生，所以现代风格对他来说是一种相对自然的创作方式；他没有经历过对风格深化和精练的考验，更没有把衰老的元素带进自己的创作中；他没有经历过反抗旧传统的悲剧，所以更谈不上具备“从根本上革新”的概念。这一时期，对他来说一贯的、最重要的影响是普罗科菲耶夫的创作。对A.车列普宁来说，他就是个典范，其鲜明的特性不同于俄罗斯，也不同于任何别的国家的作曲家们。在普罗科菲耶夫合理的、有目的影响下，A.车列普宁并没有丢掉其创作天性中的“天真”和“稚气”，在自己的音乐中他直觉地注入了海顿和莫扎特式的天真烂漫。但是，对A.车列普宁产生影响的俄罗斯作曲家不仅仅只限于普罗科菲耶夫，我们还能够在他的创作中发觉某些穆索尔斯基的影响，这并不奇怪。还有一些旧派的作曲家，比如梅特涅尔等对他也产生过影响。这些影响使车列普宁的音乐具有一种异彩纷呈的面貌，应该感谢它们为西欧音乐植入了某些俄罗斯音乐的思想，而这些正是欧洲音乐本真形态里所不具备的。

作为俄侨作曲家，就实质而言车列普宁是位独具外貌的“原始主义”者，在他的创作中能找到与当今西欧作曲家所共同的语言，在技术和形式的处理方面它们有许多共性。但是，A.车列普宁和西欧作曲家的这种趣味的一致性并不是蓄意和做作的，相反，它是由作曲家的创作个性和我们所关注的现代音乐领域的特殊形势所决定的。共同的渴望产生共同的结果，共同的目标把艺术家们集中在一个共同的领域。

A.车列普宁是一位集俄罗斯现代音乐和西欧现代音乐理念为一体的作曲家，这种个性特点使他区别于其他的俄罗斯作曲家。从车列普宁早期的创作尝试中我们能够感觉到某种在结构经验上的不足，他甚至表现出本能地对形式感的缺乏。但这是就旧的形式观念而言的，旧观念所期望的音乐形式往往来自“庄严的”作品和“宏大”的规模。然而实际上，旧观念所认为的不足恰恰是新“原始主义”风格的长处。我们发现，正是这种形式在车列普宁早期的创作尝试中初见端倪，后来被持续运用在他整个的创作实践中。他总是采用最简单的形式，并把它当作自己的个性和重要的技艺之一。在稍大型的作品，比如室内乐协奏曲中，他则更多地采用最早的德国古典音乐家们的形式，庆幸的是，那时候它还没有被确定成后来的样子，还是灵活而善于表达某种感情色彩的。

A.车列普宁向古典主义的转变与诸多现代音乐家一样，

这种回归标志着音乐进步的新起点，是按别的方式所不能达到的。实际上，我们如何能得知瓦格纳的理论和理夏德·施特劳斯的乐队将按何种计划发展？我们现在所拥有的这种庞大的乐队编制将达到何种复杂的极致（nec plus ultra）？音乐的进步是从现在的“质”向“量”上发展吗？或许经过这个重要的转折点后，所谓的进步已经不再是进步而是退步，它为了音响的感官而削弱了音乐表现的内涵？“原始主义”表现出来的新的音乐倾向鲜明地表现出它拒绝音乐“量”上的进步，它明确地提出今天的口号，那就是：为音乐“质”的进步而斗争。评价音乐本身，不管它属于哪个行列，其出发点是音乐思想的品位而不是华美的音响。

与这个潮流协调一致，A.车列普宁没有丢掉其先天的信念，在他的艺术创作原理中保留了自己的个性。他与其他现代作曲家最大的不同，也是其创作中最具个性的特点在于他的和声运用——他常常采用最简单的和声。现代音乐和声写作异常复杂，和声思想的发展到今天出现了两个不常用的术语：“多调性”和“无调性”。这还不是全部，但足以说明现代和声领域的复杂性。几乎所有的现代作曲家因为作品和声构成的复杂性和特殊性而被评论家和观众列入“多调性”或者“无调性”作曲家的行列。“有调性”的作曲家如今被称为是非现代的、过时的、是落伍于时代和潮流的。A.车列普宁却做到了亦现代作曲家、亦“有调性”作曲家的双重身份，这是一个罕见和幸运的例外。他不担心“原始性”“海顿式”“海顿前”的形式（这是车列普宁创作中某种固定的形式），不拒绝简单的和声和一般的转调，他赋予它们以非同寻常的天真，并获得了异常新鲜的效果；他不害怕声音的“单薄和苍白”，其作品经常限制在两个或三个声部的架构里。为了与他的“无调性”和“多调性”的同行们相平衡，A. 车列普宁在创作中使用“九音列大—小调音阶”（d、es、f、fis、g、a、b、h、cis），并经常采用d调。这种音阶在结构上非常简单，这要感谢时代的艺术观。A. 车列普宁用多面的创作技法又一次证明：这位俄侨作曲家从现代西欧同行们的声音观里得到了深刻的自省，他们总是以一种公式化的和声方式来传达思想，而这位俄侨作曲家却获得了所有散落的和声珍宝。我认为斯特拉文斯基的和声创新也同样建立在勋伯格十二音体系音响构成的不足之上，并以此获得了简单的两声部声音组合的新效果。

深刻的艺术“素朴性”和“天真性”是车列普宁整个创作中主要的面貌，与那些从优秀的音乐传统中汲取“严肃性”为基础的“严肃”音乐家不同，他持让人意外的观点、以另类的方式跻身于世界音乐创作之林。A. 车列普宁的浪漫曲不像沉重的德国“通谱歌”（Durchkomponierte Lieder，即从头到尾都贯穿着表现思想的任务），而像轻盈温柔的水彩画，给人以转瞬即逝的优雅和简洁感。在车列普宁的《浪漫曲》里甚至可以看到某些里姆斯基-科萨科夫的影子，前提是除却科萨科夫《浪漫曲》风格中形式和精神上的枯燥性。A. 车列普宁的钢琴曲优美如画，而且带有一种讨人喜欢和令人舒适的亲密感。这种亲密感不是因为作曲家开启了自己心灵的秘密而获得，而是一种发自心底的坦白，更准确地说是天性的坦诚和直率的结果。A. 车列普宁不是一个深藏自己创作感觉的遁世者或者隐士，相反他是一个让人愉快的善谈者，在自己交往的圈子里他熠熠闪光。在那里，其协奏曲形式和优秀的小型作品比他具有内在性格的作品更加新颖而引人注目。在这里，帮助他脱颖而出的不是熟练的创作经验和生活经历，而是其新人的勇气和惊人的天赋。

新颖朴素的艺术观、杰出独特的天赋、强烈的开拓者的求知欲、“天真”的艺术的“无畏”、优雅细腻的音乐感觉与在现代生活中萃取提炼的本领结合在一起，构成了A. 车列普宁音乐创作个性中值得称赞的本质。

作为以提炼创作中心理因素为主旨的俄罗斯作曲家的反面，车列普宁的创作拓宽了俄罗斯音乐创作的范围，将其带入了没有任何模糊状态的音乐乐观主义的领域，这个领域是我们期待的，也是有价值的。

1925 年 6 月 22—27 日

于莫斯科

第五章　四　方

亲密的远东

从圣弗朗西斯科坐上太平洋号轮船，经过两周的航程，您就靠近了亚洲的沿岸。世界上最长的河流之一的黄河的确是黄色的，它携带的淤泥搅得黄海五颜六色。挂着典型的东方式风帆的画境般的渔船围绕在您的周围；远处依稀可见模糊的陆地——这就是您对中国闪过的第一印象。海岸清晰地显现出来。最后，轮船驶入开阔的扬子江。[94]

A.车列普宁便是这样开始了其1934年中国之行的笔记。

按计划这是一次前往多个遥远国家的旅行，惊人的路线由与A.车列普宁一起工作的经理所提议，那就是：中国—日本—新加坡—印度—巴勒斯坦……

前往如此遥远的国家举行巡演并不是首次，在1931年，作为钢琴家、作曲家的A. 车列普宁就曾去过埃及和巴勒斯坦。他对东方的兴趣是多方位的，比如音乐的、民俗的、历史的，这使他“欧亚合璧”的思想得到巩固。在20世纪20年代末给父母的信中，我们还没有见到他提起过他的这种趣味。

1927年5月22日的信件：

> 读了两个小时的中国历史，非常有意思，或许为此我会写些什么……（引自*P.S.S.*）

他还读过И.П. 萨哈洛夫的《俄罗斯人的异国之旅》，其中曾摘录了商人奥法纳西·尼基汀1468年的日记中关于印度异域风情和当地居民的篇幅较长的片段（从1928年8月31日的信件获悉）。

1927年6月25日，来了几个妻子的客人，“其中的一位夫人开始讲述自己的中国之旅。[……]她从中国和希亚姆（Siam）[①]带回许多东西，这激起了我前往这些国土旅行的愿望。”这位夫人是位画家，第二天早晨A. 车列普宁便前往她处欣赏了其“中国之旅”的所有画作。

我们还是回到1934年A. 车列普宁的旅行（携第一任妻子

① 希亚姆：即暹罗，泰国的旧称。

和他俩的女儿）笔记上来。上海是一座矗立着“美国式摩天大楼”的城市，但是却充满着民族韵律和音响——这是音乐家的第一印象。

中国音乐建立在五声自然音阶的基础之上，它非常旋律化、抒情化和多样化。[……]中国民间歌曲是单声部的。当乐器为之伴奏的时候，伴奏组织是横向的：乐器从头到尾都演奏旋律，在最重要的地方与歌唱声部一起齐奏。在一些较复杂的器乐曲中，明显的可以看出做了某种样式的旋律和声或者对位组合的尝试。在中国民间音乐中是没有我们所拥有的和声或者对位思维的。乐队中每个乐手都演奏同样的旋律，只是发挥自己乐器的声音性能和音域特色而已。这实际上是一种“伪装的重复”，它与大量由打击乐器演奏的切分节奏共同组成了特殊的多声部形态，这就是中国音乐的特点。

旋律—曲调的运动形式建立在一种素材不断的变奏上，乐句从不严格地重复，旋律总是发展着，主音的变换代替了转调。这是一种高明的旋律艺术，它看上去永不会枯竭，当乐曲接近尾声的时候，速度变得越来越快，旋律开始适应新的节奏。最后结束在这种“永恒的旋律”形态的魔力中。这种方式或许对我们的作曲家有一定的益处。

A. 车列普宁称上海是一个特殊的城市，因为这个城市中有西洋管弦乐队，并且不久前刚开设了这个国家唯一的音乐学院——上海国立音乐院。

目前为止音乐院就毕业了四个学生，第一位就是富有才华的女钢琴家、查哈罗夫先生的学生李献敏小姐。(这就是他的命运，她将成为其未来的妻子、儿子们的母亲和其作品的演奏者。)

A. 车列普宁发现，这所国立音乐院和北京的大学音乐系的音乐教育体制采用的是“西欧式的”。

在上海有一个很大的俄侨会，鲍里斯·查哈罗夫是位来自圣彼得堡的音乐家，A. 车列普宁与之熟识。作曲家、教师阿隆·阿甫夏洛穆夫[①]在中国（一直到20世纪40年代末）卓有成效地工作了多年，他痴迷于中国传统的民族风格，创作了许多中国题材的作品，并在交响乐队中加入民族乐器，如琵琶和二胡。

侨民会还发行了俄文报纸。在档案中我们发现了一则剪报（没有日期，引自*P.S.S.*）:

作曲家A. 车列普宁关于自己的创作。《上海的曙光》专题座谈会。

① 阿隆·阿甫夏洛穆夫（1894—1965）: 俄罗斯犹太作曲家。

在叙述了这位“著名的俄侨作曲家”的生平和他在欧洲、美国的成功之后，记者询问了他此行的目的。

作曲家思索了片刻说道：我想让你们知道——我来这里是因为我创作的需要。很久以前，当我还是个孩子的时候，我和父亲在乡村听到过真正的民歌，这些歌曲明确地反映出民族的精神。在这些简单朴素的歌曲中有我们创作取之不尽的灵感，它是所有音乐根基的源泉所在。但不幸的是，这种简单的音乐，在当今时代很难找到，于是作曲家不按自己的感受，而按照自己所学来写作，一种人为的文化岩层掩盖了我们内心深处的精神本质。如今在城市中的大部分只是经过改编的民间歌曲。我想找到这样一个地方，那里的人们还按自己的方式歌唱，他们的歌声反映自己的内心世界。我相信，我会在这里——在远东得到这一切，为了我的梦想和追求我来到这里。我已经听到了一部分我所说的这样的原始旋律。[……]我把这些旋律记录下来，或许会在下一个阶段的创作中使用它们。我不知道，或许我会失望，或许，我在走一条前途未卜的崭新的道路。[……]还有一个原因，为什么我会在这里寻找这个目标，那就是在东方还延续着沉思的思维方式。我不想用“欧亚合璧”或者是什么别的称号来标榜自己，它们都不能反映我信念的内心本质。我只是想说，在我的认知里，我们，俄罗斯人，总之不完全是欧洲人，我们中的许多并不否认这一点。俄罗斯没有驱赶蒙古人，而是摆脱了他们的桎梏并同化了他们……

这段引文还很长，但是这段重要的文字再没有在其他地方见到过——无论是西方还是东方，它只是用俄文写成的。

A.车列普宁在中国和日本所开展的活动远远地超越了音乐会的范畴。从1934年4月至1937年4月，除去一至两个月的间断，这一过程共持续了3年的时间。他满怀热情地投身到教师、艺术、教育思潮和活动策划工作中，他为这个国家民族乐派的发展做出了巨大的贡献。

30年后他向自己的俄罗斯朋友叙述了他在这一时期的工作：

我第一次在上海期间，也就是1934年，我惊诧于中国的传统音乐，让我感到紧迫的是，中国的作曲家（现代的）在为世界性的乐器（钢琴、小提琴、乐队）进行创作的时候，从来不考虑从自己的传统和民族源泉的角度出发。为了激发他们的创作，我组织了以中国传统音乐或民间素材为创作基础的钢琴曲创作比赛①，比赛面向所有的中国作曲家。我是通过在上海交好的朋友——国立音乐院的院长萧友梅先生来组织实现的。参送到比赛的作品作者都用的笔名。评委会成员是：萧友梅、音

① 常见的翻译为“征求有中国风味的钢琴曲”比赛。

乐学院的教务主任Ванг[①]、钢琴家鲍里斯·查哈罗夫、理论家欧萨科夫，还有我本人。第一名一致通过授予乐曲《牧童短笛》，曲作者是贺绿汀（不知为什么当时称自己为罗丁霍[②]）。第二名授给了乐曲《牧童之乐》，曲作者老志诚，除此之外还授予年轻的、还不成熟的作曲家刘舍庵[③]荣誉奖，曲名为《疯子》（*Crazy*）。我特别欣赏贺绿汀乐曲中的两个声部的乐段，它具有创意曲的特征，我在维克多唱片（Victor）公司录制演奏了它和老志诚的乐曲。我努力为这些乐曲寻找出版商，但在那时的中国还少有人对中国现代音乐感兴趣，这一点有甚于其在外国的状况，我的尝试没有成功。于是我便筹建了自己的出版社，名为"车列普宁收藏"（Tcherepnin Collection）。但是在中国很难找到刻板工和印谱厂，这一切都是在日本完成的。第一期的出版物以贺绿汀的乐曲名字命名，我为出版社选择的图形标志是一个坐在水牛背上吹笛子的牧童，这与贺绿汀乐曲的标题是相吻合的。

这个出版社维持到了1937年，在近4年间，出版了30多期中国和日本的现代音乐，其中包括：刘雪庵的歌曲、贺绿汀的钢琴曲和歌曲、老志诚的钢琴曲（那时候中国人还没有写出乐队音乐来），还有大量日本现代音乐作品，包括：伊福部昭

① 此处俄文"Ванг"的现代音译是"王"，经考证应为黄自。

② 俄文"Родин Хо"的现代音译。

③ 俄语"Лиу Шенан"的现代音译，经考证应为刘雪庵。

（Ифукубэ）[①]和松平赖泽（Мацудайра）[②]的作品，以及在我于巴黎举办的比赛中获奖的日本作曲家的乐队作品，这些作曲家分别是：小山文野（Бунъя Ко）、清濑保二（Ясудзи Киёсэ）、松平赖泽（Ёрицунэ Мацудайра）、小船小次郎（Кодзиро Кобунэ）、荻原俊嗣（Тосицугу Огихара）、太田忠志（Тадаси Ота），等等，他们实现了从"埃简拉古"（Этэнраку）雅乐传统风格到"近卫秀满"（Хидэмаро Коноэ）[③]交响乐队形式的转变。

我在中国、日本、美国和欧洲演奏中国和日本作曲家的作品。我的出版物在美国的席尔默和欧洲的通用出版公司获得了代表资格。在日本，战争毁掉了一切。但这些作品的印刷品还到处可见。[……]我的出版物在外貌上沿袭了"别里亚耶夫"出版社的风格（是的，在指导思想上也是），封面上作曲家的名字和标题用三种语言标出，那就是中文（或日文）英文和俄文，封面也采用了别里亚耶夫式的灰色调。另外，在日本和中国，我还从事对年轻作曲家和钢琴家的教育工作，我写了以五声调式音阶为基础的钢琴作曲法，在中国时就教授中国人，在日本时就教授日本人。在我的学生中，我所记得的，贺绿汀现

① 伊福部昭（1914—2006）：日本作曲家。

② 松平赖泽（1907—？）：日本作曲家。

③ 近卫秀满（1898—1973）：日本指挥家、作曲家，日本新交响乐队的奠基者。

任上海音乐学院的院长，战后在巴黎师从我学习的Тинг[①]也成为那里的教授；伊福部昭、松平赖泽，荻原俊嗣、清濑保二获得了某些世界性的声誉并成为自己国家有分量的作曲家。这说明我的工作没白做。[95]（或许，经过这么多年以后，许多名字和名称已经不完全准确，比如乐曲《赶水牛人的笛子》或称《牧童短笛》，在另一些材料中称为是“罗丁霍”的作品。）

在中国和日本逗留期间，A.车列普宁为穆索尔斯基的歌剧《结婚》补写了第二幕，完成这项工作后，他在俄罗斯“东方”协会自己表演（用钢琴）了整个两幕歌剧。在中国和日本，他演奏了从博尔特尼扬斯基[②]到斯特拉文斯基的大量俄罗斯音乐作品，其中也包括自己的钢琴作品音乐会。与这两个国家的文化交流，不仅使这位俄罗斯作曲家收获颇丰，也使中国和日本的音乐家们受益匪浅。

具有指导性的钢琴曲集（Op.53）许多年后获得了广泛的推广。其中最难的一首乐曲是《献给中国》（*Hommage a la Chine*），它随后成为车列普宁音乐会的保留曲目。作曲家后来依然钟情于中国的艺术和文化氛围，并于1945年写出《为7首中国诗歌而作的歌曲》（Op.71），翻译成法文和俄文的工

① Тинг：俄语现代音译为“庭”，经考证应为丁善德。

② 博尔特尼扬斯基（1751—1825）：乌克兰血统俄国作曲家，俄国作曲学派创始人之一，俄国古典音乐奠基人之一。

作由作曲家自己完成。在20世纪50年代中期，受中国歌唱家Хи Квейши[①]之托，改编了7首中国民族歌曲。从这些作品的目录中，我们可以看出车列普宁对作曲、艺术和教育领域的较为完整的观念。

从美国再次回到中国后，A.车列普宁又一次接受了当地俄文报纸的采访，从中我们得知了另外一些与中国文化有关的创作计划（《上海的曙光》，1936年5月21日）。

《中国和日本音乐引起欧洲的兴趣》，这是一个很大的标题。随后写道：

> 天才的俄侨作曲家A.车列普宁准备创作一部中国风格的歌剧。

我们可以提前介绍一下，准确地说，这部“中国式”的歌剧共两场，长度为40分钟，在1952年根据中文脚本写成，名称为《仙女和牧人》，出场人物一共有2人。它与乐曲《献给中国》一起同为“中国风格”作品中让人印象深刻的精品，是非常优美的音乐。仙女的咏叹调是车列普宁“悠长”旋律中杰出的典范。

在上面所提到的1936年的采访中，车列普宁提到了西方

---

① Хи Квейши：俄语的现代音译为“Xi Guishi”，经考证为斯义桂。

对远东音乐的兴趣问题：

我在德国、法国、英国、荷兰和美国的音乐会上，演奏了大量中国和日本作曲家的作品，观众的反响非常强烈，东方创作的新颖性和新鲜感立刻在音乐圈中风行了起来。

除了以上提到的作品外，远东的影响还体现在芭蕾舞剧《女人和影子》（保利·克罗杰里所作脚本受到了日本戏剧“能”[①]的影响）中，A. 车列普宁在音乐中采用了日本的传统音乐；在《第四钢琴协奏曲》（狂想曲）中，每一个乐章都以中国诗作作为开场白，这种独特的形式还出现在一些其他的作品中。

拿格鲁吉亚来说，如果作为俄侨作曲家的车列普宁是长期居住，而不仅仅是“小住”或者只是“到达了”那里，那么他对其民间生活和民族艺术的“沉迷”，将会呈现出另外一种状态和深度，同样，他与远东的关系也可以这样推测。正是对这两种文化形态的同化吸收，使作曲家在旋律、和声和形式发展等方面形成了自己音乐语言的某种特殊性，同时拓宽了他的音乐视野，并使自己的个人追求与历史趋势完全吻合。

① 能：日本独有的舞台艺术，是演出时佩戴面具的一种古典歌舞剧。

大量出自中国音乐家的论文和文章论及A.车列普宁在远东，尤其是在中国的工作；他的名字和事迹如今得到了那里人们的尊敬和重视。有关车列普宁创作中的个性语言特征，在其论文《我的音乐语言的基本元素》中将得到证实。

当然这种现象不是凭空出现的，在古今欧洲文化积淀中，存在大量的先决条件和深刻根源。1829年歌德写了名为《论世界文化的进步》的文章，这是他更早些的论文《论世界文化》的续篇，文章论证了吸收全人类艺术思想和形式是一种需求。[96]文中提到的不是民族文化的“废止”，而是它们的提升、普遍化和“真正的进步”（这位伟大的艺术家和思想家彼时就把“不断扩充”的“前进需求”的速度与世界文化创作的“必然性”联系起来。我们发现，歌德没有把自己局限在欧洲，他用了“世界性”一词，补充一点：即使是在老年时，他还学习了波斯语，并写出了《东方—西方文集》，同时对中国文化充满着向往……

19世纪中叶出现了第一批欧洲的音乐“东方学家”[97]。B.Дж.科能①分析了欧洲音乐的东方性与新时代和音乐历史各时期的相互关系。研究者最后提出了两个名字，那就是：俄国的穆索尔斯基和法国的德彪西。正是这两位作曲家对欧洲意识形态的变革起着关键性的作用，特别是在调式和声领域。

---

① B.Дж.科能（1909—1991）：苏联音乐学家。

这两种文化，更具体地说，这两个名字，对于20世纪来说具有非常重要的意义，特别是穆索尔斯基对A.车列普宁有着直接的影响。

关于“强力集团”的东方性，它的特点和对A.车列普宁的影响我们在以前已经谈到过。车列普宁对法国作曲家是熟知的，不仅是德彪西，还有M.拉威尔、A.鲁塞利、П.纠卡、Ж.米约等整个一辈杰出的作曲家，他们全是异国情调的钟情者。特别要提到O.梅西安，我们很自然地把他的作曲体系和A.车列普宁的联系起来，只是，梅西安的东方情调中少见日本风格，更完全不采用中国音乐。他东方风格的创作巅峰是创作于20世纪40年代的交响曲《图伦伽里拉》。[98]

对 A.车列普宁来讲，还有一个“东方趣味”的源泉，不是高加索，也不是“中亚细亚”（鲍罗丁），它来自俄罗斯的“白银时代”的土壤——它的诗歌（比如巴尔蒙特和古米廖夫等）、它的画作（具有日本版画风格的И.毕里宾、当然印象更深刻的是佳吉列夫戏剧中的布景装饰，Л.巴克斯特的服装，还有B.谢洛夫《舍赫拉查达》中的床幔，等等）和它的音乐。或许，这些并不是“东方趣味”影响中最重要的，但是它们无疑也被植入车列普宁的艺术思想中。C.H.瓦西连科①在20世纪初曾到过大马士革和卡伊尔，写下了《毛利人的歌曲》

① C.H.瓦西连科（1872—1956）：苏联作曲家、指挥家，作曲法和配器法教授。

和《僧伽罗人的歌曲》，在1916年，写下了《异国组曲》(瓦西连科曾与H.H.车列普宁和C.格罗杰茨基相识，并根据后者的诗歌进行了创作)。A.卢里耶创作了《日本组曲》。当然还有斯特拉文斯基的《三首日本抒情诗作》。然而，如果没有说错的话，在俄侨乃至整个欧洲的作曲家中，A.车列普宁不仅仅是追求异域风情和异国情调，而是把远东地区音乐思想和语言用作自己主要创作基础的第一人。

在A.车列普宁75岁那年出版的作品目录中，收录了来自不同国家的音乐家们的贺词(其中包括Д.Д.肖斯塔科维奇)。他的老朋友达里乌斯·米约这样写道：

> 您的音乐让您整个家庭为之骄傲：您的父亲，如今还有您的儿子。正如在实际生活中那样，您在创作中也把东方和西方紧密地联系在了一起。[99]

在大西洋的两岸

A.车列普宁是以著名作曲家和钢琴演奏家，以及俄罗斯音乐特别是自己作品演绎者的身份前往远东的。保留下来的录音，特别是钢琴音乐会的光碟(参看本书附录三)证实了他卓越和独特的钢琴艺术才华，对他的研究将成为一个专门的课题。他在欧洲国家的事迹，反映在大量的报纸刊物上。

车列普宁的芭蕾舞剧和歌剧在欧洲和美国得到了广泛的上演（歌剧《早别依达的婚礼》仅在维也纳上演过）。其首部歌剧《奥莉—奥莉》（根据Л.安德烈耶夫的剧本）在许多国家取得了成功。我们来关注一下这部歌剧1934年在萨格勒布[①]上演时的评价（在这个晚会上还同时演出了H.H.车列普宁的芭蕾舞剧《鸟—姑娘》，它当时被命名为《着魔的鸟》）：

A.车列普宁，34岁的俄侨青年作曲家，他是现代音乐流派的代表人物和斗士。不用说，昨天他的独幕歌剧《奥莉—奥莉》在以我们的奥斯特尔茨[②]、克格伊[③]和布拉乌尼恰尔[④]为音乐典范的年轻人中间得到了充分的理解、热情的响应和狂热的推崇。[……]我们知道，A.车列普宁与普罗科菲耶夫联系紧密，他以普罗科菲耶夫的《三橙爱》和穆索尔斯基的《鲍里斯·戈杜诺夫》为创作的支柱。[……]他拥有丰富、精彩的“亚—俄式”创作技术经验，成熟而生动的想象力，以及创造强烈的音乐色彩对比的能力。如果说在钢琴艺术领域中，他是一位思想广博的钢琴作曲家，是一位大艺术家，那么他的歌剧《奥莉—奥莉》就是一个装满丰茂和深刻的背篓，而他自己更像一

① 萨格勒布：克罗地亚首都。

② 奥斯特尔茨（1895—1941）：南斯拉夫作曲家。

③ 克格伊（1895—1956）：南斯拉夫作曲家。

④ 布拉乌尼恰尔（1897—1977）：南斯拉夫作曲家、教师。

位东方式的哲学家。[……]歌剧一开始的重要的演唱[……]是一种具有某种日常“说话式”风格的宣叙音调。只是在学生的合唱、格鲁贺夫策夫绝望的咏叹调、军官格里高利“最后的言语”、奥列伽（奥莉—奥莉）结束的话语和学生们结尾的合唱中用优美的旋律写成。[100]

1928年在魏玛首演后，这部歌剧先后在莱比锡、德累斯顿、斯图加特、布拉格和贝尔格莱德上演。1934年它漂洋过海，在纽约，A.车列普宁的这部歌剧第一次用俄语在卡基诺剧院的俄罗斯歌剧演出季上上演，同一晚会还上演了柴科夫斯基的《伊奥兰塔》（这两部歌剧在美国均为首演）。评论家有意把《奥莉—奥莉》（在剧情上）与普契尼的《茶花女》相提并论。[101]

从20世纪20年代中期到生命终结，A.车列普宁奔忙在大西洋两岸之间。在意识形态上把美国和欧洲融在一起，对音乐家来说是非常困难的。直到50年代，他还偏爱着欧洲，当然，特别是法国，那里还生活着他的父亲。要融入美国，在语言、主要艺术和精神形态上的“磨合”也是不容易的。这种观点一直保持到作曲家的晚年：

对我来说，巴黎是在我居中过的城市中是独一无二的。那里有我每一次转折的标志，我的亲人，我珍贵的回忆，在那里我经历过、感受过，我感觉那里完全就像我的家。[102]（这封信写于20世纪70年代。）

作曲家在移居美国的初期强烈地感受到自己与周围环境的疏远。以下是摘自在1927—1928年间的信件（引自*P.S.S.*）：

1927年7月12日：

总之，我希望，从今天开始经过整两个月的时间后，我将再次踏上亲爱的法兰西的故土……

在波士顿，他参观了一所学校，路易斯·威克斯家庭中的一员在那里学习，1927年5月8日：

在学校里随便走走，然后我们观看了棒球比赛。这是一项非常复杂的运动。在我心中总有一种对运动和体育消遣的排斥，我看这些在户外嬉戏的年轻的蠢材们，就是在花钱自寻烦恼，这些应该感谢物质财富为自己带来可能性（这都是些富人的孩子）的人们，把愚蠢的思想倾泻于这种生物本能的低级表现形式上，并使之代替了国家精神的一面。我认为这种运动是一种低等文化水平（就文化价值的提高而言）的表现……

在纽约的剧院看过了P.布朗宁[①]的戏剧后，他写道（1927年5月23日）：

这部戏剧不那么令人信服（17世纪的罗马），表演十分拙劣，伴随着极度咆哮、做作、不自然，这简直就是一出浅薄拙劣的闹剧！美国人现在只是恐怖片的代表，对于什么是时代和艺术家创作的需求，他们根本就漠不关心。而法国喜剧（Comedie Francaise）则比他们高明，其自然性简直就是奇迹！

其观看美国讽刺剧的印象是（1928年7月28日）：

力量取代了优美，体操取代了舞蹈，低吟取代了歌唱，愚蠢取代了机智。

1927年6月28日：

美国最大的文化含量——两个月。

当然，对美国的恶感在岁月中逐渐消磨，与李献敏和孩子们的生活，特别是在芝加哥德堡大学的任教生涯开始后，

① P.布朗宁（1812—1889）：英国诗人和剧作家。

作曲家对美国的认识改变了。

以下是一段极具主观性的见解，虽然它可能会对某些人造成伤害，但我们还是毫不犹豫地公布出来，因为不关注它是不正确的。

1975年9月24日的日记记述：

昨天从图书馆借了斯美塔那、布鲁克纳、马勒的传记（合集）以及福克纳的小说。晚上在家里翻看福克纳的小说，突然清晰地感觉到：我对美国的兴趣和它对我的吸引是如此之少，而美国音乐则让我感到有些低级趣味。为什么？完全不知道！其实我是喜欢美国的，在这里我遇见过许多的美好和善良（当然也有足够多的不好和不善良）。感谢美国给了我立足的物质基础！我与之亲近起来，因为我的孩子们成了美国公民，[……]不用说，福克纳自然没有读，只是随便翻了翻。于是开始读斯美塔纳的传记，这时又感觉到对捷克的怀念也如此之少，[……]还是不明白为什么！从斯瓦鲍达[①]和库别里克[②]身上发现过许多善良，与马尔基努是如此的亲密，而且在战前我是那样喜欢住在布拉格和布尔诺，况且捷克在斯拉夫传统上与俄罗斯是最近的兄弟，俄罗斯与它的文化交流也最为精彩，许

① 斯瓦鲍达（生卒年不详）：捷克作曲家。

② 库别里克（1880—1940）：捷克小提琴家、作曲家。

多优秀的捷克音乐家活跃在俄罗斯，比如苏克、纳普拉乌尼克和指挥家巴列切克，等等，我们之间的爱永远是相互的。相反，这也是莫名其妙地，我的爱却是给奥地利的！当我开始读布鲁克纳的传记时，喉咙上涌起一种欲哭的感动，这仅仅因为奥地利的那些城市和乡村。（引自*P.S.S.*）

但“短居”与“居住”是两个概念，1950年将至，车列普宁得到了美国公民的身份，开始成为美国的永久公民，再强调一遍，他改变了许多，他非常热衷于教学。在1949年到其逝世的日记中，我们发现了关于每日备课的说明（其中包括对Л.布塞莱尔[①]的论文研究）。如果就作曲法而言，P.穆琴斯基[②]所出版和演奏的作品中就表现出车列普宁语言的影响。在日记中他写道（1949年11月）：

在复调课考试中，他所出的题目是“根据我的主题写创意曲”。

他的另一个学生，与著名的美国作曲家A.科普兰和Л.伯恩斯坦交往甚密的费里帕·拉美记写了大量精彩的关于自己老师的事情。[103]

埃里克·阿里波尔托·阿里亚斯——前面我们提到的

① Л.布塞莱尔（1838—1900）：美国著名音乐理论家。

② P.穆琴斯基（生卒年不详）：波兰裔美籍作曲家。

《A.车列普宁：作品目录索引》的作者，那时也在德堡大学听课，在自己的书中也记录了一些重要的回忆：

车列普宁的音乐史课得到了全体师生的认可。通常他的讲座在位于芝加哥事务区最中心“音乐学校”五楼的一间教室里举办。教室并不大，却常常座无虚席。他走进来，坐在椅子的边缘，把胳膊放在讲桌上，问上一次我们讲到哪里了，然后便接着自己的讲述。他总是凭记忆来讲，但总是会举出大量的事实和具体的实例。准确地说，这已经不是讲座，而是历史——是关于主要的作曲家，重要的代表作，以及风格和形式的历史。他用自己特有的带有明显俄罗斯口音的英语简单而缓慢地讲述着，我们的录音就能反映他这种上课风格。但是没有人不明白他在说什么，因为他的实例总是恰当而准确。

他讲话没有对象的局限性，谈起作曲家和素材他显得很轻松。直到今天，他兴趣的宽泛仍然影响着我。但是无疑他最感兴趣的是19世纪末到20世纪初这一时期，包括俄罗斯乐派。对此他说话具有绝对的权威，因为这一段历史他不仅仅是读过，而且亲身经历过。

他有着许多明确属于自己的观点。比如，他认为19世纪有两位大作曲家为20世纪的变革做出了贡献，那就是李斯特和穆索尔斯基。他指出：李斯特从舒伯特、贝多芬、巴赫以及更早的前辈建立的传统中生长、发展和变革；而穆索尔斯基也是个改革者，他创立了自己独特的和声手法和形式感。车列普宁总是提到《鲍里斯·戈杜诺夫》中的加冕场面中所笼罩的建立在增四度上的属七和弦，就是古典主义手法“穆索尔斯基式”的革新的范例。他说，贝多芬使用属和弦的和声建立在线条逻辑风格上，而穆索尔斯基却是一个接一个地堆砌属和弦，从而造就了这种滋生不协和的组织形态。但是总体说来，穆索尔斯基还是传统的一部分，这个传统就是俄罗斯的圣歌音乐。车列普宁解释说，俄罗斯人对连续性和弦形态和功能的热爱，早在18世纪就反映在圣歌音乐家们的创作中。俄罗斯的教会音乐不像巴赫时期的西方那样采用完整的调式，取而代之的是使用更古老的音列，吟诵式的节奏和准即兴的连续和弦的形式。

有一次他谈到欧洲音乐存在过分的“结构化”，对“体系”过度在意。巴赫的《十二平均律》是一部辉煌的作品，但是，他有些过分坚持调性和均衡。虽然车列普宁赞赏勋伯格的音乐，但他认为，序列技术束缚住了他。他更喜欢穆索尔斯基的方式，这给了他获得解放的启发。

这些观点是车列普宁的文化和其整个历史趣味的反应。另外，车列普宁还是一位书籍收藏家，他整个一生都热心于此，他的藏书数目惊人，以俄语书籍为主。他认为必须学习自己所住过的每一处的文化，比如巴黎、东方、芝加哥。同时他也为当地文化做出了贡献，他组织了青年作曲家的比赛，与当地一些成熟的艺术家一起工作，并激励有才能的音乐家的发展。

车列普宁对“中欧”音乐生活也做出了贡献。在德堡大学任教期间，他是“世界现代音乐协会”中欧分会的积极参与者。他经常在此范围内举办音乐会和讲座，被认为是现代音乐的地方代言人。[104]

阿里亚斯还写过有关A.车列普宁交响曲和其音乐风格的论文。[105]

A.车列普宁不仅在欧洲进行了大量教育性质的工作，还举办了许多世界性的讲习班。

在1962年4月7日的信中，他写道：

目前来说，要在芝加哥待到5月底，6月要去巴黎，7月首先要去尼斯的“世界科学院”，然后8月去萨尔茨堡的“莫扎特学院”讲授作曲。我上课一般用4种语言：法语、德语、英语和俄语，因为学生来自四面八方。我用俄语教学是针对塞尔维亚人的，他们不懂法语。如果有哪个俄罗斯的年轻作曲家来我的班上学习，那该是非常幸运的：助学金会非常容易得到（助学金为学业和生活而设）！如果您感兴趣的话，我会寄给您这些学校的宣传册。[106]

由于众所周知的历史（政治上的）原因，没有一个俄罗斯作曲家出现在A.车列普宁的课堂上。

“大西洋两岸”的生活持续到生命的终止，除了两处常住地（在美国先是芝加哥，后来是纽约；在法国是巴黎），A.车列普宁最后几年还住在英国——在泰晤士河畔的马尔罗。

在A.车列普宁紧张的工作期间也会有短暂和少有的假期，自然界为他敞开了臂膀。他描绘了他所前往的欧洲各处的风光：

如今在比利牛斯山区休息，早就想喘口气歇歇了。我现在开着门，在宽阔的阳台上给您写信。外面的空气奇妙、干燥而且干净；可以看见被绿色灌木覆盖的大山——远处的卡尼冈（Canigon）山峰上还有白雪的痕迹。知了鸣叫的交响，早上鸟儿的婉转和晚上蛙鸣的合唱，这是多么和平惬意呀！我现在正在创作儿童钢琴曲——其中一首是出版社委约的，其他的则是“备用”，这是一个新的开始：这些“小魔方”，我可以改换、重复或者按照意愿删除它们，考虑采用偶然的瞬间还是固定的模式，还有演奏的音区，乐句的对照，要准确地按照休止的长短来建立，这些乐曲的“尾巴”，我可以按愿望延展或者压缩它们。非常开心现在已经写了8首小曲子，不复杂，完全适合孩子的技术水平，其音乐手法只针对少年演奏者们。朝这个方向有许多有益的事情可以做，会有无穷无尽的可能性。[107]（这是多么实际的教学方面的问题呀！）

A.车列普宁曾住在女钢琴家M.韦伯在瑞士贝西的家中，专门为她创作《第六钢琴协奏曲》，1972年4月2日，他写道：

> 天空倒映在平静的湖面上，湖岸丘陵已呈现出绿色，中间夹杂着白色的房屋。钟声在春的空气传来：死寂的大自然复苏了！周围生机勃勃，内心也充满了光明和快乐；“天籁之音”的交响为这美景伴奏，其中最活跃的，当然是鸟儿！[108]

1968年，写于最后的居住地：

> 还是第一次在英国的乡村居住，非常高兴。不大却安逸的独家小楼被花园簇拥着。有许多散步的人，沿着泰晤士河岸，在旷野中，在森林里。真是一个妙不可言的古老的村庄。[……]一切都有助于工作。早上鸟儿还会婉转地歌唱。[109]

此外，钢琴家每次都指出他所使用的钢琴牌子是“贝希斯坦”和“斯坦威”……

A.车列普宁的一生不仅仅是大西洋水面上的一生，它更是一条时间的河流。对于传记作者、对于20世纪每一位历史学家来说，它是人类生存这个大的“复调作品”中的一个声部，这条路线是值得研究的。这是一条轮船和铁路的路线，特别是在美国和欧洲之间穿梭。仅仅从来往的信件，我们就可以知道到他去过的那些地方的名称。还有长途电话（比如从纽约往蒙特卡洛给路易斯打电话就听得非常清楚："要知道，这是不用线路的呀！"，1927年）。还有后来的航空事业，反正是越来越简便了！

这里我们要专门说一下"**广播**"，我们特意用了大写[①]。在车列普宁的日记中还无意间透露出他对电台广播音乐、其中包括对一些优秀的声音节目的异常关注。这种热情多少带有些神秘主义的观点，现在看起来虽然有些"过时了"，但它同时是作曲家创作过程的一种侧面反映。

1928年6月6日：

亲爱的妈妈，你关于广播讲得非常好，我也持这样的观点。音乐在日常生活中的作用完全是无止境的，与其他无价值的事物相比，这个工具在使用上更具多样化和可能性。当然，它真正的作用开始在它切实地改进后。这种音乐载体团结（unite）了我们周围的人，这是一个大的事实，我可以这样说，它具有宗教本身的意义。现在我特别能领会舒曼《幻想曲》前取自施廖盖尔的题记：

Durch alle Töne nönet,

① 原文用了大写，此处用加粗来表示。

Im buntem Erdentraum,

Ein leiser Ton gezogen,

Fur den，der heim；ich lauschet[①]

无形的音乐变成了可触摸的具体的振动，我总是觉得，是的，不仅是我，所有的音乐家都认为，我们选择的结果被这样或那样的规则夺去了太多的可能性，我们在创作中所经历的，比如有时为了一处或者一小节而绞尽脑汁用上一天或是一周的时间，如此过程是广播的实用性所不能够反映的。（引自*P.S.S.*）

……经常有人称呼A.车列普宁为世界公民，我们更想这样说：他是20世纪的音乐家和公民。

① 译为“在纷繁的尘世之梦里，震响着一个小小的声音。它透过一切的声音，传向那暗暗偷听的人。”

第六章　作曲家的工作室

本章正如本书附录二《我的音乐语言的主要元素》一样，是最大限度针对专业人士——理论家们的。无疑，A.车列普宁的这些文字将成为打开20世纪音乐大门和研究作曲家创作过程的钥匙。为此，我们力求做到提供作曲家自己的原话。这些联系着他不同创作时期和不同作品的生动而具体的札记，能够整体地反映出他的美学观念：

在我看来，作曲家在音乐中所传达的，是他在自己生活的社会中所获得的。他的使命就是：服务于社会（但不是操纵）。当然，这种服务不带有“随声附和”的低级趣味的意思，而是服务于广义的“品位”。

作曲家用自己的方式把他所生存的社会的文化规格表现为可知的水准。[……] 我认为作曲家的使命就如传教士布道那样：它是有益的，其目的是用艺术的途径来团结人类。艺术在当今社会取代了宗教，特别是表现宇宙间声波（人耳能接受和不能接受）的形式——音乐。

当我开始创作的时候，我起初什么也听不到，我只是感觉到，就像孕妇感觉她肚子里的孩子。“素材”只是渐渐产生，我认为，它们是一种由“听不到”的声音向“听得到”的声音的转移，然后才开始真正的、有意识的、建设性的作曲工作。

创作的源泉一方面来自宇宙，而另一方面来自社会。非世间和尘世间相比较，往往尘世间更具深刻的意义。在我看来，没有过去的音乐和未来的音乐（就当时的时代创作而言），只有现在的音乐，它是社会文化发展和状况的“温度计”。作曲家是忠实的，用时间“定格”自己的时代是他们的使命。巴赫13分半钟的《帕萨卡利亚》被永远定格在巴赫时代，舒伯特13分半钟的《第八“未完成”交响曲》第一乐章也永远被定格在了舒伯特时代。它们被忠实地定格下来，因此才得以存在，并终将存在下去。[110]（引自1965年的信件。）

以下是由A.车列普宁的朋友、同行、学生从讲座、访谈和其他途径搜集的，作曲家与作曲创作有关的言论（引自*B.F.*）。

有“星期日”画家，但没有“星期日”作曲家。鲍罗丁却算一个，但可能是唯一的一个例外，一个被规则所承认的例外。

在打草稿（或基本任务）时期，萌芽的发展真的就像人类的胚胎组织成长那样：血液、骨骼、动脉，等等。

我什么也不知道，我只是感觉得到。

创作思想散布在空气中，而我们，作曲家——就是触角。我们“捕捉”这些思想，或者用另外的方式感受并定格它们。

作曲家或者表演者不应该停留在他不愿停留的地方；他的活动天地是无限的，他的“家”总是随自己一起旅行……怀乡“病人”不知道：爱所有的人，就能在世界上感受自己的价值。

音乐比其他艺术形式更容易团结人类。您去展览会端详一幅画，这只是您的私人体验。而音乐会上我们可是在分享共同的爱好和感觉。

不可能真正懂得音乐。技术？或许可以。而音乐呢？从来不会。你只能在听到后感受它。除此之外你什么也得不到。在没有奏响之前，音乐没什么意义。

经常这样说，从音乐中能够发觉作曲家的心境、健康状况及其他方面的一些情况。我总是对这种说法表示怀疑……涉及我，我把自己所有的生命献给了音乐，我不相信在这之间有什么直接的联系。如果有例外的话，那么它们或许是故意而为之。

作曲家的创作不应该依赖于有无委约。当然，如果他只是想数酬金，那么这当然在某种程度上有所帮助，生存是第一位的，但是对于曲作者来说，真正的酬劳是自己的作品被上演。

一战前的音乐界对我们来说意味着：之前是现代的，对于今天来说它们是古典的，但总的方向已经明显地发生了变化。19世纪的理想，是为严肃和深刻服务。对20世纪上半叶来说，则是革新！我们继承了前者的目标，而使用的是后者的语言。

愈能表现现实的音乐，就愈是未来的音乐。

艺术应该反映自己的时代，正如梵高和毕加索反映自己的时代那样。除此之外，艺术应该成为时代进步最直接的一面，否则它就会有局限性，就会丧失自己的广泛性。而最大的难度在于艺术家在时代潮流中如何保存自我。他将以一种什么样的面貌来反映这个动荡的时代呢？

音乐史中的每一个时代都有自己的语言规范，它从文化范畴操纵着作曲家，但作曲思想的深刻是无限制的。

比起乡村来，我总是更喜欢城市。正是城市和人的生活是激励着我的创作，而不是雏鸡，母牛和树木。

我只能在有“创作渴望”的时候写作。我的创作具有很大的直觉性，而不是“精确的计算”。

我多想，日子会加倍地长，而我的胡子会加倍地黑！

好音乐就是好音乐，它不以表现手段为转移，而不好的音乐永远是枯燥无味的。

序列主义音乐创作者总认为自己使用的是仅一种手段……

只是遗憾的是，序列音乐创作技术却总是才华平庸的掩饰，没有体验过真正的灵感，只善于逻辑化的组织，因此这也只是当所谓的序列作曲法而已。

我自己采用的所有音乐的表现手段，不是技术左右作曲家，而是作曲家为写出好的音乐而采用何种技术手段。

我从来就没有过绝对的听觉，但是有时，特别是在创作的时候，我却享受着绝对高度的愉快，在那个固定的时刻调性色彩的感觉没有弃我而去，我突然开始“相对地”听到它们。

实际上作曲的方法没那么复杂。原则上每个人都能成为作曲家，重要的仅仅是正确的途径。“坚韧不拔”才是真正的途径——这就是平常所说的“天才”。

任何一个懂英语的人就能用这种语言来写信。任何一个能认识乐谱的人都能作曲。

越是天才，就越期望在创作中完美地体现他所有的可能性。

在一个固定的阶段，计算机成为作曲家。你发现了吗，当您为计算机输入某一种程序，它就按照这个程序的指令开始写音乐。作曲家在创作新的作品的时候，总是按照某种活动计划和技术程序行事。机械的计算机和作曲的“计算机”的区别在于，后者在这种程序和自身听觉、思维方式的折中间进行……现在，说实话，在我的某些乐曲中我忘记了，“程序”在音乐之前就存在了……当我演奏它们的时候，我没有考虑到程序和它们是如何诞生的，最重要的是感觉和演奏时我要表达的内涵。

我相信，正如目光所及的世界一样，音乐在自己的世界里也具有“真实性”和“现实性”。我们“触碰”看得见的要感谢视觉，而“触摸”音乐则要借助于听觉。经常，当我在自己的阁楼上埋头专心于创作，对外部因素影响的判断竟到了完全不同寻常的地步，比如，门开了，进来了我身边的人，我却觉得像是幽灵！这吓坏了并惹怒了我。所以我相信，音乐的世界是真实存在的，作曲家应该置身其中仔细“聆听”，并从中提取“真实的”素材来重建它们，就像建筑师用“真实的”石头，木材或者别的什么来盖房子、教堂、音乐厅和酒吧一样。

有一次我开始构思新的交响曲，我意识到：从20世纪30年代中期开始，我的音乐更多地倾向于主调音乐。随着时间的推移，新的复调形式已经形成，那就是：按自主的“计划”向前发展为“因特拉朋克特”技术（интрапункт），“非模仿”的主题发展。当我的想象力“休息”的时候，我写出的只是一些多声部练习的草稿。

教学是一种从创作中的溃逃。作曲教学法或者是配器法在一定尺度上削弱了创作的想象力……钢琴演奏训练妨碍大脑进行别的创作，并存在一千个不创作的借口。

可以学到作曲的技术，但那不是真正的作曲。它完全取决于天才、本能和禀赋。

我认为，全世界的音乐学院在一百多年的时间里所教授的是古典主义时期和浪漫主义时期成就压缩的总和，是“历史的”而不是鲜活的音乐语言，而浪漫主义大概处在更低的水平上。作曲家意识到，他们所学到的不能直接应用在自己的创作中。在古典时期就不是这样，甚至莫扎特也会立即在自己的创作中注入新的手法，贝多芬也为了获得新技术而师从海顿和阿尔布雷希茨贝格。

分析研究贝多芬的奏鸣曲吧，那是最好的作曲法教科书。

学生应该从抒情性、旋律性和节奏性的创作开始，然后把他们带入“因特拉朋克特”的学习中。

避免使用固定音型，这是现代音乐的绊脚石。

在大学里集中并专门开始音乐教育已经太晚了，这导致了在这之前大量天才的浪费和流失。

请学会安静地倾听并享受音乐。今天我们周围有太多的嘈杂。大量无关音响的闯入，使我们有可能丧失对内在美的感受。请选择安静的街市居住，在安静的酒店里用餐，如果可能的话，炸毁所有音乐的自动装置！

不要效仿并追随坏的品味，更不要在自己的音乐中设置谜语让人来猜。

我越老越感觉难以聚精会神地创作，难以体现自己内心的创造需求。但是有时“开始”更难，为了保持创作意愿，我会做好日程计划。

我和父亲有个协议：他总是想创作歌剧，我们商量好了，当我写够1000首“跳蚤”[①]的时候，他就把它们用在自己的歌剧中。1000首我并没达到，到现在全部加起来才刚到200首。

当居伊请求我的父亲为穆索尔斯基的歌剧《索罗钦集市》完成配器的时候，我的父亲恰好很忙。我暗地里为整部歌剧配器并自豪地把完整的总谱交到父亲手中。而良好的愿望并不能抵偿我配器中的缺陷。不知道这个总谱后来怎么样了，可能把它留在了圣彼得堡。当然，它没能成为《索罗钦集市》某一演绎版本。父亲在1922年完成了这项工作。(编者注：A.车列普宁还是在1940年于巴黎完成了自己的芭蕾舞剧音乐《索罗钦集市》)。

当作品结束的时候，我甚至不相信它可能会有别的方案。我从来没有在我的创作中出现过改写的愿望，就像孩子的成长，它完全是确定的。真正需要经常改变的是配器。我经常会对音响的平衡不满意，就开始寻找新的布局关系。我另外的忧虑就是力度和速度。在我早期的创作中就这一点我总是仔细斟酌。(有趣的是，我将会在什么时候结束这样的工作？)

我觉得，所有好的作品都有一个共同的特性，那就是：它们对听众产生直接的“纵向”影响。这就是说，它们俘获了我们的听觉，“抓住”了我们的耳朵，并产生了一遍又一遍听这些乐曲的冲动。刚开始，我们不明白，为什么会这样。当我们感受到这种影响的时候，我们开始好奇这是如何引起的，于是

① 指A.车列普宁对其《小曲集》中小曲的戏称。

我们开始分析。有时这种分析的结果显示，我们简直受到了愚弄。如果再深入分析，会帮助我们明确结构体系，我们越是洞察作品的构思，就越是确信摆在我们面前的是精品。作品的优点，在我看来，在于作品中“纵向的表现”和内在的秩序。“纵向的表现”离开内在的秩序就没有任何价值，或者会在反复聆听和分析后消失。没有系统“纵向的表现”的音乐只是一个“死胎”而已。

在我们这个时代，作曲家没有这种可能性来放任自己的水平和自己的责任。在莫扎特时代，不好的作曲家完全可以生存，甚至没有人会知道他的名字。而今天，不好的作曲家，特别是如果他还是一个不好的教师，那么他就会损害整个一代人的品位。

在所有的国家里民间素材表现出客观的音乐真理。

自然音列既是“自然的”，也是“平均律”，而九音音列只是“平均律”。它是一个调式中心范围内大小调变化音的简单化，可以这么说，在很大程度上它的实践意义大于理论价值，我们说，降la和升sol（或别的），在键盘上这两个不同的变化音具有相同的意义。

我认为，我们现代的变化音语言已经逐渐很好地建立起来，就像古典主义音乐语言中的自然音，它逐渐被所有大小调形式所吸收。今天的音乐创作呈现出大量变化音手段结合的面貌。新的音乐语言方式把音乐家们联合起来，无论是在纽约、在东京，还是在巴黎，这种语言将被合法化和逻辑化，正如古典主义时期的音乐语言那样。

当我刚到巴黎的时候，鲍里斯·施廖采尔（他的姐姐是斯克里亚宾的第二任妻子）对我的创作，特别是对理论基础非常感兴趣。我向他简要地解释了我的六音列体系，并举例（我的一些两声部创意曲）说明了九音音列。于是他产生撰文介绍我的音乐语言和新办法的想法……但是，这样的文章他一篇也没写成，而我却因此在纸上记录下了我的思想，组织了一篇篇幅不大的介绍六音列体系、九音音列、多声部节奏途径等论文，巩固了我探索的成果，使它们更加意识化，从而推动了我以后的创作探索。

我认为，作曲过程中没有任何快乐而言（对于职业作曲家来说），有的只是沉重的责任感、持续的努力和创作的需求。快乐只是在作品完成的时候，在我写完最后一笔并端详完成的总谱的时候。就像女人不太喜欢怀孕，准确地说，对她们而言，这一段时间是不太愉快、舒服的。真正的快乐只是在生产后，在喂过奶后，在活泼健康的婴儿躺在母亲身边的摇篮里的时候。

就像许多女人可以慷慨地馈赠爱情，却不喜欢怀孕。业余作曲者在我看来就是如此这般的情人，他们是体验不到怀孕的烦恼的。

业余作曲者在自己的创作过程中就能感受到快乐，但是他的作品（这种形态的结果）却不能给听众带来快乐，而职业作曲家没有在作曲过程中体验到快乐，但他们的作品却是具有深刻动机和不懈努力的成果，向人们传递着作者的“寄语”，并能够成为他们快乐的源泉。

想成为“孕妇”也不是件容易的事！（至少对我而言）。

A.车列普宁对艺术倾向和才能的思索建立在自己的探索经验之上。毋庸置疑，在其他文献（首先是音乐）中是不可能做出如此背景性的证实的，也不会有对其“创作肖像”的描述和作曲家对作曲技法的分析。

还有一段原先没有发表的A.车列普宁在德堡大学任教期间的文字，在开场白之后是具有鲜明的教学特点的关于旋律、节奏等的论述。（手稿照相复制品，引自*P.S.S.*）

作曲家应该按照自己的愿望创作，创作是不能教授的。作曲家应该自己达到这一切，教育者的任务是：把一系列基础的教育问题列出，用教育的逻辑思维来解决。

创作类似冥想。创造者应该寻找与外界影响隔绝的状态，他只能自我倾听。创作的第一阶段是即兴创作，它可以借助任何一种乐器或者不用乐器。即兴创作好比是水流，它夹杂着垃圾和淤泥，但同时也有碎玉和残金。

作曲家要善于筛选这些“碎玉残金”并把它们记写下来。当记写的片段大量聚集的时候，作曲家要着手为它们“塑型”，也就是比较和补充阶段，这就像孩子们拿魔方建房子。即兴创作培养出作曲家的趣味，而塑型阶段则使其获得逻辑思维。

当通过即兴创作积累了许多素材的时候，作曲家应该学会在不同形式中比较这些片段，对自己的这些“趣味”做出分析归纳。他要为这些直觉的产物寻找合理性，然后才开始真正的作曲工作。通过即兴创作，作曲家只是能体会创作的一小部分，那就是从不断地自我重复和答疑解惑中解放直觉，然后开始按自己的意志归纳自己原来无意识里所做的。由此为以后的发展积攒直觉。

他的创作从独立的主体变为其意愿的客体，取代了素材版块的拼贴，现在作曲家开始用逻辑的思维展开这些琐碎的素材，使之自然有机地发展。在这个阶段，作曲家可以开始着手任何一项任务了，虽然每一项任务不一定按计划进行，但却有着强烈意愿。各种任务创造式的解决方案就是作曲家的学校。

非常明显，A. 车列普宁讲述的是自己的个人经验，这让我们更加明确地印证了他的创作过程。这一点先搁置不说，我们将继续引用其发表过的教学方面的文献，表明A. 车列普宁向学生传授的不仅是其作曲过程的体验，甚至向他们提供了自己的作曲体系，当然这后来形成了论文《我音乐语言的基本元素》，可以说，这在德堡大学作曲班里是不被接受和推广的，但是这个作曲班无疑是非常特别的，它带有某种实习和课堂讨论的性质（对我们来说这就是该论文的注释部分）：

再重复一下音列。音列间各音的相互关系，它们与基本音之间的相互关系。

音阶的概念就像一个三角形：

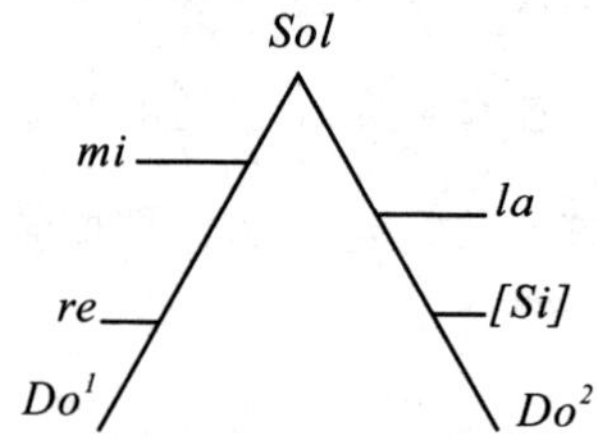

基本音和它的音程关系是一度—八度、二度—七度、三度—六度、四度—五度，四度—五度——顶点，三度—六度、二度—七度——阶梯。

基本音的概念像三角形的原理。四度—五度像它的顶点。

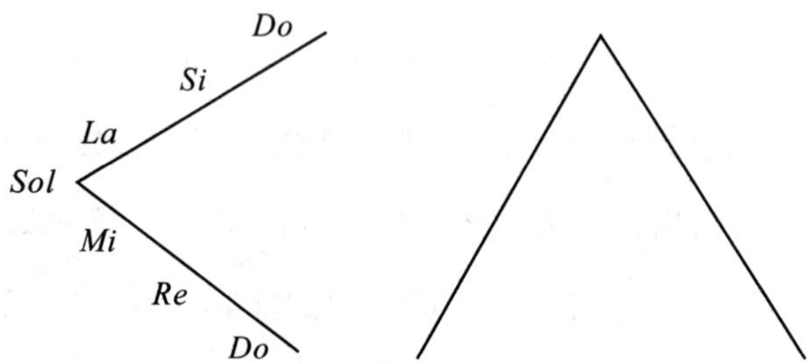

旋律的平均律形式：此旋律建立在各种音阶上——中国的、欧洲的、九音列的、半音阶的——

基本音的获得

缺席音的获得

在基本音上结束

在缺失音上结束 ⟶ 意外的概念

旋律的节奏：此旋律建立在各种节奏上——

在强的时候结束

在弱的时候结束

节奏的变体

节奏的反复

节奏的非反复

节奏：

任务：1.在此节奏上找到平均律

2.在此平均律上找到节奏

无休止的旋律

无休止的节奏

反复的旋律

反复的节奏

带副歌的歌曲

带副歌的节奏

A. 车列普宁的工作反映在他的文章、讲座、信件和日记里，传递给我们一个明确的信息，那就是：他异常关注20世纪的艺术语言，特别是“如何做”这个过程。俄罗斯音乐在外在方式和其他方面所做的探索和尝试比欧洲要长久。从20世纪三四十年代开始，艺术领域的解释权在某种程度上由党和国家的政治来把持，不正视这个传统是不正确的，那时候诗人“大于诗人”，作曲家“大于作曲家”，“是什么”才是重要的，而不是“如何做”。前面多次提到的音乐思想家，与斯克里亚宾这位杰出人物交往甚密的Б. 施廖采尔，曾写过不少有关A. 车列普宁的文章，后来他专注于西方的艺术文化生活，有一次他对Б.В. 阿萨费耶夫关于俄罗斯作曲家的丛书做了评论，并以同情的笔触写道：

一个指责，一个严肃的指责！按照我的观点，我对И. 格列波夫①的分析评价是：他们②全部被围绕在精神领域。作者详细地叙述了柴科夫斯基艺术所表达的“是什么”。[……] 但是对于“如何”表达的却只字未提。[111]

从发表的文章中可以明显地看出，A. 车列普宁肩负着高

① И. 格列波夫：即阿萨费耶夫的笔名。

② 指书中的俄罗斯作曲家们。

度的艺术使命，按照传统我们称之为要“言之有物”。他音乐语言的趣味，特别是能够不断发展其可能性，是伟大的。正如对于其他欧洲的艺术家那样，对他来说艺术的进步才是不容置辩的。“第二次浪潮”先锋时代的生活是富有戏剧性的，车列普宁对所有新事物都异常关注，包括“电子音乐”和“具体音乐”。他把注意力转向了他所提出的“非主流乐器”，这一点从他的作品目录中就可以看出。

我们在本章里直接引用了许多A.车列普宁的文章。虽然我们清楚地意识到，经过这么多年后，今天的读者已经不再认为其中有什么新鲜东西了，但是我们还是把它们作为车列普宁——这位20世纪作曲家的传记资料放在一起（其中与车列普宁其他文字叙述中有少量重复，为了不破坏叙述的完整性，我们没有删减）：

音响世界

无形的光线，无影的声音。其实，光线，是我们能看见的；声音，也是我们能听清的。

美术家所采用的色彩，只是无穷无尽的形式各样的色谱中的一小部分。

我们耳朵所能够接受和分辨的声音，也只是围绕在我们周围的无穷无尽的声波中的一小部分。

这些声音能用于音乐的其实也只有很少的一部分。

西方的音乐最后确定为十二平均律。

中国、印度、阿拉伯音乐也有自己的音律，只是他们采用的是“乐音”另外一种组织体系。

在音乐中所采用的诗歌节奏、舞蹈律动，也只是不可计数的时间属类中的一部分。

在我们这个时代，东西方音乐语言实现了交流，它们之间的相互影响越来越大，各自的程式也因互补而丰富起来。

科学的进步促使今天的音乐要尝试着从东西方固有的程式中解放出来，这是一种向纯声音和大自然转化的表现形式上的解放，是具有远见的。它最终获得了从各自程式中的解放。

创作周期的形成是隐秘的。

作曲思想的萌芽是如何引发并沿着何种道路发展的？它是怎样降临到作曲家头脑里的呢？

对我来讲，当我开始新的创作的时候，我没有听到它，而只是去感觉它。

我感受到“波涛汹涌”般的创作愿望，并成为在可感知的音响世界中无形的振动的导体。

这之后是部分声音在形式中的具体化，这个阶段也是从音高和节奏的程式化中解放出来的过程。

另外的尝试需要音乐思想上的革新，之后开始了真正意义上的作曲。

早年间我就梦想从程式化中解放出来。正因为如此，我考虑在《第一交响曲》的第二乐章里专为打击乐器写一个合奏段落，就是为了从固定音高的范畴中解放出来。也是因为这个原因，不久前，我结束了钢琴曲《寄语》(*Message*)的创作，其中主部主题的节奏采用了敲击钢琴盖子的方式，这种纯节奏的方式持续了很长时间。

20世纪20年代，我在自己的创作中采用了后来我称之为“鸟的素材”，并把昆虫的节奏和非正规的节拍，以及谈话式的语调注入音乐中。

另外一个摆脱程式化的途径是通过色彩：竖琴、口琴、键盘手风琴、大号，还有别的乐器的声音色彩，都在音响世界中为自己争得了一席之地，并成为作曲家的创作支柱。

音乐的共存，实际上就像一次东西方成功的“联姻”。作为乐队中第四组乐器的打击乐器的加入和电子音响的出现、完善科学的乐器制造等对音乐的发展也尤为重要，它们为当今作曲家们开辟了新的道路。

我痴迷于当今时代的生活，并看到音乐艺术已经成为真正意义上的音响艺术。(引自*B.F.*)

A.车列普宁的下一篇文章发表在期刊《新时代》(*L'Age Nouveau*)上，这是为“音乐和音响世界”这个题目专门出版发行的一个文学—艺术丛刊。在这一期上还同时登载了A.鸠基耶、A.饶里瓦、Э.瓦列兹、P.莱波维茨、Ф.玛尔金、A.唐思曼等人的文章。A.车列普宁的这篇文章写于20世纪50年代初期，我们特别要强调一点：在今天看来，这个观点在当时是非常新颖的。文章标题为：

打击乐器是“音乐的”吗？

没有人会否认，打击乐器在现代作曲家的作品里扮演重要的角色。这一现象引起了那些把打击乐器视为音乐的“解放”的评论家们的注意，他们强调：打击乐器在音乐整体的意义中没有任何独立的感情价值。

在我看来，把打击乐器的感情价值与音乐的整体割裂开来是不能想象的。打击乐器只是作曲家借以表达自己意愿的手段。当然，最善于表现感情的还是旋律，即使是长笛在低音区最弱的啼鸣，也比定音鼓固执地强奏带给听众的感觉要深刻。但是，感情的价值不包含在技术手段里，而包含在作曲家想要传递的内涵中。

为什么现代音乐对打击乐器表现出如此的兴趣呢？我看有这样几个理由。

我们已经开始从最简单的音乐层面入手，发掘作曲储备中所有的可能性，探索音乐色彩的表现力。

或许还有另外一个原因，当今社会现代音乐与舞蹈之间的联系增强了。难道芭蕾就不想成为现代的表现形式？

除此之外，作曲家显然有了拓宽常用的音响领域的愿望。

比如钢琴的发展（就乐器结构来说实为打击乐器），就展示了这一过程。

在我的创作中采用打击乐器意味着一种从音律纯正的乐音中解放出节奏的尝试。七个半八度的音高组织是我们所认为的唯一的标准（乐音），而组成它们的只是真实存在的音响世界中的极小的一部分，对这一点我确信无疑。

要感谢听觉，让我们感觉到了七个半八度范围之外的音响世界。但是与贯穿于宇宙间的声波比较起来这仍然是有限的。就像画家在画板上描绘的，永远要比他所见到的少得多，作曲家所掌握的宇宙间的音流，也被迫只能限制在“可听到”的音响世界中。

创作的动机，对我来说本能地体现为对声波存在的感受。我一步步尝试着把它们带进“可听到”的范围中。我认为，我起码最低限度地实现了这一切。但有时我对我们所习惯的“乐音的”手段并不满意：在某些时候，它们并不是我所寻找的真正合适的载体。正是打击乐器在这种情况下帮助我从七个半八度的笼子里摆脱出来。我只是想尝试着拓宽音响色彩的表现手段，我从来没有刻意把音乐引向嘈杂。我不相信，噪音本身就是音乐，如果它成了音乐，那么它就不再是噪音了。我想强调的是，打击乐器属于音乐现实序列，而不是噪音系列，打击乐器的采用可以从某些“非音乐”的因素讨论。这方面的因素很多。我想说的是，我不知道打击乐器所震颤的是我们的心灵，还是感观？我或许不会分开它们。为什么我们不问一下，打击乐是针对我们的左耳还是右耳的呢？如果这种感觉里没有心灵上的认知，那就什么也感受不到。从另一方面来说，如果声音到达我们的心灵，而感觉器官不能够感觉到声音的振动，它又如何能理解其中的意义？

或许，可以把打击乐器（又是“非音乐”的因素）的运用看作是一种“招致不快”和“使人惊讶”的追求。作曲家能够在这样的处境下坦然以对吗？的确，我的《第一交响曲》中专门为打击乐而作的谐谑曲就触怒过听众，它的首演招致了大量的非议。其实，我真实的意图只是想把节奏从我们所惯用的乐音程式中解放出来。那时谁也没有发现，我在这个乐章所采用的节奏，只是交响曲第一乐章主题的节奏变奏而已。

我们继续讨论打击乐器采用的“非音乐”因素，我想说，它并不代表作曲家想滥用重物或者什么别的尚武的东西打昏听众，或者还有什么别的破坏性的动机。它也完全不是一种通过摧残别人来获得自我满足的手段。

众所周知，我们这一代的作曲家努力地强调乐器的打击性能。我指的不仅仅是钢琴——按构造它就是一件打击乐器。我有一种倾向，就是为乐队中“旋律性”的乐器赋予“打击性”的功能。在我的《乐队组曲》中，第二乐章开始时打击乐的节奏全交给了弦乐和管乐组来完成。更准确地说，就是整个乐队中的乐器都可以作为打击乐器那样来使用，就像节奏在这首作品中占有绝对的优势那样。

我并没有偏离文章开始我所确立的观点：为了完美地体现自己的构想，作曲家拥有宽泛的色彩表现手法，如果能达到目标，采用它们就是适宜的。打击乐的采用也只是这些表现手法中的一种手段而已，本身并不能被单独采用，音乐可以单独存在，但是打击乐和音乐却不能分开。[112]

当然，当时对新事物的趣味还没有完全被采用或者采用得很少——在《第一交响曲》第二乐章之后，A.车列普宁在创作中继续体现出追求新音响的可能性。1930—1931年为两件“伽姆巴”中提琴[①]和乐器合奏创作了《小协奏曲》（Op.47）；1939年为钢琴和定音鼓创作的小奏鸣曲（Op.58），该曲：

应出版社委约为美国学院教学之用，被广泛演奏。另外它还有一种为乐队和定音鼓而作的版本。（引自1962年4月7日写给Г.М.施涅尔松的信）

1966年6月11日，作曲家在写给施涅尔松的信中谈道：在楚格（瑞士）的音乐节中，古老的“伽姆巴”提琴得到

① 伽姆巴：15—18世纪意大利的一种中提琴。

“复苏”，从色彩方面发掘了这个乐器的新的可能性。A.车列普宁那时还写了为“伽姆巴”中提琴和管风琴而作的《教堂奏鸣曲》(*Sonata da chiesa*，Op.101)。另外还有许多乐曲为管乐器而作。他还为键盘手风琴写了组曲和其他形式的乐曲，为口琴和乐队写了《协奏曲》(Op.86)，还有为“凯利特”竖琴创作了四首组曲形式的《自然音随想曲》，等等。以下是A.车列普宁关于在芝加哥开始教育活动情况的自述。

请演奏“非主流”乐器

我曾经投身于美国紧张的音乐生活中，并致力于对青年们的教学工作。他们都有成为职业音乐家的愿望。我教授这些年轻的作曲家，尝试帮助他们寻找一条属于自己的作曲道路。

我努力使他们把兴趣转向不同的音乐表达手段中。虽然小提琴、钢琴、大提琴、弦乐四重奏、交响乐队忠实地服务于以往的作曲家，并且继续服务于现代的作曲家，但是其他的乐器和不同的合奏组合，也需要相应的音乐文献。

如果年轻的、有才能的作曲家决定为“非主流”的乐器写作的话，那么在他们面前将会打开巨大的空间。必要的作品形式，比如：为大号、键盘式手风琴、竖琴、管乐和打击乐器的合奏，萨克斯管、马林巴和打击乐器的四重奏等。对于年轻一代的作曲家来说，为新的艺术家提供演奏优秀音乐的可能性是件荣耀的事情。而且如今还出现了一件更为杰出的手段——电子手段。

当我在内心深处倾听自己的音乐的时候，我不能在我们的平均律体系中找到合适的载体，于是我常常在写作时转换角度。在电子音乐创作中这种必须性则完全被抛弃了：这里能够获得任何一种力度、音高和音色。这里我们所称之为的“乐音”，显出无比丰富和无限的实用性。

毫无疑问，未来的音乐将与音响手段的发展和新发明紧密相连。这为新的声音表达世界打开了大门。我们正是生活在音乐历史上这个激动人心的、充满革新的时代。[113]

我们将继续以上文字中所提到的有关电子音乐的转折这一重要的题目（在日记中找到这样的论述实属不易）——这是20世纪下半叶音乐艺术的一个重要主题。（以下这段文字我们引自*B.F.*。）

艺术家不应该生活在象牙塔里，他应该接受周围发生的一切，并把它们带回到艺术形式中去。他的责任是为人类服务，为人类带去自己的语言。

您或许会问：电子音乐难道就不是象牙塔吗？难道靠电力供应意味着“写作”的终结？

到目前为止，甚至对于有经验的音乐家来说，识别电子音乐或序列音乐的组织构造也是困难的，目前他只是觉得：为此必须“解放”听觉。我们中的大多数需要用警惕的耳朵专注于现代的声音（乐音或非乐音的）而不是过去的声音。

为什么我们只能局限于钢琴的声音呢？比如，铙钹和鼓带给我们的泛音就是用钢琴做不到的，要知道许多新的乐器的使用为我们提供了更多的音响方案。从贝多芬时代开始，钢琴的音域得以扩展［……］，到了李斯特时代之后，再没做出过任何改进。［……］

但是音乐语言的改变只能在音乐公式化储备需要音乐语言变化的时候。新“语汇”逐渐加入，但是新的音乐语言——即电子音乐的应用，在其最初的阶段，对于大多数人来说是不舒服和不能接受的。

音乐家处在对新声音标准探索的时代。他的“宇宙飞船”是自己所处的时代和文化的自我体现。新的声音补充了我们所习惯了的（对接受而言）储备量，造就了以后旅途中所需的新“燃料”。

公元前2700年，中国的一位皇帝[①]制定了音高的标准，到现在它依然存在。是的，我们在这个时代中生存并实践，在整个潮流中体验对探索的强烈需求。音乐家不应该成为拒绝适应时代的漂浮的幽灵。作曲家应该坚持自己的探索，对于实现他

① 应指黄帝。

的构想这是必须的，因为他感觉到这些手段已经不能体现他的设想。电子音乐对我们的听觉来说是另类的，在形式上带有某种程度的神秘色彩——它还只是表现手段的探索：它的创作过程本身就很神秘。

当我开始听到“内在的”音乐并尝试记录它时，实际上我听到的不是真实的声音。首先，我没有听到，而是去感受它。我们所能够捕捉的只是这个声音振动的世界中的一部分。我们的感觉器官需要发展。或许存在着听不到但是可以感觉和感受的振动。众所周知，比如，狗吠的振动幅度就是人耳所不能辨识的。

电子音具有非常出色而纯正的最高音，而低音区就差了一些，它拥有过多的震颤（tremolo）。但是最重要的是，任何一件乐器都要有自己的文献，不管它是人为的还是机械的。［……］

作曲家总是为明确的目标服务，这个目标由他周围的环境决定，但假绅士并不能左右艺术家飞翔的思维。作曲家确实应该为这个社会创作音乐，而其使命、因果和责任都体现出作为先锋实验者的命运，这对艺术形式的革新是如此的必要。

在这种情况下我们可以把人体和民间素材做一个有趣的比照。音乐的民间素材类似于人体解剖学。伟大的艺术家总是把完整的、美妙的人体作为永恒的基础。米开朗琪罗采用绘画线条来表现他思想的复杂性及灵魂深处，达芬奇则表现出激情，拉斐尔则拥有极好的匀称，德拉克洛瓦表现战斗的场面，而毕加索则是回归永恒的线条。音乐的解剖学也一直存在着，所更改的也只是表层。

我不想说电子音乐是“解剖”结构的表层形式，但它出现在简单化革新结束的时候。我们的听觉开始“解放”了，电子音乐诞生全新的音色，它们与已知的音色完全不同源。有谁知道这只未来主义的雄狮在明天会如何咆哮呢？

作曲家关于20世纪音乐革新和艺术进步的思索（有时候不可避免地重复）进入概括性的趋势。在1964年5月8日寄给Г.М.施涅尔松的信中，他阐述了自己独特的见解和自己的“分类法”，作为一位在欧洲的俄侨作曲家，这些观点是非常精彩的：

我了解韦伯恩[①]，在保守的维也纳他生活得并不轻松。他未必会预见到，自己的作品被当作了战后欧洲作曲家意识形态的起点，也未必会预知它们在西欧音乐发展中的意义。当今时代，科学推动艺术（正如当时绘画、哲学、文学推动音乐发展那样），他的创作与现代意识形态（西欧的）是相吻合的。

对于新一代来说，他是古典主义者，但是，无疑音乐已

① 韦伯恩（1883—1945）：奥地利作曲家。

经往前走了很远，就像我的儿子谢廖沙和瓦尼亚去年在达姆施塔特[1]的会议中所做的定义：韦伯恩后的施托克豪森[2]和布列兹[3]已经不是“建立在堡垒上”，他们的音乐不仅仅是“韦伯恩”式的，在其背后还带有“达姆施塔特”和“科隆”式的。[……]我认为，我们生活在一个异彩纷呈的时代，我们所认定的组织音乐的所谓“音乐的”声音的限定应该得到扩展。现代作曲家在自己的布局中拥有所有“音乐的”音响——约定俗成或未约定俗成的。音响色彩的表现手段拓宽了，作曲家不再需要开辟内在听觉的“租界”，他拥有真实的手段在音乐中传达他内心所听到的——不管它是平均律还是非平均律的、不管它是经过公允的还是未经过公允的，他可以采用所用声音和节奏领域的所有可能。十分明显，掌握现代的电子音乐和抽象音乐（以没有成见作为先决条件）不需要音乐传统的技术储备，所以易于让大众接受。享受夜莺的歌唱或其他别的什么大自然的声音，你不需要参加任何和声训练班。这一时期，音乐从传统中解放出来，从它的继承和延续中（同时也从韦伯恩和布列兹中）走了出来，电子音乐和抽象音乐带来一种新的“原始主义”，虽然它只被相对少数的耳朵所接受。

下面是我认为的几种主要的现代音乐流派：

① 达姆施塔特：德国城市。

② 施托克豪森（1925—2007）：德国作曲家、指挥家、音乐理论家。

③ 布列兹（1925—2016）：法国作曲家、指挥家。

1. 传统派——韦伯恩与后韦伯恩的，其全部的情结是“选择”音乐，倡导音乐科学革命。

2. 先锋派——电子音乐和偶然音乐，倡导声学科学。

3. 动态派——源自激情（来自“民族”艺术根源的“爵士”），但是要复杂得多（舒乐·古特）。

4. 苏联派——源自传统音乐，倡导新社会建设。[……]

所有这些流派都反映和表现了彻底区别于千年前的现代生活，它在寻求自己的艺术表现形式。我们诞生在一个何等精彩、生动，同时又复杂和困难的时代呀！！100年后，它们终将普及开来，我们会为我们所坚信的事业诚实而不知疲倦地工作。”[114]

这位“过程的参与者”的论述不是偶然的：20世纪60年代末，A. 车列普宁曾亲自接触过电子音乐的创作，有关这一点他给Г.М. 施涅尔松写道：

应英国广播公司（BBC）的委约，我将根据Л.Н. 托尔斯泰的小说《傻子伊万的故事》创作音乐（这已经吸引了我很久了）。[……] 道格拉斯·克莱威尔东将根据托尔斯泰的小说创作剧本。它将在音乐的伴奏下一部分以朗诵的形式，一部分以歌唱的形式表现。长度是一小时。我的计划安排是——乐队，歌手，合唱和戏剧演员。傻子伊万这个角色将由我的表弟彼得·乌斯季诺夫①来扮演。录音工作将在8月于伦敦进行，同时乌斯季诺夫将在英国广播公司，以我的12首音乐的伴奏下录制自己所承担的部分。

过了一年半后：

在谢廖沙（即A.车列普宁的儿子谢尔盖·车列普宁——*Л.К.*注）的帮助下，为《傻子伊万的故事》做了5分钟的电子音乐，为此我学习了很多。如果上帝允许的话，我以后会继续采用这种音乐表现手段的。

（两封信分别写自1967年2月7日和1968年8月9日）[115]

但是在A.车列普宁逝世前的十年间并没有再从事电子音乐的创作。

许多作曲家工作室的门是为我们关闭的。如果他们记录（坚持不断或者断断续续）自己的作曲经过，留下或多或少的草稿，描述自己整个（或大部分）创作历程的话，那么我们就能够在书桌上或者其他的档案材料里找到证明他们创作经过的依据。这取决于历史时代和个人的创作方式。在整个历史进程中总会有个别的典范。对巴赫、莫扎特、贝多芬、舒

① 彼得·乌斯季诺夫（1921—2004）：俄裔英籍演员、戏剧家、编剧、导演。

伯特、柴科夫斯基、塔涅耶夫、普罗科菲耶夫作曲工作的研究早已形成，但是对20世纪下半叶作曲家创作过程的研究还很少，况且对从奥涅格、韦伯恩到布列兹（包括苏联作曲家Э.杰尼索夫[116]）的最基本的认识，是与他们的艺术成就和创作原则紧密联系的（比如声音组织体系），很显然，新的时代不可能不带来大量区别于以往规范的新事物。

A.车列普宁不仅是一位记录下自己作曲过程的作曲家，正如我们在"《第一交响曲》记述"中所看到的他每天都认真地、"逐日地"自我记述的例子，比如：在B.B.谢尔巴乔夫从德国写给妻子的信中，关于其《第二交响曲》的创作，他每一天都辅以谱例对前一天的作曲工作进行总结（这些发表的书信集见本书"侨民的空气和面包"这一章节中里"[8]"的注释处），H.K.梅特涅尔也为自己的乐谱草稿配以大量的语言注释。

通过A.车列普宁的"《第一交响曲》记述"，我们可以了解该曲的创作过程。有关歌剧《早别依达的婚礼》及其他的作品，包括最后一些编号作品的创作也有着大量的记录，这些成为罕见的第一手的研究资料（所有的日记、乐谱和其他记录——引自*P.S.S.*）。

在我们研究道路上最大的阻碍就是：口述的记录与草稿、其他的手记和发表物之间的比照，这是必须的，但是又是难以实现的。作者并不能唤起读者的听觉经验。A.车列普宁的音乐只是近年来才重新响起（在阿尔菲广播电台），而这些也只是他作品中的少数（以室内乐为主）。这些来自作曲家的“自我记述”和“记事”的援引，至少有两方面的价值：它们是研究艺术家创作过程的珍贵的资料；是A.车列普宁作品可靠的分析依据。不容置疑，如果没有了作曲家的这些注解，许多现代作品我们最终也不会明白。

音乐的理智化及与之相应的创作过程，在20世纪，特别是从第二个四分之一时期开始得到了明确发展。A.车列普宁使我们认识了这种个性的结构和体现，理智和直觉的相互关系，这是他的札记、日记和书信最主要和最感兴趣的主题（这个主题是由其本人为我们分析、研究的）。

在他整个或者某个创作时期中，就形态而言没有两个完全相同的创作流程，就像没有完全相同的艺术成果（至少相对于19—20世纪欧洲的音乐艺术来说）。

我们掌握了作曲家经过一系列自醒后的“自我鉴定”（摘自写于英国玛尔洛1975年7月18日的日记，引自*P.S.S.*），他对自己的创作活动做了总结，自然带有“往昔”的性质：

最近的七年相对来说是“无果的”，全力返回到创作中并不那么简单。不管这种全力以赴对创作来说是不是理想的，［……］我每天都没有时间限制地投入工作。有两个敌人：工作开始的“羞怯”和过早的评论。［……］

我用自己的方式开始创作。我的道路总是从寻找素材开始。当搜集了大量的素材后，就开始组织它们。素材的寻找是一个直觉的、下意识的过程，而组织素材，则是有意识的和理智的。选择，是对素材的挑选，由音乐品位决定；组织，是一种思维逻辑；素材，是为生长埋下的种子，建构则是生长的过程。我的创作途径中最重要的就是热爱素材，然后寻找建构中的平衡。当这一切结束，音乐作品就建构完成了，有时真的不明白，为什么会如此长久？有时寻找平衡简直是一种折磨，自己想要的最终的外在形式为何需要如此长久的寻觅？而下一部作品又得重复这个过程，又得寻觅这种平衡。

直到现在也还是这种老样子。两个月的工作结果是写满七本练习册的草稿——它们是搜寻到的素材。其中的一本草稿已经开始组织，写了三分半钟的音乐，还需要补充和发展，而音乐的平衡还要简化，这是所预期的五分之一。

第二部分于去年夏天在玛尔洛草拟完成，这个部分用升A大调写成。第三部分，就是现在我正在做的，它的主题素材的节奏取自《哦，人们，灾难来了》（参看里姆斯基–科萨科夫的歌剧《隐城基捷日的传说》——*Л.К.* 注）。我想大概是在1970年写了慢速的第四部分，其中充满自由的对位，是完全不同的素材。最后的第五部分，回到了第一部分的素材里，当然也是所有其他部分素材的兼容……这一切都做了，只是所有素材的改编都太平常（就像亲爱的父亲所说的），是在缺乏内心渴望和本能需求的状态中“榨”出来的。我现在不会勉强自己得到“外在的形式”，当需要的时候，我会寻找适合自己的“现有”创作信条（credo）的终极形态。

像往常那样，在寻找素材的过程中总会有一些意外的斩获，可能会有别的用途，比如，或许会被用在一些单独的、不大的曲子中。不仅如此，还有一个另外的任务要同时进行。从那时起，在这里，我在睡前会在床上阅读狄更斯的小说《匹克威克外传》，我确定，这是一本独一无二的幽默小说，除此之外，诸如此类的小说我还真不知道。就这样，在某一个晚上或早晨，当所有的创作表现出一团糟、毫无意义的时候，头脑里出现了写作“幽默交响曲”的念头，并且有了开头的启蒙素材和创作最初的途径，而这些将会停留在现有程度上，毕竟还是要回到现在的素材工作上，但也只能做个“差不多”而已，因为《匹克威克交响曲》的原始素材已经萌芽了，而且这些“萌芽”还不少。现在我坚信两个并行的任务能够同时进行了——其中一首为“芝加哥交响乐团”（原文用了交响乐队——*Л.К.*注）而作，另一首为“库谢维茨基”基金会而作。

车列普宁的创作工作又持续了两年，他每日都记写在日记里，这为我们提供了把20世纪20年代末、30年代初记述的创作过程，与经过半个世纪后的创作过程放在一起比较的可能，关于这一点我们下面还会提到。

一些注明日期的草稿和小曲为我们提供了把乐谱和口述的文字，以及车列普宁后来的“听觉”进行比照的可能，它们中的一部分没有发表，所以不为人知。以下就是上面所提到的“原始素材”，标题是“快乐的《匹克威克交响曲》的开始”：

谱例6–1

这个时期形成了A.车列普宁最后的一系列乐曲。我们从以下车列普宁的日记中得知了这一点。

1975年8月17日，作曲家写道：

当头脑里有了想法的时候，我就记写在一本专门创作用的本子上，那里都是一些短小的片段——“酒瓶底”（爸爸就是这样称呼酒瓶底剩下的葡萄酒的），与交响曲的素材无关，但是，可以这么说：它们完全是内心的流露。

1976年1月1日，他列出了下一年的计划，在第11项上他写道：

继续“酒瓶底”的创作，并考虑把它们与1969年的一些钢琴曲一起组成一部较大的作品，是一部现代的“Gradus ad Parnassut”。

这个集子收集了近40首短小的乐曲，编号为Op.109，目前还没有发表（手稿，引自*P.S.S.*）。每一首的创作时间都标记在谱页的左边。乐曲长度标记在最后面（最短的乐曲25—30秒，最长的是1分20秒），并注明了乐曲的力度和表情，以及演奏速度和一些别的标记。没有调号标记（另类的无调性），没有表明节拍（经常变化）。我们援引了其中的几处作为范例，很明显，它们保留了作曲家早期和“梯弗里斯时期”的小型钢琴作品的共性，但是更加“刻意化”和“非即兴化”，最重要的是它们令人吃惊的短小。

谱例6-2

A. 车列普宁理智的技术创作理念从20世纪20年代后期开始成长起来，在之后十年的作曲实践中，其创作过程无疑经历了变化和革新。在1975年日记片段中作曲家也承认了这段最重要的奠基时期，它们自然具有其文字价值。作曲工作的开始，即："萌芽""想法""素材"，其实在很大程度上是一个相同的概念，可以把它们理解为习惯思维中的"主题对比"，或者是一种承载"主题对比"功能的综合体。

1928年9月8日，他从欧洲到纽约后写给父母的信中提到了关于《早别依达的婚礼》的创作热情：

> 就像去年创作交响曲那样，我来这里的第一天就获得了主要的素材，其实，前天和昨天、包括今天素材的萌芽已经有了，现在我准备"改造"它们。（引自*P.S.S.*，以下材料也出自此处。）

在"创作记述"中，经常可以见到作曲家关于创作未来作品的"文字说明"。它们在草稿中数量不少而且规模大小不一。

在1928年10月20日开始的乐谱本上（在草稿上标有固

定的日期，这使得它们具备了日记般的意义——这是非常典型的特点）写道：

下一部歌剧的框架（尽量能在《早别依达的婚礼》中采用）：1.带有旋律性的节奏；2.音乐发展中“对话”的空间；3.在音乐主题的音符中插入“对话”。比如：

谱例6-3

为了提高表现力，最小限度地使用乐队，最大限度地突出人声。

在草稿当中还有大量“局域性”的任务：

27.I.当早别依达进来的时候，夹杂着打击乐器神经质的节奏，弦乐器在第三个八度内[①]，二或三声部歌曲，并放慢速度；20.III.早别依达自杀的时候，只用弦乐器。

可见，早在创作之前就已经有了“布局”。

在草稿阶段结束前写道：

---

① 小字3组。

"用独奏乐器结束歌剧。"（作曲家就是这样来创作的。我们引用歌剧序曲的开始和结尾部分，注意E大一小调的稳定组合，《第一交响曲》也是以这种形式结尾的。）

谱例6–4

有时这种指令（构想）是构造—组织式的，甚至是空想。1928年2月15日的日记：

昨天晚上思考《早别依达》第一个场景（当然不是第一场，而只是个场景）的基本原则，它应该非常热闹和场面化，但现在还不是写作的时候，因为还没有任何素材。不过已经很有趣了，因为原则已经找到了；要完成它，剩下只是耐心、技术和时间的问题了。

实际上，创作不仅仅是技术和时间的问题，它还需要灵感。

1927年12月9日，作曲家在给父母的信中写道：

晚饭后在《五重奏》草稿上写了一会儿，第三乐章的第二主题还是没有写出来，哎！灵感至今还没有闪现，经过一周的工作，总共完成了21小节。

第二天，他打算从已经写好的素材中寻找动机：

第二主题还是没有写出来！今天我打算再折腾一下第一主题，看看能不能在它的基础之上，找到与之对立的第二主题的可能。

A.车列普宁在创作中还经常表现出某种随意性，这不仅仅表现在创作开始的阶段。

以下摘自1970年7月12日的日记：

早晨和白天精力充沛地工作，这是第三天，我不再写交响曲而改写有关管乐五重奏的素材了，头脑中充满着丰富的可能性。

可以注意到他的工作速度是缓慢的。这并不意味着其才能的匮乏（一般来说多产和快产的作曲家是二流的），而是说明他对自己的要求非常苛刻。当然，许多才华出众的作曲家创作速度也是缓慢的，只不过他们没有把自己的创作过程记录下来，也没有关注自己的创作速度而已。

创作技术（准确地说是途径和过程）无疑由作品的体裁来决定。《第一交响曲》的创作过程我们已经关注过了，《早别依达的婚礼》也有相应的“记述”，其中有很多关于“心理因素”和“舞台表现”两方面的思考（和工作）。

1928年10月20日：

已经接近歌剧创作最中心的位置，这一切得益于之前成功的思考。很想把它写得更加强烈和紧凑一些。[……]现在的场面不像第一幕开始的时候那样推倒重来，而是一个接一个流动起来，稳固地向前发展：伽奈姆与早别依达开始是相爱的，然后开始吵架，沙尔那萨尔、玖利斯塔娜也加入了群架，此时乐队是“野蛮”的。早别依达的歇斯底里达到最高点，最后是一个“阴冷”的结尾。在这个嘈杂喧闹热烈堆积的场面之后，考虑紧接着用一种暗淡、冷漠的情绪，然后再允许自己自由地决定接下来的创作方案……

在继续作曲家以下的文字之前，我们先简要介绍冯·霍夫曼斯塔尔已被人遗忘的早期剧作《早别依达的婚礼》的剧情。而在这之前需要说明的是，A.车列普宁创作这部作品的俄罗斯"根源"并不是偶然的。他不止一次承认在移民之前的少年时代就对《早别依达的婚礼》充满兴趣（包括剧作家在内）。冯·霍夫曼斯塔尔在20世纪初的俄国是非常有声望的。

1906年专门在俄国出版了他的剧作合集，其开篇文章（没有署名）向读者指出：霍夫曼斯塔尔剧作的主旨是反映人类心灵的"敏感、复杂和脆弱"，同时还指出了这部早期戏剧具有"紧凑匀称的形式特点"。[117]《早别依达的婚礼》被单独出版过多次。[118]

1907年和1908年，该剧在B.Φ.卡米萨尔任弗斯卡亚①的剧院成功上演，并成为该剧院的保留剧目之一，其时由B.Э.梅耶霍尔德②担任导演。我们没有掌握A.车列普宁是否亲临听过这些戏剧演出的信息，但是像这样的大事件他肯定是听说过的。

以下是剧情简介：

年轻的早别依达为了不使自己的父亲破产，嫁给了一个年过半百的有钱的商人。他向新郎坦白，他爱沙尔那萨尔的儿子

① B.Φ.卡米萨尔任弗斯卡亚（1864—1910）：俄罗斯女演员。

② B.Э.梅耶霍尔德（1874—1940）：苏联导演、演员。

伽奈姆已经很久了，他也是个贫穷又可怜的人。高尚的商人放走了早别依达。当赶到沙尔那萨尔家里的时候，早别依达发现自己被蒙骗了：伽奈姆和他的父亲原来过着荒淫骄奢的生活。她受到了侮辱性的接待。早别依达回到了商人的家里，从钟楼上跳了下来，结束了自己年轻的生命。

最后的对话是在表白爱意的商人和已决死意的早别依达之间进行的，这是一个阴郁而简短的终场，非常适合20世纪歌剧，特别是普罗科菲耶夫和勋伯格之前的歌剧性格特点，女主人公之死的场面会让人直接联想到《火天使》（当时A.车列普宁不可能知道普罗科菲耶夫的这部歌剧）的结尾：低沉的钟声就像搏动的节奏为生命最后的时刻读数。

还有一段文字（1928年2月27日写给父母的信）中有着较为翔实的记述：

早上和白天都在考虑关于早别依达性格的刻画问题，到晚上，加上以前所得到的，在不知不觉中已经积累了丰富的素材，将要提炼它们，为的是在早别依达在与商人的谈话一节中，寻找她如何回答的方式，她的第一句话乃至整个对话的可能性，这是目前的首要任务。如果这一周完成它的话，我将非常满意。如果商人的性格是平和安静的话，那么早别依达的性格自然是相反的：她的素材整个建立在节奏的基础上，其主题是不平静和神经质的。这种音乐形态我接触的并不多（只是与《圣母玛格娜》的第二主题有某些相似），接下来等待我的将是更大的困难。[……]同时我还发现一点：我一半是故意，一半是本能地从“空间音乐”回归到了音乐的“真理”上——好像返回到俄罗斯歌剧的传统中。在我听到和见到以《奥莉—奥莉》的宗旨为代表的这种“空间音乐”后，我确信，对剧本的爱和信任只有一条可行的道路，那就是：寻找众角色的心理表现手段，而不是给他们建造笼子，在笼子里为心理披上中性的外衣。正如《早别依达的婚礼》的剧本，我是真正喜欢，其中的角色与我是接近的。对我而言，在音乐发展中，旋律描述在这里并不能代替隐藏在语言中真正的戏剧性。对剧本的喜爱促使我不时地翻阅它，正是这样，前天我找到了一处可以安排芭蕾的地方，那就是：在“谈话”之时的芭蕾部分，我认为，非常成功。

在同年2月18日写给父亲的信中，表达出作品需要电影摄影技术的支持及阶段创作的趋势：

昨天一天都在忙着《早别依达的婚礼》的创作，现在的想法是这样的：只选择在人物心理上已经明确的地方，并着手实现它；还有当人物出现时，电影摄影该如何捕获有关的场面。我现在只考虑“商人”的部分，解决他在第一时间对早别依达说的第一番话，这很快就将付诸成形，相信在人物心理刻画上非常精彩。目前，我还不想明确早别依达的形象，而仅仅考虑商人。

个人的爱好（或者是厌恶）以及同时创作两部（甚至是多部）作品，是评价作曲家性格特点的重要方面。A.车列普宁不止一次回应了这个问题。

在1927年6月26日给父母的信中（创作《第一交响曲》期间）写道：

昨天致力于小提琴曲的创作，经过很长一段时间的努力已经考虑成熟，并将着手写下来。到晚饭前只创作了一半，晚饭后没能接着写，在钢琴上大体弹奏了一下。[……]（今天）到饭前小提琴曲已经写完了，弹了一下，非常满意：第一，它并不短小——5分钟的乐曲不算短了；第二，乐曲的展开也不错；第三，非常有歌唱性；第四，转调非常自如，而后的发展更加趋于多样化。晚饭后，在钢琴上练熟了它。现在可以拍着肚皮对自己说："亚历山大·尼古拉耶维奇，到了配器的时候了！而其他的小提琴曲可以顺便解决。也就是说，很明显，这种即兴（Impromptu）风格的素材已经整整积累了一个月的时间，并获得了不错的结果，它们非常艺术化，不是人为故意的编创。"配器这种巨大的任务对于这种小乐曲来说，是从容不迫的，它完全是一种很好的消遣和休息。[……]明天，新的一周的开始将着手总谱的写作。

把作曲动力与他对其他音乐家音乐的看法的记录做比照，也是分析作曲家创作思维和过程的特殊手段。这种影响经常发生，且都被记录了下来，比如对普契尼的《图兰朵》的印象的笔记，几乎就写在《早别依达的婚礼》创作前夕，它表明，作曲家当时被包围在具体的“剧院听觉”的“罐子”里，后来才得以摆脱。

1927年2月27日写给父母的信：

昨天是《图兰朵》的首演。至于它的音乐——有很多让人感兴趣的地方——有非常多的齐奏、印象主义的手法、大量的固定音型、复杂的和声背景下歌声总是和谐的，对普契尼来说有许多是新东西。我个人喜欢的地方有：

1. 在三个中国官员歌声中的舞蹈。这些舞蹈是**инсультирующих**（责备式的——*Л.К.* 注）。这个场面长达15分钟。官员坐在那里没有什么行动，完全是叙述性的嘲弄，而同时舞蹈在进行着——这种手法是非常有说服力的。

2. 宣叙调节奏性的伴奏。

3. 第三幕开场那个深爱着猜出图兰朵谜语的卡拉夫王子的姑娘柳儿之死。

同时我喜欢的地方还有：合唱的大量运用、声部经常处在紧张的音区内（铜管直攀mi音）、在乐队（乐队配器由阿里法诺完成）中常采用固定音型。剧本写得无与伦比，普契尼的这部歌剧在音乐形态上抓住了悲剧的本质，他达到了一种让人尊敬的大众化，他想要摆脱所有的典型标志，用自己主要的形式做到这种大众化。还要感谢大量的齐奏、不规则的节奏、低音上的转调和令人信服的合唱的交相呼应，"图兰朵"音乐的人声部分具有格鲁吉亚特点。另外，普契尼在很多地方只用了人声而没有用伴奏，这很精彩，给人留下深刻的印象。

这种印象（准确地说，这些知识具有完全不同的性质）也被运用到了创作中。

1927年5月13日写给父母的信中：

从列盖尔的传记里得知，他与其德国前辈大师们竟是如此的生疏，甚至在35岁那一年他才见到瓦格纳的总谱，比这稍早一些时候才认识了古典作曲家的四重奏。为此，我感到特别安慰：一切都还不晚。我为自己的钢琴艺术决定了一条全新的道路，那就是：开始在钢琴上弹奏一个楔子，然后学着在钢琴旁考虑多声部，也就是说，在纸上写一整套的组合，有时会为一个多声部的楔子写满10页纸，这很费工夫。

这种类型的消息和素材让我们进一步洞察了作曲家的作曲艺术涉猎的范围。

作曲家创作过程的特点透露出了他个性化认知观念的成长，其中经常会见到一些重复性的字眼，比如："思想"、"素材"、"创作"、"写作"（与"创作"有区别）、"深思熟虑"、"写自己所想的"、"为……而斗争"、"加紧干"等。这一切都需要专门的研究，更重要的是，它们是作曲家基本风格及其艺术成果的比照。为什么作曲家最初会把这些记在纸上呢？难道不是为了把这些来自"认知"（内在评价）的片段，与别的一些构建用的"方块"和"瞬间性"做比较（摆在一起）？这种想法把我们带到了一个经常遇见的"连接"概念：创作了许多，但是还缺乏"连接"。难道他某些有关配器阶段的记述不带有最后为图画涂上色彩的性质？

其中一例来自1927年2月17日和19日写给父母的信件。创作《圣母玛格娜》期间，草稿已经写就：

> 开始着手按照想好的方案配器；这首乐曲在总谱上无疑是成功的——有许多明暗分明和色彩清晰的结合，具有独特的形式。

如果从文字形态的观点划分时期，那就是：写有"素材"及其提炼部分的"散页"（比如：与《第一交响曲》有关的就有200—300页）；“粗略的草稿”——先是校正的片段，然后是整体，两行叙述；“誊写的草稿”——作品或完结篇，二至三行的叙述，有时候是总谱的草拟方案（分部式的）；修订或未修订的总谱。“草稿”这一术语我们随作者沿用。

经常（很多是在“梯弗里斯时期”）在谱子一行的上端或者别的地方（很少），标记上所用音列——这种方案，成为其创作主要的或部分的：标记上整体的语气和系统的空间“围墙”。他钢琴创作分为两个不同的时期：“探寻”和“试验”阶段。

实际上还存在作曲工作和钢琴试奏之间相互关系的问题。在写给父母的信中写道（1928年10月，在创作《早别依达的婚礼》期间）：

如果说创作过程非常迟缓的话，那么每天在钢琴上我只用不超过两小时的时间来试奏它们，来感受我三周以来有规律创作的成果。

昨天，亲爱的，我向你们抱怨创作是那么迟缓，而在钢琴上的试奏则好得多，那么今天我还是要抱怨：昨天脑袋里堆满了《早别依达的婚礼》中的场面，所以练习得不是那么专心。而“场面”则向前推进了一大步……

这种强烈的声音敏感性（包括对别人的和自己的音乐，

自己的音乐在不同组织上呈现出不同的风格）对心理学家来说是极具吸引力的。

这已经表现出作曲家创作的合理性，这是一种工作本质上的合理性，有着明确的工作思想：每天的工作计时（写作、钢琴试奏、有关创作的书信等；有时工作时间超过10个小时，作曲家把它们都记录下来，为的是让自己明白，时间是怎么花掉的）。

A.车列普宁打开了自己的创作之门，慷慨地为身后的研究者和20世纪俄罗斯音乐史学家们提供了有关自己创作的丰富的资料。

第七章　俄罗斯作曲家

这一章不可避免地与本书第三章《侨民的空气和面包》遥相呼应，我们将在以下的文字中继续关注亚历山大·车列普宁（即A.车列普宁）和尼古拉·车列普宁（即H.H.车列普宁）创作方面的问题。

俄侨作曲家依然是俄罗斯作曲家吗？这就是本章的第一个问题和第一分篇。在大量的出版物和录音介绍以及报界、杂志、电台采访里，对A.车列普宁的称呼是"音乐家—世界公民"，是一位集合许多国家文化的作曲家。维利·莱赫在自己的学术专著里（具体是在《后记》篇里，简要地探讨了作曲家"按地理和时间顺序"划分的生平阶段），最后得出的结论是：

广泛的人道主义，加上明确崇高的艺术家的使命；更清楚地体现出他的人性和艺术追求，正确地评价A.车列普宁的称号：他——世界公民音乐家！[119]

我们引用（自*B.F.*）A.车列普宁自己的话，它们在意思上更接近，但是却有着存在主义的倾向：

俄罗斯作曲家、格鲁吉亚作曲家、巴黎乐派作曲家、中国作曲家、美国作曲家，难道这些还不够并且不具优越性吗？

有一天，我回顾了在两次世界大战间的21年间，自己都是往返在轮船、火车、飞机和汽车上。我的书桌和乐谱本在哪里，我的家就在哪里。二战后，又是一年的旅行生涯。

我到过近40个国家，到处都是家，但是哪里都没有家的感觉。我唯一的家是我内心的世界，它留在那里并且以后会按自己的方式继续发展。

这些话语透露出在他的内心深处（这是固有的倾向）沉溺着一种“居无定所”的漂泊感，这是侨居和后来长期远途旅行的结果。他的好友、传记作家维利·莱赫从其口授、日记、书信、文章和其他材料中获得的资料，对他而言，它们虽然不“属于中国的长城”，但是却属于俄语“围栏”①！他不

① 这里作者指的是因为语言障碍维利·莱赫并不能充分而准确地理解来自比如车列普宁口授、日记、书信中的个人信息，比如某些创作作曲技术方面的问题。

能充分地界定车列普宁的语言（创作体系）起源是“新强力集团”式（他只是说它是“东方”调式之外的“大—小调”）的。关于其创作中民间素材的来源，他也只是在泛泛的层面上提及而实际上并未做出评价。重要的是，这本书发表在1970年A.车列普宁生命最后的岁月中，在这期间他与同胞们的通信是活跃的，并有机会重返祖国且创作了《民歌风》和《圣歌风》两部合唱曲集。

在许多涉及的书信文字中，A.车列普宁对自己的评述与前面片段中完全不同。比如：

虽然我的命数已定，我的一生注定要在国外度过。虽然法国人认为我是“巴黎乐派”中的一员，格鲁吉亚人认为我是格鲁吉亚作曲家，中国人认为我是中国作曲家，如今美国人认为我是美国作曲家，但是我感觉，我是个俄罗斯作曲家，我仍然坚持用俄罗斯式的思维来思考和创作。[120]

证实A.车列普宁的这个结论，吸引着祖国的文献传记学家，包括对待整个“俄裔侨民”和祖国的关系。这是本书的一个任务之一。

这是对根源的记忆，是历史的记忆，怀乡的记忆。

1927年7月3日，A.车列普宁在从纽约写给父母的信中描述了庆祝独立日的情景：

美国人在燃放烟花，更重要的是，他们还放鞭炮。那声音完全就像在放枪，这让我回想起1917年在圣彼得堡和1921年在梯弗里斯的日子！（引自*P.S.S.*）

同年4月15日在从欧洲启航的“高贵”（Majestic）号轮船上写道：

我热爱的、可爱的人，要知道今天是复活节的礼拜六呀！我回忆起，亲爱的父亲，我们在圣彼得堡时是如何度过这一天的。那是多么美妙的时光呀：我现在还记得“亚历山大-涅夫斯基”大修道院巨大的银色的圣骨匣，还有两组唱诗班的祈祷仪式，我和你——亲爱的爸爸，还有克里亚叔叔也从人群里向我们挤过来，然后我们三个就沿着墓地散步。我是多么希望在以后的哪一个复活日的礼拜六在那里度过呀！上帝帮助我吧！

今天我读了船上的报纸，上面说武汉政府拘捕了鲍罗丁（M.M.鲍罗丁从1923到1927年受孙中山的邀请担任政治顾问——*Л.К.*注）。很明显，那里也出现了布尔什维克。或许对“鲁斯兰特”[①]的态度会在什么时候变得好一些，如果不能老是去苏联，哪怕每年有一个月的时间我们前往那里也好呀！而这种行程会带给我们多大的收获呀——哪怕只是想想“公共图书

① 鲁斯兰特：苏联反布尔什维克武装力量。

馆”里那些书籍，还有“唱诗班团体图书馆”和“圣彼得堡音乐学院图书馆”，那些馆藏是多么丰富呀！那里有多少祖国的学术著作呀！那里就是个富藏着民族文化的深邃的涵洞！我梦想，这种愿望在什么时候可能会实现。

1928年夏天，A.车列普宁去了原俄罗斯帝国属下的一些巴尔第国家。以下选自从7月末到8月初写给父母的信件（引自*P.S.S.*）。此行所去的城市有：里加、塔林、纳尔瓦、伽布萨利、伯朝拉[①]。

昨天整整一天都在欣赏俄式的风景——村庄、马车、戴头巾的村妇、积水的道路和原始的森林。里加完全就是一副俄罗斯样子——火车站上能听到的只有俄罗斯话，来自圣彼得堡的马车夫们站在那里。[……]感觉自己身处在真实的俄罗斯，阔别十年之后，竟然站在了离圣彼得堡只有300公里的地方！

俄式的教堂增添了更多的家乡式的景致。[……]在高高的雷纳河岸上可以看到伊万城。

顺便去了一趟栎树掩映下供奉着圣像的小教堂和西北军（尤杰尼奇[②]的部队）的墓地。[……]如此与故土靠近，愉快

---

① 伯朝拉：俄罗斯城市。

② 尤杰尼奇（1862—1933）：俄国军事家、将军。

的同时更加怀念家乡，并由此引发出许多的遐想。

从伯朝拉启程，在路上能看到对岸伟大的普斯科夫城[①]白色的钟楼和房子。我的心为十年后又一次置身于祖国的山水中而悸动着！真的再也不想离开伊兹保尔斯科[②]，真想说：看，我们回家了！

俄罗斯语言、俄罗斯介质、俄罗斯家庭（父母的）是第一位的。对A.车列普宁和其他的俄罗斯人来说，甚至连保存书写法都是重要的。书写法的改良虽然早已酝酿成熟，但是现在已经实行一种新的规范，他们对此是排斥的。大部分俄侨的报纸和杂志还沿用旧拼写法刊印。

1928年住在美国的A.车列普宁决定买一台带俄文键盘的打字机。11月11日他告诉自己的父母："哎！新的拼写法里竟然没有'亚琪'（ять[③]）和硬音符号。"打字机被送回去改做。

而在15日的例信中我们读到：

他们取消了我订购的打字机！

---

① 普斯科夫城：俄罗斯城市。

② 伊兹保尔斯科：俄罗斯古老的城市。

③ 一个旧俄语字母的读音。

接下来是用老拼写法打出的词语：

星星、人、世界、俄罗斯等[①]，我从未想过，这些字母将会带给我如此强烈而美妙的故乡的感觉。（自*P.S.S.*）

A.车列普宁本能而且成功地融入不同国家的音乐群落里，当然首先是法国。但是，从自我认识、实际生活、音乐认知和在周围环境中保留的个性方面来说，无疑，他依然是一位俄侨音乐家。他一贯坚持参与俄侨的活动。

1927年，在这段选自12月9日写给父母的信中的引文里，他对自己的作曲工作做了有趣的自我认定：

受瓦里杰尔之托，为俄罗斯音乐学院的室内乐—讲座音乐会准备曲目，音乐会主题为“俄罗斯现代室内乐”，瓦里杰尔将讲一下室内乐风格在俄罗斯音乐中的发展与它的三个流派：情感派（米亚斯科夫斯基）、新的探索（普罗科菲耶夫）、形式主义（我）。（引自*P.S.S.*）

关于这次音乐会的举办，在有关移民的一章（本书第三章）他曾经提到过。

① 这些文字在古俄文的拼写中都含有读音为“ять”的字母。

1958年的一则报道：

“别里亚耶夫委员会”因为A.车列普宁最近创作的《e小调第四交响曲》——为大型交响乐队而作，而授予他“格林卡奖”。这首俄罗斯侨民交响乐将在波士顿最近的演出季中由沙尔里·米翁施指挥首演。“格林卡奖”的上一任得主是前不久刚在伦敦去世的尼古拉·梅特涅尔。[121]

曾经在布尔诺歌剧院工作的，A.车列普宁和其他俄罗斯作曲家的歌剧演出（在歌剧《伊戈尔王》和《隐城基捷日的传说》的上演中曾得到过H.H.车列普宁的帮助）的总导演、俄侨菲奥多尔·阿伊瓦斯写信给H.H.车列普宁，请求他为自己寄来供维也纳小提琴家丽丽·基别尔演奏用的格拉祖诺夫的协奏曲，和A.车列普宁的奏鸣曲的谱子：

要知道，您的儿子①，以及格拉祖诺夫、拉赫玛尼诺夫、斯特拉文斯基是俄罗斯文化的化身，而这个文化是我们永远热爱的，如今，外国人也开始知道并喜爱它了。（引自*P.S.S.*）

A.车列普宁在侨民生活中并没有停止自己的音乐评论

① 指A.车列普宁。

活动。这里必须说一下“俄裔侨民”的音乐评论事业，因为“评论音乐的声音”也在整个文化中扮演重要的角色。很有趣的是，许多作曲家都参与其间。

A.卢里耶发表了关于C.库谢维茨基的书和大量的文章（该书出版于1966年的巴黎，作者也于巴黎去世）；B.杜凯利斯基写了关于佳吉列夫、普罗科菲耶夫、库谢维茨基的文章；H.纳博科夫不仅写了学术专著，也还留下了大量的文章。总之，俄文的期刊以惊人的数量和高质量分布在多个国家。在1917—1940年间，发行的报纸、杂志、丛刊、简报、周刊、定期的汇集等形式，就有1117种之多。[122]

专门音乐性质的出版物并不多，主要是艺术—音乐—剧院综合类的。重要的是，在最流行的日报上总是会固定不变地给音乐留一块很大的版面。

为音乐写作的还有A.阿姆非加特罗夫、B.巴斯图贺夫（《今天》，里加）、Г.洛夫茨基（《舵》，柏林）、B.斯威特罗夫和Л.里沃夫（《复兴》《俄罗斯和斯拉夫人》，巴黎）等十位著名的作者。其中的一些，如Л.萨巴涅夫、Б.施廖采尔、B.瓦里杰尔、Вл.波里等的文章，我们曾在前面的章节中摘引过。大量有价值的音乐艺术剪报的收藏品，现存于“纯粹俄罗斯语言促进者联盟档案基金会”（贝尔格莱德）。[123]

从那里我们得到了一些A.车列普宁撰写的文章，另外还有一些存在“俄罗斯国立图书馆”（РГБ）的“俄裔侨民”分部里。A.车列普宁的发表数量并不是很多，就像在梯弗里斯时期一样，但重要的是，这是作曲家与俄罗斯报界联系的重要标志。

车列普宁发表文章最多的刊物是巴黎的《最新消息》，他写于20世纪30年代末的文章显示出，其音乐中已经体现出从追求先锋派、实验派的技术的复杂性向简单性的过渡，关于这一点作者在《自传》和其他文章里都做了阐释。

《音乐札记》（遗憾的是，文章没有注明日期，但是资料所属的笔记本的日期是1938—1939年间）包含对巴特鲁[①]和拉姆略[②]的"民族音乐协会"所组织的一系列音乐会的评述，从中可以看出现代音乐成为其关注的主流：

> 在许多音乐会的曲目中，现代作曲家的作品占据了重要的位置。[……]我认为，可以说，现代音乐创作主流倾向已经不再是新的和空前的探索，它更加趋于严肃化和现实化。现代音乐经历了"英雄"的时期，[……]它的实验得到了公认和确定，并不知不觉地成为传统的支柱。今天的结果是在为现代音乐所做的无形斗争的回报。你可以明确地感觉到，不管什么时候做过的（还是现在正在做），只要伴随着天才和真正的创

① 巴特鲁（1819—1887）：法国指挥家。"民族音乐会协会"创始人。

② 拉姆略（1834—1899）：法国指挥家、小提琴家。"拉姆略音乐会协会"的创始人。

作激情，就会有生命力，作曲家的天才不取决于采用什么样的风格。

之后，评论家着重分析了M.卢梭、A.巴罗、罗兰·玛奴艾里和Ж.依波尔的作品。

在一篇不长的名为《俄罗斯音乐在“拉姆略”的音乐会上》的文章里，我们可以了解俄罗斯音乐在巴黎的现状，其“自我的，祖国的”认知仍然活跃而没有减退：

……在星期日音乐会的节目单里，加入了不经常上演的巴拉基列夫的《俄罗斯民歌主题序曲》，这首作品为1862年在诺夫哥罗德举行的“俄罗斯一千周年纪念”开幕式而创作。在音乐中作曲家旨在体现俄罗斯民族进化的三个因素：多神教、莫斯科公国和市民大会的初始阶段。音乐素材取材于他自己搜集的俄罗斯民歌。这部作品体现出其对民族表现形式的追求，是俄罗斯民族乐派的体现，这对我们来说是十分珍贵的。

他毫不犹豫地把“强力集团”视为“俄罗斯乐派”。自然，A.车列普宁在这里还真诚地谈到了柴科夫斯基（晚会上演了他的《第六交响曲》，Ж.比果指挥）：

如果说今天听巴拉基列夫，是不由自主地在历史长河中展望，那么听柴科夫斯基，你会忘记所有的前提，这是何等强大的创作天才呀！直到今天，还能感受到他的作品里附着在旋律音响世界中的强烈的渴望。[124]

在另外一则冗长的《音乐札记》中我们发现了关于“俄裔侨民”音乐家们的评论。文章中不止一次地表露出一种思想：

越是民族化的音乐艺术作品，就越具有世界性的价值。只有当俄罗斯作曲家认识到自己民族原质的重要性并在此基础上进行创作，俄罗斯音乐才能达到这一输出目标。

这是个公认的思想，但重要的是，它出自一位被称为“音乐家—世界公民”之口。

接下来，A.车列普宁评论了自己年轻的俄裔同行伊戈尔·马尔科维奇，关于他，我们更多地了解他作为指挥家的一面，而不知道他还是一位多产的作曲者。车列普宁对于他的新作品——交响曲《新时代》（*Le Nouvel Age*）的评价是：

在移民环境中成长起来的马尔科维奇创作了深刻的、真实的、不断复兴的俄罗斯音乐。[125]

我们引用A.车列普宁的文章《C.B.拉赫玛尼诺夫音乐

会》的结尾部分，首先用引自B.福尔克曼书中的一个插曲作为开场白：在到达巴黎的初期，A.车列普宁惭愧而尴尬地回忆起，他曾拒绝了拉赫玛尼诺夫提出一起参加俄侨作曲家音乐会，并一起演奏的邀请。这位伟大的大师对于年轻的“革新者”[①]来说，只不过是个陈旧腐朽的事物！过了许多年后，40岁的A.车列普宁在文章中写道：

> 俄国革命前的艺术是强有力的，而这一道路的延续却是在苏联以外。几乎所有斯特拉文斯基的作品都在法国写成，普罗科菲耶夫作品中最优秀的部分也属于他的巴黎时期，H.H.车列普宁最具民族性的作品也是在侨居期间完成的。在侨民环境中生活和创作的还有阿基门科、格列查尼诺夫、梅特涅尔、伽尔特曼、坡里，还有已去世的俄罗斯民族乐派最后的代表人物里亚布诺夫和格拉祖诺夫，以及已故的佳吉列夫，等等，他们成为俄侨中的珍宝。我们可以看到，正是侨居国外使他们更具民族性，侨居的事实不但没有削弱而是更加强化了侨民作曲家的民族倾向。C.B.拉赫玛尼诺夫首先是一个伟大的俄侨演奏家，虽然他不住在那里，但人们想到的是他的民族而不只是他自己。他所做的一切，永远是俄罗斯音乐、俄罗斯文化、俄罗斯人民的宝贵财富。[126]

---

① 指A.车列普宁。

我们且不去批驳涉及普罗科菲耶夫和拉赫玛尼诺夫言论中的错误和不公正，重要的是，我们了解到A.车列普宁对俄裔作曲家的看法，他们在国外仍旧是俄罗斯人，而且“更加俄罗斯化”，他们“永远”是“俄罗斯音乐的财富”。当然，这其中也包括他自己。

音乐评论活动在车列普宁的一生中并不占有重要的位置，但是“有关音乐的文字”在他的职业生涯中，不止一次被提起。

1927年6月3日从纽约写给巴黎的父母的信：

> ……我认为，我的事业有两个，那就是钢琴演奏和作曲，或许，还应该加上第三个，那就是有关音乐美学和音乐史学范畴的写作活动。为了成为俄罗斯音乐史的“专家”，我看过的书已经不少了，对于作曲技术和理论，以及美学原理我也是经过深思熟虑的。在这种条件下，我的事业第三种可能应该可以纳入一个更加严肃的轨道，比起演奏艺术来说，它与作曲活动更加有关联。（引自*P.S.S.*）

对写作的爱好经常出现在日记和信件中，但是有规律的创作却没有形成，作为“俄罗斯音乐史专家”的A.车列普宁发表了《俄罗斯音乐选粹》——这部文选包含从民歌—圣歌形态开始，到格林卡前的80个音乐实例。[127]

遗憾的是，许多年过后文选才得以出版。但即使是在20世纪60年代中期，有关古代俄罗斯音乐的部分，对于很多欧洲读者来说依然有许多是陌生的（在作曲家访问苏联的时候，赠给了格林卡博物馆一本）。

在《俄罗斯音乐选粹》中，A.车列普宁采用了H. Ф.菲杰伊曾[①]的著作、圣歌谱集和另外一些圣歌出版物，还有吉尔士·丹尼洛夫[②]的壮士歌、《炉中得救记》[③]（A.Д.卡斯塔里斯基的复原本）等。

在一封写给B.M.别里亚耶夫的信中（1966年4月7日）作者提到：

不久前，在波恩，别里亚耶夫出版社出版了我的《俄罗斯音乐选粹》，我从俄罗斯音乐最早的起源到19世纪初期间选出80个实例，并做了评述。我在1938年的时候把这部著作交给了出版社。只是战后才开始忙于该书的翻译，28年后，终于完成并出版。我已请求出版社寄给你一本。我非常在意你的看法。我的史料来源取自拉祖莫夫斯基和梅增慈的宗教书籍，大

① H.Ф.菲杰伊曾（1868—1928）：苏联音乐史学家，评论家。

② 吉尔士·丹尼洛夫：生卒不详，俄罗斯第一位壮士歌、历史歌曲、抒情歌曲、宗教诗歌汇编的搜集者。

③《炉中得救记》，宗教节日表演的一出弥撒剧，叙述的是三王子从亚述王炉火中蒙恩得救的事。

量的学术专著，还有一些选自意大利波龙尼亚和里沃尔诺的图书馆，另外还有一些选自欧洲各地的图书馆。在当时的环境下，我从苏联书籍中只是得到了菲杰伊曾的《俄罗斯音乐史》和普莱阿布拉仁斯基的《音乐文化史》。现在苏联的文化成果中出现了大量包含着整个俄罗斯音乐历史时期实例的优秀著作，其中有许多我可以得到。如果现在着手这样的著作，我将会拥有丰富的、有价值的实例。但是遗憾的是，在1938年，这一切我做不到。我应该满足了，当时所做的也是在我力所能及的范围内。外国人了解俄罗斯音乐始于格林卡，他们非常喜欢他的音乐，而至于格林卡之前的时期，也只是听说过而已，因此我把自己著作的时期限定在格林卡以前，现在看起来，这是有局限性的，或许是一个缺点。不过，还是要感谢那些例子，它们向外国的读者展示了俄罗斯音乐，而不是单纯的叙述（用英文和德文）。它成为此种类型的学术著作的首例。[128]

作为钢琴家的A.车列普宁是俄罗斯音乐积极的宣传者。实际上在20世纪20年代初期，在他的演出曲目中，就列有根据18世纪俄罗斯作曲家博尔特尼扬斯基、别列佐夫斯基、杰格加列夫的合唱作品改编的钢琴曲，经他校勘出版并上演了格林卡、鲍罗丁、里亚多夫等作曲家的乐曲，他还经常演奏其父亲的乐曲，特别是选自《阿兹布卡》中的作品。在他的听觉周围经常笼罩着俄罗斯音调的“光环”，在临终前，他与

Б.赫里斯托夫[①]共同录制了两张鲍罗丁和巴拉基列夫的浪漫曲集的唱片专辑，还与尼古拉·盖达一起演出并参加唱片的录制。当然，最常演出的还是自己创作的音乐。

侨民作曲家的民族自我认同的一个重要方面，还体现在选择声乐和舞台作品的文本和题材上，关于这一点我们已经部分地提到与H.H.车列普宁歌剧的关系。我们补充一点，H.H.车列普宁还曾为索科洛夫斯基的歌剧《磨坊主——巫师，骗子和媒人》配器（歌剧在1929年的巴黎上演，这或许是外国观众第一次接触到俄国18世纪的歌剧）。另外还为穆索尔斯基的歌剧《索罗钦集市》做了校订，并补写了大部分新的音乐（后来，A.车列普宁效法父亲的做法，为另外一部歌剧《结婚》补编并配器）。

阿尔图尔·卢里耶在俄国时就发表了为普希金、马雅科夫斯基、库兹明、阿赫玛托娃的诗歌谱写的歌曲，在自己的"别样"人生中，他依然坚信这些作者们。1935年，他根据普希金的短篇悲剧谱写了两幕歌剧《瘟疫流行时的盛宴》，并在巴黎上演。四分之一世纪过后，又写出了三幕歌剧《彼得大帝的黑奴》（没有发表和上演）。无论是作曲家、儿童、还是半大的少年，他们告别了俄国，却没有断绝与俄罗斯文学和题材的联系。H.纳博科夫的芭蕾—清唱剧《颂歌》（按照罗

---

① Б.赫里斯托夫（1914—？）：保加利亚男低音歌唱家。

莫诺索夫的颂诗《傍晚的沉思》而作）在1928年“佳吉列夫演出季”上演，这使他获得了声誉。20年后，他创作了哀诗《普希金归来》、歌剧《拉斯普汀之死》，为阿赫玛托娃五首诗歌和选自帕斯捷尔纳克的《日瓦格医生》的四首诗歌谱写了乐队长诗作品。Вл.杜凯利斯基则采用了普希金的《小姐和农妇》作为自己的歌剧剧本。

这与俄罗斯“白银时代”的诗歌有着紧密的联系。因为在那个时期的文化中，诗歌占据了主要的位置，而正是那个世纪才培育了工作在侨民环境中的作曲家。我们还记得，在梯弗里斯时期，A.车列普宁就为C.格罗杰茨基的诗歌谱写了许多浪漫曲，四分之一世纪后，他把目标转向了亚历山大·布洛克。关于这位诗人我们很想援引尤里·安宁科夫的表述。尤里·安宁科夫[①]是“艺术世界”展览的参与者、剧院画家、布景画家（A.车列普宁编配的穆索尔斯基的歌剧《婚礼》的导演）、图书线条插图画家，曾为布洛克的《十二首》配插图，他叹服于诗人并称之为公认的古典作家。

1960年，尤里·安宁科夫，这位才华横溢的随笔和散文作家出版了两卷回忆录《我的见闻手记：悲剧集》。

在第一卷的卷首题词中，他引用了俄侨诗人尼古拉·阿簇坡的诗句：

---

① 尤里·安宁科夫（1889—1974）：俄侨美术家，艺术评论家。

协和式飞机和极乐世界
在萨多瓦亚和涅夫斯基的记忆里
在有着布洛克的圣彼得堡土地的上空
在有着托尔斯泰和陀思妥耶夫斯基的国家的上空
[……]
心灵依然存在，不论在这里还是他方
俄罗斯侨民不会死去
在故土，子孙后代会爱他们
身在欧洲的外邦人也不会把故土遗忘

这一卷的整个这一章都是关于A.布洛克的，以下是它的最后几行：

1945年，作曲家A.车列普宁为布洛克的《十二首》创作了许多为室内乐队演奏的器乐曲。我第一次是在1947年的巴黎的“车列普宁音乐节”上听到它们。著名演员皮耶尔·巴拉索尔朗诵了诗歌，并由加布里埃尔·阿鲁特翻译成法语。第二次置身于布洛克诗歌的这种音乐表现形式的表演中，则是在1960年秋的伽瓦音乐厅，诗歌朗诵者是坡里–埃米里·杰伊波尔。诗歌获得了自己另外一种声音表现形式，一种音乐的背景和音乐的深度。其中“音乐”应该要用大写的字母标出[①]。[129]

① 即要感谢音乐之意。

布洛克著名的诗句唤起了“音乐听觉上的革新”——A.车列普宁赋予它完美的表现形式，在诗歌的韵律和语调中，他参悟出“真正”的歌调并运用到了自己的作品中。

因为A.车列普宁与父亲的关系极为亲密，并且熟悉他的创作计划和工作，所以这一切不能不影响到他的音乐世界，哪怕是间接地。我们介绍给读者一些收藏在档案里的没有被发表的精彩资料，还有一些至今无人知晓的报纸评论的选编。里姆斯基-科萨科夫长期的合作者、歌剧《萨尔丹沙皇的故事》《隐城基捷日的传说》《金鸡》的剧本作者乌拉基米尔·伊万诺维奇·别里斯基[①]，大约在1925年的4月初在萨格勒布收到了H.H.车列普宁的来信，信中关注他的近况（关于别里斯基的档案我们没有找到，或者没有收藏。他于二战后的1946年死于柏林）。

4月10日，他回复了这封意外的来信：

它真的勾起了我对美好往事的回忆。我仿佛又一次见到了您坐在钢琴旁和指挥时的身影，又一次听到了您清脆嘹亮的音乐——从优美的《阿尔米达的陈列馆》到《渔夫和鱼的传说》。您的音乐在我看来已经达到了俄罗斯音乐的顶峰！又一次听到了您的宗教音乐，您最后的“拉斐尔前”派圣歌，又一次听到

① 乌拉基米尔·伊万诺维奇·别里斯基（1866—1946）：俄侨剧本作家。

您轻声而持重地谈到自己伟大的愿望和高尚的理想。回忆起您渴望根据俄罗斯“末世论”的情节创作歌剧的愿望。

别里斯基感谢尼古拉·尼古拉耶维奇挂念自己的著作权：

这里的酬金并不少，这在我的侨民生活中起了重要的作用，但是这未必见得就足够了。比如《金鸡》，他们把它交给了柏林、安特卫普[①]和纽约，但是没有人认为自己应该付钱给一个没有权力的侨民。[……]远离自己的文化圈子和朋友使我感到抑郁，很想换一个别的什么地方，如果回不了故乡，那么我首选巴黎。（引自*P.S.S.*，难道我们没有义务在俄罗斯发表？那么什么时候能发表呢？哪怕只是他信中的只字片语。）

别里斯基的下一封回信收藏于1925年8月6日的“车列普宁父子档案”材料里（遗憾的是，我们没有见到H.H.车列普宁寄出的信件。根据别里斯基的回信我们得知H.H.车列普宁为别里斯基的著作权问题奔忙，他们最后成功了：

您告诉我关于自己的一切，增加了我对您作为作曲家的

① 安特卫普：比利时城市。

兴趣，我从内心里赞同您对格鲁吉亚民族音乐的取向。这个古老的民族总是唤起我一种罗曼蒂克式的迷恋，我也曾有机会亲自在古里和阿扎尔听过这些音乐，我非常赞赏它们。您音乐中的宗教—民族倾向和对声音的直觉也与我相似。您的《圣母受难》是多么让人感动的美妙诗篇，我感受到您对列斯科夫[①]的热爱。[……]非常向往和您一起工作，也非常信赖您，只是我还看不见合作的乐观前景。诗人和音乐家合作要想取得成效，那就要彼此间调整到完全协调一致，我的意愿成为你的，你的意愿成为我的。[……]但是，如何实现这一切呢，我们各自待在欧洲不同的角落里。在这里，我丧失了所有的素材。[……]

在车列普宁一家的邀请下，В.И.别里斯基曾到过他们巴黎的家中做客。

以下的文字提到的不仅是老车列普宁（即Н.Н.车列普宁）的歌剧剧本，还有小车列普宁（即А.车列普宁）的。1926年9月1日：

……回忆起我巴黎的亲爱的朋友们，他们家庭的安逸，女主人热情好客的款待，主人宽广友善的怀抱和您家中四散出

① 列斯科夫（1831—1895）：俄国作家。

来的灼人的音乐氛围，这让我在每一个闲暇的空间中怀念不已……我在思考你们父子的歌剧构建问题，应该说，考虑得更多的是父亲的，儿子的任务相对简单些，所以进展也快。

他接着说道：

《地方长官》的结尾已经完全明确了，如果这部戏剧依然如故地吸引他，那么为父亲的工作完之后，就开始为儿子工作了。

这个不为人知的计划没能实现，就像他与H.H.车列普宁合作根据列斯科夫的故事《上帝的意志》创作的歌剧那样也没能成功——而它有可能成为《隐城基捷日的传说》路线的延续：

尽管工作不那么让人喜欢，我还是坚持《上帝的意志》的创作。[……] 您当然惊讶于现在我对拉兹留里亚依[①]的态度，与对菲乌罗尼亚与公爵之子[②]一样抱有“真正的同情”[……]，这种类似完全是出自真心的。我想在我们的概念中直接引用与

① 拉兹留里亚依是《上帝的意志》中的人物。

② 公爵之子是《隐城基捷日的传说》中的人物。

《隐城基捷日的传说》中少女菲乌罗尼亚的语言描述和乐队刻画相近的形式。

别里斯基与车列普宁父子的合作最终没有实现。

A. 车列普宁寻找俄罗斯剧本自然离不开俄罗斯文学的范畴。他提到了一些书籍（在写给父母的信中和日记里，引自 *P.S.S.*）：

读了《俄国历史》；在尼斯买了《古罗斯》卷，克斯托马洛夫的卷集和莱蒙托夫的散文作品和心理刻画较浅的扎格斯金的《罗斯拉夫列夫》；买了彼谢姆斯基和拉日奇尼科夫全部的文集；晚上读了果戈理。

在另外的一些文字片段中，他还提到了普希金的书和有关普希金的读物、陀思妥耶夫斯基等其他大量的古典作家的著作（主要是从俄国带去的）。车列普宁一家在离开俄国前夕，曾有目的地搜集了大量俄罗斯的书籍。

还有一些比较详细的记述：

昨天还是读了萨哈洛夫，其语言让我感到愉快；读完了《天文学》，开始读罗文斯基的《俄国圣像画评述》，这是最后一本值得借鉴和学习的书。当然，我大致已经判定：我只能在他的描述中见到这些经典的画像，而它们实际上却在俄罗斯教堂、博物馆和展览会上！就像古罗斯音乐的研究，从外面你什么也认不清、什么也学不到，必须亲自在“那里”……

（这一段文字写于1928年8月31日的轮船上，写给父母。）

1928年1月22日：

睡前读了拉基谢夫。我认为［……］我们在18世纪和近19世纪，人们还安坐在自己的椅子上没有被触动过。19世纪，座位已经开始摇摇欲坠，而20世纪我们已经坐在另外的一把椅子上了。［……］可以说，比起旁边的玛伊科夫整整的八卷作品来，拉基谢夫的著作显得更有价值，更加吸引我并得到我的珍爱。

以俄国以往的历史为蓝本创作歌剧的打算，不止一次出现在A.车列普宁的构想里。可能是在他的请求下，友人从苏联给它寄来了A.查培金[①]的新作《拉曾·斯捷潘》（这部小说受到了高尔基的赞赏，并称之为长久以来苏联历史小说的顶峰之作）。但这部小说没能成为作曲家的歌剧剧本。

作为“强力集团”传统的继承者（按照我们的判断是

① A.查培金（1870—1937）：苏联作家，长篇历史小说《拉曾·斯捷潘》的作者。

“新强力集团”式的），A.车列普宁不可能不倾向于民间素材，要知道，“斯特拉文斯基式”的对待民间素材的新观念，从其少年时期就体现出来，关于这一点我们在第一章就提到过。

我们发现，A.车列普宁最早（前提是目前我们所知道的）体现出民歌特点（就表现形式而言）的作品，是根据C.格罗杰茨基的诗歌《第十四年》（手稿总谱，引自*P.S.S.*）所作的为男高音和乐队谱写的声乐组曲。这部作品没有在自传和乐谱目录索引中提到。组曲有两个部分：《战争祈祷》和《战士遗孀》，创作日期是1916年8月。这是一战时期的圣彼得堡，作曲家那时17岁，还没有考入音乐学院。乐队组成比较庞大，包括长号、低音大管、塔姆-塔姆[①]、钢琴。我们对其民族节奏特点予以关注（每行歌词中的音节数量为8+5），比如第3—6小节：

谱例7-1

采用这种音节形式的还有比如：鲍罗丁的《伊戈尔王子》中伽里茨基公爵的咏叹调《如果这带给我荣誉……我就不会

① 塔姆-塔姆：一种起源于亚洲的打击乐器。

忧伤》，还有原型民歌《玛莎去采蘑菇去了……》等。

正是这种民歌节奏（7+5）带给第二部分的主题以鲜明的俄罗斯性格，虽然这里调式主音不具备民歌特点（三度—四度音）。

谱例 7–2

我们还发现了同一时期的战争题材的声乐曲《卡赞斯卡亚》，也是采用了C.格罗杰茨基的诗歌（手稿，引自*P.S.S.*）：

谱例 7–3

许多年后，普罗科菲耶夫在《在俄罗斯的荒原上》（取自《亚历山大 · 涅夫斯基》）中也运用了这种空五度结合的

手法。

A. 车列普宁专门在论文《我的音乐语言的基本元素》的第9章里论述了“民间素材的运用”，他所罗列的作品中大量采用了民歌素材，部分采用了宗教圣歌，其中俄罗斯、格鲁吉亚、亚美尼亚、塔塔尔、捷克、中国、日本的歌曲和舞蹈素材被广泛应用。在第10章（《一些补充想法》）和《简明自传》里，他理论性地分析了民间素材问题，更重要的是把它与自己创作的发展结合起来，其表述和结论在思想上是成熟的，所以多次被他反复提到，比如，类似的陈述出现在我们以前已经援引过的1966年4月7日写给B.M.别里亚耶夫的信中：

首先对你的事业的进展表示祝贺，它给你带来了世界性的声誉。感谢你寄来的发表在匈牙利音乐杂志上的有关民族音乐和音乐历史的文章。我也大量研究民间素材，比如，阿拉伯、中国、日本、达尔马提亚等，当然少不了俄国和格鲁吉亚的。我认为，比起抽象的概念化的东西来，民间素材的“治疗”是最好的手段。在我看来，民间素材对作曲家是重要的，正如画家对于人体解剖学的研究，人体的线条是生命的线条，而生动的民歌则是音乐生命的线条。民间素材对音乐家来说是一个真正的、激发灵感的、健康的“活水”的源泉，它是年轻作曲家创作的巨大根基，它能唤醒作曲家在空泛的理论学说的巨网中所毁灭的创作力量。

A.车列普宁在《自传》和其理论文章里明确与“民族素材的治疗”有关的第一个阶段是20世纪20年代末，第二阶段则是“欧亚合璧”（Евразийство）思想时期。这个主题（术语）与哲学动态和Л.П.卡尔萨文①、Н.С.特鲁别茨高伊②的著作，以及П.П.苏甫琴斯基等的活动有关联，是非常复杂和多层面的。可以判定A.车列普宁与“欧亚”运动和它的代表人物并没有联系，他关于“欧亚”世界观和俄国是一个“欧亚国家”的言论，实际上是艺术家个人的自我认同观。纵观音乐家的艺术人生，对其产生影响的有“强力集团”的“俄罗斯音乐的东方性”，然后是普罗科菲耶夫的“粗蛮性”和斯特拉文斯基。重要的是，你可以确认，在这种个性的音乐语言的构成中，融合了如此之多丰富多彩的东方元素。前不久在受到高度评价的P.塔鲁斯金的书中，作者对斯特拉文斯基这位作曲家的“欧亚性”做了深刻和详细的研究。[130]

发表在著名杂志《德意志音乐报》（*Deutsche Musik-Zeitung*）的一篇有关A.车列普宁的长大文章，以作曲家自己的言论和阐释为基础，确切地表达出他成熟的视角和观点。

① Л.П.卡尔萨文（1882—1952）：俄罗斯宗教哲学家、历史学家和诗人。

② Н.С.特鲁别茨高伊（1890—1938）：俄罗斯语言学家、哲学家和政论家。

文章发表的时间是1933年，其见解整体上具有可信性，它与其他有关A.车列普宁的文章一起成为音乐家个人的写照和时代的见证。

论及车列普宁的音乐语言，我们必须想到作为俄罗斯民族之子的车列普宁性格中深藏的民族性。以前他就向我们表露过一种思想，对我们德国人来说如今已经是熟知了，那就是：扎根在坚实的民族土壤和民族认同之上，同时会获得广泛的世界性认可。每个人都应该用自己的语言讲话，应该贴近自己生性所属的那种文化。

俄罗斯在种族上属于斯拉夫民族，本来是欧洲居民，但是蒙古人近300年的统治为其注入了亚洲的成分。蒙古人作为胜利的民族把多部族的斯拉夫元素融入统一的横跨欧亚大陆的俄罗斯国家中……如今众所周知的俄罗斯作品，甚至在一些被认为是真正的斯拉夫式的作品中，亚洲精神也占很大的比重。比如，里姆斯基-科萨科夫的《舍赫拉查达》、鲍罗丁的歌剧《伊戈尔王子》中的《波罗维茨的舞蹈》、巴拉基列夫的《伊斯拉美》和《塔玛拉》就是典型的代表。正是这种一半是欧洲、一半是亚洲的双重面孔，使它们在俄罗斯得到了普遍的认同。正是如此，车列普宁认为欧亚结合才是俄罗斯音乐的典范和实质。如此就明白了，正如他的《欧亚谱集1》（*Euroasisches Heft I*）所体现出的一样，在不久前于柏林本诺·巴拉那出版社出版的小提琴和大提琴《二重奏》中，他尝试采用了欧亚音乐风格的结合。俄罗斯对他来说是欧亚式的，对俄罗斯民族性的思索，以及创作探索中在声音上本能的血缘认知，所有这一切坚定了车列普宁的信念，那就是作为俄侨的他，应该在艺术中承担起“欧亚的使命”。分析车列普宁的音乐，它有着非常规的魅力，你会感到在旋律构成领域特殊的技法（要感谢其独特的音列、节奏和声部进行因素）。

接下来文章详细叙述和分析了车列普宁的音乐语言，特别是提到“东方旋律格式中存在的混合大—小调（Moll-Dur），不应该看作是车列普宁理论—思辨的构思”，他的复调技术与“古老的复调艺术”的联系。

应该指出，车列普宁的音乐技术元素不是死板的设计和花招，而是有生命力的直觉，具有令人信服的艺术价值，它们不是创作的准则，而是从创作中得出的结论，不是成规，而是分析研究后的认知。它们为内在的合理性赋予额外的信心，这要感谢血统和人种因素的操纵和唤起。如此就可以解释为什么作曲家音乐语言中的那些新奇之处总是那么吸引人了。[……]

毋庸置疑，车列普宁的创作路线是唯一的，它体现出其强烈的艺术特征。无疑，我们能够感觉到这条路线不是德国式的，而是俄式的（《早别依达的婚礼》就是个写照——*Л.К.* 注）。它更能让我们联想到穆索尔斯基深刻的民族性，联想到托尔斯泰某些消极的基督教品行，联想到陀思妥耶夫斯基对世界直露的表述风格。提供这些熟识的例子，是为了使读者更加明确并与之做出比照。但是，当然感受音乐只能通过倾听，而倾听它也是一种体验。[131]

在穆索尔斯基时期和陀思妥耶夫斯基时期，“欧亚性”还没有作为术语化和系统化的概念而出现，对俄罗斯民族精神的倾向是“在感觉上”（这让我们联想到了陀思妥耶夫斯基的《作家笔记》中的《我们的救赎在亚洲》）。这种倾向，正如我们从许多艺术文化事实中所得知的那样，在“白银时代”得到了强化。下面我们援引A.卢里耶未发表的日记片段，当然这与作为作曲家的车列普宁没有牵连，但是他同样植根在“白银时代”的土壤中：

晚上读了赫列博尼科夫的书。少年时期的印象浮现在眼前，仿佛再次感受到从亚洲吹来的风。在过去的岁月中，我是多么喜欢这亚洲的风啊！整个欧洲对我来说是死气沉沉的，是颓废没落的，是支离破碎的，是充满疑惑和优柔寡断的，而亚洲却是生动的，有真正生命力的，快乐和明亮的。基督在亚洲是一个多么奇怪的幻影呀！[132]

车列普宁的音乐在受“强力集团”东方性影响的阶段，其“欧亚”思想还没有萌芽。大量作曲家的自述材料中证明：在《早别依达的婚礼》中，他提到了关于“欧亚性”的倾向，可以这样说，首先是广义的东方性，然后才逐渐在主题、体裁和音色方面靠近东方民间素材，最后形成了自己这种独特的融合性语言，其中，自然还包括节奏因素。下面是《俄罗斯舞蹈》中一个鲜明的例子，我们下面会提到这首乐曲（1410小节），其中在台上和台下的乐队中各有一组打击乐器。节奏复杂交错，具有典型的高加索风格，而且还采用了祖尔那管……

在《俄罗斯舞蹈》（第二场，第541—544小节）高声区的旋律在调式结构上接近亚美尼亚三声部的宗教音乐，这种音乐一直保留到19世纪：

谱例7–4

在第550—569小节，明显运用格鲁吉亚“列古力舞”的节奏。也是在这一场中（从第1416小节开始）出现了“东方性”——“完全的东方性”，无论是在音色［鼓和祖尔那管（即土耳其唢呐）］和节奏上：

谱例 7–5

在歌剧进行中多次出现了包含四五度的和弦，但是具体的音调特征（我们指的是格鲁吉亚风格）还不存在。九音音列几乎贯穿在整个作品中。

“欧亚合璧”思想及其表现方式在不同作品中的反映是不同的。以下是其中的一个例子：为单簧管和钢琴而作的《奏鸣曲》（作于1939年）。乐曲是单乐章，具有循环性的特点，体现出A.车列普宁一贯的简洁风格。这首奏鸣曲体现出“都会主义结构”形态与对“强力集团”的怀恋的冲突（采用鲍罗丁式的宽广的主题，具有“俄罗斯东方性”的特点），这种冲突有力地发展着，在奏鸣曲的最后，采用了“欧式的结构”

和富有激情的“亚洲的感觉”的结合，这种方式借鉴自鲍罗丁的《波罗维茨的舞蹈》。自然，作曲家是用自己独特的语言方式来表现这一切的。

A.车列普宁不只是简单地采用民间素材，而是接受民族传统，他清楚地意识到自己的语言与民间素材及其他民俗之间的关系。他不像斯特拉文斯基那样，只注重古老的层面，采用民歌的形式创作，而在作曲法方面并没有为其注入明显的新内容。众所周知，在车列普宁手头上有许多他从俄国带来的包括E.里涅娃[①]的歌曲集。

A.车列普宁（在《我的音乐语言的基本元素》中）列举了采用俄罗斯民间素材的作品目录。《斯拉夫改编曲》就是根据俄罗斯和捷克素材加工改编的，这是为音乐会演奏而创作的独具个性的精巧的钢琴组曲。《俄罗斯舞蹈》在作曲家的创作生涯中具有重要的意义，在这部作品中，他在俄罗斯民歌和舞蹈感觉方面展示了丰富的“远东的”听觉经验。这是一部比较自由的改编曲，从中看出作曲家重视的不是“歌曲（或舞蹈）这样颗粒式的珍珠”，而是整个的声音范畴，乐曲采用了丰富的五声音阶（“欧亚合璧”的音乐思想在那时已经深深扎根了）。我们可以在乐曲中欣赏到士兵、婚礼等舞蹈题

① E.里涅娃（1854—1919）：俄国民俗学者、歌手、合唱指挥家。

材；在第四乐章出现了“四句头”[①]和“卡马琳”[②]的形式（“卡马琳”的变体形式交给了三支长号的齐奏担纲，而“四句头”则由长笛和单簧管来演奏）。这首组曲的听觉经验使我们注意到，A.车列普宁从俄罗斯带出来的不仅仅是歌曲集，还有自己“圣彼得堡—强力集团式”的音乐气质和来自《彼得鲁什卡》《春之祭》中的“圣彼得堡—斯特拉文斯基式”的印象。有个非常有趣的细节：车列普宁在《俄罗斯舞蹈》中所展示出的音响世界，20年后我们再一次在洛基翁·谢德林的音响追求中见到（到《顽皮的四句头》时期），无疑，在20世纪50年代的苏联是不可能知道A.车列普宁的作品的，这是一个共同的“新民族音乐浪潮”。（在A.车列普宁访问苏联期间，他与谢德林在苏联音乐家协会办公楼的台阶上合影留念，这一段时间他开始了解年轻作曲家谢德林的音乐，并在1966年的信中称赞了他的芭蕾舞剧《驼子的冰鞋》。）

另一个采用民间素材的例子是在根据列奥尼德·安德烈耶夫[③]的戏剧《我们生命的岁月》创作的歌剧《奥莉—奥莉》中（A.车列普宁再一次关注安德烈耶夫的作品，是在芭蕾舞剧《深渊》的创作中，他有时还考虑一些别的作品）。列奥尼

① 四句头：俄罗斯民间顺口溜，多为四句形式。

② 卡马琳：俄罗斯民间歌伴舞的形式。

③ 列奥尼德·安德烈耶夫（1878—1919）：俄国作家，“白银时代”的文学代表人物。

德的这部戏剧是俄国十月革命前十年里最引人注目的剧作之一，它曾在圣彼得堡的“卡米萨尔仁夫斯基”剧院、莫斯科的“科尔沙”小剧院，在奥德萨、里加、基辅和萨拉托夫等城市上演。1910年该剧曾在维也纳和柏林等国外城市上演。在俄国和德国上演期间，该剧都需要通过新闻出版部门的批准。A.车列普宁在这部歌剧里采用了现代的城市歌曲素材。总的来说,《奥莉—奥莉》取材于俄国的生活，与A.车列普宁一贯的习惯相比，音调更具有旋律性；其声乐语言以民族色彩为主，以歌唱—咏叙调为基本叙事方式。但是旋律非常激烈而有表现力（特别是在奥列伽，也就是奥莉—奥莉这一角色中，感谢作曲家采用了自己的九音音列的音乐语式，参看第一场乐队序曲）:

谱例7–6

这部歌剧的命名来自20世纪初流行的一首大学生歌曲《我们生命的岁月像浪涛一样飞逝》(1904年这首歌曲曾发表在A.П.阿里斯托夫的大学生歌曲集里)。A.车列普宁在歌剧中采用这首歌曲也是很自然的。(顺便说一句，塔涅耶夫在莫斯科音乐学院的学生，作曲家A.C.格鲁霍夫采夫在1911年所写的歌剧《我们生命的岁月》中，也引用了这首歌曲。这部歌剧曾在1913年莫斯科“吉明”剧院上演，很显然，有关这些A.车列普宁是不可能知道的。)歌曲由四个声部组成，乐队低音区八度以二度进行的固定音型构成人声的背景，造成一种“同一时间上的对比”效果。

谱例7-7

另外一首由阿努弗利演唱的歌曲(标有数字80处)，其简单的性质与歌剧紧张而富有表现力的音乐语言形成了对比。

在《乐队回旋曲组曲》（Op.87）中显示出了民歌的性质，但是，它们并不是被直接地引用。在以下这个主题（标有数字390处前3小节起）中能够听到《船夫曲》曲调的影子，它只是一种模仿重复：

谱例7–8

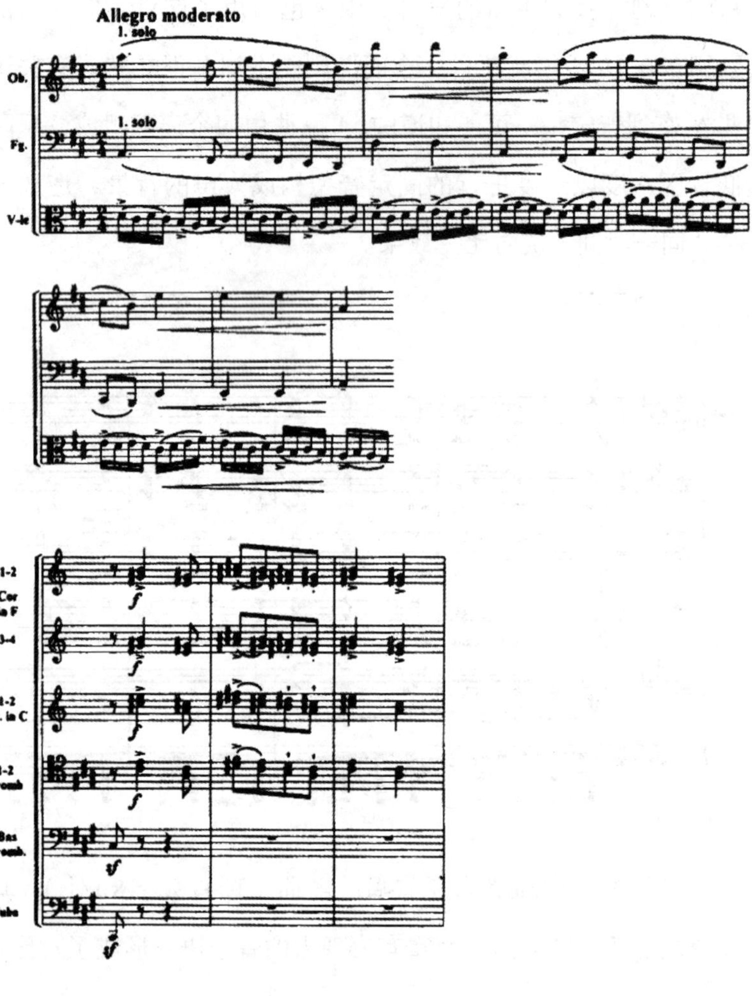

这里再次明显看出，对A.车列普宁来说，整体的音调比准确地引用歌曲本身更为重要。

或许最接近本国交响传统的，是其为小型乐队而作的《俄罗斯民族组曲》（草稿和钢琴缩编版手稿，引自*P.S.S.*）。其中只有两首乐曲直接原名引用了整曲《乌杜什卡》和《卡拉别伊尼克》[1]，其他乐曲，我们也能够轻易发现是《卡马琳》《豪爽的商人去集市了》《月光闪耀》[2]的加工、整理和改编。作品最后正如我们所期望的，是《卡马琳》和《乌杜什卡》的结合。

在A.车列普宁的芭蕾舞剧作品中，其以民间素材为内容的是《斯金卡·拉曾》（《拉曾的传说》；梗概，手稿，钢琴缩编稿，引自*P.S.S.*）。该剧剧本作者为A.车列普宁；编舞为A.叶利措娃。这部芭蕾舞剧长达40分钟，写于1937年。在该剧《序曲》中（我们引用第9—12小节为例）采用了低音八度进行，特别是在节奏形态上可能借鉴了鲍罗丁的《黑森林鸣响起来，黑森林喧闹起来》（在这个主题中对位手法较少采用）：

谱例7–9

① 两首皆为俄罗斯民歌。

② 三首皆为俄罗斯民歌。

这是一首非常具有“强力集团”风格的作品，它的东方性（特别是其中“茨冈人的舞蹈”，“沙赫的盛宴”一场中“女奴们的舞蹈”，还有“公主在木船甲板上的舞蹈”）包括复杂的不协和的和声，虽然使用“因特尔朋克特”“对间”技术，但是总体来说还是属于“强力集团式”的。

不知什么原因，加入独唱和合唱的芭蕾舞剧《特列帕克》（梗概、草稿，作者手誊总谱，引自 *P.S.S.*）没有被列入其作品目录中。这部芭蕾作品的缔造者是A.车列普宁和谢尔盖·苏杰伊金，编舞是米哈伊尔·莫尔特金，这是一部俄侨芭蕾舞剧的精品。正如在其他作品中那样，作曲家并不是把整首歌曲精确引用在芭蕾中，对于他来说，整体的音调范畴才是重要的，我们可以感受到与原民歌有关的音调和风格的片段。这部作品（1937年），包括它的文学脚本（全部由A.车列普宁创作）与整体的诗歌风格，都是对“白银时代”包括“阿克梅派”的追忆。

该芭蕾舞剧由以下三场组成：

第一场：1.序曲；2.关于战争的讲述；3.圆圈舞[①]；4.男人们的较量；5.卡马琳比赛；6.集体舞；7.队列行军；8.老兵团；9.新兵训练；10.战争特列帕克[②]；11.告别新娘；12.结束。

第二场：13.跳神舞；14.天使颂歌。

第三场：15.大自然的风貌；16.白桦树的舞蹈；17.白鸽；18.魔鬼和白鸽；19.白鸽和小魔鬼；20.黎明；21.黑衣的神职人员和白鸽；22.圣像游行；23.士兵归来；24.pas de deus[双人舞（戴乌斯[③]）]；25.结束舞。

"特列帕克"与"卡马琳"和乌克兰的"伽巴克"[④]一样，是作曲家喜爱的常见的俄罗斯舞蹈形式。在普希金的《叶甫根尼·奥涅金》中曾提到过"特列帕克"舞，在柴科夫斯基的《胡桃夹子》和钢琴曲Op.72中也能见到"特列帕克"的影子，它已经成了某种标志。《男人们的较量》（No.4）、《集体舞》（No.6）和《老兵团》（No.8）建立在下列主题改编的基础上，片段如下：

谱例7–10

① 圆圈舞：斯拉夫民族的民间舞蹈。

② 特列帕克：俄罗斯一种快速、顿足的民间舞。

③ 戴乌斯：一种双人舞，主要的芭蕾形式之一。

④ 伽巴克：乌克兰一种粗犷活泼的民间舞。

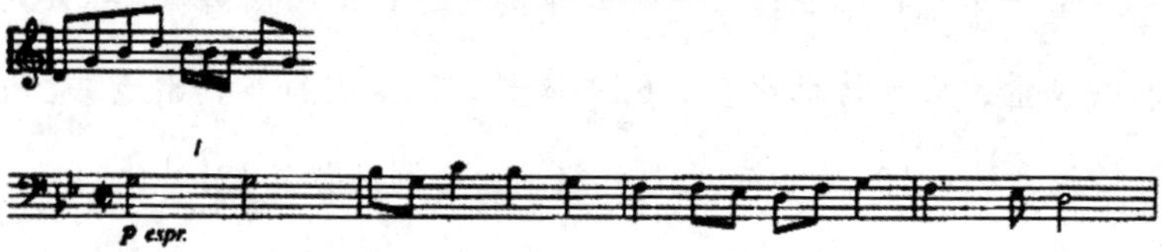

许多主题的调式特点体现出对五声音阶的爱好，这决定了这部芭蕾舞剧的色彩和情调。必须强调一点：《特列帕克》写于作曲家第二次中国和日本之行后，大小调五声音阶的结合运用是他远东游历的成果。

这部芭蕾舞剧的文字部分让人联想到赫列坡尼科夫[①]和扎巴罗茨基[②]的宗教诗歌。在这里我们不能不回忆起A.车列普宁和C.苏杰伊金曾参加瓦西里·卡门斯基的未来主义诗歌晚会——20世纪庆典和聚会（见《在格鲁吉亚的山岗上》一章）。经过近20年之后，A.车列普宁在《天使颂歌》（No.14）的歌词中再次采用了这种风格：

你，圣洁的少女

有着温顺的心灵

你是人中之杰

［……］

① 赫列坡尼科夫（1885—1922）：俄国白银时代散文家和诗人，俄先锋艺术派著名活动家。

② 扎巴罗茨基（1903—1928）：俄国诗人。

从天国引来了雄鹰

从遥远的天际……

下一个标题的主题也具有如此性质（这是一个充满动感的场面《跳神》）：

谱例 7–11

在芭蕾舞剧的核心场面《跳神》和《天使颂歌》中可以明确地感受到民族—宗教风格的结合和“白银时代”诗歌的痕迹。其中的片段“大自然的声音”，可以说是“谨慎地”借鉴了斯克里亚宾的《祭祀之前》[①]中的诗歌风格：

生命啊，你倾听，或是寻觅

与大地相亲，呼吸着空气

祝福吧！地动山摇的缔造

……

接下来：

你的双脚触及着大地

①《祭祀之前》：斯克里亚宾的双钢琴、合唱和朗诵作品。

你的双手拥抱着空气
从你的声音中领略
你感觉到自己的身体
你感觉到生命在自己的体内涌动
……

接下来在格律上让人联想到童谣：

奥！痛苦，奥！痛苦
灵魂在燃烧，上帝在燃烧。

《特列帕克》是“俄裔侨民作曲家是否还是俄罗斯作曲家？”这个问题的一个有力的回答。

还有一个具有俄罗斯情结的素材值得一提，它发生在1930年和1940年之间。仿效父亲，校勘并完成了穆索尔斯基的《索罗钦集市》，A.车列普宁把精力集中到穆索尔斯基的另一部未完成歌剧《结婚》上，他完成了整个第二幕的创作（10年前M.M.伊坡里托夫-伊万诺夫[①]在莫斯科也做过类似的工作，但是车列普宁父子应该不知道这一点）。A.车列普宁创作的《结婚》曾在上海上演过，之后在伯尔尼（瑞士）广播

① M.M.伊坡里托夫-伊万诺夫（1859—1935）：俄侨作曲家、指挥家。

电台播出，参加演出的是1939年纪念穆索尔斯基的“俄罗斯文化日”中最优秀的俄罗斯演员，这部歌剧还在许多国家的舞台上取得了演出成功。

直到A.车列普宁生命的最后几年，他又一次专注于俄罗斯题材和俄罗斯民间素材，这与他人生的其他阶段和情节连成了整体。

……我人生的弧线结束了……

在临近20世纪60年代的第一次政治“解冻”时期，A.车列普宁开始收到从苏联寄来的信件，他怀着兴奋的心情详细回复这些信件。这一时期不但恢复了朋友间中断的联系（比如B.M.别里亚耶夫、Ю.A.沙坡林），还建立了新的通信圈子（B.A.吉赛廖夫、Г.M.施涅尔松、T.H.赫林尼科夫、Г.Б.贝尔南德）。我们应该感谢这些音乐家，正是他们的这种“俄罗斯式”的主动给车列普宁注入了新的动力，而我们则得到了有关A.车列普宁的重要的资料。

苏联音乐家的出国巡演多了起来。A.车列普宁只要有时间就去听他们的音乐会并了解来自祖国的当代音乐家的曲目。1970年1月10日，在纽约举行了由吉利尔·康德拉辛[①]指挥、

① 吉利尔·康德拉辛（1914—1981）：苏联指挥家，人民演员。

由Д.奥伊斯特拉赫演奏的勃拉姆斯《小提琴协奏曲》的音乐会，A.车列普宁热情地评价道：

> 中场休息后，演奏了肖斯塔科维奇的《第八交响曲》。与上半场相比肖斯塔科维奇给了我更多的感动。他艺术中充满人性，以宽广的形式表现了我们广袤无垠的祖国，他的音乐表现出了真正的创作天才。从开始倾听到结尾，我能够感受到永不懈怠的汹涌的波涛，他表现出深刻的内涵和人性的价值。可以感受到这部天才的音乐作品不是被玄妙不解的理论分析所控制，而是转化为音乐创作语言中音响的总和。这给了我快乐和深刻的印象。康德拉辛的演绎充满灵感和感召力，音乐直入人心，给人以心灵的复苏。[133]

我们发现，与A.车列普宁原先对待肖斯塔科维奇某些作品的态度相比，这是一种全新的视角。在肖斯塔科维奇的档案中（РГАЛИ①）收藏着A.车列普宁写给他的信件。这种新的观点还出现在后来的评论中，这是在肖斯塔科维奇去世的时候，也是书信类型的：

① РГАЛИ即Российский государственный архив литературы и искусства的缩写，指俄罗斯国立文学与艺术档案馆，位于莫斯科。

肖斯塔科维奇的去世是音乐界不可挽回的损失。这带给我无尽的忧伤。当然，我几乎是马上写信给他的妻子表示了我深切的同情和慰问。肉体的消亡带给人的痛苦是难以忍受的，但是肖斯塔科维奇的音乐却永远不会灭亡，他将与我们，还有我们的后代们同在。[……] 他的音乐将获得永生……[134]

A.车列普宁对艺术家永垂不朽的爱惜之情表露无遗。

车列普宁身边经常伴随着俄文读物，从莫斯科寄来的读物更是丰富了他的收藏。这些音乐史类的文献带给他特殊的灵感。

车列普宁向B.A.吉赛廖夫倾诉道：

柴科夫斯基的书信（以及日记）是我最爱的读物。第一本出版的卷册是他写给亲人的信件，恰好现在我每天临睡前都要翻阅一下。

比起那些小说文学来，我对作曲家的书信、日记和言论类型的读物更感兴趣。它们展示出的是没有被歪曲的真实的生活……[135]

柴科夫斯基在自己的信件中所表达的热情和真诚，以及深刻的人性是完全与他的音乐相吻合的。[136]

另外还有一个情节与柴科夫斯基有关：

前天（1968年1月27日——*Л.К.*注），在曼彻斯特音乐厅指挥上演了俄罗斯音乐，其中包括：柴科夫斯基的《督军》（*Воевода*）选段[①]、鲍罗丁的《青年》[②]终场音乐、我的《嬉游曲》，还有里姆斯基-科萨科夫的《舍赫拉查达》。我简直是爱上了柴科夫斯基的《督军》，它音乐中的抒情性和戏剧感觉让我深深迷恋！它在观众中获得了极大的成功，乐队也表示非常喜欢。我实在不明白：为什么柴科夫斯基对它充满着失望并毁掉了总谱？多么幸运，齐洛蒂把它保存了下来，多亏了他！[137]

A. 车列普宁曾经帮助柴科夫斯基故居博物馆从法国收藏者那里得到了柴科夫斯基手稿的复印件。后来，从克林[③]（1968年夏）给车列普宁寄来了柴科夫斯基《第六交响曲》手稿出版物，还没有研究，就让他“体验到了快乐和满足”。

与它一起寄来的还有印有博物馆外景的明信片。只有祖国在我的心底里如此的珍贵，它的风景能够安抚我的心灵，特别是透过窗户所看到的……是的，在这种环境下，你可以专心致

①《督军》：柴科夫斯基的第一部歌剧，创作于1868年，于1869年1月30日在莫斯科大剧院首演。

②《青年》：鲍罗丁未完成的四幕歌剧。

③ 克林：俄罗斯城市，那里有柴科夫斯基故居博物馆。

志地投入创作。我又一次感觉到，我属于这个世界，尽管我现在经历的完全是另外一种人生。[138]

熄灭的创作冲动又一次燃起，这是多么长久的等待啊！亲吻生活！他还没有按俄语来写作过（要知道即使是《奥莉—奥莉》也是用德语脚本写成的），很久以前就萌发的“创作俄语歌剧的愿望”勃发了。

我们引用1960年写给Ю.А.沙坡林的信：

我收到了创作歌剧的委约。实际上原先是想用中国的脚本来写的，但是现在我已经厌烦了。我不知道，这个世界还有多少时间留给我。我是多么想在离开这个世界之前创作与俄罗斯民族的典范相吻合的歌剧呀！

有关这一点，前面已经提到过。

以下的文字体现出其对俄罗斯式体裁风格的向往：

随着时间的推移，我越来越意识到自己与我们共同的起源的密切关系，我不想仅仅在口头上表示这一点，我想在音乐中体现它。Koussewitsky Foundation① 很早之前就委约我创作歌

① 即库塞维茨基基金会。

剧，起初我考虑用中国的故事来写——16世纪中国诗人李渔（*Ли Ю*）① 的戏曲。已经专门有人把它翻译成了英文。但是随着思考的深入，我对这个故事越来越失去了兴趣。[……]我更倾向于具有宏大的群众合唱和场景的、具有戏剧冲突的史诗性的风格。[139]

这部歌剧没有写成，但是A.车列普宁对沙坡林的《十二月党人》抱有无比赞赏的态度，在这一时期，他表达了意味深长的心愿：发出了许多“那里”和“回去”的字眼。这是一个重大的转变！

1964年5月8日：

如果尤里·沙坡林给我写信的话，我会非常幸福的。请告诉他，我不止一次阅读《库里科沃原野》的总谱和《十二月党人》的钢琴缩编谱，只是空闲的时间太少了！他的作品中的恢宏气势、深沉庄严的宁静和俄罗斯式的特色使我感到满足，那是真正的“巨幅油画”，那里是普罗科菲耶夫向往已久的、急于返还的故乡。[……]

我希望，我有机会听到这两部作品。虽然听到了许多关于

① Ли Ю的音译为Li You，A.车列普宁拼写有误。经查证应为我国明朝戏曲家、文学家李渔。

祖国题材的作品，但是还没有亲自回到那里。[……]从许多从苏联访问归来的外国音乐家那里，我有这么一个印象，那就是“那里”的年轻人对十二音体系音乐非常迷恋，在一些爱好者圈子里演奏表演并创作了一系列此类的音乐，但是这还只是限定在一个很小的圈子里，并没有达到出版发行的地步。[140]

按照俄罗斯故事和剧本创作的计划放在了Л.Н.托尔斯泰的《傻子伊万的故事》上，有关这一点以前也提到过。在这一时期（1967年秋天，大概是从苏联访问归来）车列普宁还考虑了是否采用萨尔式科夫-谢德林①的《传说》：

这部小说讲的是一个农夫养活了两个将军的故事。

但是这个想法最后被放弃了。

托尔斯泰的故事非常吸引我。[……]我觉得可以把它加工成一个包含着大量民族歌曲、合唱和生动场景的民族形式的作品。虽然，我相信这个故事中许多都是空想，但是这个空想是可爱的，而创作的基础——来自生活的启迪，以及各种各样丑陋的面孔，我却是熟悉的……[141]

① 萨尔式科夫-谢德林（1826—1889）：俄国作家。

A. 车列普宁的《傻子伊万的故事》在采用民间素材上更加自如。《伊万之歌》建立在三四度音程范围的曲调基础上，但是并没有明确地采用真正的民歌。他对战士歌曲、城市歌曲和“四句头”都非常感兴趣：

……昨天，耳朵边总是响彻着童年时听到的战士歌曲“战士们，威武的小伙子们，你们的大炮在哪里？”（下面忘记了）的调子。

他记下了这首旋律（比较准确），并写信给Г.Б. 贝尔南德并在信上请求道：

如果您知道这首歌曲，能不能给我寄过来？我急需它准确的乐谱和每一段的歌词——这将是对我最大的帮助！（我怀疑这首歌曲是一首“伪民歌”，但这对我并不重要！）[142]

在档案里我们见到了这部广播剧的所有手稿，其中包括这首《士兵之歌》的全部歌词，很明显在节奏上体现出赞歌《谁是我们当中的好人》（A. 车列普宁命名为《谁是我们当中可爱的好人》）和其他民歌（比如《我们酿啤酒》）的曲调的影响。（引自*P.S.S.*）

这种倾向不是偶然的，而是其典型特点。1970年10月8

日，车列普宁从巴黎写给Г.М.施涅尔松：

我收到了写作一首康塔塔的委约，要求按照俄罗斯体裁为合唱和乐队创作。我想以“四句头”和城市歌曲作为主要的创作素材，遗憾的是，现在我手头上没有。[143]

谈到“人生的弧线”终结的问题，车列普宁在寄往苏联的信中常提到两部合唱曲集Op.103和Op.104，他希望通过这两部作品终结其创作生涯中的“俄罗斯历程”（实际上，从1968年开始，A.车列普宁的生命又持续了将近10年，并且又创作了不少音乐），他赋予它们很大的意义。

这一段时间，很少有时间用在创作上。用俄罗斯体裁（《天使》《上帝召唤》《宁静之光照耀》《神圣心灵的祷告》《主易圣容》和《赞美上帝》）和俄罗斯民歌（多首俄罗斯民歌组成）——《群山》《沙利—瓦利》《悲伤》《童话》，写成了宗教体裁的无伴奏合唱（a cappella）。用俄文来创作使我感到快乐，虽然我不是教会人士，但是，当看到桌子上摆着祈祷书、圣乐谱集和福音书的时候，就会得到一种内心的安慰。昨天结束了创作，并把手稿送到了出版社。噢！它们用俄文写成的并将翻译成英文。[144]

之后（1969年10月30日）写给Г.Б.贝尔南德：

> 我给你寄去了1967年秋天完成于纽约的10首无伴奏合唱。其中有6首是宗教题材的，4首是非宗教民族风格的，全部用俄文写成，只是去年年末出版的是英文版。这么晚寄给您，是因为需要时间附加上俄文的原文。正如您所见到的，所有宗教性质的合唱是用圣歌歌词写成的，非常自由地进行了创作（只在《赞美上帝》中采用了快速，受到了一些著名的教堂圣咏影响）。两首民族风格的合唱采用了同一个民歌主题。而另外两首（《悲伤》和《童话》）结合了两个民歌主题。我非常期待您的看法。这是访问祖国后的第一部作品集，它无疑受到了这个让我欢欣鼓舞的大事件的影响。[145]

可惜的是，关于这次“苏联之旅”（A.车列普宁如此命名文章[146]），A.车列普宁夫妇在文章中的记述非常简短，在日记中也记写得颇为吝啬。这次行程是在“苏联作曲家协会”的邀请下实现的。在此5年前，斯特拉文斯基也受到此类邀请访苏，这期间起决定性作用的人物是T.H.赫林尼科夫①。只是A.车列普宁此次苏联之行有一个遗憾，那就是寻找自己的文

① T.H.赫林尼科夫（1913—2007）：苏联作曲家、苏联人民演员，1948—1991年期间任苏联作曲家协会主席。

献资料未果。

在此次访问的前一年A.车列普宁曾写信请求施涅尔松：

> 1918年离开圣彼得堡的时候，我把我所有的手稿、日记，以及我和我表兄尼古拉·贝努阿自己“出版”（手写）的杂志都留在了一个铁制的旧式箱子里，它们被放在以前我们居住的贝努阿家（“格林卡”街15号）的阁楼上。如果有可能的话，请帮我搞一个证明，我想去那里找到这个箱子，我最感兴趣的是我从1906—1918年的日记，其中记录着巴黎早期俄罗斯芭蕾演出季的情况（1909、1910、1912）。[147]

这些材料对A.车列普宁来说是无价的，而且对于研究他的生平履历也是重要的，但是它们丢失在历史动荡之中：在“十月革命”期间，或是在“法西斯围困”期间，或者干脆就是不明不白地丢失了……

Op.103和Op.104算不上A.车列普宁最优秀的作品，它们不是现代音乐领域的巅峰之作，属于宗教舞台音乐体裁和民族音乐加工改编的成果，但是作曲家认为很重要，因为这是作曲家访问祖国之后的产物。为什么这么说？首先要从无伴奏合唱的选材上来看：他没有采用非传统甚至怪诞的纯器乐组合，没有专注于舞台形式和其他常用的音乐体裁，而是采用无伴奏合唱的形式写成。况且，在其苏联之行前，他只写过一首简短的《三声部的弥撒》（Op.102，1966），这首弥撒的写成是偶然的：A.车列普宁应杜鲁特（美国城市）修女教会院长的邀请，在那里举行了音乐会，音乐会结束后在那里小住了一段时间，作为回报他创作了一首非常简短的古典风格的弥撒。

关于教会，他与妻子曾短居过的斯科拉斯卡街学院[①]（college st. scholastica），他写道：

为了表示对盛情款待的感谢，以及小住期间的所见所闻促使了我创作了这首无伴奏三声部弥撒，在临别时我亲手交给了教会。这是一首通用弥撒，它由：《垂怜经》（Kyrie）、《荣耀经》（Cloria）、《信经》（Credo）、《圣哉经》（Sanctus）、《降福经》（Benedictus）和《羔羊经》（Agnus Dei）组成，当然歌词根据需要用英语代替了拉丁语。写成这首“意外”的作品让我感到由衷地高兴，这还是我第一次为教会创作音乐。

有趣的是，在此前一时期的作品（Op.100和Op.101）中也呈现出某种古典（新古典主义）风格的形态，并间接地体现出宗教音乐的形态。无伴奏女声合唱创作于访苏前夕，这说明作曲家在这之前并没有忘记存在了许多世纪的俄罗斯民

① 斯科拉斯卡街学院原为美国的一所女子宗教学院，创建于1912年。

族音乐文化传统和正教祈祷仪式，或许作品Op.103和Op.104应该看作是其艺术观和人生观“回归”的象征。

六首宗教体裁的合唱实际上是非唱诗班歌手用的音乐会形式的合唱，它所采用的只是圣歌规则的变体，比如《天使颂歌》的结构是：“慢—快—慢”的形式，这是真正的创作音乐，其中A.车列普宁独特的创作风格占主导地位。它们是多调式的，有时是无调式的（六首合唱中只有两首可以明确调式）。包含四、五度的和弦代替了三和弦（采用的不仅是车列普宁的手法，比如在第四首中采用的是欧洲中世纪的音乐结构）。丰富的半音和其他一些个性特点表明，车列普宁的宗教合唱与祖国的合唱传统，包括其父亲H.H.车列普宁此类风格的创作无关。在A.车列普宁的这组圣歌中还有一个明显的个性特征，那就是对行为、动作、形象及声音范畴描述上的热爱（比如《天使颂歌》结尾时此起彼伏的钟声，还有在《主易圣容祭悼歌》中众人跪地祈祷场面的表现）。当苏联作曲家们开始创作宗教音乐的时候，一些年轻人的作品就表现出某种与车列普宁的创作语言相一致的特征。

民歌作品（Op.104）也是四首经过改编加工的混声合唱，车列普宁认为在很大程度上以原民歌形式为基础；其中一首的改编接近原民歌，其他的则远离了（按照H.Ю.党琴科娃的说法）。

《群山》（No.1）改编自E.里涅娃的作品集（战后这种不

复杂的“本真性”在民族合唱实践中被广泛采纳)；《沙利—瓦利》(No.2)的歌词是《如履薄冰……》主题的变体，在旋律上具有圈舞的特点，贯穿着五声音阶；No.3更大程度的来自“强力集团”的传统，旋律进行由一系列的大调转平行小调引导，采用了平行转调的形式，其合唱建立两首民歌主题上，一首是《圆圈舞》，另一首是《船夫曲》(“船夫曲”根据罗帕金—普罗库宁和里涅娃的改编。很显然，A.车列普宁对《船夫曲》情有独钟，在根据Л.安德烈耶夫的剧本创作的芭蕾舞剧《深渊》中，他也采用了它，但我们这里指的只是纯音乐方面。这种民歌组合形式在我国音乐会实践中被广泛采用是在20世纪20年代后。这首歌曲的诠释具有“舞台剧”的特点，体现了作曲家崇尚自由的创作观，或许是作品集(Op.104)中最好的一首。这部作品集从整体上可以视为组曲题材(卡斯塔里斯基，尼克里斯基也为这种“乡村节日”式的原始形态搬上舞台做出了贡献)；第四首歌曲(《童话》)也采用了两首曲调：一首近似里沃夫—普拉奇的舞蹈音调，另一首来自巴拉基列夫的作品集，只是采用了不同的歌词。

在两部作品集中还体现出作曲家某种法国时期的特点：在《童话》中，就存在印象主义倾向，在圣歌合唱中对和声和瞬间音响的专注占优势。但是在这里并不存在在语言、风格和艺术形式上的冲突。

在《侨民的空气和面包》一章里提到，俄侨音乐界的密切接触期，主要在最初的十年间。我们非常想知道后来的状况：他们是否与自己侨居的国家融为一体？是否感受到继续交往的需求？他们是否继续互帮互助？是否最后还在音乐创作和现实生活中保持民族自我认同？这是一个专门而复杂的课题，它伴随着不可避免的分分合合。档案中车列普宁的生平材料给了许多供我们思考的“食粮”，另外还有许多其他作曲家（C.A.库谢维茨基的档案材料是打开侨民生活的一把钥匙；还有我的同行和朋友B.A.尤则弗维奇从华盛顿寄来的A.车列普宁书信的复印件），比如A.C.卢里耶等的档案没有被公开发表（我们拥有他日记的复印件）。

除了车列普宁，还有一位“俄罗斯先锋派”音乐家伊万·维施涅格拉茨基具有代表性，关于他我们了解得非常少。我们想公开他写给车列普宁的信，他们之间的通信大多在20世纪60年代中期到末期（引自*P.S.S.*），并与本章有直接的关系，最有趣的是他们有着共同的趣味。

1965年5月28日，维施涅格拉茨基送给巴黎“守门人”A.车列普宁自己的光盘并写道：

非常想见到你的新作品。

1968年10月1日见到A.车列普宁的新作之后，他写道：

亲爱的萨沙[①]！太棒了！太棒了！你的《嬉游曲》（*Divertimento*）是非常优秀的作品，我非常喜欢。音乐思想非常丰富，管弦乐配器色彩鲜明且极富表现力。别看这是一首很长的乐曲，其兴趣却没有片刻衰减，很高兴，如果能再一次听到它！我想更好地了解它的结构，因为这种大作品第一次欣赏是难以领悟的。你说你现在按照另外一种方式来写作，我想知道，你所指的是什么？这首乐曲在你看来属于你从前的风格吗？那时你沿用的是一条什么样的道路？我曾在三四年前听过你一首新的钢琴协奏曲，也非常喜欢。

维施涅格拉茨基详细讲述了他创作了多年的一部大型作品的结尾，该乐曲从法语翻译过来是《永远的局外人》（或者《永远的外国人》或《永远的外人》），为四架钢琴、打击乐器、合唱和独唱而作，是由作曲家自创歌词的音乐舞台剧，采用微分音技术（从$\frac{1}{3}$到$\frac{1}{12}$音）写成：

这个任务是艰巨的。我认为这首乐曲（序幕和结尾大致相同）是“纯粹的”［……］我想补充一点是（这是重要的细节）：它具有俄罗斯民族性，整个的ambiance（气氛——*Л.К.*注）是俄罗斯式的。可以说它与我的另外一首舞台作品（我一共有

① 指A.车列普宁，萨沙是其小名。

两首这样的作品）:《舞蹈场面》[……]，也是我自创的歌词（在乐队中的合唱和独唱），都是献给俄罗斯民族的。[……]我在作品中表现出对俄罗斯民族及其伟大精神使命的信仰。[……]我走的是一条改革的道路，我觉得它生根于斯克里亚宾的和声改革，首先是摒除二重性——调式与和声的对立性，与勋伯格的道路完全不同的。[……]很久前我就想关于这些乐曲写些什么，来与你交流我的思想。[……]要知道，你和我（我最低限度地以为）是当今时代仅有的两个正经的“俄罗斯境外”作曲家（斯特拉文斯基不算数，别人我不知道）。为什么我们不能互相交换想法呢？什么是真正的友谊，你已经很早证明了：不是用语言，而是用行动。

我们不打算公布另外一些有助于理解И.А.维施涅格拉茨基音乐的信件，以上文字至少能够证明两点：首先是他对自己是俄侨作曲家的自我认同；第二，阐明自己的创作根源来自斯克里亚宾。继承和发展19世纪，特别是20世纪祖国的音乐传统，成为俄裔侨民音乐家重要的历史使命。A.车列普宁作为俄侨作曲家的主题将在下一章，也就是本书最后一章里继续。

第八章　总　结

这一章如此命名并不是意味着本书作者有意要对A.车列普宁丰富的音乐遗产做一个整体上的概括和总结，要知道我们今天对他音乐遗产的研究并不充分。以此命名也不是为了与第一章“起源”交相呼应，这个命名本身出自本书主人公最后的书信，特别是日记的文字中。A.车列普宁对自己20世纪的一生和创作做了总结和归纳，并表明了自己是如何看待这个世纪和自己的归宿的。正如前面章节一样，在这一章里我们还将继续引用从档案材料中得到的车列普宁的文字叙述和同时代人的印象及评论，甚至一些鲜为人知的材料。首先，我们要涉及两个重要的课题是其创作的历程的分期及风格体裁的历史沿革。

在第一章里我们曾引用了尼古拉·斯洛尼姆斯基的文章作为开篇，现在我们接着引用：

在最后的岁月里，车列普宁分析并整理了自己青年时代的手稿，并把自己的创作历程分成了10个时期：

1. 本能时期

2. “如何来做？”

3. 钢琴学习

4. 贝多芬的研究

5. 九音音列音阶体系的形成

6. 因特尔朋克特（интерпункт）“对间”理论

7. 逃离“音乐艺术的陷阱”奔向“自然的”艺术世界，体现为对民间素材的热衷

8. 游历东方

9. 游历西方

10. 总结

分析这10个阶段，车列普宁认为，他早年的创作属于“本能时期”。“如何来做？”的疑问反映出他对表现手段的探索，他意识到：仅凭创作的直觉是远远不够的，自己的创作需要合理的理论基础。钢琴学习和贝多芬作品的研究为其创作注入了“教材式”的血液。

九音音列概念的形成是长期探索的成果。在一些早期较为成熟的作品中，车列普宁就坚信大小调的双重性，并采用大—小调兼容的和声，可以说，这在某种程度上受了斯特拉文斯基的影响。但是，对斯特拉文斯基来说，这种大小调的双重性是

其自身的产物，也就是说是自给自足的，而对车列普宁来说，这不过是一种新的创作时尚而已。[……]

这就是著名的“车列普宁音阶”，作曲家以此命名并提交给了胡戈·里曼[①]《音乐辞典》。关于这一形式有许多解释方式，比如，是按半音和全音关系逐步展开的三个增三和弦。可以把这种形式看成缺失第二、第六和第十音（或者第三、第七和第十一音）的“里波格拉玛”[②]。在我的教程《调式总论和旋律类型》中，“车列普宁音阶”被安置在Op.184上，可以看作是在八度范围的两个内插，并分为三个相等的部分。音程的组织排列形成两种主要的形态，它们自然能够建立在任何一个半音阶的音上。[……]

在和声范畴，作曲家采用了多种构成：自然音、泛自然音[③]和五声音阶。虽然车列普宁的旋律中常常具有无调性的特点，但是他却从来没有加入十二音体系行列的愿望。[……]

因特尔朋克特（интерпункт）“对间”理论在图解说明中非常简单，但是在实际应用中却是复杂而多样化的。这个理论的主要的原理如下：任何两个对位声部的组合可以安置在另外两个类似对位声部的组合间，如此就得到了四声部的结构，就像一个整体。还可以继续在声部的空隙间填充另外一个对位组

---

① 胡戈·里曼（1849—1919）：德国音乐学家和史学家。

② Липограмма：一种在课文中省略一个或多个字母的书写方式。

③ Пандиатоника：一种和声写作风格，经常超出传统和声的规则。

合，从而形成六声部的复调结构，如此下去，可以无休止地在空洞中安置新的二声部。[……]

车列普宁从来就不是一个民族作曲家，但是为了摆脱“古典音乐的陷阱”，他需要“新鲜的民族情态的空气”。在不同国家民族音乐的学习中，他不断完善和充实自己。[……]

在20世纪中叶，在自己的“美国”时期，车列普宁走到了自己计划中的第十阶段——“总结期”。这一结果表现在《第二交响曲》(1951年)，特别是作品《象征的祈祷》(1959年)上，作曲家独特的技术和风格在其中得到了完美的体现。这之后，车列普宁开始把兴趣转向电子音乐，在1968年为英国广播公司(BBC)圣诞节节目所写作的音乐童话《傻子伊万的故事》的总谱中，把电子音乐引入其中。[……]

车列普宁生活的年代恰逢音乐风格空前巨变的时代，从斯克里亚宾纯真的狂热到混杂的后先锋时期，或许这50年就是整个音乐史上最具变革意义的时期，车列普宁正是把自己的命运置于20世纪“不协和音的盛宴中”。[……]

晚年的车列普宁表现出极大的宽容，他的听觉陷入了儿子谢尔盖和伊万的“狂轰滥炸”中，他们注定也将成为作曲家，两个儿子都追随先锋派。[……]

我们不得不做出比较：H.H.车列普宁通过儿子的创作，惊诧于儿子勇敢出格的不协和音倾向，而70岁的A.车列普宁则满怀好奇和自豪的心情研究儿子们花里胡哨的线条——视觉记谱法的手稿，这种新颖的音乐预示着未来新的声音艺术形式的出现。古老的逻辑法则宣称：排除第三者（Tertium non datur），但是这第三类美学却能够在表面上不相容的结合中存在。A.车列普宁采用了电子音乐，就像他的父亲不得不容忍不协和音的统治。19世纪的音乐语言对于年轻一代已经过时了，他们总是讲究实用主义的。车列普宁家族的三代音乐家的生平贯穿了整个一百年，他们的创作昭示着一个历史的真理，那就是：音乐艺术是不断复兴和变革的，总是返回自己的发源地补充新能量，输入新血液。[148]

援引H.斯洛尼姆斯基如此丰富的文章片段是有理由的，因为这些文字出自20世纪音乐专家、音乐学家之手，许多有关车列普宁的生平材料直接由作曲家本人提供，而且这些文字也有助于我们理解本书附录中的材料。

上述有关作曲家创作阶段的分期并不是唯一的。在B.A.吉赛廖夫的档案中，我们找到了A.车列普宁寄给他的发表过的作品目录，以下是吉赛廖夫为其附加的序言（法语，写于1960年末，在某种程度上直接复用了作曲家的文字）：

可以把A.车列普宁的创作发展分为四个时期：

第一时期：从童年到大约19岁这一时期。主要是钢琴作品，表现出对音乐（童年时期的《钢琴小曲》《浪漫的小奏鸣曲》《第一钢琴奏鸣曲》表现出这一时期的创作特点）自发的热爱。

第二时期：从1918年的梯弗里斯时期到1927年，包括巴黎时期。也就是说19岁到28岁这一成长阶段。以《创意曲》（Op.13）为开始，以《第一交响曲》（Op.42）和《五重奏》（Op.44）为发展，这一时期的作品以复杂为特点。[……]

第三时期：开始受到"欧亚"思想（俄罗斯和东方结合）的影响。以歌剧《早别依达的婚礼》《小提琴和大提琴二重奏》《第三钢琴协奏曲与乐队》为代表，后来受俄罗斯民间素材[《俄罗斯舞蹈》（Op.50）]、中东和远东民间素材的影响[《五声音阶钢琴练习曲》、《音乐会练习曲》（Op.52）和芭蕾舞剧《特列帕克舞》（Op.55）]。这一时期从1928年持续到1947年[以《钢琴和乐队幻想曲》（Op.78）为终止]。

第四时期：从1947年[《第二交响曲》（Op.77）]开始，是前三个时期的归纳总结，以创作大型的乐队作品为特征，如《套曲》（Op.90）、《第四交响曲》（Op.91），该交响曲的首演在波士顿由沙尔里·米翁施指挥上演，车列普宁因此获得了"格林卡奖"，这一时期作品多次上演。[149]

以上引用的是作曲家至1960年末作品目录的序言，在之后长达15年的时间里，A.车列普宁虽饱受重病困扰但仍坚持创作并举行音乐会。本书"附录"中的作品目录、作曲家的私人日记（最后的记录是在他溘然长逝的前一天）和他与俄罗斯同胞来往的信件，都翔实地反映了其多彩人生的整个进程，其中包括《管乐五重奏》《长笛二重奏》等作品的精彩创作过程，作为钢琴家和指挥家的活动历程，还有讲座、授课和录音等情况。

我们引用1974年3月9日A.车列普宁寄给B.A.吉赛廖夫的信件：

新年前夕，我和敏[①]从巴黎飞往慕尼黑，在那里从1月2日起为我的《第一交响曲》和《交响祈祷》的录音工作开始排练。三天里，我每天在两个长达三小时的排练中指挥，在排练中间是电台和报界的采访，乐队声部乐谱的校对等工作，期间主办方邀请我们早餐、晚餐，从早上一直忙到深夜。第二天录音完毕我们立刻飞往纽约，用了九小时，时差是三小时。在纽约的会见结束后，回家时收到了堆积如山的信件，为它们分类花去了不少的时间。就这样成天从早到晚地忙碌！然后，我们飞往迈阿密，要在那里与小提琴家埃里克·弗里德曼演出我的《小提琴奏鸣曲》，并在那里排练、接受采访、再排练和演出后会客等。结束采访后，一早便离开饭店开始前往录制我的录音专辑的行程。回到纽约后，立刻为我生日前后的三场音乐会进

① 指李献敏。

行排练——分别与尼古拉·盖达、尤基特·布莱根、小提琴家斯皮科夫斯基、弦乐四重奏组、大提琴家帕里措等合作演出，然后又是电台采访，对不同电台播出我作品的节目作解说等，然后是音乐会、会客，不仅仅是在纽约，还在其他的省市。收拾行李、飞行、打开行李、旅馆、会见前的采访，又是旅馆、排练、会见，等等，期间还要研究总谱……[150]

不管A.车列普宁的创作历程分十个阶段也好，也不管他的文化遗产分五个部分也罢，总之，这个过程不容置疑地向前发展着。总的说来，他还是具有某种20世纪“新强力集团”式的“俄侨作曲家”的特质，关于这一点，我们在前面就提到过。这种特质从开始一直保持到最后。A.车列普宁的作品具有动态性和运动机能（正如斯特拉文斯基和普罗科菲耶夫那样，其创作经常建立在“托卡塔”和“固定音型”基础之上）。即使作曲家不用“组曲”来命名自己的作品，“组曲性质”（与奏鸣曲—交响曲式对立）也成为其写作发展的主要形态（甚至在展开部也常采用不同的素材交替）。这种“瞬间性”的思维一个接一个交替出现，有时性格对比非常强烈。车列普宁的创作思维中具有某种天然的“戏剧性”特点（风格性和画面性非常显著），甚至在器乐曲的主题中也经常赋予其“角色性”。民族音调，东方性，借助作曲家自己的创作“体系”形成了车列普宁音乐的基本风格，也就是所谓的“欧亚性”。在“个体—非个体（有时是史诗性的）”描述对象的选择上，车列普宁更着重于后者。

A.车列普宁音乐遗产的体裁组成具有其个性风貌。3部歌剧（相对地说是“俄国式”“德国式”“中国式”）；5部芭蕾舞剧音乐，包括A.车列普宁和A.奥涅格和T.哈尔沙尼合写的穆索尔斯基的《索罗钦集市》的音乐；5部交响曲（最后一首未完成）和另外一些乐队作品（其中有许多组曲）；独奏乐器与乐队作品，包括6首钢琴协奏曲；大量钢琴曲和组曲；10首大提琴作品，包括3首奏鸣曲和由12首前奏曲组成的组曲；不同组合的乐队作品——从传统乐器到萨克斯、大号等吹管乐器，还有键盘手风琴乐曲，等等。在如此广博的作品中，芭蕾舞剧音乐体裁和不同类型的协奏曲最能体现其创作本能。

对于专门的体裁（首先是交响曲）和单独的作品及曲集（特别是钢琴作品）的研究存在大量的（主要在美国）文献。想要在这第一本有关车列普宁的著作中对其所有的音乐遗产进行全面研究是不可能的，但是，至少它具有某种概括性的历史—文献的价值。我们来看一下作曲家自己的叙述。

关于交响曲：

……交响曲是我创作时期的“体温表”，它是前面创作的总结和未来可能的预示，最重要的是它是已有成果的最完善的表现形式。

《第一交响曲》是我1927年创作的“体温表”；

《第二交响曲》是我1947年创作的“体温表”；

《第四交响曲》是我1957年创作的“体温表”。

（《第三交响曲》“狡猾地”取自我的芭蕾舞剧音乐，所以不算数。）现在，第五交响曲——1977年（又带个7字）应该体现出我现在的创作成果，并预示着我以后的可能！[151]

在“巴黎的学派与欧洲的命运”一章中我们曾关注过《第一交响曲》的创作过程，反映出作曲家当时的创作动态：他已经开始倾向于以成串的性格鲜明的对比片段为原则的创作基调，节奏发展成为基调主角（20世纪20年代与该特点相关的背景：斯特拉文斯基创作了《婚礼》、巴托克创作《钢琴协奏曲》、普罗科菲耶夫创作了芭蕾舞剧音乐《钢铁般地疾驰》、肖斯塔科维奇创作了《第二交响曲》），复调结构十分复杂（与之相关的背景：欣德米特的作品和米亚斯科夫斯基的第一和第二交响曲），总之，这是一个庞大而蓄意的动态进程。

其《第二交响曲》的创作与战争氛围和1945年父亲去世一事有关（A.车列普宁罕见地采用了富有表现力的抒情性慢板）；“从黑暗走向光明”是乐曲发展的情感进程。其音乐语言特点得到了强化和巩固，这体现在调式范畴、节奏动态领域和乐队配器织体的多样性和丰满性上。

《第四交响曲》无疑是其交响曲中最好的，也是最具俄罗斯民族性的——无论在构思上，还是在史诗性上。第一乐章展开部高潮和第二乐章结尾具有勇士般的伟力，末乐章主题中采用了安魂赞美诗的“定旋律”（cantus firmuc）。该曲让我们联想到世纪之交的俄罗斯交响音乐风格，当时圣彼得堡和莫斯科传统得到了结合。可以把该曲与里亚多夫（第一乐章尾声，第二乐章主部主题）、格拉祖诺夫和拉赫玛尼诺夫的作品并列作为参照（第三乐章主部主题音域不宽的歌唱般旋律，重复性的音调与拉赫玛尼诺夫的创作特征相似，参看下面的谱例）。总之，这首交响曲具有戏剧性因素，特别是在第一乐章中，但是其构思却并不是戏剧性的，归根到底，在交响乐创作路线上更接近圣彼得堡传统。

该曲的俄罗斯音乐特点还表现在主题的民歌性上。（第一乐章的副部和末乐章在具体音调和节奏形态上类似于壮士歌《索罗伟耶·布基米罗维奇》，第二乐章的一个不大的片段让我们联想到穆索尔斯基的《霍万兴那》中的“射击军女人们的合唱”）

“莫斯科式的”特点在这首交响曲中体现为展开部的发展手法：不采用重复的主题、乐句，不采用变奏，而是从最初的动机中发展出新的方式。这表现在：第三乐章，也就是末乐章的如下主题——这是一个慢速的末乐章，最后消失在极弱（***pppp***）的力度中，具有礼拜圣歌的特征（标有数字940方框处）：

谱例8-1

在第三乐章开始时已经在中提琴演奏的第一个音上向我们预示出以上的动机：

谱例8-2

可以这样认为，在这首作品的创作同时或者创作前夕，在车列普宁的祖国，也正在进行着同样风格的创作，比如米亚斯科夫斯基等。

《第五交响曲》的创作经历了很长一段时间（其创作过程也在日记中有所记述），但是A.车列普宁最终没有写完，该作品最终由伊万·车列普宁完成，应该很快就会上演。

A.车列普宁曾就自己创作体裁中的另外一种重要的形式——钢琴协奏曲做了精彩的概括性阐述：

在我看来，钢琴协奏曲的任务就是为钢琴家展现自己的音乐感和“才具”提供可能，也就是说“聚光灯”（spot light）始终应该对准钢琴家。我认为钢琴协奏曲的典范应该是舒曼（古典乐派作曲家除外）的协奏曲，在他的协奏曲中钢琴扮演的角色是善意而不是挑衅的，没有过分伤感（Schmalz）的迹象——从头到尾都是奇妙的音乐，没有做作，没有丝毫为效果而做的游戏，没有谁战胜了谁的（钢琴战胜了乐队，还是乐队战胜了钢琴）“较量”。在现代音乐领域中普罗科菲耶夫也达到了这种完美和平衡，而且在这一点上他做得更加出色。协奏曲的精彩和难度应该针对钢琴家，相反，对于乐队部分应该相对简单一些。如果在弦乐四重奏中，在室内乐中，作曲家可以借助一些“花招”（medium）的话，那么在钢琴协奏曲中这种方式是不合适的。[152]

我们在任何一部A.车列普宁的协奏曲中都可以找到以上论点的证据，比如《第二钢琴协奏曲》是一部技巧精湛的作品，具有单乐章组曲性质，在结构和发展原则上，与从李斯特到普罗科菲耶夫的欧洲传统是接近的。1920年初，A.车列普宁已经开始在自己的音乐语言中结合这种元素，而这部作品则成为一个明确的见证。这首协奏曲正如其作者那样也是20世纪的产儿，它诞生在“普罗科菲耶夫影响下”。乐曲中钢琴演奏具有打击乐器的特点，而从低到高宽音域的使用正是普罗科菲耶夫所喜爱的。比如，在该协奏曲的再现部，钢琴部分的旋律在三个八度范围内被突出强调，而乐队则在中声区演奏：

谱例8–3

抒情的副部是九音音列应用的典范：

谱例8–4

我们记起了在本书“巴黎的学派与欧洲的命运”一章中援引的有关这首协奏曲首演的评论文章。

A.车列普宁的钢琴协奏曲与交响曲一样反映出其不同创作时期的脉动。他的6首钢琴协奏曲创作于1918—1965年期间，经常被包括作曲家自己在内（CD专辑有第二、第三和第六钢琴协奏曲）的不同钢琴家们演奏，其中最后一部是专门为著名钢琴家玛格丽特·韦伯创作的［И.斯特拉文斯基的《运动》（*Mouvements*）也是为她而作的］。

我们必须重复一点，关于A.车列普宁创作体裁，特别是每种体裁进化发展的研究，目前还是一个未完成的任务。

对于A.车列普宁来说，音乐就是其生活的全部（其《自传》中也精彩地表明这一点），他的这个“总结”同时也是对20世纪音乐命运的总结。车列普宁年轻时的“先锋派”特性证明，每一次剧烈的转折和变革最终总会被合理化，艺术固有的、内在的发展规律中也含有“发明创作”的运动向量。那时正值18世纪至20世纪初欧洲音乐调式—和声体系的剧变时期。如今，“第二次先锋派浪潮”的音乐家面临着更加激进的任务，车列普宁当然离之甚远，但是要感谢他的作曲家儿子——虽然车列普宁没有意愿加入这个浪潮，但至少因为自己儿子的缘故，他了解了这个过程。

1969年8月6日寄给Г.М.施涅尔松的信中，A.车列普宁谈到了儿子伊万的新作品《环》(*Rings*)的印象：

> 乐曲《环》(*Rings*)是为包含"with contact microphones, oscillators and 2 ring modulators"①创作的弦乐四重奏。很玄妙。我左看右看还是不明白是如何奏响的，更不明白是如何构思的，只好等待听一下在波士顿首演时录制的唱片再说了。
>
> 在这里我尝试录制蝉、蟋蟀、昆虫、青蛙的合唱聊以开心，有时晚上还记录啄木鸟的声音。记录的效果听起来在玄妙程度上不比《环》差，这在某种程度上证实了《环》的声音途径。总之在"声音"范畴上它比有限的平均律和传统程式化的"音乐"世界要宽泛得多：它简单又复杂，现代作曲家们的作品反映出声音制造的进步，回响着自然界的声音。现代作曲家的创造，更准确地说，是在寻找与现代形式和现代人类相吻合的新的声音组织。[153]

如今(20世纪的时钟运行得从容而又迅速)两次先锋派

① 即有线麦克风、振荡器和两个铃式调节器。

浪潮已成为历史，已经被广泛理解和接受了。它们成为音乐艺术史宝贵的时间见证，在音乐历史进程中扮演着重要的角色。

A.车列普宁在1970年的书信中写道：

现在西方世界的音乐气候非常奇怪。施托克豪森近期的作品，据目击者表述，他允许交响乐队中的每一件乐器轮流演奏任意选择的音符，下一件乐器听到上一件的演奏后再选择自己的音符，如此这般构成整体。施托克豪森还利用电子设备改变声音的强度并把机械手段吸收进创作中。另一方面，在贝里奥[①]等现代作曲家们的音乐中，古典派的“语录”（quotations）也成为他们奇特的形式和通过电子手段变异的素材。古典“语录”甚至被运用在波普音乐（pop-music）中，比如对许多巴赫的音乐原作在节奏等因素上做“偶然”和非固定形式的变异[……]。

因此我感到奇怪，我已经72岁了，或许自己并没有发觉，在现代音乐生动的世界中，我已渐渐成为19世纪的遗老，或者对于现代艺术来说我已经显得颓废和没落？

或许在西方年轻人的眼中，现代艺术中的这种音乐描述方式是与他们相适应的现象。[……]不得不自问：如今还有没

① 贝里奥（1925—2003）：意大利作曲家，20世纪下半叶重要的先锋派作曲家。

有创作交响曲、管乐五重奏等的必要？我是不是“一只慢腾腾跟在身后的讨厌的公狗”？就像布洛克《十二首》中的描述的旧世界！只有创作的热望和对声音及其组合的热爱把我从怀疑中挽救出来，坚持自己创作本能的信仰并有意识地把声音胚胎塑型为我听觉品位所接受的样式。[154]

有时A.车列普宁在创作中也会出现绝望的时刻。1976年8月7日的日记中写道：

……努力创作却是毫无成果，想要得到一种发自肺腑的，令人感动而不是矫揉造作的结果。总之，创作途径是如此不明确，现代性把我弄糊涂了，非常不满意自己的创作！正如爸爸（开玩笑）说的：“拜望贝多芬的时代过去了”……（引自*P.S.S.*）

A.车列普宁的思想中有两方面值得注意，那就是：思维的历史主义，以及对艺术方法与历史目标不能脱离的认知。还有一段文字也成为世界变革的时间见证，当然，许多同时代人也在思索这个问题，或许他们也这样认为，但是把艺术创作者的笔触作为研究的“客体”并不是多余的。以下文字写于1965年：

到18世纪末，人们在生活方式，特别是交通工具上并没有大的区别……沙尔列曼[①]乘坐双轮牛车从巴黎前往阿涅尔。波利·莱维[②]骑在马上宣布美国人从英国的桎梏中解放出来。19世纪开始出现别的方式，比如：轮船、铁路，煤气等。20世纪人类历史开始（正在进行）了根本性的变革：电业、汽车、航空、喷气式飞机（jet）、电话、唱片、磁带（magnetic tape）、电子——可以全世界满天飞…… 艺术作为这种现代社会、现代人的现代性的体现，不管从使命的角度还是从实现这一使命的方法上，难道可以停滞不前吗？

因此我认为，现代技术的可能性打开了电子音响制造的大门，这种声音从平均律的限制中解放出来，并能够帮助作曲家实现自己的所有目标，实现他的社会和人文使命。我非常高兴，我的儿子谢廖沙在普林斯顿，伊万师从施托克豪森和布瑟尔[③]学习现代“创作手段”，对于我的儿子们来说就像教会调式对于帕莱斯特里纳、平均律对于巴赫、古典语言对于古典作曲家、民歌对于强力集团、序列语言对于韦伯恩那样自然。

我相信，当他们拥有了如此手段后就能够真诚地为人类和社会服务，就像他们的爷爷——我的父亲和我自己那样努力服务于这个社会和人类。新的一代诞生了，时间对我来说腐朽了，对他们来说正在盛开。[155]

① 沙尔列曼（1734—1789）：俄罗斯雕塑家。

② 波利·莱维（1837—1818）：美国手工艺者、美国“革命英雄”。

③ 布瑟尔（1929—2009）：比利时作曲家。

再摘引一段“思考”（*meditation*，1975年7月18日的日记，马尔洛。在因为经常性梗死不得不长时间休息后）：

现代音乐语言的发展——不仅仅是语言，还有所有有关形式、音乐内容的表现手段等观念，摧毁了原来自然的途径，音乐发展寻找全新的变革是必然的，这种变革比我们这一代人年轻时所带来得更坚决。

年轻的一代是正确的，他们从平均律中解放出来，走上电子音乐创作的道路，拓宽了现有的音乐手段，这已经成为一种完全合理的现象。要知道我年轻的时候（《第一交响曲》的第二乐章就是从平均律中的解放出来，并采用了超常规的非平均律的打击乐器手法），也梦想达到这一点。如今我所预见的到来了，伴随着力量、可信度和持续性。过去的道路失掉了自己的属性已经不再被需要了。一个时代结束了，另一个时代开始了，他们满怀信念，迈着也许并不坚实的脚步不断认识自己、表现自己，在这个任务中寻找自己的主观见解。（引自*P.S.S.*）

他关于自己遗产假设的命运的思考和自己俄罗斯文化的归属性融合在一起。1976年，其写于纽约的日记中写道：

或许应该相信，不定什么时候我的时代已经过时了。走着瞧吧，当我死后向我喷洒“死水”的时候，会不会有人向我的创作喷洒“还魂水”（像在俄罗斯童话中那样）？无论怎样，不管我的创作是生还是死，我都准备工作到最后一息。多么不愿死去，在死亡之前还应了瑞士的两部交响曲的委约，还要让我所有的事情和文件都条理清楚。[……]

今天对于俄侨音乐家来说特别困难的：在19世纪到20世纪的转折中，在20世纪上半叶或者三分之一之时，俄罗斯音乐争得了自己的国际地位，甚至连法国音乐在创作途径上也与俄罗斯音乐是相近的。他们尽力从瓦格纳的影响中摆脱出来，总之，从巴赫到19世纪末占统治地位的德国音乐——古典派和浪漫派中摆脱出来。俄罗斯和法国音乐一开始就在创作途径上表现出惊人的变革——从内在转向外在，从富含哲理性转向唯美性、可听性和民族性，作曲家们努力寻找消除德国影响的方法（他们为这种寻觅引以为豪），努力创作不含“酸菜”（*choucroute*，法语外来词，即艾利萨斯人的菜食名称，含猪肉和白菜，是德国性的象征——*Л.К.* 注）的音乐，而人们甚至戏称斯塔索夫[①]为“巴赫”。如今，其中许多音乐就像圣诞树的装饰物——无论是《舍赫拉查达》，还是《达芙妮与克洛埃》（拉威尔）、《吉吉莫拉》[②]，等等。当然这不包括柴科夫斯基，他没有放弃德国音乐遗产并用它们来表现自己的感觉和俄

① 斯塔索夫（1824—1906）：俄罗斯音乐和艺术评论家。

②《吉吉莫拉》：以东斯拉夫神话为题材的作品。

罗斯精神。从勋伯格、阿尔班·贝尔格、韦伯恩开始，德国音乐才开始了新的振兴。布列兹用有力的手臂把音乐转回理智的方向，在他之后新音乐伴随科学手接手地传递——从20世纪60年代起，完全崭新的头脑引领着音乐的发展。这种新方向不是从《春之祭》《伊戈尔王子》《鲍里斯·戈杜诺夫》《达芙妮与克洛埃》《佩利亚斯》中诞生而来，而是诞生在“后勋伯格”和“后韦伯恩”时代。自然还要谈到我，《第一交响曲》《五重奏》等，或许有不少作品与现代方向相吻合，但是后来，我的创作更准确地说源自俄罗斯传统，只是在为拨弦古钢琴而作的《小夜曲》《组曲》中，我找到了某种强烈的但也许不是现代的道路。现在我想向着新的彼岸前进，不是为了时尚，而是感觉的需求，当然问题在于能否实现我内在的感觉，能否回避折中主义。（引自*P.S.S.*）

本“总结”的范围不仅仅是创作范畴，还涉及自己的自传方面。

1976年12月27日，在自己去世的前夕他写道：

写这篇日记不是为了每日的“记事”，而是为了表达自己的苦恼。[……]要知道，我是一个俄罗斯人，我所有的心理活动是俄式的，我的思维、我的良心、我的创作都是俄罗斯式的。为什么我们离开了故乡？要知道，我从来就不想离开俄国，后来，也不想离开格鲁吉亚，我完全同情革命，但是毕竟还是离开了。我可怜的父亲度日如年［……］，我尽可能地帮助父母、外祖父和阿里卡。爸爸去世后，下葬前夕竟然没有干净的衬衫穿着安放在棺椁内，最后给他穿上了我中式的上衣［……］。虽然我生活在另外的国度里，但是在我内心深处从来就不曾忘记我是个俄罗斯人……

A.车列普宁在生命的最后时刻，对死亡必然性的思索是非常仁慈而高尚的，并没有丝毫的恐惧（虽然他自己并不信奉东正教里关于“死后重生，并将在下个世纪延续生命”的说法）。如果说能够为辞世做准备的话，那么他已经准备好了。

首先准备好的是自己的创作遗产。1977年1月1日，在纽约的日记中他拟定了必须和希望完成的几个阶段性计划，其中包括作曲法、出版物和自己作品的演出情况（这对于详细的生平记录是非常重要的），甚至还包括“愿望和梦想”和“诺言”等。我们引用计划中的一部分：

（1）必须整理出这里所写的所有手稿、草稿和信件，不需要的扔掉，需要的分类。

（2）同样也要整理在巴黎的手稿等，特别是爸爸的，也要分类，使之整齐有序。

（3）箱子里的证件和信件分类整理，哪些留下，哪些带走。另外还有外祖父贝努阿的文件和信件。

（4）编撰“别里亚耶夫小组”事宜准确的法文细则。如果穆拉维耶夫意外死亡后，小组主席的所有职责。

（5）登记在巴黎的图书收藏，特别是珍贵的俄文书籍，为的是让后代知道它们的价值，别忽视了它们的分量；

（6）总起来这样做是为了我死后，一切对献敏来说是明白的，而所有我的创作遗产完全条理清晰。

还有四页纸必须在死前完成。每一天都是珍贵的，必须与冷漠、悲观和萎靡做斗争，即使每天只能完成计划中的一点点。（引自*P.S.S.*）

这之前不久他还完成了另外一个计划（日记，1976年11月13日）：那就是前往“圣–仁涅维耶夫–纠·布阿”[①]墓地。

支付了父亲墓地的照看费用。墓碑重新粉饰了，看上去还不错。但是十字架上的圣像被人盗走了。［……］这是那里所有圣像的命运……墓地的教堂和纪念碑是普斯科夫城的样式（由贝努阿家族建造）。秋天白桦树和阔叶树的色彩与秋日片刻的阳光交相辉映——这不是个伤感之地，反而显得异常平静。

① 圣–仁涅维耶夫–纠·布阿：法国小城镇，位于该镇的墓地埋葬了许多俄侨，包括著名的艺术家。

和爸爸埋在一起本是件不错的事情！留给我的地方还有，上面刚刚栽植了与外祖父贝努阿在伊塞-莱-穆里诺[①]的坟墓上同样的小树。从来不曾与爸爸如此接近，因为他活在我的心中，而不是在阴冷潮湿的泥土里！（引自*P.S.S.*）

遵从A.H.车列普宁的遗愿，他的遗体被火化，其骨灰一部分洒在泰晤士河里，一部分葬在父亲的墓旁。

为了我们这本出版物，谢尔盖·车列普宁先生专门拍摄了位于巴黎附近的车列普宁父子坟墓的相片。指挥大师根纳季·拉日杰斯特文斯基也提供了他拍摄的A.H.车列普宁故居的纪念门匾。

A.车列普宁"漫长的旅行"在几十年前结束了。作为漂泊者，他的人生究竟是怎样的结局？关于20世纪俄侨作曲家和艺术家问题的答复究竟如何呢？

作者自己回答道：

我的整个一生注定要漂泊！人们问我究竟何处是我真正的安身之所？实际上我大部分时间都在机场等候上飞机，在飞行途中、在饭店里。在纽约和巴黎我有两处正式的住所，我很早前就习惯于感觉自己是在"家"里，那是别处所找不到的家。

① 伊塞-莱-穆里诺：法国城市。

在房间里放着我写作的桌子，我睡觉的床，还有我的钢琴，我的妻子与我在一起，感觉就是在“家”里呀！

可是往后却写道：

明年，也就是1969年，我就满70岁了。我梦想能在我的故乡列宁格勒庆祝生日……实际上这个我已离开的故乡才是我真正的家，那个在心中寻觅已久的生我养我的地方！我从来就没有停止过对它的热爱，它在我心中永远珍藏，即使我已经离开了它半个世纪！我是祖国的产儿，我的人生观、待物观、艺术观和我的音乐都属于祖国，这是不容置疑的！总之，我所有的一切都是俄式的！剖析我的音乐活动，它并不是“自我”的展示，而是服务于那个我并不曾居住的祖国的社会和人民。[156]

这不是唯一一次经过深思熟虑后的内心独白，在上述表述的近十年前，A.车列普宁写给Ю.А.沙坡林（我们已经引用过这封信）：

我坚信我的创作能够表现出协调一致（与祖国——*Л.К.*注）：不管漂泊多久，我从来就没有停止，也不会停止自己是个俄罗斯人的感觉，我感觉自己归属于俄罗斯文化和俄罗斯意识形态。在我的讲座上，我总是维护这样一种思想，那就是：作曲家应该服务于社会，而不是操纵它。我努力在我的创作中体现这一点。

另外一个回答，我们已经尝试在他与俄罗斯语言、情节、文学、主题、民歌和部分的教会歌曲渊源的关系中给予答复，这种关系就像安泰[①]和大地母亲的关系。

最重要的是，可以说车列普宁浩瀚如海的作品的创作基础属于俄罗斯，特别是“彼得堡—强力集团式”的作曲学派，就像它们“过渡的一代”。他不直接归属于鲍罗丁、穆索尔斯基和巴拉基列夫，而是接近斯特拉文斯基和普罗科菲耶夫，是在保留他们某种原始特点基础上的进化、革新和变更。这是对传统音乐解放的继承和发展，是与20世纪新音乐原则的结合，那么这种传统本身就是本世纪俄罗斯音乐的传统。

1926年，“俄罗斯—巴黎人”、诗人和教授德米特里·梅列什科夫斯基[②]提出一个问题：

什么是侨居？难道仅仅意味着流亡海外的道路？

① 安泰：希腊神话中的英雄。

② 德米特里·梅列什科夫斯基（1865—1941）：俄侨小说家、诗人、文学评论家、翻译家、宗教思想家。

他自己回答道：

不！还有回归祖国的道路！我们的侨居意味着回归祖国的道路，我们……是过去的俄国到未来的俄罗斯的移民。[157]

对于观众来说，A.车列普宁的音乐将会永存！它们是生动的、具有时代性和俄罗斯民族性的。我们这部微不足道的专著，也诞生在他们回归的道路上，不论是作曲家本人，还是他的音乐！

附　录

附录一　A. 车列普宁谈论自己的人生

A. 车列普宁写日记的习惯保持了终生，除此之外，他还写了大量的书信，经常审视自己的创作过程和作曲体系并多次回忆记述自己的人生。在Э.A. 阿里亚斯的《A. 车列普宁：作品目录索引》中我们找到了1928年在科隆发表的自传性的文字说明。[158]

在文字说明里，A. 车列普宁回忆了圣彼得堡、自己的父亲和整个家庭，谈到了巴黎和当时的侨民生活。之后，他还谈到了自己的人生轨迹，每一次报界和电台的采访，还有自己的录音专辑的解说等。岁月流逝，车列普宁的生平又加入了新的话题，那就是“音乐世家”和作曲家儿子们的主题，带有家族性和历史传承的意义。总体来说，车列普宁“关于自己的叙述”，也就是某种自传，主要涉及音乐、音乐在人生活中的地位、音乐的发展和进化、音乐的构造，还有艺术家的使命，有关“欧亚”国家俄罗斯（在这一点上，几乎所有坦诚的西方读者不可避免地感到不公正），以及关于作曲家其人等。在这里我们不会就这样或那样的理由与作曲家争论（比如他把对罗斯的入侵命名为是“蒙古族”）。

在Б.福尔克曼的英文著作的引言部分，罗列了A.车列普宁自传的一些不同版本，同时也揭示了B.莱赫著作的起源：

车列普宁不仅与莱赫保持着密切的交往，而且提供给他有关自己的最有价值的资料。在这些资料中最重要的是用法语写成的车列普宁《自传》。它由56页的打印文字组成，但是发表却经过了一段时间的间隔。它最早是由巴黎的“弗拉马里昂”报业出版公司委约的。《自传》完成于1947年8月26日。很显然，出版社期待着车列普宁这位迷人的讲述者能够写一些有关自己人生中的丰富多彩的有趣的事件，多写一些十月革命时期的形势和自己漫漫旅途中的异国风情，等等。在这个故事的第一部分中，或许应该有他追求自己的第二任妻子敏[①]的浪漫情史，再加上一段时间，在其第一任妻子的帮助下自由出入一些

① 即李献敏。

高层次疗养所的快乐人生的秘闻，等等。[……]实际上那时作曲家给出版社审查的叙述中，几乎没有牵扯到自己生活的私密事件，他只是详细分析了自己作为艺术家的成长经历和在国外事业中创作的意义，当然后被拒绝出版。如果说在1947年车列普宁文章里的纯理论性和专业性对弗拉马里昂出版公司来说是毫无意义的话，那么这一切对于十年后的莱赫来说却是无价的。车列普宁经常描述自己的创作历程和作品的技术细节，这一切他做得是如此之好，以至于莱赫只是在其传记著作里直接复述作曲家的法语原文就是了。

1953年，A.车列普宁补充了自己1947年的《自传》。另外，1990年初，Б.福尔克曼又补充了作曲家生命延续到1962年的两个续篇。它们和另外一些自传性的文字是存在的，只是还没有提交给保罗·查赫尔基金会而已（Фонд Пауля Захера，由瑞士活动家、指挥家、音乐教育家和赞助商保罗·查赫尔在1973年创立的基金会，最终成为欧洲最重要的音乐档案馆之一）。

下面我们引用1979年发表在《节奏》（*Tempo*）杂志第130期英文版的《简明自传》的译文。[159]

附：简明自传[1]

A. 车列普宁

我的父亲尼古拉·尼古拉耶维奇·车列普宁（H.H. 车列普宁——译者注）是一位杰出的俄国作曲家、卓越的指挥家、学识渊博的教师。我的母亲是一位漂亮的次女高音，但是由于过度的胆怯，她最终成为一位“家庭女高音”，我是她唯一的钢琴伴奏，这曾给我带来了巨大的满足感。母亲能够演唱德国、俄国、法国等国家的歌曲和浪漫曲。

音乐在我们家就是信仰。作为家中唯一的孩子，我很小就被允许参与全部的家庭音乐晚会和排练。里姆斯基–科萨科夫、里亚多夫、居伊、格拉祖诺夫、斯特拉文斯基、普罗科菲耶夫、佳吉列大、贝努阿、弗基、巴甫洛娃、夏里亚宾等人是我们家里的常客。音乐会（担任指挥的不仅仅是我的父亲，还有他的学生和朋友）、歌剧和芭蕾舞剧充满我的童年印象。佳吉列夫、贝努阿、弗基、巴克斯特、努维利、努洛克等人常常聚在我家和我父亲谈论正处在萌芽时期的现代俄罗

① A. 车列普宁的这篇《简明自传》写于1964年，由瓦列里·叶罗欣（Валерий Ерохин）翻译为俄文。

斯芭蕾艺术。那时，经过贝努阿家族——也就是我的母系亲属们，我有机会与美术家和雕塑家交往，并参观他们的作品展览会。除此之外，我还见过格罗杰茨基、卡门斯基和古米廖夫等作家和诗人，并聆听过他们的大作。

我的父亲笃信上帝，他喜爱教堂（他是东正教徒），我当然与他一起参加祷告仪式，并在家里聆听他与神职人员的交谈。顺便说一句，已故的都主教伊乌罗基（乔治耶夫斯基）曾是我父亲的挚友。对于笃信其他信仰的人我也很熟悉，比如女天主教会和其服务人员（我的母亲就是一位女天主教徒），格鲁吉亚、亚美尼亚、叙利亚、君士坦丁堡、耶路撒冷、基督教科普特族分支[①]，甚至是穆斯林的毛拉[②]，还有神道信教徒[③]和儒家、道教的信奉者。

这就是当时我成长的环境。无疑，从我幼年时期起，音乐就成为我的信仰和终生的使命。可以说，音乐就是我的全部生命。父母亲说在摇篮里时我就几乎能够哼唱所有自己所听到的（比如鲍罗丁的《c小调交响曲》的主部主题），甚至还有一些自创的动机。每当父母外出的时候，我就跑到家里的两架小三角钢琴的其中的一架上按动琴键，努力寻找自己内心所听到的声音。（是的，至今倾听自己还是我的习惯，我

① 科普特族：埃及的少数民族，信奉基督教。

② 毛拉：伊斯兰教学者的尊称。

③ 日本神道信教徒。

所听到的声音有旋律、动机、和声等所有用于创作的音响形式。音乐在我心中的振动从未曾停息过，似乎它成为我循环的血液和我身体不可分割的一部分。）

当父亲在家我从来不敢在钢琴上即兴弹奏（是的，甚至是触碰一下），我害怕会妨碍他。而与母亲在一起时我要勇敢得多，并且很快母亲就明白了音乐对于我来说意味着什么。家中到处都是谱纸，我注意观察父亲是如何写总谱的。当家里只有我一个人的时候，我也尝试像他那样去做。记得是母亲告诉了我乐谱的基本知识和奥秘。这样，在5岁的时候我就掌握了乐谱书写，这比自己学习背字母表和写单词都要早。总之，对我来说，表达自己思想的最自然的方式永远是音乐而不是语言。在19岁中学毕业并考入彼得堡音乐学院前并没有人教授过我任何系统的音乐理论课程，这并不奇怪。在这之前我接受的音乐教育无非是那些不太正规的钢琴课程。最初是母亲与我一起学习，后来便把我托付给一个接一个年长的夫人们。再后来，列奥卡吉娅·喀什别洛娃成为我的老师。这位年长的女士年少时曾经跟随安东·鲁宾斯坦学习钢琴，后来开始创作音乐并在家中自学。她不愿意在任何一所音乐学校工作（虽然在彼得堡这样的学校有很多）。她总是说我跑得太快了，她可以为我做的就是尽最大可能放慢我的“脚步”，为的是让我“别扭伤自己的双脚”。而实际上我的确是跑得太快了。对她指定给我的乐曲我并不满意，按照自己的意愿和选择我学会了一些古典和现代的音乐作品，并瞒着父母与老师公开演奏这些作品。

音乐是我最自然的语言，我希望用这种语言与人交流。在音乐会舞台上，我感觉自己就像在家里一样，我很幸福。我从来就没有对舞台产生过恐惧感，相反，舞台总是吸引着我。每一次为观众演奏，我会得到真正的满足。是的，从幼年到现在已经65岁的我，一直是这样。我不能够把自己和音乐分割开来。通过它我与人交往，而音乐会舞台对我来说就是教堂，也就是说，在那里我能为自己的信仰——音乐效劳，并履行自己为人类做贡献的使命。

14岁前，我的音乐创作完全是自行其是，没有人给予我任何指导。我尝试了一些自己的方式，正如人们所说的，我所做的，是在舞台上演奏属于我自己的“创作”。应该坦白的是，15岁或16岁之前，每一次演出完回家的时候，我总是很颓废并且含泪睡去。为什么会这样？是因为兴奋过后的疲惫，还是自我感觉的缺憾？或者是什么别的原因？我自己也回答不出来。不管怎样，在每一次演出之后，在眼睛还没有被疲惫俘获之前，我总是在被窝里辗转反侧并且暗自哭泣。

在那些岁月里我非常腼腆（甚至在与我挚爱的父母的相处也是如此）。我从来没有把自己的不安告诉任何人。我不允许自己以任何一种方式烦扰自己的父母。如果就自己的创作的发展经历来说，我只是陷入了孤独之中而已。

我希望父母乃至所有的人都是幸福的。从童年时期我就意识到，幸福和不幸，快乐和悲伤是并存的，不能彼此分开。正是这种意识（哪怕这一切是那么幼稚）促成了我大小调兼存并用的想法。我总是觉得“大—小三和弦”，比如来自C—♭E—E—G的组合有着坚实感和结束感，所以，它们是不需要解决的协和、稳固的和弦，这与传统的不协和概念是不一样的。“大—小和弦”吸引着我，它们经常响彻在我的内在听觉里，还在我创作的早期，也就是直觉创作的时期，我就主观臆断地采用它作为结束时“和谐的”和弦。后来我才明白，其实我是没有固守十二平均律（它的音程是区别于纯律音程的），实际上，在我周围所听到的是一般常用音阶的音程，而不是在我意识里形成的“大—小三和弦”。可以说，我的内心所听到的是与传统意义上的“音乐之音”相悖的。

假如出生在1949年，无疑我会探索用电子音乐的方式来再现我“内心中的音乐”。可是我出生在1899年，对我而言，除了纯律音程再没有别的音程组合方式供我选择来进行印象中的创作。在当时的条件下并没有合适的办法来再现我的内心听觉，耳边萦绕的全是一些在音乐实践中根深蒂固的程式化的音响素材，而少年时期的我自然还没有纯律和平均律之间区别的概念，所能做的只是责怪平均律、埋怨自己的听觉罢了。

从“大—小三和弦”的采用延展到对其他许多非传统和

弦的采用，可以说在我早期的创作中“不协和音”的功能已经丧失，传统的调性让位给了崭露头角的新样式。就实质而言，在自发创作时期，我的道路是由自己独有的音乐语言铺就的，它为我以后音乐观念的具体化提供了可能。

我19岁报考彼得堡音乐学院时提交给考试委员会的有乐队、合唱、歌剧、芭蕾舞剧、5首钢琴协奏曲、12首钢琴奏鸣曲、室内乐和声乐等作品。考试委员会成员（由格拉祖诺夫、里亚多夫、索科洛夫、彼得罗夫、阿索夫斯基等人组成）草草看过我的手稿并给予了认可。后来我不止一次地自问：如果评委们当时认真仔细地审视它们，那么会有什么样的结果呢？有幸师从尼古拉·亚历山大罗维奇·索科洛夫学习并掌握了钢琴，同时也造就了我良好的听觉。在那里，我有生第一次接触并学习了传统和声，直到那时我才明白，在和声方面我所采用的手法与大家公认的规则相距甚远。我非常轻松地完成了所有的学业，这些课程帮助我弄清楚了自己在自发创作时期的一些作曲方式和方法。

1917—1918年是革命时期，我和父母在1918年8月离开了彼得堡，这之后的3年我居住在梯弗里斯（今第比利斯）这个当时相对独立的格鲁吉亚共和国的首都。我努力学习钢琴演奏，但是作为作曲家则又陷入了自我探索的境遇。

在第比利斯，我痴迷古典音乐，尤其是研究并掌握了贝多芬的音乐语言及其作品构成方式。在此同时，我对格鲁吉亚民歌和宗教音乐也抱有浓厚的兴趣。我并没有放弃在彼得堡萌生的追求，反而更加认识到这些音乐创作经验的意义。这一切都有助于我的音乐语言的确立。

把一组“大—小三和弦”放置在另一组上，我发现它们可以组成这样的六音音列：C—♭E—E—G—♭A—B（—C），这组六音音列反向的动态成为以下的音列（从上往下行）：C—A—♭A—F—E—♭D（—C）。如果把第一组六音音列与第二组的音列结合起来，就会形成合成式的九音音列（从下往上行）：C—♭D—♭E—E—F—G—♭A—A—B—C（“大—小三和弦”是这组音列的基础和弦）。所得到的九音音列最终由彼此间相互联系的同一类型的四音音列来组成，它拥有4种不同的音高状态（按实际音响），在每一种音高状态上又会产生3种调式，如此就会拥有12种九音音列的调性（九音阶调式）。我明白了，我早期创作的音乐一直自觉地接近这种系统的九音音列，它们生根于此，并建立在它之上。从此之后我意识到，在我面前打开的已经不再是自发式的（就像是从前），而是系统的、有充分理论根据的创作道路，我将顺应趋势并继续向前发展。

在早年时期我就已经热衷于对音乐进步的思索并且总是排斥传统，因为在我看来显然是毫无前途的。我认为我们应该沿着严谨的对位写法即复调技术的道路进行改革并发展。要再一次强调的是：我是自发掌握了复调技术，并逐渐产生了分析理解其意义的渴望，后来发现，实际上我已经下意识地遵循多声部织体方法进行创作许久了。归纳这种方法我得到了合理的“因特尔朋克特”（即对间法，интерпункт）概念。这个术语本身的意义是指“音在音和音之间”[punctus inter punctum，它不同于人所共知的“康特拉朋克特”（контрапункт[①]）的概念，与“音乐音相对”（punctus kontra punctum）的原则相悖]。因特尔朋克特可以是纵向的（这是严格意义上的“因特尔朋克特”），也可以是横向的，每个声部看起来都拥有自己的小节线和节拍特点。除此之外，还有交错节奏（见本书附录二“我的音乐语言的基本要素”中的节奏部分）的“因特拉朋克特”。它产生在以下情况下，那就是每一个声部建立在自己独立的节拍单位上，从而独具自己的节奏形态。最后，或许是两种或是三种“因特尔朋克特”样式的组合。总的说来，在我早期的创作中我已经自发地采用上面提到的九音音列和“因特拉朋克特”的技法。逐渐地我开始有意识地遵循这两种思想，它们成为识别我的音乐语言的重要标志。

第一次世界大战时期的俄国与西方世界是完全隔绝的，广播在当时还没有出现，唯一的信息来源就是在新闻检察机关严密监视下所出版的报纸。俄国西部边陲进行着残酷的战争，我们西部的邻国是德国和奥地利。南部的状况也好不到

---

① 指对位技术。

哪里去，土耳其掌控者整个的黑海，它与俄国也在交战。空中路线当时也没有。从俄国到法国是一条异常艰难又复杂的道路：首先必须转道芬兰，经过斯堪的纳维亚，然后冒着被德国潜艇发现的危险从东到西穿越北海，再一次冒着同样的危险从英国横渡英吉利海峡进入法国境内。这条进入西欧的路线还算是短的，南部的路线不可能就近经过土耳其，只能是一条迂回的路线，即辗转西伯利亚、日本、太平洋、美国和大西洋，这是一条更加漫长和艰难的道路。

艺术之间的交流被停止了。有关西欧音乐新倾向的信息传不到彼得堡，而在欧洲也没有人了解我们的音乐状况。俄国大部分领土被德国和奥匈帝国的军队占领，这简直是糟透了！但是更糟糕的事情是内战爆发了！比起俄国来，高加索地区（当我在第比利斯居住的时期）包括格鲁吉亚的封闭状态也好不到哪里。当然，我自己的遭遇与周围发生的一切比起来简直是不值得一提，但是事实就是事实，从15岁到22岁期间，我与欧洲是完全隔绝的。在格鲁吉亚，没有人与我共同交流创作思想，我只能自己跟自己讨论音乐艺术未来的前景。

1921年秋，当我带着装满手写乐谱的箱子和在第比利斯街上捡来的诨名“图什坎”的流浪狗来到巴黎的时候，我发觉，我关于音乐未来发展道路的看法是与当代西方主流作曲家的观点相吻合的。西欧初具轮廓的新倾向（多声部音乐思维、色彩描述的手法、倡导以古典形式原则和中世纪对位技术为依据的创作，或者相反——直接反对它们）与我的作曲技术思想完全相符。我的由两个六音音列或者各种不同组合方式的“合成的十二音音列”的色彩组织概念是与当时大多数年轻的作曲家在对十二音规范素材下新方法的探索相一致的。而我的“因特尔朋克特”（интерпункт）的构想也与他们多声部技法的探索交相呼应。所以，比起俄国和格鲁吉亚，巴黎的环境更加适合我，基于这种原因，我决定在巴黎定居下来。

在我的《第一交响曲》（1927年）的总谱中可以见到序列音乐（原文是serial——英文译者注）的织体，同时还富含源自中世纪的艰深的对位技术，对我来说就是所谓的“因特拉朋克特”。在我的《第一大提琴协奏曲》（1924年）的结尾部分可以发现从鸟鸣中汲取的动机，以及对形式简洁和结构明晰的追求。脱离传统音乐音高概念的愿望体现在《第一交响曲》的第二乐章，整个乐章是专门为打击乐器而创作的。当然，在第一次公开演奏（在由加布里埃尔·皮耶尔涅担纲指挥的科隆音乐会系列中）的时候它招来了不少的责难。

我所做的这一切还在十二音体系创立之前，还在梅西安尝试把鸟鸣的语调作为素材引入创作之前，还在西欧许多作曲家专注于现代复杂的节奏之前，更在摆脱固定音高概念的束缚之前，这些直到二战后才成为作曲创作的主要标志。后来我认定，音乐的革新（声音构成的新的生成方式和声音素材的组织）从来不会归功于某一个人，每一个“未来是什么？”必然是过去的结果，“新局面”或者是“旧局面”的加剧，或者是对抗它的结果——大部分新生代建立在事物状态的反面。谁是第一人并不重要，而重要的是谁是最好的，谁在自己时代精神中发挥了作用，在自己时代的艺术中显示出巨大的能量，谁能成为“今天”和“明天”的代表。我永远处在直率的“今天”，不管个性风格和生活方式如何不同，不管属于哪个群体和哪个国家！我认为自己属于一战后在音乐上反印象主义的那一代作曲家。几乎所有这一代作曲家都会遭遇同一个领域的课题，而我们当中的每一个人都在尽自己所能尝试解决它。

在这里我们所谈到的作曲技术思想，从在我心中自发产生到后来在创作中明确有意地运用，这或许可以算是我自己最精彩、最难得的发现了（它们在一段时间内呈现在我面前），实际上这正是我们这一代作曲家的创作思想！它们就飘浮在空气中，我只是捕捉并尝试寻找可行的方法使之具体化而已。我只是他们当中的一员，谁是我们当中的“第一人”没有什么意义，重要的是，我们是真诚地并且正如你所想象的那样进行创作。音乐作品的最终价值在于“是什么”和“如何做”之间的平衡。“如何做”或许（应该）经得住分析研究，而“是什么”则总是带有即兴的特质，不受任何合乎理智意义的影响。

我认为，创作的起源正是我们称之为“直觉”的东西，但是这种“直觉”真正有多大的自发性我不知道。不排除作曲家感觉到某种听不到的东西，然后把它变为我们称之“音乐的”声音的现象。作曲家的任务在于借助合适的技术手段把凭直觉获得的（与从听觉中得来的）声音组织起来从而为真正的作曲而用。

20世纪20年代末，我专注于九音音列技法与“因特尔朋克特”手法并自发地寻找主题素材。我开始探寻音乐艺术的深刻意义。要知道作曲家的道路是永不停止一往无前的。如今已经到了重新评估的时期，我希望我的创作能够贴近人本身，从而摆脱任何不自然的趣味。

作为出生于俄国并接受俄国教育的俄裔侨民，关于俄罗斯音乐、俄罗斯人、俄罗斯式的世界观和俄罗斯艺术的使命，我思考了很多。这让我对俄罗斯民族历史形成中的“欧亚”思想产生了浓厚的兴趣。一千年前，罗斯是一个各公国混杂的蛮夷之地，各个权利国之间的关系并不总是友善的。后来随着蒙古的入侵，它们都陷入其统治之下，沦为蒙古帝国的附属，它的疆土从维斯瓦河直达太平洋。几个世纪以后，俄罗斯人战胜了蒙古人，但是并没有把他们驱逐出自己的土地，现在已经不再是蒙古占领俄罗斯，而是俄罗斯统治蒙古了。（最终）俄罗斯承继了蒙古国从维斯瓦河到太平洋的版图。法国有句谚语；“深入剖析俄罗斯人，你会发现鞑靼人的影子。”

实际上是这样的：蒙古人和俄罗斯人融合在了一起，今天的俄罗斯民族就是这样一个同化吸收的结果。

俄国实际上是一个欧洲国家，同时也是一个亚洲国家。她是一个真正的“欧亚”帝国（无论是从地理还是从种族角度）。无论对于欧洲还是亚洲，她都不是异己的。但是她与西方的关系具有某种不完整的综合性，她赋予自己西方文化中的优势，但是同时与东方的关系也是均等的。俄罗斯总是能够向东方诉说，同时也随时准备接受来自西方的影响。对于俄罗斯来说，东方不是异国风情，而是她大自然中不可分割的一部分。西方对俄罗斯的影响，可以说是在物质上的，在精神上它对俄罗斯的影响是破坏性的。而东方带给俄罗斯的却总是有益的精神—审美层面的影响。藏传佛教绘画手法无疑影响了俄罗斯的圣像画法（影响很大）。那么东方音乐对俄罗斯的影响呢？可以列出许多杰作（从众多作品中列举一部分），比如鲍罗丁的《伊戈尔王子》《在中亚细亚草原上》和里姆斯基-科萨科夫的《舍赫拉查达》等。

“深入剖析俄罗斯人……”，如果说深入剖析一下我自己呢？那么可以说，作为俄罗斯人与东方有关系是很自然的。正是在这种“欧亚”的世界观里我找到了表现自我的动因（比如在泛哲学和音乐本质上）。为了从一时期内自我武装的音乐创作“程式”中解放出来，我把目标转向了民间音乐并得出结论，那就是：了解民间音乐对作曲家来说就像画家熟悉人体的比例那样重要。人体的线条是生命永恒的线条。米开朗琪罗、列奥纳多、德拉科鲁阿，这些伟大的大师研究过人体的结构（每个人都抱着各自的目的），这为他们提供了采用永恒不变的线条的最大可能。甚至毕加索也加入进来，只是与他们不同，他采用这种永恒的人体线条不是为了忠实地塑造人的形象，而是为了构建自己抽象的构图，但是他抽象的画作也是建立在这种生命线条的基础之上的。

民间音乐是音乐永恒的线条，是音乐赖以生存的线条。因为所有民族的民间音乐具有一个相同的特点——那就是它的长久性。民族音乐有着长久的生命力，民间音乐素材的采用，就等于作曲家运用了永恒的线条，从中他可以永远获得自己认为适宜的方式。

所以我觉得民间音乐的采用让我从陈旧的作曲—技术模式束缚中摆脱出来，我开始寻觅新的民间素材（埃及、巴勒斯坦），然后转向我早就熟悉的格鲁吉亚、亚美尼亚、波斯（今伊朗）、阿塞拜疆乃至俄罗斯民族旋律。

很快，在我民间音乐“探索”阶段的初期，也就是1934年，我动身前往中国和日本，开始了我的第一次巡演。本打算在每个国家待上几周的时间，但是在那里我所看到和听到的是如此吸引我，以至于我在日本和中国的居留时间持续了整整一年。回到欧洲后，很快我又重新返回了东方（远东），而后又住了一年的时间，在那里我办音乐会、授课并学习。

1933年至1939年期间的许多作品里，我采用了形态各异的民间素材并庆幸从中找到了新的创作道路。其中比较有代表性的作品是：芭蕾舞剧《特列帕克》[为柳琴（Лючии Чейс）而作，透过中国传统音乐折射俄罗斯民族题材，1938年]；芭蕾舞剧《女人和她的影子》（*La femme et son ombre*）——为巴黎"罗兰·别吉"芭蕾舞团而作，剧本作者是波里·克罗德里[①]，其中采用了许多日本的民间素材。

战争开始了，对人性的体验（带给我自己的体验）不可能不被大量带入我的创作中。与战争悲剧和它带给人类的痛苦比起来，一切都显得微不足道了。那段时间不可能思考为艺术而艺术并寻找掩体为自己的民间素材而创作。对我来说，现在作曲家的目标是非常明确的，那就是：为人性服务，让自己的艺术作品能够促进人类的团结，力所能及地为动荡的心灵带去安宁、美丽和平衡。

在这种思想和动机下产生的第一部作品是我的《第二交响曲》。在这部写于战后初期的作品里，我作为人类的一分子努力尝试表达对人类之爱。我希望在乐谱中创造出光明，乐谱中的每个音符都是饱经痛苦后的结晶而不是用作曲—技术堆砌出来的结果。也许是天意，正在此时我被推荐到芝加哥的德堡大学授课，于是我把自己的创作基地转移到了美国。

---

① 波里·克罗德里（1868—1955）：法国诗人、剧作家和外交家。

到了美国之后，我比以往更加明确作曲家对于社会的责任。感谢千百万美国人高质量的生活水平使文化价值的全面体现成为可能。广播、电视、录音和音乐会保障了作曲家和众多饶有兴趣的观众之间的交流。作曲家确信，音乐的确是团结周围人们的唯一的艺术手段，但是作品本身应该强调的是它必须带给周围的人们实事求是的信息。

我有幸能够作为作曲家、演奏家、讲演者和教师的身份为美国音乐生活奉献自己的力量。有幸有机会服务于美国社会并有幸尽自己的全部力量和才能利用好这次机会。我爱人类，喜欢人与人之间的交往；我爱美利坚人民，正是基于这种发自内心的爱我在最近的十五年内坚持不懈地创作。

现在要提一下“技术问题”。我认为我已经接近进入了某种综合阶段，这是我少年时期的梦想。今天我们公认的“供音乐使用”的音响范围在丰度和广度上是与原先不可比拟的。《第一交响曲》中专门为没有固定音高的打击乐器创作的乐章难道在今天看来是不可理喻的吗？对可辨识音高音乐的忽略已经成为二战后这一代作曲家奉行的准则。而电子手段则为作曲家提供了描摹他内在听觉的切实可行的音响选择。他可以准确地再现其内心所听到的和所需要的声音。我许久以来的梦想实现了，我童年时期的困惑（今天已经没有人认为这是奇怪和反自然的了）释然了。在我少年时期就萌生出的“因特尔朋克特”感觉的变种在许多现代先锋派作曲家的作品中显露出来。而20世纪20年代初搅得我不得安宁的色彩探索，在众多可自由采用的音列资源中，我本能应和了“十二半音”的音乐语体。在偶然音乐技法的尝试上，我写出了为萨克斯与钢琴而作《运动小奏鸣曲》（1939年），如今它已竟成为音乐创作领域公认的方法，但最重要的是音乐越来越成为一种独具形态的信仰，它是团结人们的纽带，它坚定地把人们带进建立在音乐艺术作品土壤上的多姿多彩的交往中。它是一种理想，我始终坚信，倾其一生达到这个理想的作曲家才是真正意义上的作曲家。

我感到自己是幸福的，因为活到现在，音乐作为一种宽泛的语言给了我抛弃几个世纪来陈规俗套的机会，并让我加入真正的声音艺术的创作中来。

附录二　A. 车列普宁谈论自己的作曲技术

作曲家关于自己音乐语言的理论性叙述对20世纪来说不是一个特殊的现象，这种语言具有A.勋伯格的十二音体系作曲法[160]的特征。这种体系从西欧先前所有的音乐中摆脱出来，在一段时间内它曾经是抽象的构思，后来（在我们国家出现得更晚）才清楚地意识到它作为音响艺术、首先是德—奥作曲学派的延续，并进入音乐思维和创作实践中，成为许多作曲家唯一原理或者创作原则之一，这其中也包括俄罗斯作曲家。

其他的大师们也在自己独特的作曲体系中探索着。奥列维·梅西安在A.车列普宁发表了论文《我的音乐语言技术》（*Technique de mon langage musicale*，巴黎，1944年）后，也刊出了自己与之呼应的理论文章，这两篇文章在当时新的技术领域有着共同的影响力（虽然在本质上是有差别的），这些文字需要专门的研究。我们没有资料（比如A.车列普宁自己的言论等）来证实梅西安的论文是否与这位俄侨作曲家的举动有关联，但是很难想象他会对A.车列普宁的这篇论著置之不理（我们还记得，A.车列普宁不少20世纪三四十年代的日记和材料我们并没有找到）。或许可以这样推测，A.车列普宁对自己作曲技术体系做理论性阐释的愿望在很大程度上对梅西安的论文起到了推进作用。

但更重要的是，这里还反映出20世纪下半叶音乐界的共同倾向：作曲法的论述（解释和描述）不只针对广义的音乐创作，还针对某首单一的作品。这种标志充斥着整个世纪，它完全不具备19世纪的特征，那时候理论叙述只是广义上的（我们指的是欧洲音乐），因为那时的音乐原则是共同的。而新音乐的音乐语言是独具个性并需要作曲家自己来解释，这些人所共知的事实帮助我们从整体和个体上都明白了这些发表的文字。

对A.车列普宁来说，理论伴随着他的创作实践。还在其梯弗里斯（今第比利斯）时期的乐曲中，我们不仅仅能听出九音音列作为其创作基础，而且还明确了它：在不少手稿上的谱纸上方经常标出该曲所要采用的基本音列（仿佛这种音列不是"任务"本身，而是"X光机"创作的乐曲）。我们已经引用过作曲家关于"体系"的论述，这是作曲家为一次唱片录音而准备的，在文中作曲家确立了"体系"的自然产生及其独特的形成过程，该文章体现出作曲家的思想。关于"体系"的阐述我们也可以参看本书附录一所列其简明自传的译文，其中A.车列普宁对此有详细的叙述。

根据作曲家的叙述，他最初尝试用语言解释自己的理论（准确地说是从理论上阐述自己音乐语言的基本特点）是20世纪20年代初期在Б.施廖采尔的建议下。车列普宁深究自己的音乐世界、深究自己的成果。第一，最终完善了自己的阐释；第二，或许这是最重要的，那就是他很快就把自己“东方—西方”“旧音乐—新音乐”“职业性—民族性”的思想综合为其哲学—美学信条（*credo*），把“技术”引申到了更深的层面。A.车列普宁的论文用英文写成，名为《我的音乐语言的基本要素》（*Basic Elements of My Musical Language*）。

A.车列普宁赋予自己的解释以很大的意义。在B.莱赫的著作和Э.Ф.阿里亚斯的《A.车列普宁：作品目录索引》中，关于九音音列、“因特尔朋克特”及它们在一首作品中的变体和变异的讨论占了很大的篇幅。

在大量的日记中我们把目光集中1976年10月17日。车列普宁一家居住在玛尔洛，玛尔卓丽·格洛克为传记（关于她的拜访内容多次被记录下来）获得材料而经常光顾作曲家这里。格洛克是第一位根据莱赫的英文著作进行翻译的人，也可以算作是传记的第二作者。总之她从作曲家那里得到了大量的补充、修正和说明。在最后的补充部分里有许多非常精彩的东西。

A.车列普宁的注释里带有技术—术语的性质。他把自己的多声部技法有时称为“因特罗朋克特”（интропункт），有时称“因特拉朋克特”（интрапункт），这无疑来自“康特拉朋克特”（контрапункт，对位技术）语音相对应的一面。但是因为存在着以下语言元素——“音在音与音之间”，所以无疑回应为“因特尔朋克特”（интерпункт）更确切，在其英文文字叙述中正是这样命名的，翻译出版后的论文中也被如此采用（有关这一点在《作者序言》已声明）。A.车列普宁还经常采用术语“mode”一词，其俄语是“лад”和“модус”[①]），建立在九音音列素材上的不协和的纵向三和弦（按照一般观点）被A.车列普宁当作协和和弦（三和弦）来用。

下图是车列普宁这篇论文手稿首页的复印件（遗憾的是印刷质量不是很高），这本书被伊万·车列普宁在1991年首次访问苏联的时候赠送给了国立中央文化艺术博物馆（以格林卡命名）。当时Б.福尔克曼和他的助手对这些文字进行了勘定。本文翻译者是音乐学家B.A.叶罗欣，在叙述中他还加入了自己的一些补充和修正（下文中加方括号处）。

① 指调式。

图附2–1

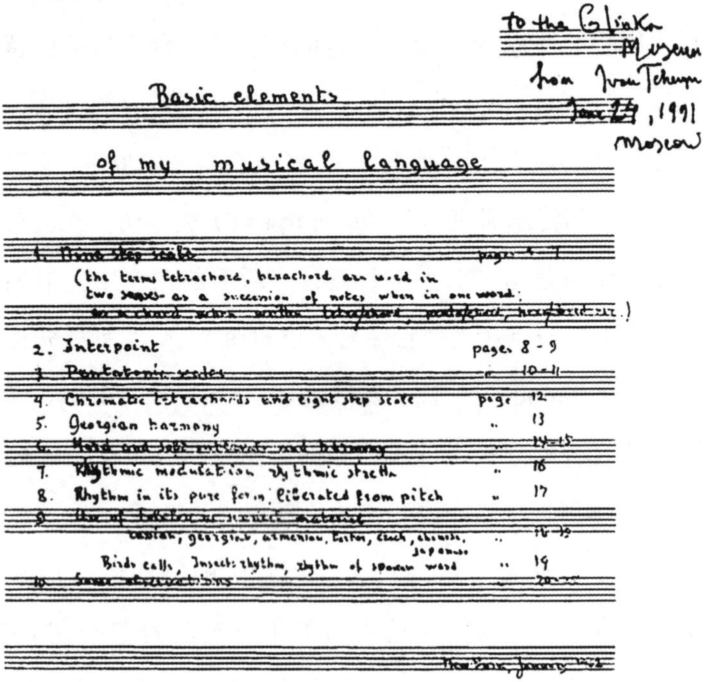

附：我的音乐语言的基本要素

A. 车列普宁

1. 九音音列

（术语“тетрахорд（四音音列）”“пентахорд（五音音列）”“гексахорд（六音音列）”有两种表示方式：一般的写法指的是横向的，也就是说调式和结构；另一种是加斜线的“тетра/хорд”“пента/хорд”“гекса/хорд”，这里指的是纵向的和声。）

2. 因特尔朋克特[1]

3. 五声音阶

4. 半音四音音列和八音音列

5. 格鲁吉亚和声

6. 刺激和柔和的音程、和弦

7. 节拍的转换与节拍的紧缩

8. 纯节奏形式（无固定音高）

9. 民间素材的运用

俄罗斯、格鲁吉亚、亚美尼亚、塔塔尔、捷克、中国、日本等民间音乐，鸟的鸣叫，昆虫的节奏，口语节奏。

10. 一些补充的想法

1. 九音音列

“大—小四音列”在大三度范围内拥有两个半音和一个全音。根据音列中全音的位置我们可以得出三种“大—小四音列”调式：

谱例附2–1

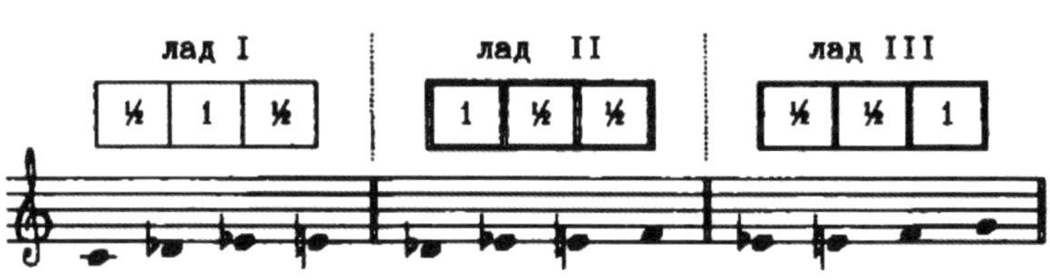

① 即“对间法”，интерпункт。

“大一小六音音列”包含在一个大七度音程内，它建立在半音和一个半全音的音程关系基础上。这里我们拥有两种调式。下面列举一个八度内从起始音到补充音的例子：

谱例附2-2

很明显调式II是调式I的反向倒置：

谱例附2-3

把这两个六音音列互相叠置起来，就得出了“大小九音音列”：

谱例附2-4

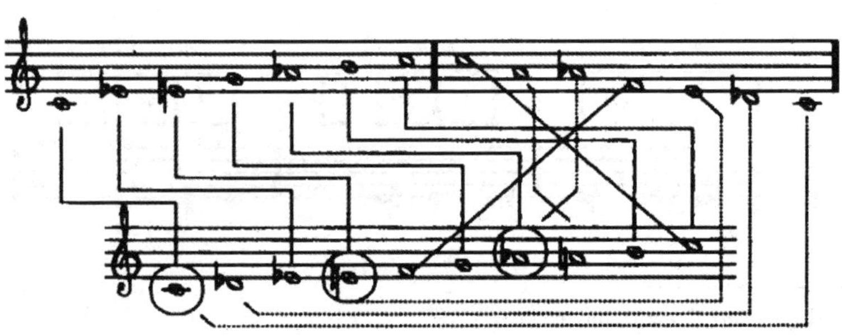

do、mi、降la在两个六音音列中都存在，而这些音之间的大三度关系则填充在大小四音音列调式I中。

于是，我们的九音音列便由三个同一类型的大小四音音列结合而成，并且能体现在三种调式内：

谱例附2–5

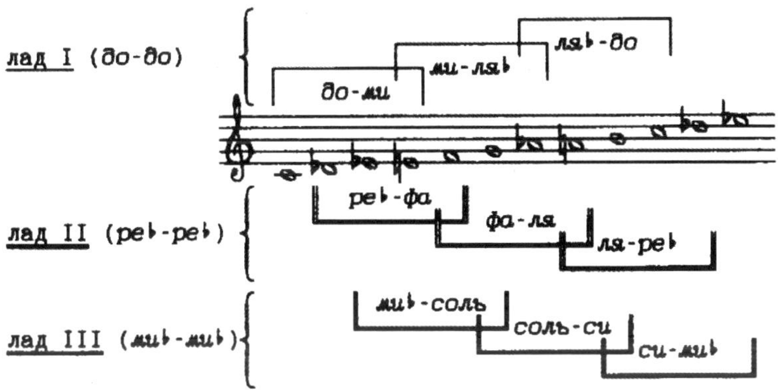

由于三个调式内互相结合的四音音列具有相同的音程结构关系，所以包含这些四音音列的九音音列就拥有一个或其他形式的音的组合，但是伴随必要的记谱方式的变化——三种起始音可能性中的一种（由它们的主音决定），但是这不是遵从九音音列标准规则的变化法则：

谱例附2–6

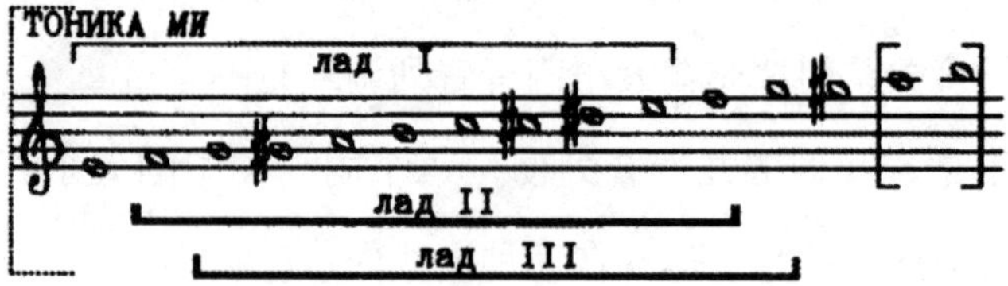

（在原稿中（疏漏）是重升re——英文译者。）

既然九音音列体现在三种调式内，其中的每一种调式都建立在各自的三个主音上（其中建立在每一个主音上都有自己的乐谱书写规则），我们就得到了九音阶法则中不变的音组方式——九种音列组合：三种基本音列（定型在第一种调式主音上）和六种衍生出（变异的书写方式）的音列（三种调式为了每两个另外主音中的一个）。

明确固定音高的九音阶法则可以做三次转调：在半音、全音和一个半全音上。每次未来的转调返回给我们或者是起始的高度状态，或者是三种转调中的一种状态，除去主和弦（音阶起始点）是高于或低于大三度。

受我们的支配，九音音列（以三种可想的主音中的第一种为支柱）拥有4种基本的高度状态，每一种高度状态上会产生3种调式（已经给出了12种音列），8种衍生出来的九音音列（两个——以在两个另外的主音为目标——在4种高度状态上的基本音列的变异写法），而每7种衍生音列中的一种又能再分出3种调式（衍生调式已经成为24种）。

于是，我们最终获得了36种九音音列调性的写法。

九音音列的四种基本高度状态

（按五度向上）

谱例附2-7

九音音列法则的乐谱书写方面（在以上列出的所有高度状态上）给予关于起点（主音）位置的概念，也就是说，关

于音列调式中心的概念。

［接下来，所有音列中的任何两条音阶并行会构成某种音程关系。把两条相邻音阶并行，其中每个音级上的两个音同时同向构成，所得到的音程或者是完全同样性质的（在新的高度上），或者某种另外的音程，这是由音列构成的特性所决定的。］

如果采用起始音结构为大三度或者小六度的形式，把九音音列各个音级从起始音程的两个音开始重叠上行。所有两个音的和声从听觉上将是大三度或者相应的小六度（虽然在写法上有些音级上的组合是减四度，而不是大三度，是增五度而不是小六度）：

谱例附2–8

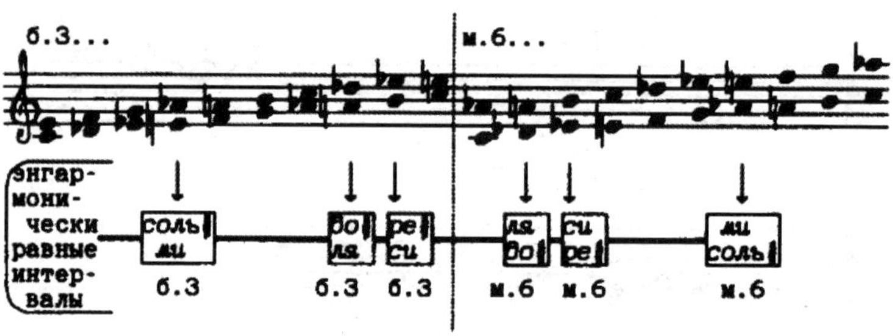

如果以小三度或者大六度作为起始音构成组成类似的音列上行形式，那么在听觉上音程性质则是不同的：小三度的位置则让位于大二度，大六度则让位于小七度。

谱例附2–9

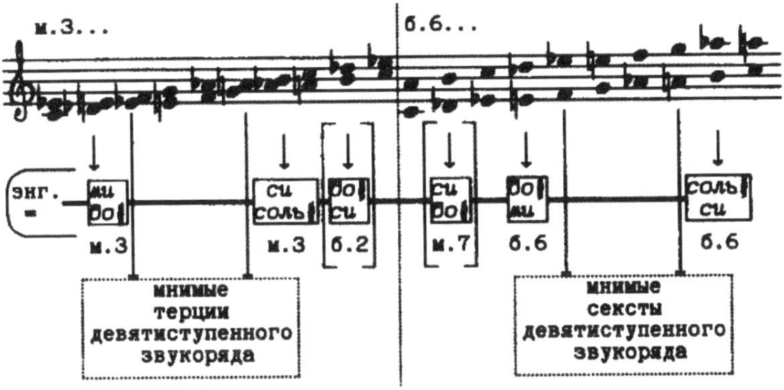

如果以四度或五度作为起始组合（也按相同的音列进行方式），我们会看到在纯四度和纯五度旁边会出现增四度和增五度：

谱例附2–10

最后，我们以小二度和大七度作为行进的（按九音音列法则）开始，会得到另外的音程（在听觉上）——大二度或者相应的小七度。

谱例附2-11

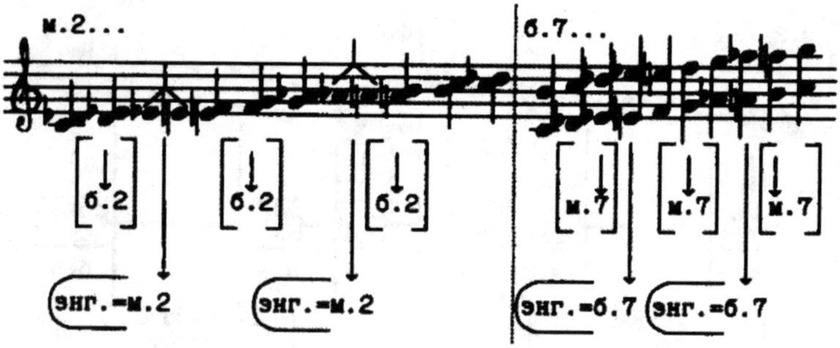

如果九音音列上行按照隔开一个音级跳进（比如按以下的小三度关系标准上行），然后再回到起点，按大三（省略两级）、四度、五度等关系如此进行，就会得到下面的行列（实际的构成遵守规定法则的音级之间确定的间隔）：

谱例附2-12

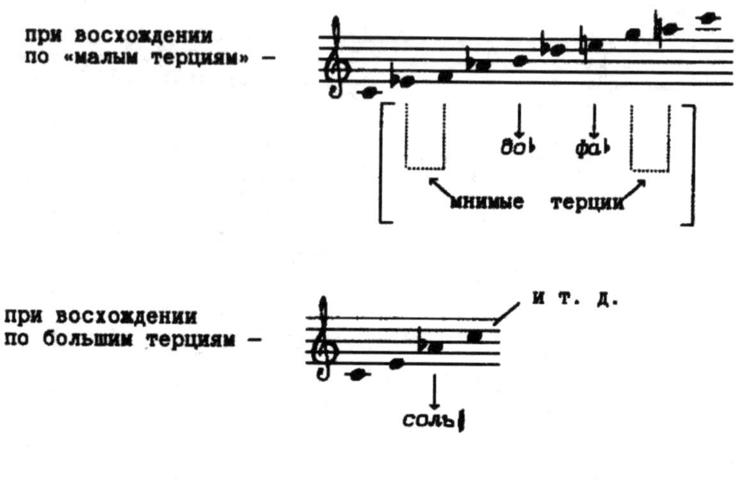

при восхождении
по «квартам» –

при восхождении
по «квинтам» –

при восхождении
по малым секстам –

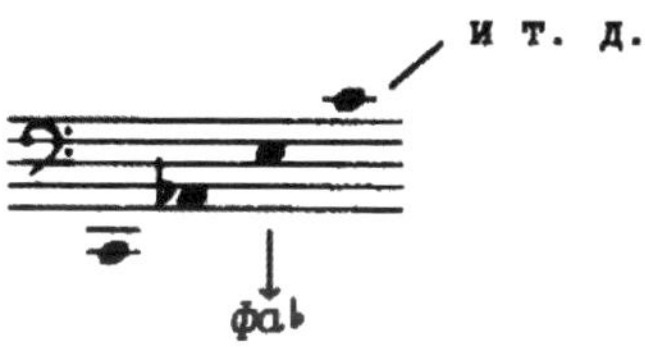

при восхождении
по «большим секстам» –

при восхождении
по септимам –

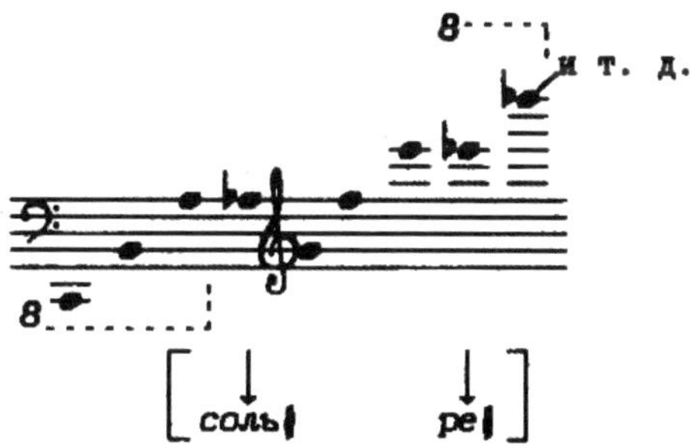

谱例附2-13　九音音列的三和弦及其转位

（以三声部为例）

九音音列体系重要的和弦是大—小四音列和弦（тетра/хорд）。

谱例附2-14　大—小四音列和弦及其转位

在五声部情况下，任何一个稳定的四声部和声组合和弦音能够加倍。

五音列和弦（Пента/хорд）带有不稳定的因素。两个五声部决定结构强烈程度的不同：

谱例附2–15

它们自然都有自己的转位。

小五音列和弦的具有“解决”的调式特性：

谱例附2–16

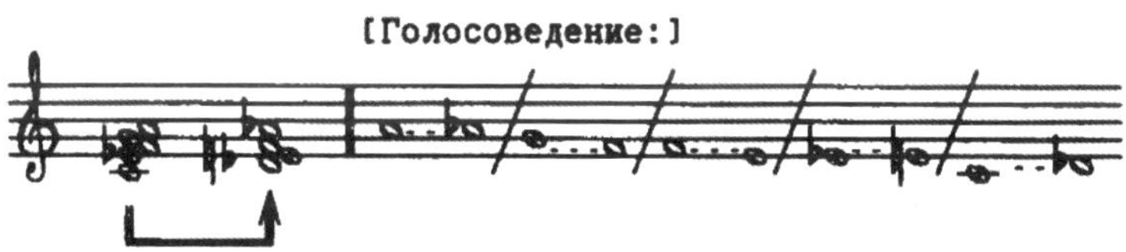

大五音列和弦可以成为转调的和弦。也就是说，在儿音音列的环境下，它的解决能带来新的调式主音的出现：

谱例附2–17

在六个声部的五音列和弦里（无论是大调还是小调的），可以想象是稳定的和弦，是具有不稳定功能和声特性的六音列和弦在五音列和弦里获得的解决。以此类推，在十、十一或十二和弦条件下也体现为稳定的和声，包括所有九音音列在内，而不稳定因素不能达到的声音有：一个（在10个声部）、两个（在11个声部）或者三个（在12个声部）。

六音音列音乐手法应用的范例：

《散页》（*Feuilles libres*），Op.10，第二号

《9首创意曲》，Op.13

《奏鸣曲——为小提琴和钢琴而作》，Op.14

《6首旋律》，Op.15，第五号

《6首练习曲》，Op.21

九音音列特性作为唯一的调式基础的应用范例：

《4首前奏曲》，Op.24

《组曲》，Op.28

《奏鸣曲为大提琴和钢琴而作》，Op.29

《奏鸣曲为大提琴和钢琴而作》，Op.30，第一号

《4首浪漫曲》，Op.31

《室内协奏曲》（*Concert da camera*），Op.33

《三重奏》，Op.34

《神秘》（*Mystere*）为大提琴和乐队而作，Op.37，第二号

《锻炼》（*Training*），Op.37，第三号

《平均律大提琴》（12首为大提琴和钢琴而作的前奏曲），Op.38

《寄语》（*Massage*），Op.39

《誓愿》（*Voeux*），Op.39-bis

《第二四重奏》，Op. 40

《圣母玛格娜》（*Magna Mater*）为乐队而作，Op.41

《第一交响曲》，Op.42

《钢琴五重奏》，Op.44

《早别依达的婚礼》，歌剧，Op.45

《钢琴协奏曲第3号》，Op. 48，第一乐章副部主题和全部第二乐章

整个九音音列和弦应用和九音组合附加音解决的运用范例：

《祈祷交响曲》，Op.93，第1—43小节

2. 因特尔朋克特（punctus inter punctum，即“对间法”）

“因特尔朋克特”可以是纵向的。比如：引自《第一交响曲》第三乐章中的例子（这里没有解释的必要）：

谱例附2–18

“因特尔朋克特”也可以是横向的。比如：引自《第一交响曲》的第一乐章的例子：

谱例附2–19

N.B.（注解，上述例子）：弦乐在节拍重音时，木管乐器晚了一个八分音符出现，圆号则晚了一个四分音符出现。

除此之外，还存在节拍性的“因特尔朋克特”。比如：引自组曲《表达》（Op.81）中的乐曲第10首（Exit）：

谱例附2–20

N.B.（注解）：如此把一个放在另一个之上的形态，具有不同的延展性和节奏组织。还可能存在各种形式的“因特尔朋克特”的结合，比如：节拍性“因特尔朋克特”和纵向

“因特拉朋克特”的结合 [《世界之窗》(*Showcase*), Op.75]:

谱例附2-21

更为复杂的结合是在《第一交响曲》(Op.42) 第三乐章中的六声部方式和在《五重奏》(Op.44) 里的七声部纵向—横向“因特尔朋克特”的组合方式。(相应的谱例参阅: W. 莱赫的专著《A. 车列普宁》, 波恩, M.P. 别里亚耶夫出版公司, 1970年, 第32、23页。)

“因特尔朋克特”技法应用范例:

《12首前奏曲为大提琴和钢琴而作》, Op.38 (特别是第2、4、7、10号)

《寄语》(*Bessage*), Op.39

《第二弦乐四重奏》, Op.40

《五重奏》, Op.44

《钢琴协奏曲第三号》, Op.48

《二重奏》, Op.49

《引子和副歌》(*Chant et refrain*), Op.66 (《副歌》)

《世界之窗》(*Showcase*), Op.75 (特别是第1和第3号)

《8首钢琴曲》, Op.88（第2号“间奏曲”，和第7号“练习曲”）

《失落的长笛》（*The lost Flute*），Op.89［特别是：第二部分,《诗人的一天》（*The Poet's Day*）］

《第四交响曲》（特别是第二乐章）

3.五声音阶

（1）大调五声音阶：

谱例附2-22

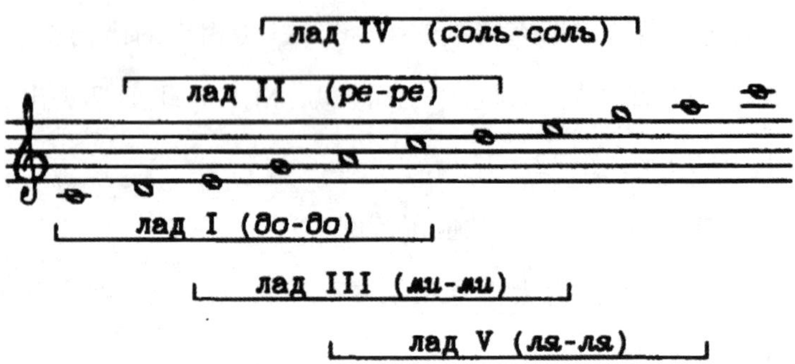

或者处于在所有调式中的一种或多种主音上。

谱例附2-23

（2）小调五声音阶：

谱例附2-24

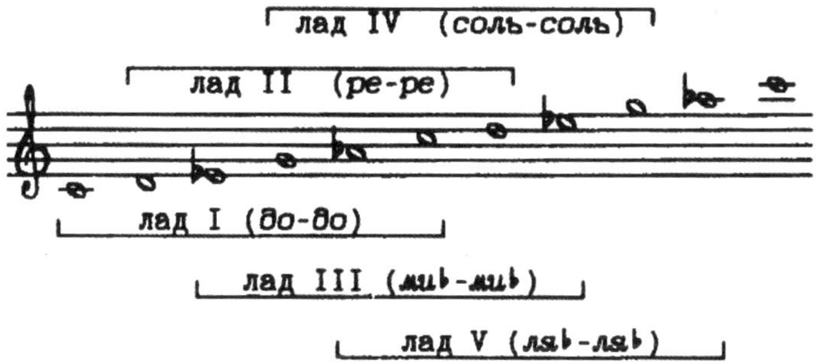

或者处于在所有调式中的一种或多种主音上。

谱例附2-25

大调五声音阶的和弦（按照五声音阶的一个音级为规律构成）：

谱例附2-26

小调五声音阶的和弦（按照五声音阶的一个音级为规律构成）：

谱例附2-27

（每一个和弦可以建立在规律性的任何一个五声音阶的音级上。）

大调五声音阶应用范例：

《五声音阶钢琴练习曲》（*Etude*［*s*］*de piano sur la gamme pentatonique*），Op.51：

第一号：《第一组曲》（*Premiere Suite*）

第二号：《第二组曲》（*Deuxieme Suite*）

第三号：《中国风格小曲集》（*Bagatelles Chinoises*）

《5首音乐会练习曲》，Op.52：

《皮影戏》［*Ombres Chinoises*（*Schattensoie*）］

《诗琴》［*Luth*（*Die laute*）］

《献给中国》［*Hommage a la Chine*（*Widemung an China*）］

《木偶戏》［*Guignol*（*Rfsperlspiel*）］

《赞歌》［*Cantique*（*Lobgesang*）］

《五声音阶练习曲》（*Technische Studien auf der pentatonischen Tonleiter*），Op.53

《2首旋律》，Op.68

《7首根据中国诗歌写成的歌曲》，Op.71

大调和小调五声音阶的应用范例：

《特列帕克》，Op.55

《练习曲》第7号，Op.56

《长笛三重奏》，Op.59

《仙女和农夫》（*The Farmer and the Fairy*），Op.72（特别是音列和弦的运用）

《组曲为大提琴独奏而作》，Op.76

《幻想曲为钢琴和乐队而作》，Op.78

《女人和她的影子》（*La femme et son ombre*），Op.79

《乐队组曲》，Op.87（第三乐章）

《第三交响曲》，Op.83（第一乐章开始）

《失落的长笛》（*The lost Flute*），Op.89（开始）

《悲歌》，Op.82第一号（运用五声音阶和弦）

4. 半音四音音列和八音音列

（1）半音四音音列

谱例附2–28

（2）八音音列

它由两组不紧密结合的半音四音音列组成［两组性质相同但音不同的半音四音音列，在相邻八度内起始音的重复］：

谱例附2-29

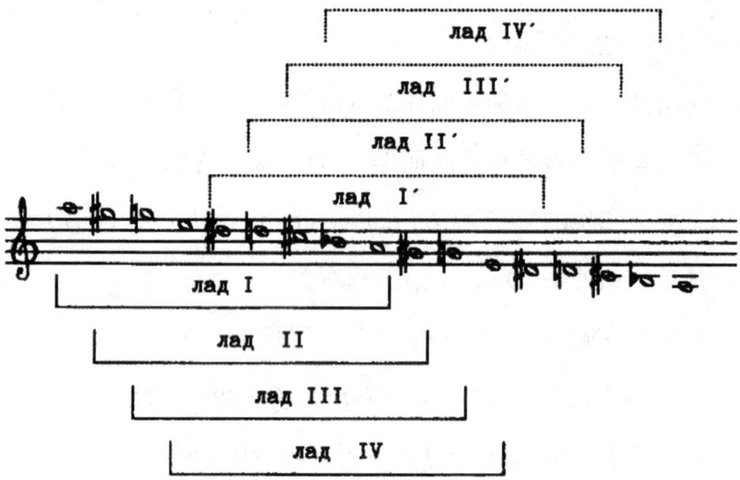

调式Ⅰ、Ⅱ、Ⅲ和Ⅳ所得到的四音音列在结构上有所区别。

调式Ⅰ'、Ⅱ'、Ⅲ'和Ⅳ'与调式Ⅰ、Ⅱ、Ⅲ和Ⅳ相当，但是它们处在不同的高度上。

把半音四音音列组合起来，我们可以得到各种各样的音列组合。

任何一种上述的四音音列能够设想其和弦结构，而每一组和弦可以采用它的原位，也可以采用它的转位。

5. 格鲁吉亚和声

格鲁吉亚三和弦及其转位：

谱例附 2–30

格鲁吉亚三和弦作为调式中心应用范例：

《格鲁吉亚狂想曲》（*Rhapsodie Georgienne*），为大提琴和乐队而作，Op.25

《格鲁吉亚组曲》（*Suite Georginne*），为钢琴和乐队而作，Op.57

《圣–尼诺的童年》（*Enfance de Sainte Nino*），Op.69

《乔治亚娜》（*Georgiana*），Op.92

6. 刺激和柔和的音程、和弦

刺激的音程——7 度和 2 度（大和小），以及 4 度（纯和增）和 5 度（纯和减）。

柔和的音程——3 度和 6 度（大和小）。

由不柔和的音程组成的三和弦及其转位：

（1）格鲁吉亚三和弦（参看上述“5. 格鲁吉亚和声”）

（2）刺激的三和弦

谱例附 2–31

全部由刺激的音程组成的和声不可能超过四个不同高度的音：

谱例附2–32

以刺激音程为基础的和声手法应用范例：

《钢琴协奏曲第三号》，Op.48（呈示部主要的乐段）

《组曲》，Op.87（第二乐章开始和结束）

《祈祷交响曲》，Op.93（第二乐章，整个作品在九音音列范围中运用了非和弦性质—音列外的手法）

《钢琴练习曲》，Op.56，第四号。

纵向和声构成——“柔和的音程”和“刺激的音程”手法的应用范例：

《第三钢琴协奏曲》，Op.48

第一乐章主部主题（刺激音程）：

谱例附2–33

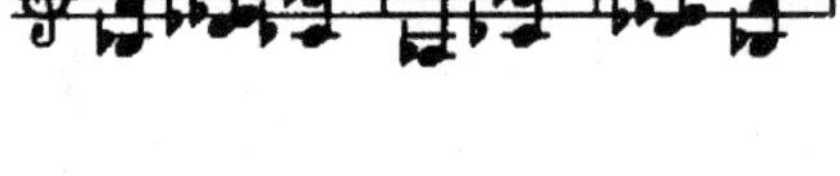

第一乐章的副部主题（在九音音列环境下的三和弦构成）：

谱例附2–34

7.节拍的转换与节拍的紧缩

节拍的转换，是指一个主题转换成另一个主题的节拍。是指主题间可以互换节拍。比如：在《大提琴奏鸣曲》（Op.30，第二号）的第一乐章的再现部，主部主题转化为副部主题的节拍，而副部主题则转化为主部主题的节拍。

节拍的紧缩，是指逐渐地收紧拍子。拍子的幅度越来越小。比如：

《弦乐四重奏》，Op.40，第二号，第一乐章（$\frac{4}{4}$—$\frac{3}{4}$—$\frac{2}{4}$—$\frac{3}{8}$拍）

《五重奏》，Op.44，接近尾声前（$\frac{4}{4}$—$\frac{3}{4}$—$\frac{2}{4}$—$\frac{3}{8}$—$\frac{1}{8}$拍）

《小协奏曲》，Op.47，第一乐章第二部分（$\frac{7}{4}$—$\frac{5}{4}$—$\frac{3}{4}$—$\frac{2}{4}$—$\frac{1}{4}$拍）

《第一交响曲》Op.42，排练号19往后（$\frac{4}{4}$—$\frac{3}{4}$—$\frac{2}{4}$—$\frac{3}{8}$拍）

8.纯节奏形式（无固定音高）

比如：

《寄语》（*Message*），Op.39，最后一小节（这里只剩下主要动机的节奏形态）

《圣母玛格娜》（*Magna Mater*），Op.41，尾声（只是没有固定音高的打击乐器）

《第一交响曲》，Op.42［（在第二乐章）使用的只是第一乐章里的纯节奏素材］

《仙女和农夫》（*The Farmer and Fairy*），Op.72（在序曲中加入了只是无固定音高的金属打击乐器）

《失落的长笛》（*The Lost Flute*），Op.89，第五乐章［《灾难》（*Calamity*，只有无固定音高的打击乐器）］

9.民间素材的运用

Ⅰ-a.俄罗斯民间素材

《斯拉夫改编曲》，Op.27（第1、2、3、4号）

《俄罗斯舞曲》为乐队而作，Op.50（俄罗斯和乌克兰素材）

《拉曾的传说》，芭蕾舞剧（俄罗斯和乌克兰素材）

《长笛四重奏》，Op.60，第三乐章（乌克兰素材）

《12首》（为朗诵和室内乐队而作），Op.73（引用俄罗斯素材）

《奥莉—奥莉》（*Ol-Ol*），歌剧，Op.25（两个俄罗斯学生歌曲主题）

《俄罗斯民间组曲》（*Suite Populaire Russe*）为小型乐队而作（1941）

《歌曲和舞蹈》为大提琴和钢琴而作，Op.84（第三号，乌克兰歌曲；第四号，哈萨克歌曲）

《组曲》，Op.87，最后乐章，回旋曲（Rondo）（俄罗斯歌曲）

Ⅰ-b. 俄罗斯宗教圣歌素材

《第四交响曲》，Op.91［安魂赞美诗的素材，在结尾部分被当作定旋律（cantus firmus）使用］

《祈祷交响曲》，Op.93，第三部分（礼拜对唱圣诗）

Ⅱ-a. 格鲁吉亚民间素材

《格鲁吉亚狂想曲》为大提琴和乐队而作，Op.25

《格鲁吉亚组曲》为钢琴和乐队而作，Op.57（素材使用了九音音列语言）

《小协奏曲》，Op.47，结尾（其节奏形式来自格鲁吉亚民间旋律）

《歌曲和舞蹈》为大提琴和钢琴而作，Op.84，第一号

《邵塔·鲁斯塔维利》，芭蕾舞剧，第二幕

《乔治亚娜》（*Georgiana*），乐队组曲，Op.92

Ⅱ-b. 格鲁吉亚宗教圣歌素材

《圣-尼诺的童年》（*Enfance de St. Nino*），Op.69，中间部分（格鲁吉亚礼拜对唱圣诗）

《圣母颂》(*Шэн хар венахи*)为钢琴而作，Op.82，第五号(格鲁吉亚中世纪圣歌)

Ⅲ. 亚美尼亚民间素材

《杜杜科管》(引自《片段》)

《拉曾的传说》，芭蕾舞剧，第二场结尾

Ⅳ. 塔塔尔民间素材

《歌曲和舞蹈》为大提琴和乐队而作，Op.84，第二号

Ⅴ. 捷克民间素材

《捷克民歌》(*Chanson tcheque*)，Op.27，第五号

Ⅵ. 中国民间素材

《木偶戏》(*Punch and Judy*)，Op.52，第4首

《颂歌》(*Chant*)，Op.52，第5首

Ⅶ. 日本民间素材

《长笛三重奏》，Op.61，结尾(东京—翁多素材)

《女人和她的影子》(*La femme et son ombre*)，芭蕾舞剧，Op.79(东京—翁多，爱琴图库素材)

Ⅷ. 鸟鸣作为音乐素材

《奏鸣曲第一号》为大提琴和钢琴而作，Op.29(1924年)，结尾。

《交谈》(*Entretiens*)，Op.46(第10首)

《表达》(*Expressions*)，Op.81(第9首)

Ⅸ.昆虫的叫声和节奏

《二重奏》，Op.49，第4乐章

Ⅹ.口语式的节奏作为素材的源泉

《交谈》(*Entretiens*)，Op.46(第4号)

《圣尼诺的童年》(*Enfance de St Nino*)，Op.69，中间部分

《小奏鸣曲》为定音鼓和钢琴而作，Op.58，第三部分

Expressions(《表达》)，Op.81

10.一些补充的想法

(1)九音音列体系的形成。从少年时代起在同一个和声里同时兼容“大—小三和弦”的观念就吸引着我。大—小调四音音列给我稳定和完满的感觉。随着时间的推移我逐渐地把“大—小三和弦“一个半全音—半个全音—一个半全音”的关系拓展到了整个八度内”。后来，为上行(大—小调)六音音列添加了类似的下行音阶，我于是得到了九音音列——在理论性确立之前我本能地以它为创作的基础。九音音列第一次出现在1918年我创作的《浪漫的小奏鸣曲》(Op.4)里，在1920年前后理解六音音列的理论意义之后，最终在1922年将其确立为一种理论体系。

(2)《12首前奏曲》为大提琴和钢琴而作(Op.34，1925—1926)用所有12种九音音列的调性写成。我为这个曲集起名为《平均律大提琴》(*Violoncelle bien tempere*)，为的是强调九音音列(等音)升号和降号的均等性。

（3）从创作的早期阶段我就向往摆脱固定音高概念的纯节奏的使用。第一次尝试这种以独立的节奏作为主体基础的手法是在作品39号［《寄语》（*Message*）］的结尾部分：钢琴演奏者在乐器外壳上敲打节奏。在我的《第一交响曲》（1927年）的第二乐章里，这种纯节奏手法的运用得到了更大程度地体现，整个乐章所采用的全是清一色的打击乐器。那里只保留了第一乐章主体素材的节奏织体。

（4）鸟的“素材”，昆虫的鸣叫（比如，“Katy did katy didn't”①），大自然的声音，口语的节奏，这一切总让我着迷。从鸟鸣中汲取素材我开始于1924年：在我的《第一大提琴奏鸣曲》（Op.29）的最后乐章的两个主题中就体现了从在蒙特卡洛听到的鸟的叫声中提炼的九音音列式的变体，法国人称之为“在山崖间的百舌鸟”（merle des roches）。在埃斯利佩（龙科—爱冷特，在纽约城内）一天的半夜里，那是1920年早秋的时候，一种来自某种昆虫发出的独特的声音吸引着我，这种类似的声音可以在我的《二重奏》第四乐章里听到。

（5）20世纪20年代末我的“欧亚”思想就开始吸引我，其实质在于俄国在许多方面承继了蒙古的统治方式后，俄国和蒙古的互相同化的结果。这种综合性的思想表现在歌剧

① 英文译者注：把这种英文式的节奏方式翻译成相应的俄文（大意，主要是在节奏性质上），可以翻译为“Катя-да，Катя-нет”（卡佳—是，卡佳—不）。

《早别依达的婚礼》(*Hochzeit der Sobeide*)和《小协奏曲》(Op.47)里，后来当我到达埃及和巴勒斯坦之时，我开始了东方理想的探索(这与我对东方心存许久的概念是相符的)，它体现在我的《第三钢琴协奏曲》和我命名为《欧亚乐谱集Ⅰ》(*Cahliers Eurasiens*，No.1)中的《二重奏》。

(6)“欧亚”思想帮助我克服了曾在《五重奏》(Op.44，1927)所表现出来的技术臃肿的缺点，但在开始趋于简单化的改革方向之前，我的作曲技术还是表现出过度的复杂化的特点。

(7)这种趋于简单化的改革要感谢民间素材。我感觉到，民间素材对于作曲家来说，就像人体的几何学相对于画家，而这种人体的几何学正是艺术形象生存下来的保障，从米开朗琪罗、达芬奇到德拉科鲁阿和毕加索(后者在抽象艺术中得到了自己的表现方式)，所有的大画家都研究它以适应自己的思想。民间素材正是这样，它为音乐的生存提供了道路。从民间素材中提取的材料是作曲家创作的永恒的素材，他们可以把它们适用于任何一种目标。

(8)被民间素材“治愈”一开始体现在我的《俄罗斯舞蹈》(Op.50)里，后来在中国和日本这种“治疗”被继续下去。在那里我完全迷恋于远东地区的乐器、舞台和声乐传统。后来我又转回到对格鲁吉亚民间素材的探索。按照“全世界无产者联合起来”的表述方式，我可以这么说，民间素材对所有的民族也体现出某种决定性的和永不消磨的价值。

（9）在战争期间（指二战），我的创作出现了衰退的气象：在占领中（德国占领法国）挺过来是不容易的，在这段时期我用假名（因为我是俄侨）为舞蹈者和音乐厅写了各式各样的七零八碎的东西。帮助我生存下来的自然不是我战时的非伪音乐作品，而正是这些七零八碎的东西。

（10）结束占领之后，甚至在战争结束前，我的创作潜能立刻恢复了。在1945年的一个夏季期间，我创作了中国风格的康塔塔《主人柯欧》（*Pan Keou*，在巴黎歌剧院上演）、《12首》和芭蕾舞剧《草地上的早餐》（*Dejeuner sur l'herbe*），秋天和冬天则创作了康塔塔《圣诞演出》（*Jeu de la Nativite*）、钢琴组曲《世界之窗》（*Le Monde en Vitrine*），或者用英语干脆命名为《陈列窗》（*Showcase*）和芭蕾舞剧《邵塔·鲁斯塔维利》。

（11）1949年我迁居美国芝加哥，这彻底改变了我的人生。特别（富有成效的）是在1950—1958年期间，我从来没有离开过美国。大量的作品委约促生了一系列的乐队作品。在那里我为《第二交响曲》写了乐队总谱，创作了《第三交响曲》（其中采用了某些早先就准备好的主体素材）、《嬉游曲》和《第四交响曲》。

（12）结合并完善了从前我所有的作曲方法，在大型交响形式的运用中，新的音乐语言诞生了（也就是我以上所叙述的几页的轮廓），并且同时形成了一些新的结构方面的思想。

（13）在作曲这个职业中我看到了某种使命，这种使命建立在作曲家为所存在的社会服务的基础上，这个社会促使他进行创作型的劳动，这些劳动的目的是尽力回报人们为他所做的一切，而作曲家所能回报的，只有自己的艺术作品。我所说的为人们“服务”，绝不是指趋附迎合他们，不是的，艺术家为社会服务应该联想到教化，是一种与教士面对自己的教徒所履行的职责一样的使命。

（14）我认为，艺术作品（包括音乐作品）应该用最直接的方式向人们表情达意，只是前提是，如果他的作品所传达的经得起以后“有序性”的考验，而这种“有序性”则建立在作曲家作曲—技术手段的某种有序的综合。

（15）作曲家采取何种技术手段并不是自身的目标：它们应该只是作品的一种表达的办法。

（16）占第一位的当然是创作的想象力，占第二位的是作曲家独特的品位，它让作曲家从自己想象的果实中采摘挑选，而占第三位的才是技术手段，那就是对这些果实的整理。

（17）没有“中性的”技术手段。任何一种新的思想都需要新的手段，准确地说，它需要方法的补充。

（18）这就像所有房屋建筑行业方法的拓宽那样，不能抛弃原有的积累，而是在已有的基础上加以补充。

（19）越是深刻的思想就越需要大的形式。大的形式不可能被琐碎的思想填满。

（20）生命力赋予作品以“形式”，而不是音乐语言。任何一种音乐语言或早或迟都会陈旧，在这种情况下，什么能生存下来呢？那就是在某种语言和其相应的形式中所要表达出来的东西。

（21）我不相信用“昨天的”命名的音乐。音乐反映的是当今的生活，音乐应该与作为作曲家所处社会一部分的艺术环境相一致，这样音乐才有机会存在下来，也就是说，音乐能够存在下来，是凭借其铭记了人类社会生活的某种信息。

（22）音乐作品具有时间性建筑的特性：随着时间的推移，作曲家赋予其序列性和固定性。

（23）为什么人们喜欢听从前听过的音乐并且会产生某种想法？那是因为昔日吸引着他们，这是一种怀旧的形式而已。

（24）音乐是联合人们最有效的方式，它有它的终极目标。也就是说：它的终极的首要存在理由（*Raison detre*）在于让人们感受团结的感觉；他们或者直接在参与音乐艺术作品表演的行为中体验到它，或者在更高的情感层面——参与这种行为的“内涵”上来感受它。

1962年1月10日于纽约

英文翻译：瓦列里·叶罗欣（Валерий Ерохин）

附录三　A. 车列普宁的音乐遗产

A. 车列普宁的作品目录在不同年代、不同国家、不同出版社，以及不同的情况下被出版，比如在他75周年诞辰之际的出版物（M.П. 别里亚耶夫出版公司，法兰克福），其乐谱目录成为Э.А. 阿里亚斯《A. 车列普宁：作品目录索引》的基础。

在征得编者福尔克曼（B.Folkman）的同意后，我们在本附录刊载了由赵莉莉（Lili Chou）为福尔克曼编辑的著作（我们多次提到的）所编选的作品目录和录音详表。其俄文翻译、音乐学家B. 叶罗欣做了更翔实的注解。

大多数作品的命名保留了第一次出版时所采用的语言（在旁边附有俄语翻译）。

大量根据18世纪俄国作曲家（Д. 博尔特尼扬斯基、M. 别列佐夫斯基、C. 杰格加列夫），以及M. 格林卡、A. 鲍罗丁、H. 里姆斯基–科萨科夫、A. 鲁宾斯坦、A. 里亚多夫、A. 格拉祖诺夫、H.H. 车列普宁的作品所创作的以个人音乐会和授课为目的钢琴改编曲没有被收录到目录中来。其中许多改编曲被修订后（俄罗斯作曲家的作品占多数）在别里亚耶夫出版社和法国、德国的许多出版社出版。

1960年A. 车列普宁还创作了不少电影音乐。

这个附录应该有助于对A. 车列普宁的音乐遗产总和的统计工作。

附：作品目录

（注："//"出版社公司；"\CD"激光唱片；"\LP"密纹唱片；"*"作曲家亲自表演或参与录制）

Op.1

Toccata No.1 для Ф.-п.（1921）· 6′ //Belaieff，1922.（托卡塔，第一号，为钢琴而作，1921年，6分钟；别里亚耶夫公司出版，1922年）

…………*Toccata No.1* для ф.-п.（1957，новая редакция）//Belaieff，1957（托卡塔，第一号，为钢琴而作，1957年新版本；别里亚耶夫公司出版，1957年）

Op.2

No.1.Nocturne No.1 для ф.-п.（1919）. 4′ //Belaieff，1922（第一号，夜曲第一号，为钢琴而作，1919，4分钟；别里亚耶夫公司出版，1922年）

\LP：Music Library MLR 7043*

…………*Nocturne No.1* для ф.-п.（1957，новая редакция）//Belaieff，1957（夜曲第一号，为钢琴而作，1957年新版本；别里亚耶夫公司出版，1957年）

No.2. Danse No.1 для ф.-п.（1919）. 4′ //Belaieff，1922（第二号，舞曲第一号，为钢琴而作，1919年，4分钟；别里亚耶夫公司出版，1922年）

…………*Danse No.1* для ф.-п.（1957，новая редакция）//Belaieff，1957（舞曲第一号，为钢琴而作，1957年新版本；别里亚耶夫公司出版，1957年）

Op.3

Scherzo для ф.-п.（1917）. 3′ //Durand，1927（谐谑曲，为钢琴而作，1917年，3分钟；杜兰德公司出版，1927年）

Op.4

Sonatine romantique для ф.-п.（1918）. 13′ //Durand，1925（浪漫的小奏鸣曲，为钢琴而作，1918年，13分钟；杜兰德公司出版，1925年）

\CD：Etcetera KTC 1033 \LP：Music Library MLR 7043*；Etcetera ETC 1033

Op.5

Bagatelles для ф.-п.（1912-1918）. 12′ //Heugel-Leduc，1923（小曲集，为钢琴而作，1912—1818，12分钟；海格尔-莱杜克公司出版，1923）

\LP：Music Library MLR 7043*

…………*Bagatelles* для ф.-п.（1958，новая редакция）//Heugel-Leduc，1964（小曲集，为钢琴而作，1958年，新版本；海格尔-莱杜克公司出版，1964年）

\CD：Newport Classic Digital NPD 85521

\LP：Orion ORS 79329；EMI CVC 2124*；German Columbia SMS 80970；Zodiac LPZ 1001；Deutsche Grammophon 45 32 229；International Piano Library IPA 2002

…………*Bagatelles* для ф.-п. с орк.（1958）//Heugel-Leduc，1964（小曲集，为钢琴与乐队而作，1958年；海格尔-莱杜克公司出版，1964年）

\LP：Deutsche Grammophon 138710；Heliodor 87938

…………*Bagatelles* для ф.-п. со струнным орк·（1960）//Heugel-Leduc，1965（小曲集，为钢琴与弦乐队而作，1960年；海格尔-莱杜克公司出版，1965年）

\LP：Turnabout TVS-S 34545；Colosseum SM 802

Без № Ор. *Солнечный день*（Забытая багатель；"Sunny Day"）для ф.-п.（1915）. <1′ // Presser，1977［无编号作品，艳阳天（被遗忘的小曲；艳阳天），为钢琴而作，1915年，小于1分钟；普莱瑟尔公司出版，1977年］

Без № Ор. *Старый Петербург*（Вальс）для ф.-п.（~1917）. 5′ //Неопубл.

［无编号作品，往日的彼得堡（圆舞曲），为钢琴而作，约1917年，5分钟；未出版］

Без № Op.*Ballade* для ф.-п.（1917）~9′ //Неопубл.（叙事曲，为钢琴而作，1917年，约9分钟；未出版）

Без № Op. *Присказки*（Episodes）. 12 пьесок для ф.-п.（1912—1919 или 1920）.10′ //Heugel-Leduc，1923（小曲片段，12首为钢琴而作的小曲，1912—1919年或1920年，10分钟；海格尔-莱杜克公司出版，1923年）

Без № Op. *Довольный человек*（"A Contented Man"）. Бас и ф.-п.（1918）.2′ // Chester，1928（无编号作品，满意的人，男低音与钢琴，1928年，2分钟；切斯特公司出版，1928年）

Op.6

Petite suite（Маленкая сюита）для ф.-п.（1918-1919）. 10′ //Durand，1923（小组曲，为钢琴而作，1918—1919，10分钟；杜兰德公司出版，1923年）

Op.7

Pieces sans titres（Пьесы без называний）для ф.-п.（1915-1917）. 9′ // Durand，1925（无标题乐曲，为钢琴而作，1915—1917，9分钟；杜兰德公司出版，1915）

Op.8

No.1. *Nocturne No.2* для ф.-п.（1919）. 2′ //Durand，1925（夜曲第二号为钢琴而作，1919年，2分钟；杜兰德公司出版，1925年）

No.2. *Danse No.2* для ф.-п.（1919）. 3′ //Durand，1925（译注：舞曲第二号，为钢琴而作，1919年，3分钟；杜兰德公司出版，1925年）

Op.9

8 Preludes для ф.-п.（1919-1920）. 8′ //Heugel-Leduc，1926（8首前奏曲，为钢琴 而作，1919—1920，8分钟；海因格尔-莱杜克公司出版，1926年）

\LP：Aulos Aul 53573

Op.10

Feuilles libres（Несшитые листки）для ф.-п.·（1920-1924）· 9′ //Durand，1924（散页，为钢琴而作，1920—1924，9分钟；杜兰德公司出版，1924年）

Op.11

5 Arabesques（1920-1921）.5′ ：1. Andantino；2. Allegrovivo；3. Allegretto；4. Presto；5.Allegretto（No. 1-4-для ф.-п.；No. 5-для скрипки и ф.-п.）// Heugel-Leduc，1925（5首阿拉伯风格的乐曲，1920—1921，5分钟，第一到第四首为钢琴而作，第五首为钢琴和小提琴而作；海格尔-莱杜克公司出版，1925年）

\CD：Etcetera KTC 1033

\LP：Music Library MLR 7043*；Etcetera ETC 1033

Op.12

Concerto No.1 для ф.-п. с орк.·（1919-1920）.16′ //Belaieff，1981（钢琴协奏曲第一号，1919—1920年，16分钟；别里亚耶夫公司出版，1981年）

\CD：Olympia OCD 440

Op.13

9 Inventions для ф.-п.（1920-1921）.8′ //Eschig，1925（9首创意曲，为钢琴而作，1920—1921，8分钟；艾施科公司出版，1925年）

Без No. Op. Ode для виолончели и ф.-п.（1919）. 2′ //Durand，1925（无编号作品，颂歌，为大提琴与钢琴而作，1919年，2分钟；杜兰德公司出版，1925年）

\LP：Columbia（England）CX 1700

Без No. Op. *Etude de concert* для ф.-п.（1920）· 3′ //Hamelle-Leduc，1924（无编号作品，音乐会练习曲，为钢琴而作，1920年，3分钟；哈梅尔-莱杜克公司出版）

Op.14

Sonate для скрипки и ф.-п.（1921-1922）. 13′ //Durand，1923（奏鸣曲，为

小提琴与钢琴而作，1921—1922，13分钟；杜兰德公司出版，1923年）
\LP：BBC RecordsREGL 409*

Op.15

6 Melodies для сопрано или тенора и ф.-п.（1921）· 10′ //Heugel -Leduc，1925（6首旋律为女高音或男高音与钢琴而作，1921年，10分钟；海格尔-莱杜克公司出版，1925年）

Op.16

8 Melodies для сопрано или тенора и ф.-п.（1918-1922）. 13′ //Heugel -Leduc，1925（8首旋律，为女高音或男高音和钢琴而作，1918—1922，13分钟；海格尔-莱杜克公司出版，1925年）

Op.17

Haltes（Остановки）для сопрано или тенора и ф.-п.（1918-1922）.13′ // Heugel -Leduc，1926（小站，为女高音或男高音与钢琴而作，1918—1922，13分钟；海格尔-莱杜克公司出版，1926年）
\LP：EMI Pathe Marconi 2C 065 14028*

Op.18

10 Etudes для ф.-п.（1915-1919）.25′ //Heugel -Leduc，1925（10首钢琴练习曲，1915—1919，25分钟；海格尔-莱杜克公司出版，1925）

Op.19

2 Novelettes для ф.-п.（1921-1922）. 10′ 30″ //Heugel -Leduc，1923（两首新事曲，为钢琴而作，1921—1922，10分30秒；海格尔-莱杜克公司出版，1923年）

Op.20

Toccata No.2 для ф.-п.（1922）.7′ //Simrock，1925（托卡塔第二号，为钢琴而作，1922年，7分钟；希姆洛克公司出版，1925年）
…………*Toccata No.2* для ф.-п.（1974，новая редакция）. //Simrock（托卡塔

第二号，为钢琴而作，1974年新版本；希姆洛克公司出版）

Без No. Op. *Romance* для скрипки и ф.-п.（1922）. 3′ //Simrock，1925（无编号作品，浪漫曲，为小提琴与钢琴而作，1922年，3分钟；希姆洛克公司出版，1925年）

…………*Romance* для скрипки и малого орк.（1922）//Simrock，1925（浪漫曲，为小提琴与小型乐队而作，1922年；希姆洛克公司出版，1925年）

Op.21

6 Etudes de travail（6 инструктивных этюдов）для ф.-п.（1922-1923）. 12′ //Heugel-Leduc，1923（6首指导性练习曲，为钢琴而作，1922—1923，12分钟；海格尔-莱杜克公司出版，1923年）

Op.22

Sonate No.1 для ф.-п.（1918-1919）. 16′ //Heugel-Leduc，1924（钢琴奏鸣曲第一号，1918—1919，16分钟；海格尔-莱杜克公司出版，1924年）

\LP：EMI CVC 2124*

Op.23

4 Preludes nostalgiques для ф.-п.（1922）. 7′ //Heugel-Leduc，1924（4首乡愁前奏曲为钢琴而作，1922年，7分钟；海格尔-莱杜克公司出版，1924年）

\LP：EMI CVC 2124*

Op.24

4 Preludes для ф.-п.（1922-1923）. 4′ //Durand，1924（4首钢琴前奏曲，1922—1923，4分钟；杜兰德公司出版，1924年）

…………No.3. *Preludes* для 2-х флейт（1971，переложение）//Belaieff，1980（前奏曲，为两只长笛而作，1971年新版本；别里亚耶夫公司出版，1980年）

Op.25

Rhapsodie georgienne（Грузинская рапсодия）для виолончели с орк.（1922）. 16′ //Durand，1924（格鲁吉亚狂想曲，为大提琴与乐队而作，1922年，16

分钟；杜兰德公司出版，1924年）

\CD：Thorophon Capella CTH 2021

Op.26

Concerto No.2 для ф.-п. с орк.（1923，с малым орк.）. 18′ //Heugel-Leduc，1924（钢琴协奏曲第二号，1923年，钢琴与小型乐队，18分钟；海格尔-莱杜克公司出版，1924年）

…………*Concerto No.2* для ф.-п. с орк.（1950，новая редакция：с большим орк.）.（钢琴协奏曲第二号，1950年新版本，钢琴与大型乐队）

\CD：Olympia OCD 439；Deutsche Grammophon 453 157-2*

\ LP：Louisville LOU-615*；Deutsche Grammophon 139379*

Op.27

Transcriptions slaves для ф.-п.（No. 1-5，1924）. 13′ //Heugel-Leduc，1924（斯拉夫改编曲，为钢琴而作，第一至五号，1924年，13分钟；海格尔-莱杜克公司出版，1924年）

…………*No.2 Chanson russe*（1956，новая редакция）//Heugel-Leduc，1956（俄罗斯歌曲，1956年新版本；海格尔-莱杜克公司出版，1956年）

…………*No.5 Chanson tcheque*（1956，новая редакция）//Heugel-Leduc，1956（捷克歌曲，1956年新版本；海格尔-莱杜克公司出版，1956年）

Op.28

Canzona для ф.-п.（1924）.5′ //Simrock，1925（钢琴组歌，1924年，5分钟；希姆洛克公司出版，1925）

…………*Canzona* дляф.-п.（1974，новая ркдакция）//Simrock，1974（钢琴组歌，1974年，新版本；希姆洛克公司出版，1974）

Op.29

Sonate No.1 для виолончели и ф.-п.（1924）. 11′ //Durand，1925（奏鸣曲第一号，为大提琴与钢琴而作，1924，11分钟；杜兰德公司出版，1925年）

\CD：Insync C 4145 \LP：De Camera Magna SM 93718；Sync Labs C4154

Без No. ор. *Canon для струнного трио*（1923-1924）. 2′ //Bardic，1987（无编号作品，卡农，弦乐三重奏，1923—1924，2分钟；巴迪克公司出版，1987年）

…………*Canon* для ф.-п. //Bardic，1987（“卡农”，为钢琴而作；巴迪克公司出版，1987年）

Op.30

No.1. *Sonate Nr.2* для виолончели и ф.-п.（1924）.10′ //Universal Edition，1925 ·（奏鸣曲第二号，为大提琴与钢琴而作，1924年，10分钟；通用出版公司，1925年）

No.2.*Sonate Nr.3* для виолончели и ф.-п.（1919-1926）. 9′ //Universal Edition，1928（奏鸣曲第三号，为大提琴与钢琴而作，1919—1926，9分钟；通用出版公司，1928年）

\LP：De Camera Magna SM 93718

Op.31

4 Romances для ф.-п.（1924）. 7′ //Universal Edition，1925（4首浪漫曲为钢琴而作，1924年，7分钟；通用出版公司，1925年）

Op.32

Ajanta-Fresken（"Ajanda′ s Frescoes"，"Фруски Фджанты"）. Балет（1923）30′ //Universal Edition，1933（阿旃陀的壁画，芭蕾，1923年，30分钟；通用出版公司，1933年）

Op.33

Concerto da camera для флейты，скрипки и камерного орк.（1924）.13′ // Schott，1925（室内间奏曲，为长笛，小提琴和小型乐队而作，1924年，13分钟；朔特公司，1925年）

Op.33a

Intermezzo（переложение II части Камерного концерта）для ф.-п.（1926）.

3′ // Schott，1927（间奏曲，根据室内乐协奏第二乐章改编，为钢琴而作，1926年，3分钟；朔特公司出版，1927年）

Op.34

Trio для скрипки и виолончели и ф.-п.（1925）. 7-8′ //Durand，1925（三重奏，为小提琴，大提琴与钢琴而作，1925年，7至8分钟；杜兰德公司出版，1925年）

\CD：Pro Arte CDD 303\LP：HMV CSD 3226*；De Camera Magna SM 92112；RCA RL 303 24；

Pro Musica PMT 201；Laurel Records LR109

Op.35

Ol-Ol. Опера（первоначальная редакция）в 3-х картинах（1924-1925）.58′ // Universal Edition，1926（奥莉—奥莉，三场歌剧，原版，1924—1925，58分钟；通用出版公司，1926年）

…………*Ol-Ol.* Опера（окончательная редакция）в 5-х картинах（1930）. 65′ //Universal Edition，1931（奥莉—奥莉，五场歌剧，终结版，1930年；通用出版公司，1931年 ）

Op.36

Streichquartett（Струнный квартет）Nr.1（1922）. 10′ // Schott，1925（弦乐四重奏，第一号，1922年，10分钟；朔特公司出版，1925年）

Op.36a

Musica sacra（переложение-с участием К.Ределя-Струнного квартета No.1 для Струнного орк.（1974）.10′ //Schott（圣乐，К·莱杰里参与的弦乐四重奏第一号改编版，为弦乐队而作，1974年，10分钟；朔特公司出版）

Op.37

No.1. *Ouverture* для камерного орк.（1921）. 8′ //Universal Edition，1927（序曲，为室内乐队而作，1921年，8分钟；通用出版公司，1927年）

………… No.2. *Mystere*（"Тайна"）для виолончели и камерного орк. 11′ //Universal Edition，1927（神秘，为大提琴与室内乐队而作，11分钟；通用出版公司，1927年）

\CD：Samatius Classics ACCD 1002

…………*Mystere* для виолончели и ф.-п.（1925）//Universal Edition，1927（神秘，为大提琴与钢琴而作，1925年；通用出版公司，1927年）

…………No.3. *Pour un entrainement de Boxe*（"Для занятий боксом"）· Prelude для камерного орк.（1922）.10′ //Universal Edition，1927（为拳击而作，前奏曲为室内乐队而作，1922年，10分钟；通用出版公司，1927年）

…………*Pour un entrainement de Boxe*（1964，новая редакция）（为拳击而作，1964年新版本）

………… No.3a. *Training*（"Тренировка"）.Балет（ 1922，≈ Op.37 No. 3）. 10′ //Universal Edition，1931（训练，芭蕾，1922年，改编自Op.37 No.3，10分钟；通用出版公司，1931年）

Op.38

Violoncelle bien tempere（"Хорошо темперированная виолончель"）· *12 Preludes* для виолончели и ф.-п.（1925-1926）. 25′ //Durand，1927（平均律大提琴，12首前奏曲为大提琴与钢琴而作，1925—1926，25分钟；杜兰德公司，1927年）

\LP：De Camera Magna SM 93718；Paradox

…………No.2，*4. Preludes* для виолончели и ударных（1925-1926，переложение）//Durand（4首前奏曲，为大提琴与打击乐而作，1925—1926，新版本；杜兰德公司出版）

…………No.3，9，10. *Preludes* для виолончели и струнных（1925-1926，переложение）//Durand（前奏曲，为大提琴与弦乐而作，1925—1926，新版本；杜兰德公司出版）

Op.39

Message（"Послание"）для ф.-п.（1926）.10′ //Universal Edition，1926（寄

语，为钢琴而作，1926年，10分钟；通用出版公司，1926年）

\CD：Newport Classic Digital NPD 85521

Op.39a

Voeux（Обеты）.6 пьес для ф.-п. 8′ //Durand，1926（誓愿，6首钢琴曲，8分钟；杜兰德公司出版，1926年）

\CD：Newport Classic Digital NPD 85521 \LP：Aulos Aul 53573

Без No. Op. *Pour la paix en Orient*（"За мир на Востоке"，1926，из Op.39a）. 2′（无编号作品，“为了东方和平”，1926年，改编自Op.39a，2分钟）

\CD：Newport Classic Digital NPD 85521

Op.40

Quatuor a cordes（Струнный квартет）No.2（1926）. 12′ //Durand，1927（弦乐四重奏第二号，1926年，12分钟；杜兰德公司出版，1927年）

\CD：Voxbox2 CDX 5071 \LP：HMV CSD 3226；Vox SVBX 5109

Op.41

Magna Mater для орк.（1926-1927）. 8-9 ′ //Universal Edition，1931（圣母玛格娜，为乐队而作，1926—1927，8到9分钟；通用出版公司，1931年）

Op.42

Symphonie No.1（1927）. 24′ //Durrand，1929（第一交响曲，1927年，24分钟；杜兰德公司出版，1929年）

…………*Scherzo*（из Симфонии No. 1）для ансамбля ударных инструментов（1927）. 3′ //Presser，1974（谐谑曲，改编自《第一交响曲》，为打击乐对而作，1927年，3分钟；普莱瑟公司出版，1974年）

Op.43

Elegie для скрипки и ф.-п.（1927）. 6′ //Durand，1928（哀歌为小提琴与钢琴而作，1927年，6分钟；杜兰德公司出版，1928年）

Op.44

Quintett для ф.-п. и струнных（1927）. 15′ //Universal Edition，1930（五重奏，为钢琴和弦乐而作，1927年，15分钟；通用出版公司，1930年）

\LP：HMD CSD 3226*

Op.44a

Tanz（переложение II части Квинтета）для ф.-п.（1928）.2′ //Bardic，1987（舞曲，由《五重奏》的第二乐章改编，为钢琴而作，1928年，2分钟；巴迪克公司出版，1987年）

Без № Op. *Vocalise-Etude* для высокого голоса и ф.-п.（1927）. 1′ //Leduc，1928（无编号作品，练声曲，为高音声部和钢琴而作，1927年，1分钟；莱杜克公司出版，1928年）

…………*Etude* для высокого голоса（или флейты）и ф.-п. //Belaieff，1980（练习曲，为高音声部或长笛和钢琴而作；别里亚耶夫公司出版，1980年）

Op.45

Die Hochzeit der Sobeide（"Свадьба Зобеиды"）.опера в 3-х картинах（1929-1930）1h40′ //Universal Edition，1931（早别依达的婚礼，三场歌剧，1929—1930，1小时40分钟；通用出版公司，1931年）

Op.45a

Festmusik（Праздничная музыка）для орк.（1930，сюита из Op.45）. 10′ // Universal Edition，1932（节日音乐，为乐队而作，1930年，根据Op.45改编的组曲，10分钟；通用出版公司，1932年）

\LP：Impromptu SM 191510

Op.46

Entretiens（"Переговоры"）для ф.-п.（1930）. 13′ //Durand，1931（交谈，为钢琴而作，1930年，13分钟；杜兰德公司出版，1931年）

Op.47

Concertino для гобоя，виолончели，ф.-п. и струнного орк.（1930-1931）. 16′ //Universal Edition，1931（小协奏曲，为双簧管、大提琴、钢琴与弦乐队而作，1930—1931，16分钟；通用出版公司，1931年）

…………*Concertino*（первоначальная версия）для 4-х скрипок，2-х альтов，2-х виол да гамба，2-х виолончелей，контрабаса и ф.-п.（1930）//Неопубл（小协奏曲，原始版本，为4把小提琴、2把中提琴、2把"大伽木巴"、2把大提琴、低音提琴与钢琴而作，1930年；未发表）

…………*Concertino*（новая версия）для кларнета，фагота，ф.-п. и струнных（1944）//Неопубл.（小协奏曲，新版本，为单簧管、大管、钢琴与弦乐而作，1944年；未发表）

…………*Trio concertante* для скрипки，виолончели и ф.-п.（1960）// Universal Edition，1974（三重协奏曲，为小提琴、大提琴与钢琴而作，1960年；通用出版公司，1974年）

…………*Triple Concertino* для скрипки，виолончели и ф.-п. и орк.（1965）// Universal Edition，1973（三重小协奏曲，为小提琴、大提琴、钢琴与乐队而作；通用出版公司，1973年 ）

\CD：Thorophon Capella CTH 2021

Op.48

Konzert Nr.3 для ф.-п. С орк.（1931-1932）. 17′ //Schott，1932（钢琴协奏曲第三号，1931—1932，17分钟；朔特公司出版，1932年）

\CD：Olympia OCD 439

Op.49

Duo для скрипки и виолончели（1932）. 12′ //Benno Balan，1933；Bote & Bock，1965.（二重奏，为小提琴和大提琴而作，1932年，12分钟；本诺·巴兰公司出版，1933年；波特·波克公司出版，1965年）

\CD：Chandos CHAN 8652\LP：HMV CSD 3226

Op.50

Russische Tanze для орк.（1933）. 10′ //Benno Balan，1935；Universal Edition（俄罗斯舞蹈，为乐队而作，1933年，10分钟；本诺·巴兰公司出版，1935；通用出版公司）

\CD：Marco Polo 8. 223380\LP：Colosseum SM 578

Без № Op. *Piano Method on the Pentatonic Scale*（Пентатонная школа игры на фортепиано，1934-1935）//Shanghai Commercialpress，1935.（无编号作品，钢琴五声音阶学习，1934—1935；上海商务印书馆，1935年）

Op.51

Etude de piano sur la gamme pentatonique（Обучение игре на фортепиано на основе пентатонной гаммы，1934-1935 ）.19′ //Heugel，1935（五声音阶钢琴练习曲，1934—1935，19分钟；海格尔出版，1935年）

…………No.1. *Premiere Suite*（Первый цикл，1934）. 7 пьес. 3′（第一组曲，1934年，7首小曲，3分钟）

…………No.2. *Deuxieme Suite*（Второй цикл，1934）. 7 пьес. 4′ 30″（第二组曲，1934年，7首小曲，4分30秒）

…………No.3. *Bagatelles chinoises*（"Китайские безделушки"，1935）.12 пьес. 11′ 30″（中国风格小曲集，1935年，12首小曲，11分30秒）

Op.52

Konzert-Etüden для ф.-п.（1934-1936）· 16′ ：1.Schattenspiel（"Театр теней"）；2.Die Laute（"Лютня "）；3.Widmung And China（"Посвящение Китаю"）；4.*Kasperlspiel*（"Гиньоль"）；5.Lobgesang（"Хвалебная песнь"）//Schott，1936（音乐会练习曲，为钢琴而作，1934—1936，16分钟，包括：1.皮影戏；2.诗琴；3.献给中国；4.木偶；5.赞歌。朔特公司出版，1936年）

\CD：Etcetera KTC 1033；Newport Classic Digital NPD 85521 \LP：Etcetera ETC 1033

Op.53

Technische Studien an der fünftstufigen Tonleiter（Пентатонные упражнения）для ф.-п.（1934-1936）// Peters，1936（五声音阶练习，为钢琴而作，1934—1936；彼得斯公司出版，1936年）

Без № Op. М. Мусоргский- А. Черепнин. *Женитьба*（"Die Heirat"）. Опера в 2-х действиях（1934-1936；А. Черепнин：IIдействие）. 1h5′ //Universal Edition，1938.（无编号作品，M·穆索尔斯基—A·车列普宁，结婚，两幕歌剧，1934—1936，A·车列普宁编写第二幕，1小时5分钟；通用出版公司，1938年）

Op.54

Der fahrende Schüler mit dem Teufelbannen（"Странствующий школяр, изгнавший беса"）. Балет（1937）. Клавир（перевоначальная оркестровка не сохранилась）. 26 ′ //Universal Edition，1938［流浪的学生放逐的魔鬼，芭蕾，1937年，钢琴所编版（原乐队配器版未保留下来），26分钟；通用出版公司，1938年］

…………*Der fahrende Schüler mit dem Teufelbannen*（1964，новая оркестровка）（流浪的学生放逐的魔鬼，1964年，新乐队配器版）

Op.55

Трепак（"Trepak"）. Балет（1937）. 40′ //Universal Edition，1938（特列帕克，芭蕾，1937年，40分钟；通用出版公司，1938年）

Без № Op. *Autour des montagnes russes*（"Американские горки"）для Ф.-п.（1937）. 4′ //Esching，1938（в альбоме "Exposition 1937"）［无编号作品，从俄罗斯山岗上飞来的鹰（美国的小山），为钢琴而作，1937年，4分钟；艾森公司出版，1938年，收于"1937年集萃集"中］

\CD：Noblesse CD 87008；Etcetera KTC 1061

Op.56

7 Etudes для ф.-п.（1938）. 9′ 30″ //Bellaieff，1938（7首钢琴练习曲，1938

年，9分30秒；别里亚耶夫出版公司出版，1938年）

\LP：EMI CVC 2124*（No.7）

Op.57

Suite georgienne（Грузинская сюита）для ф.-п.И струнного орк.（1938）. 20′ //Eschig，1940（格鲁吉亚组曲，为钢琴与弦乐队而作，1938年，20分钟；艾森公司出版，1940年）

…………*Suite georgienne* для ф.-п. в 4 ркки（1938）.（格鲁吉亚组曲，钢琴四手联弹，1938年）

…………*Suite georgienne* для 2-х ф.-п.（1952）//Eschig（Durand）[格鲁吉亚组曲，为双钢琴而作，1952年；艾森（杜兰德）公司出版]

…………*Dialogue*（переложение II части Грузинской сюиты）для ф.-п. соло（1952）. 4′ //Eschig（对话，根据《格鲁吉亚组曲》第二部分改编的钢琴独奏，1952年；艾森公司出版）

Op.58

Sonatina для литавр и ф.-п.（1939）. 7′ //Boosey & Hawkes，1940（小奏鸣曲，为定音鼓与钢琴而作，1939年，7分钟；布希・霍克斯公司出版，1940年）

…………*Sonatina* для 2-х или 3-х литвар и ф.-п.（1951，новая редакция）//Boosey & Hawkes，1951（小奏鸣曲，为两支或三支定音鼓和钢琴而作，1951年新版本；布希・霍克斯公司出版，1951年）

…………*Sonatina* для литавр и орк.（1954）//Boosey & Hawkes，1954（小奏鸣曲，为定音鼓与乐队而作，1954年；布希・霍克斯公司出版，1954年）

…………*Sonatina* для литавр и духового орк.（1963）//Boosey & Hawkes，1965（小奏鸣曲，为定音鼓与管乐队而作，1963年；布希・霍克斯公司出版，1965年）

Без № Op. *Sonatina* для кларнета и ф.-п.（1939）. 6′ //Schott，1980（无编号作品，小奏鸣曲，为单簧管与钢琴而作，1939年，6分钟；朔特公司出版，1980年）

Op.59

Trio для 3-х флейт（1939）.6′ //Belaieff，1950（三重奏，为3支长笛而作，1939年，6分钟；别里亚耶夫公司出版，1950年）

\LP：Corona SM 30 001

Op.60

Quatuor（Квартет）для 4-х флейт（1939）. 6′ //Belaieff，1950（四重奏，为四支长笛而作，1939年，6分钟；别里亚耶夫出版公司出版，1950年）

\LP：Arion 30 A 071；Musical Heritage Society 3072

Op.61

Trio для 3-х труб или 3-х кларнетов（1939）. 6′ //Marks，1952（三重奏，为三支小号或三支单簧管而作，1939年，6分钟；马克斯公司出版，1952年）

Op.62

Marsch для 3-х труб или 3-х кларнетов（1939）. 2′ //Marks，1958（进行曲，为三支小号或三支单簧管而作，1939年，2分钟；马克斯公司出版，1958年）

Op.63

Sonatine sportive для саксофона и ф.-п.（1939）. 6′ //Leduc，1943（嬉戏小奏鸣曲，为萨克斯与钢琴而作，1936年，6分钟；莱杜斯公司出版，1943年）

\LP：Telefunken 6. 42841 AZ；Fidelio 3401；London/Decca

…………*Sonatine sportive*（первоначальная версия）для фагота и ф.-п.（1939）//Leduc，1975（嬉戏小奏鸣曲，原始版，为巴松管与钢琴而作，1939年；莱杜斯公司出版，1975年）

…………*Sonatine sportive* для ф.-п.（1939）//Неопубл.（嬉戏小奏鸣曲，为钢琴而作，1939年，未出版）

Op.64

Anande для тубы или басового тромбона и ф.-п.（1939）. 6′ // Belaieff，1950（行板，为大号或低音长号与钢琴而作，1939年，6分钟；别里亚耶夫公司

出版，1950年）

\LP：RCA RL 303 21

Op.65

Pour petits et grands（Для маленьких и больших）.12 пьес средней трудности для ф.-п. в 2-х тетрадях（1940）. 25′ //Durand，1940（为低年级和高年级而作的两册共12首中等难度的钢琴曲集，25分钟；杜兰德公司出版，1940年）

Op.66

Chant et refrain（"Запев и припев"）для ф.-п.（1940）. 4′ 30″ //Durand，1940（引子和副歌，为钢琴而作，1940年，4分30秒；杜兰德公司出版，1940年）

\CD：Etcetera KTC 1033\LP：Etcetera ETC 1033

Без № Op. *Дионис* Мифологический балет（1940）. ~17′ //Неопубл.（无编号作品，第奥尼斯，神话芭蕾舞剧，1940年，大约17分钟；未发表）

Без № Op. *Стенька Разин*（"La legende de Razine"）. Балет（1940-1941）.50′ // Belaieff，1945（斯金卡·拉曾，芭蕾舞剧，1940—1941，50分钟；别里亚耶夫公司出版，1945年）

Без № Op. *Suite populaire russe*（Русская народная сюита）для малого орк.（1941）. 6′ //Bessel，1949（俄罗斯民间组曲，为小型乐队而作，1941年，6分钟；贝赛尔公司出版，1949年）

Без № Op. *Badinage*（"Шутка"）для ф.-п.（1941）. 4′ //Lyche，1947（无编号作品，笑话，为钢琴而作，1941年，4分钟；路车公司出版，1947年）

Без № Op. *Невский проспект*（1942-1943）. 13′ 30″ //Неопубл.（无编号作品，涅瓦街，1942—1943，13分30秒；未发表）

Без № Op. *Vivre d'Amour*（"Жить любовью！"）. Кантата для солистов，хора，органа и орк·（1942）. ~6′ // Belaieff（无编号作品，为爱而活，康塔塔——为独唱、合唱、管风琴与乐队而作，约6分钟；别里亚耶夫公司出版）

Op.67

Romantic Overture для орк.（1942-1951，сокращенная версия "Невского проспекта").

9′ //Schirmer，1955（浪漫的前奏曲，为乐队而作，1942—1951，《涅瓦街》的缩编版，9分钟；西莫尔公司出版，1955年）

Op.68

Melodies для сопрано или тенора и ф.-п.（1943）.5′ //Durand，1946（旋律，为女高音或男高音与钢琴而作，1943年，5分钟；杜兰德公司出版，1946年）

Без № Op. *Atlantide*（"Атлантида"）. Балет с французским текстом（1943）.// Неопубл.（рукопись не сохранилась）（无编号作品，亚特兰迪达，芭蕾与法语台词，1943年；未发表，手稿未保存下来）

Без № Op. *Valse orientale* для ф.-п.，флейты，ксилофона и струнных（~1943）. 6′ //Неопубл.（无编号作品，东方圆舞曲，为钢琴，长笛、木琴与弦乐而作，约1943年，6分钟；未发表）

Op.69

Enfance de St.Nino（"Детство св.Нино"）для орк.（1943-1944）. 10′ // Templeton，1956（圣尼诺的童年，为乐队而作，1943—1944，10分钟。坦普尔顿公司出版，1956）

Без № Op. *Polka* для ф.-п.（1944）. 2′（无编号作品，钢琴波尔卡，1944年，2分钟）

…………*Polka* для орк·（1955）（波尔卡，为乐队而作，1955年）

Op.70

Mouvement perpetuel（"Вечное движение"）для скрипки и ф.-п.（1944）. 9′ // Durand，1946（无穷动，为小提琴与钢琴而作，1944年，9分钟。杜兰德公司出版，1946年）

Op.71

7 Songs on Chinese Poems（7 несен на китайские стихи）для сопрано или тенора и ф.-п.（1945）. 12′ //Belaieff，1956（根据7首中国诗歌而作的歌曲，为女高音或男高音和钢琴而作，1945年，12分钟；别里亚耶夫公司出版，

1956年）

\LP：EMI Pathe Marconi 2C 065 14028*；Irmac 6517

Op.72

Pan Keou. Кантакт（1945）（译注："主人柯欧"，康塔塔，1945年）

…………*The Nemph and the Farmer*（"Нимфа и крестьянин"）. Опера в 2-х картинах（1952，новая оркестровка кантаты "Pan Keou"）. 40′ //Boosey & Hawkes？1963（仙女和农夫，2场景歌剧，1952年，康塔塔"主人柯欧"新版配器，40分钟。布希霍・克斯公司？1963年）

Без № Op. *Dejeuner sur l'herb*（"Завтрак на траве"）. Балет на темы Й・Ланнера（1945）・// Неопубл.（无编号作品，草地上的早餐，芭蕾舞剧，根据Й・拉涅尔德主题而作，1945年，未出版）

Op.73

Двенацать（"Les Douze"）для чтеца и малого орк.（1945）. 16′ //Belaieff, 1946（12首为朗诵和小型乐队而作的乐曲，1945年，16分钟；别里亚耶夫公司出版，1946年）

…………*Двенацать* для чтеца и ф.-п.（1945）. //Belaieff（12首为朗诵和钢琴而作的乐曲，1945年，别里亚耶夫公司）

Op.74

Jeu de la Nativite（"Рождественское представление"）. Кантата для 2-х сопрано，тенора，баса，струнного квинтета и ударных（1945）. 30′ // Belaieff，1947，1952（圣诞节演出，康塔塔——为2位女高音、男高音、男低音、弦乐五重奏与打击乐器而作，1945年，30分钟；别里亚耶夫公司出版，1947，1952年）

…………*Jeu de la Nativite* для солистов，хора，струнного орк. и ударных（圣诞节演出，为独唱、合唱、弦乐队与打击乐器而作）

…………*Jeu de la Nativite* для голоса и ф.-п.（圣诞节演出，为嗓音和钢琴而作）

Без № Op.2 *Songs* для высокого голоса и ф.-п.（1945）.2′ //Chester，1952（无

编号作品，2首为高音声部和钢琴而作的歌曲，1945年，2分钟；切斯特公司出版，1952年）

Без № Op.*Vendeur des papillons*（"Продавец бабочек"）. Балет（~1945）// Неопубл.（无编号作品，卖蝴蝶的人，芭蕾舞剧，约1945年；未发表）

Без № Op. *Шота Руставели.* Балет，II акт（1945-1946）. 60′ //Неопубл.（无编号作品，"邵塔·卢斯塔维利"，2幕芭蕾舞剧，1945—1946，60分钟；未发表。）

…………*Suite de ballet* для 2-х ф.-п.и ударных（1946，переложение）.~20′ // Belaieff，1982（芭蕾组曲，为两架钢琴与打击乐而作，1946年改编版，约20分钟；别里亚耶夫公司出版，1982年）

Op.75

Le monde en vitrine（"Мир в витрине"；"Showcase"）для ф.-п.（1946）. 15′ // Boosey & Hawkes，1948（世界之窗，为钢琴而作，1946年，15分钟；布希·霍克斯公司出版，1948年）

\LP：Music Library MLR 7098

Без № Op. *Rondo a la russe* для ф.-п.（1946）. 3′ //Gerig，1976（无编号作品，俄罗斯回旋曲，为钢琴而作，1946年，3分钟；格里克公司出版，1976年）

Op.76

Suite для виолончели соло（1946）. 6′ //Durand，1948（组曲，为大提琴独奏而作，1946年，6分钟；杜兰德公司出版）

\LP：HMV CSD 3226；Columbia（Japan）（UDI 4）40x-9022-ND

Op.77

Symphony No.2（1947-1951）. 27′ //A.M.P.，1957（第二交响曲，1947—1951，27分钟；A.M.P.出版，1957年）

\LP：Louisville LS-645；RCA Gold Seal GL 25059

Без № Op. *L'ecolier parasseux-The Lazy Scholar*（"Ленивый ученик"）. Народная песня（на фр. и англ. яз.）. Для голоса и ф.-п.（~1947）. 2′ //

Неопубл.［无编号作品，懒惰的学者，民族歌曲（法语和英语），为人声与钢琴而作，约1947年，2分钟；未发表］

Без № Op. *Javais mal*（"Я болел"）. Французская народная песня. Для голоса и ф.-п.（~1947）. 2′ //Неопубл.（无编号作品，我病了，法国民间歌曲，为人声与钢琴而作，约1947年，2分钟；未发表）

Op.78

Concerto No.4（Fantaisie）для ф.-п. с орк.（1947）. 27′ //Hinrichsen，1949［钢琴协奏曲第四号（幻想曲），1947年，27分钟；亨瑞奇森公司出版，1949年］

\CD：Olympia OCD 440

Op.79

La femme et son ombre（"Женщина и её тень"）. Балет（1948）· 30′ //A.M.P.，1948（女人和她的影子，芭蕾舞剧，1948年，30分钟；A.M.P.公司出版，1948年）

Op.79a

Japanese Suite для орк.（1948，из Op. 79）. ~15′ //Неопубл.（日本组曲，为乐队而作，1948年，根据Op.79改编，约15分钟；未出版）

Без № Op. *La Quatrieme*（"Четвертая республика"）для ф.-п.（1948-1949）. 3′ //Heugel-Leduc，1954（无编号作品，第四共和国，为钢琴而作，1948—1949；海格尔-莱杜克公司出版，1954年）

Op.80

Symphonic March для орк.（1951）. 6′ //Leeds，1956（交响进行曲，为乐队而作，1951年，6分钟；利兹公司出版，1956年）

\LP：RBM 3052

…………*Symphonic March* для духового орк.（1954）//Неопубл.（交响进行曲，为管乐队而作，1954年，未发表）

\LP：Disques Serp MC 7040

Op.81

Expressions для ф.-п.（1951）. 15′ //Leeds，1951（表达，为钢琴而作，1951年）

\LP：Misic Library MLR 7072；Orion ORS 78329；EMI CVC 2124*

Op.82

Songs Without Words（Песни без слов）для ф.-п.（1949-1951）. 11′ //Peters，1953（无词歌，为钢琴而作，1949—1951，11分钟；比德斯公司出版，1953年）

\CD：Newport Classic Digital NPD 85521 \LP：Orion ORS 78329

Op.83

Symphony No.3（1952）.28′ //Templeton，1955（第三交响曲，1952年，28分钟；坦普尔顿公司出版，1955年 ）

CD：Thorophon Capalla CTH 2021

Op.84

Songs and Dances для виолончели и ф.-п.（1953）//Belaieff，1955（歌曲和舞蹈，为大提琴与钢琴而作，1953年；别里亚耶夫公司出版）

Op.85

12 Preludes для ф.-п.（1952-1953）. 25′ //Marks，1956（12首前奏曲，为钢琴而作，1952—1953，25分钟；马克斯公司出版，1956年）

\LP：Music Library MLR 7072

…………*12 Preludes* для ф.-п.（1972，новая редакция）//Belaieff，1972（12首前奏曲，为钢琴而作，1972年新版本；别里亚耶夫公司出版）

\LP：Orion ORS 78329

Op.86

Concerto для губной гармоники с орк.（1953）. 28′ // A.M.P.，1956（协奏曲，为口琴与乐队而作，1953年，28分钟；A.M.P.出版，1956年）

\CD：Urania US 5146 CD

…………*Concerto* для губной гармоники с ф.-п.（переложение）（协奏曲，为口琴与钢琴而作，改编版）

Op.87a

Бездна（"Le gouffre"）. Балет（1949）. 30′ //Peters，1954（深渊，芭蕾舞剧，1949年，30分钟；比德斯公司出版，1954年）

Op.87b

Rondo для 2-х ф.-п.（1952）. 3′ 30″ //Peters，1957（回旋曲，为双钢琴而作，1952年，3分30秒；比德斯公司出版，1957年）

Op.87

Suite для орк.（1953，из Op.87a и Op. 87b）.18′ //Peters，1954（组曲，为乐队而作，1953年，改编自Op.87a 和Op.87b，18分钟；比德斯公司出版，1954年）

\CD：Marco Polo 8.223380 \LP：Louisville LOU 545-2；Colosseum SM 560

Без № Op. *La colline des fantomes*（"Холм призраков"）. Балет（1953）. 26′ / Неопубл.（无编号作品，幽灵山，芭蕾舞剧，1953年，26分钟；未发表）

Op.88

8 Pieces для ф.-п.（1954-1955）. 13′ //Presser，1957（8首钢琴曲，1954—1955，13分钟；普莱瑟公司出版，1957年）

\CD：Etcetera KTC 1033

\LP：Aulos Aaul 53573；Etcetera ETC 1033；Arion ARN 38263；Musical Heritage Society 3617；EMI CVC 2124*（No. 4，8）

Op.89

The lost Flue（"Потерянная флейта"）для чтеца и орк. и ударных（1954）. 42′ //Templeton，1956（失落的长笛，为朗诵、乐队和打击乐而作，1954年，42分钟；坦普尔顿公司出版，1956年）

…………*The lost Flue*（сокращенная версия）для чтеца，ф.-п. и ударных

（1955）. 22 и 18′ //Templeton，1956［失落的长笛（缩减版），为朗诵、钢琴与打击乐而作，1955年，22或18分钟；坦普尔顿公司出版，1956年］

Без № Op. *Pastorale* для ф.-п.（1955，переложение Интродукции к "Потерянной флейте"）//Belaieff（无编号作品，牧歌，为钢琴而作，1955年，根据《失落的长笛》改编的前奏曲；别里亚耶夫公司出版）

Без № Op. *17 Piano Pieces for Beginners*（1954-1957）//Summy & Brichard，1955，1957（无编号作品，"17首入门钢琴曲"，1954—1957；萨米-布里查尔德公司出版，1955、1957年）

Op.90

Divertimento для орк.（1955-1957）. 25′ //Boosey & Hawkes，1966（嬉游曲，为乐队而作，1955—1957，25分钟；布希-霍克斯公司出版，1966年）

Op.91

Symphony No.4（1957）. 25′ //Boosey & Hawkes，1959（第四交响曲，1957年，25分钟；布希-霍克斯公司出版，1959年）

\CD：Marco Polo 8.223380\LP：Colosseum SM 551

Без № Op. *Exploring the Piano*（"Исследование"）. 12 лёгких пьес для ф.-п. в 4 руки（1958）.6′ //Summy & Brichard，1959（钢琴探索，12首四手联弹小曲，1958年，6分钟；萨米-布里查尔德公司出版，1959年）

Op.92

Georgiana（"Картвелиана"）. Сюита для орк. из балета "Шота Руставели"（1959）. 18′ //Eulenberg，1959（乔治亚娜，组曲，为乐队而作，改编自芭蕾舞剧《邵塔·鲁斯塔维利》，1959年，18分钟。欧伦布尔格出版，1959年）

\LP：Lyricord 7103

Op.93

Symphonic Prayer（Симфоническая молитва）для орк.（1959）. 9′ //Belaitff，1960（交响祈祷，为乐队而作，1959年，9分钟；别里亚耶夫公司出版，1960年）

\LP：Colosseum SM 543

Без № Op. *Trio* для флейты，скрипки и виолончели（1960）. 10′ //Amadeus，1977（无编号作品，三重奏，为长笛，小提琴与大提琴而作，1960年，10分钟；阿玛迪斯公司出版，1977年）

Без № Op. *Fanfare* для медных духовых и ударных（1961）. 6′ //Boosey & Hawkes，1964（无编号作品，铜管与打击乐合奏，1961年，6分钟；布希-霍克斯公司出版，1964年）

\LP：Unicorn RHS 339

Без № Op. Partita для аккордеона соло（1961）. 6′ //Pagani，1962（无编号作品，变奏曲，为手风琴独奏而作，1961年，6分钟；帕格尼公司出版，1962年）

\LP：Supraphon 0 11 0238；Kaibala

Op.94

Sonata No.2 для ф.-п.（1961）. 12′ //Boosey & Hawkes，1962（奏鸣曲第2号，为钢琴而作，1961年，12分钟；布希-霍克斯公司出版，1962年）

\CD：Newport Classic Digital NPD 85521 \LP：Aulos Aul 53537；German Columbia SMC 80 970

Без № Op. *Processional and Recessional* для органа（1962）. 9′ //Peters，1965（无编号作品，为游行和退场而作的赞美歌，为管风琴而作，1962年，9分钟；比德斯公司出版，1965年）

\LP：De Camera Magna SM 932 58

Op.95

7 Chinese Folk Songs для баса или сопрано и ф.-п.（1962）. 15′ //Gerig，1967（7首中国民歌，为男低音或女高音和钢琴而作，1962年，15分钟；格里克公司出版，1967年）

Op.96

Concerto No.5 для ф.-п. с орк.（1963）. 21′ // Belaieff，1964（钢琴协奏曲第5号，1963年，21分钟；别里亚耶夫公司出版，1964年）

\CD：Olympia OCD 440 \LP：Deutsche Grammophon 139379*；RBM 3016

Op.97

Serenade для струнных（1964）.16′ //Kunzelmann，1966（弦乐小夜曲，1964年，16分钟；空策尔曼公司出版，1966年）

\LP：MHS 3752；Impromptu SM 191506

Op.98

Vomß und Ernst（"О смешной и серьёзном"）. Кантата для контральто или баса и струного орк.（1964）. 21′ //Gerig，1966（滑稽和庄重，康塔塔——为女低音或男低音与弦乐队而作，1964年，21分钟；格里克公司出版，1966年）

\LP：Pick 70 119

Op.99

Concerto No.6 для ф.-п. С орк.（1965）. 24′ //Belaieff，1967（钢琴协奏曲第六号，1965年，24分钟；别利亚耶夫公司出版，1967年）

\CD：Olympia OCD 439

Op.100

Suite для клавесина（1966）. 8′ //Peters，1966（大键琴组曲，1966年，8分钟；比德斯公司出版，1966年）

\LP：Wergo S34 60028

Op.101

Sonata da chiesa для виолы да гамба и органа（1966）. 15′ //Simrock，1969（教堂奏鸣曲，为伽木巴和管风琴而作，1966年，15分钟；希姆洛克公司出版，1969年）

…………*Sonata da chiesa* для виолы да гамба в сопровождении флейты, струнных и клавесина（1967）//Simrock，1970（教堂奏鸣曲，为以长笛，弦乐与大键琴为伴奏的伽木巴而作，1967年；希姆洛克公司公司出版，1970年）

Op.102

Mass（Месса，текст на англ. Яз.）для 3-х женских голосов без инструментального сопровождения（1966）. 5′ 30″ //Peters，1967（弥撒，为无乐器伴奏的三位女声而作，1966年，5分30秒；比德斯公司出版，1967年）

Без № Op. Tsigane для аккордеона соло（1966）. 2′ 30″ //Pietro Deiro，1968（无编号作品，茨冈人，手风琴独奏，1966年，2分30秒；彼得罗·戴罗公司出版，1968年）

Op.103

6 Liturgical Chants（6 литургических песнонений）для смешанного хора a cappella（1967）. 18′ 55″ //Peters，1969（6首礼仪圣歌，无伴奏混声合唱，1967年，18分55秒；比德斯公司出版，1969年）

Op.104

4 Russian Folksongs（1967）. 9′ 55″ //Peters，1969（4首俄罗斯民歌，1967年，9分55秒；比德斯公司出版，1969年）

Без № Op. *Ein kleines Lied*（Песенка）для высокого голоса и ф.-п.（~1967）. 1′ //Неопубл.（小歌，为高音与钢琴而作，约1967年，1分钟；未发表。）

Без № Op. *Invention* для аккордеона соло（1967）.3′ 30″ //Pagani，1969（创意曲，手风琴独奏，1967年，3分30秒；帕格尼公司出版，1969年）

Без № Op. *Сказка об Иване-Лураке*（музыка к радиопостановке）для чтецов，солистов，хора，орк. и электронных звучаний（1968）. 45′ // Неопубл.（无编号作品，傻子伊万的故事（音乐广播剧），为朗诵、独唱、合唱、乐队与电子音响而作，1968年，45分钟。未发表）

Без № Op. *Ascension*（"Вознесение"）для ф.-п.（1969）. 1′ //Choudens，1970（в альбоме "Nouveaux Musiciens"，vol・3）［耶稣升天，为钢琴而作，1969年，1分钟；邵登斯公司出版，1970年；收入《新音乐》vol. 3）集中］

Op.105

Brass Quintet（Квинтет для медных духовых，1970）. 10′ 30″ //Peters，1972（铜管五重奏，1970年，10分30秒；比德斯公司出版，1972年）

\LP：Crystal S 207；RCA RL 303 21

Op.106

Russian Sketches（Русские эскизы）для молодежного орк.（1971）. //M.C.A.（俄罗斯素描，为青年乐队而作，1971年；M.C.A.出版）

…………*Russian Sketches* для духового орк.（1977）. //M.C.A.（俄罗斯素描，为管乐队而作，1977年；M.C.A.出版）

Без № Op. *Baptism Cantata*（Баптистская кантата）для солистов，детского хора，Блок-флейты，поперечных флейты，струнных и органа с участием прихожан（1972）3′ //Неопубл.（无编号作品，洗礼康塔塔，为独唱、童声合唱、排箫、横笛、弦乐、管风琴与教友共同参与而作，1972年，3分钟；未发表）

Без № Op.*4 Caprices diatoniques* для（кельтской）арфы（1973）. 4′ //Belaieff（无编号作品，4首自然音阶随想曲，为竖琴而作，1973年，4分钟；别里亚耶夫公司出版）

\LP：Arion 382 45；Colosseum Col 9002

Op. 107（посм.）

Woodwind Quintet（Квинтет для деревянных духовых，1976）//Peters，1984（木管五重奏，1976年；比德斯公司出版，1984年）

Без № Op.*2 Pieces for Children*（2 пьесы для детей，1976）. 1′ //Willis，1977（в альбоме "Piano Compositions U.S.A."）[无编号作品两首为儿童创作的乐曲，1976年，1分钟；威利斯公司出版，1977年；收入《美国作品集》]

Op. 108（посм.）

Duo для 2-х флейты（1977）. 12′ //Belaieff，1978（长笛二重奏，1977年，12分钟；别里亚耶夫公司出版，1978年）

Без № Op. / Op.109

Опивочки（Gradus ad Parnassum）. Около сорока пьесок для ф.-п.（1975-1977）. ~35′ //Неопубл.（无编号作品/Op.109，琐碎小曲集，将近40首钢琴小曲，1975—1977年，约35分钟；未发表）

\CD：Etcetera KTC 1033（No. 3，4，9，11，17，37）

\LP：Etcetera ETC 1033（No. 3，4，9，11，17，37）

---

1. Оперы（歌剧）：Op. 35，45，72；"Жунитьба"（婚姻），II действие（第二幕），1936。
2. Балеты（芭蕾舞剧）：Op. 32；Op. 37，№ 3a；Op. 54；Op. 55；Op. 79；Op.87a；"Дионис"（吉奥尼斯），1940；"Стенька Разин"（斯金卡・拉曾），1941；"Атлантида"（亚特兰迪达），1943；"Продавец бабочек"（卖蝴蝶的人），1945；"Завтрак на траве"（草地上的早餐），1945；"Шота Руставили"（邵塔・鲁斯塔维利），1946；"Холм призраков"（幽灵山），1953。
3. Для орк.（乐队作品）：Op. 36a，37，41，42，45a，50，67，69，77，79a，80，83，87，90，91，92，93，97，106；Русская народная сюита（俄罗斯民间组曲），1941；Полька（波尔卡），1944。
4. Для ф.-п. с орк.（钢琴与乐队作品）：Op.5，12，26，48，57，78，96，99。
5. Для других солирующих инструментов с орк.（其他独奏乐器与乐队作品）：Op.25；Op.33；Op.37，No.2；Op.37，No.3；Op.47；Op.58；Op.86；Романс（浪漫曲），1922。

附录四　原著注释

[1] *Freedman G.A.* Tcherepnin：Spanning the Generation：An interview // Music Jornal，N.Y.，XXXIV，1976. Sept.

[2] Об этом см.：*Корабельникова Л.* Exegi monumentum // Музыкальная жизнь，1997 № 9.

[3] См.：*Korabelnikoba L.* Un premier apercu sur les archives de Niocolas et Alexandre Tcherepnine（en parcourant les journaux intimes d' Alexandre Tcherepnine）//Mitteilungen der Paul Sacher Stiftung，Basel，1997，№ 10.

[4] ГЦММК，Ф.375，№ 943

[5] Там же，№ 944.

[6] *Reich W.* Alexander Tcherepnin. 2.Aufl. Bonn：M. P.Belaieff 1970.

[7] Alexander Tcherepnin：A compendium / By Benjamin Folkman. Including a newly annotated first English-language edition of *A. Tcherepnin* by Willi Reich translated from the German by Mosco Carner，Marjorie Glock and Benjamin Folkman and extensive supplementary biographical and analytical material with numerous extracts from the composer's own published and unpublished writings. New York：The Tcherepnin Society，Inc.，1995.

[8] *Arias E.A.* Alexander Tcherepnin：A Boi-Bibliograph // Bio-bibliographies in Musik. Number 8，Green Wood Press，USA，1989.

[9] 特别是在前不久刚出版的学术著作《俄罗斯音乐与20世纪》（Русская музыка и XX век，1998年，莫斯科；编著者为艺术理论博士、教授

М.阿兰诺夫斯基；笔者在该书中也撰写了某些章节）一书中，证实了这种从整体上进行研究的现实意义。许多分析结果涉及调式和声体系、曲式、题材和旋律学诸领域，展示出它们各自的起源和外在特征，并对音乐作品进行了比较，包括对A.车列普宁的音乐创作和其音乐特征的研究。

[10] *Slonimsky N.*Alexander Tcherepnin septuagenarian // Tempo，1968/69，№ 87. В других мемуарных текстах А. Черепнин прямо указывает на более раннее знакомство с нотной грамотой.

[11] *Slonimsky N.* Music since 1900. N.Y.，1971. Приложенный к этому изданию Словарь музыкальных терминов XX в. включает краткое описание техники композиции А.Черепнина.

[12] *Скидан А.* Александр Черепнин // Новый журнал，Нью-Йорк. 1978，кн. 132.

[13] *Freedman G. A.*Alexander Tcherepnin：Spanning the Generation：An Interview //Music Journal XXXIV（Sept.1976），N.Y.

[14] А. Черепнин — Г. М. Шнеерсону. 2 апреля 1972，Бэх. // ГЦММК，ф. 375，№ 954.

[15] Об этом см.：*Климовицкий А.*《Люди должны знать，что я хочу сказать！》：Шёнберг в Петербурге // Музыкальная академия，1995，№ 4—5；1996，№ 1.

[16] Цит. по первой публикации в кн.：В.Г.Каратыгин：Жизнь. Деятельность. Статьи и материалы. Л.，1927［на обложке работы А. Остроумовой-Лебедевой — 1926］. С. 232.

[17] Arias E. A. Alexander Tcherepnin：A Bio-Bibliography// Bio-bibliographies in Music. Number 8. N. Y：Greenwood Press，1989.

[18] А. Черепнин — В. А. Киселеву. 2 мая 1968 г.，Нью-Йорк // РГАЛИ，ф. 2985，оп. 1，ед. хр. 391，л. 50. Об отношениях с В. М. Беляевым и статье последнего см.：Корабельникова Л. Долгие странствия Александра Черепнина（рубрика《Забытые имена》）// Музыкальная

жизнь，1997，№ 9.

[19] *Каратыгин В. Г.* Памяти Н. А. Соколова // Орфей，Петербург，1922，кн. 1-я. С. 119.

[20] А. Черепнин — В. А. Киселеву. 24 июня 1971 г.，Нью-Йорк // РГАЛИ，ф. 2985，оп. 1，ед. хр. 392，л. 11.

[21] РГАЛИ，ф. 2642，оп. 1，ед. хр. 445，л. 1.

[22] Там же，ф. 2985，оп. 1，ед. хр. 392，л. 53.

[23] *Гаук А. В.* Мемуары. Избранные статьи. Воспоминания современников. М.，1975. С. 31.

[24] Там же. С. 30，111.

[25] *Прокофьев С. С.* Автобиография. Изд. 2-е. М.，1982. С. 338，412.

[26] Там же. С. 409—410.

[27] *Каратыгин В. Г.* Новейшие течения в западноевропейской музыке // Северные записки，1913，декабрь.

[28] 《Что вы думаете о Солнце? 》— альбом автографов，принадлежащий С. С. Прокофьеву，1916—1921 // Советская музыка，1963，№ 3. С. 49；публикация М. Г. Козловой.

[29] ГЦММК，ф. 375，№ 961.

[30] *Савенко С.* Музыка Стравинского в стилистическом пейзаже эпохи // Искусство XX века：уходящая эпоха? Т. 1. Н. Новгород，1987. С. 179.

[31] *Гумилев И.* Наследие символизма и акмеизм // Аполлон，1913，№ 1；Горадецкий С. Некоторые течения в современной русской жизни // Там же.

[32] *Стернин Г. Ю.* Парижские《Художественные письма》Александра Бенуа // Бенуа А. Художественные письма. 1930—1936. Газета《Последние новости》，Париж. М.，1997. С. 5.

[33] *Стернин Г. Ю.* О ранних годах《Мира искусства》// Стернин Г. Ю. Русская художественная культура второй половины XIX — начала XX века：Исследования. Очерки. М.，1984. С. 155.

[34] *Добужинский М. В.* Воспоминания. М.，1987. С. 209.

[35] А. Н. Черепнин — Г. Б. Бернандту. 21 января 1970 г.，Нью-Йорк // ГЦММК，ф. 449，№ 287.

[36] А. Н. Черепнин — Г. М. Шнеерсону 2 июля 1977 г.，Марлоу // ГЦММК，ф. 375，№ 958.

[37] Там же，№ 920.

[38] ГЦММК，ф. 449，№ 1150，13 декабря 1969 г.

[39] 关于A.车列普宁梯弗里斯时期的音乐评论文章我们就不再逐一注明出处（况且有许多我们所知的材料只来源于未注明日期的剪报上，*P.S.S.*）。为了Г.П.贝尔南多（与И.М.亚姆波利斯基一起）编纂图书目录辞典《谁在写有关音乐》，第三卷，作曲家曾把这些文章的目录寄给了他，它们几乎全部被收录进了该出版物中。

[40] *Цулукидзе Т.* Всего одна жизнь. Тбилиси，1983. С. 82—83.

[41] *С. Г.* [С. Городецкий]. Цех поэтов // Ars，1919，№ 1，с. 81

[42] *Львов Як.* На лекции В. Каменского // Кавказское слово，1919，16 мая.

[43] ГЦММК，ф. 375，№ 897

[44] *Выгодский* Н. Alexandre Tscherepnine. Bagatelles. 10 pieces pour Piano. Paris：Heugel，[1923]；Alexandre Tscherepnine. Nocturne etDanse pour Piano. Op.2 № 1，2. Лейпциг：М. П. Беляев，1922；Александр Черепнин. Токката d-moll. Op. 1. Лейпциг：М. П. Беляев，1922. К Новым берегам，1923，№ 3.С.54—55.

[45] *В. А[нанов]*. Концерт Александра Черепнина. 22 мая. Зал Консерватории（газетная вырезка，надпись от руки《Кавк. слово》，1919. — P.S.S.）.

[46] *Ананов В.* Концерт Александра Черепнина. 6 ноября. Зал консерватории（газетная вырезка，надпись от руки《1920》. — P.S.S.）

[47] Приводится по экземплярам，имеющимся в Библиотеке Московской консерватории.

[48] ГЦММК，ф. 449，№ 1133.

[49] *Гартман Ф.А.* Об употреблении ударных инструментов в оркестре // Музыка, 1912, № 80, 82.

[50] Цит. по: *Струве Г.* Русская литература в изгнании: Опыт исторического обзора зарубежной литературы. Изд. 3-е, испр. и доп. М.; Париж, 1996. С. 22.

[51] Одна или две литературы? Лозанна, 1983.

[52] *Казак В.* Лексикон русской литературы XX века. М., 1996.

[53] Культурное наследив российской эмиграции. 1917—1940: В 2 кн. М., 1994; *Северюхин Д. Я.*, *Лейкинд О. Л.* Художники русской эмиграции. 1917—1941: Биографический словарь. СПб., 1994; Русское Зарубежье. Золотая книга эмиграции. Первая треть XX века // Энциклопедический биографический словарь / Под общ. ред. В. В. Шелохаева. М., 1997; Русское Зарубежье: Хроника научной, культурной и общественной жизни. 1920—1940: Франция. Т. 1—4. Под общ. ред. Л. А. Мнухина. М.; Париж, 1995—1997.

[54] *Раев М.* Россия за рубежом: История культуры русской эмиграции. 1919—1939. М., 1994.

[55] *Schloegel K.* (Hrsg.) Der groBe Exodus: Die russische Emigration und ihre Zentren. 1917 bis 1941. MUnchen, 1994.

[56] *Ковалевский П. Е.* Зарубежная Россия: История и просветительская работа за полвека. 1920—1970. В 2 т. Париж, 1971, 1973; Гуль Р. Я унес Россию: Апология эмиграции. Т. 1: Россия в Германии. Нью-Йорк, 1981; Т. 2: Россия во Франции. Нью-Йорк, 1984.

[57] *Щербачев В. В.* Статьи. Материалы. Письма. Л., 1985. С. 161, 126, 111, 131.

[58] Музыкальный отдел Национальной библиотеки Франции. Париж. Архив П. П. Сувчинского.

[59] РГАЛИ, ф. 2512, оп. 1, ед. хр. 378, л. 3.

[60] См.: Краткий путеводитель по бывшему спецхрану Российского гос.

архива литературы и искусства. М.; Париж, 1994.

[61] РГАЛИ, ф. 2476, оп. 1, ед. хр. 46.

[62] В. [Вальтер]. Концерт А. Черепнина // Последние новости, 1924, 12 ноября.

[63] *Шлёцер В.* Музыкальные заметки // Последние новости, 1924, 30 января; Музыкальные наброски // Там же, 1925, 16 февраля.

[64] *Купер Э. А.* Незаконченная биография музыкальной карьеры. ГЦММК, ф. 834, № 1, л. 178.

[65] *Поль В.* Сказание о граде Китеже // Возрождение, 1924, № 1363.

[66] Возрождение, 1934, 9 декабря.

[67] *Шмурло Е. Ф.* Что такое День русской культуры // Зодчие русской культуры: Сборник статей. Прага, 1926. С. 9, 19.

[68] Об этом: *Корабельникова Л.* Чайковский в самосознании русского Зару-бежья 20—30-х годов // П. И. Чайковский: К 100-летию со дня смерти (1893—1993): Научные труды Московской государственной консерватории. Сб. 12. М., 1995.

[69] Последние новости, 1936, 23 и 30 мая.

[70] *Сабанеев Л.* Музыкальное творчество в эмиграции // Современные записки, Париж, 1937, № 64. С. 394—409.

[71] *Сабанеев Л.* Творческий кризис в музыке // Там же, 1938, № 67. С. 385—396.

[72] Рассказывает Александр Черепнин // Советская музыка, 1967, № 8. С. 130—131.

[73] *Cegiella J.* Dziecko szcz§scia: Aleksander Tansman i jego czasy. Lodz, 1996. S. 89.

[74] Там же, с. 163—165. Впервые этот текст А. Тансмана опубликован: Muzyka, 1967, № 157. S. 22—25.

[75] *Cegiella J.* Op. cit. S. 163.

[76] *Prunieres H.* Les tendances actuelles de la musique // La Revue musicale,

1936, 166.

[77] *Erismann G.* Bohuslav Martinu et la France // Bohuslav Martinfl: Anno 1981. Papers from an International Musicological Conference. Prague, 26—28 May, 1981. Praha, 1990. P. 65.

[78] Larousse de la musique: Dictionnaire encyclopedique. En 2 vol. V. 2. Paris, 1957. P. 162.

[79] *Mihalovici M.* Adieu a Alexandre Tcherepnine//Adam Magazine. London, 1978. P. 18—19.

[80] РГАЛИ, ф. 2985, оп. 1, ед. хр. 291, л. 50—об.

[81] *Глебов И.* [Б. В. Асафьев] Нова я французска я школ а //《Шесть》. Мило, Онеггер, Орик, Пуланк , Дюрей, Тайефер. Л. , 1926. При цитировании текст а мы передаем фамили и названных композиторов в соответствии с ныне принятыми транскрипциями.

[82] *Онеггер А. Я* — композитор. Л. , 1963. С. 116.

[83] А. Черепнин — Г. Шнеерсону. ГЦММК, ф. 375, № 955.

[84] *R. P.* Concerto da camera (pour flute, violon et clavier), par Alexandre Tcherepnine (Recital Darrieux) // La Revue musicale, 1926, № 4. P 160.

[85] ГЦММК, ф. 340, № 6488. Беляев В. М. Современная музык а и Александр Черепнин / /Современная музыка , 1925, № 11. См.' Приложение к данной главе.

[86] Arthur Hoerëe // La Revue musicale, 1925. № 5. P 286.

[87] Ibid. 1926, № 6. P 82.

[88] Ibid. 1924, № 5. P. 249—250.

[89] Ibid. 1924. P. 258—259.

[90] Ibid. 1926, № 6. P.221

[91] *Вгапсоиг R.* Concerts-Colonne // Le Menestrel, 1927, 4 novembre.

[92] *R. P.* [etit]. Symphonic en Mi, d'Alexandre Tcherepnine (Colonne) // La Revue musicale, 1928, № 3 . P. 250—261.

[93] Письмо от 3 мая 1970. ГЦММК, ф. 375, № 963.

[94] *Tcherepnin A.* Music in Modem China 11 The Musical Quarterly，1935，No. 21.

[95] А. Н. Черепнин — Г. М. Шнеерсону，6 мая 1965 г. // ГЦММК，ф. 375，№ 975.

关于日本人的姓名表述，与中国人的不同，车列普宁一改把名字放在前面，把姓放在后面的惯例，而是正好相反。文字中所提到的“埃简拉古”是日本宫廷雅乐（гагаку）作曲传统。

[96] *Гёте И. В.* Собрание сочинений：В 10 т. М.，1980. Т. 10. С. 415.

[97] См.：Конен В. Дж. Значение внеевропейских культур для музыки XX века：（К постановке проблемы в историческом плане）// *Конен В. Дж.* Этюды о зарубежной музыке. М.，1975.

[98] См.：*Валина Э. Г.* К проблеме французского музыкального экзотизма // О музыкальном просвещении и образовании：Сб. статей. Майкоп，1995.

[99] Alexander Tcherepnin：75 Jahre. Zum 21. 1. 1974. V. P. Belaieff. Frankfurt. S. 32

[100] *Fr. G.* Ruska modema opera in balet // Slavenski narod，1933，20 oktobre.

[101] Sun，New York City，1934，3 Febr.

[102] А. Н. Черепнин — Г. М. Шнеерсону // ГЦММК，ф. 375，№ 986.

[103] *Ramey Ph.* Alexander Tcherepnin 11 Ovation，1984，May；Remembering Tcherepnin // Chicago Magazine，1979，September и др.

[104] *Arias E. A.* AlexanderTcherepnin：A Bio-Bibliography [...] P. 17—19.

[105] *Arias E. A.* The Symphonies of Alexander Tcherepnin // Tempo，1986，No. 158；Alexander Tcherepnin's Thoughts on Music // Perspectives ofNe w Music，1983，Nos. 1—2.

[106] А. Н. Черепнин — Г. М. Шнеерсону // ГЦММК，ф. 375，№ 939.

[107] А. Н. Черепнин — В. А. Киселеву，1 августа 1969 // РГАЛИ，ф. 2985，оп. 1，ед. хр. 391，л. 60.

[108] А. Н. Черепнин — Г. М. Шнеерсону // ГЦММК，ф. 375，№ 954.

[109] А. Н. Черепнин — В. А. Киселеву // РГАЛИ，ф. 2985，оп. 1，ед. хр. 391，л. 51.

[110] А. Н. Черепнин — Г. М. Шнеерсону. 2 февраля 1965 г. // ГЦММК，ф. 375，№ 963.

[111] *Шлёцер Б.* [Отзывы о книгах] Игорь Глебов. I — Римский-Корсаков. II — Скрябин. III — Чайковский. Изд.《Светозар》. Пг.-Берлин，1923 // Звено. Париж，1923，№ 3，6，4.

[112] *Tcherepnin A.* La percussion — est eiie musicale? // L'Age Nouveau，№ 82，1955.

[113] *Tcherepnin A.* Let Undefrivileged Instruments Play 11 Music Joumal，20，No. 1，1962

[114] ГЦММК，ф. 375，№ 889.

[115] Там же，№ 931，940.

[116] См.：Денисов Э. О композиционном процессе // *Денисов Э.* Современная музыка и проблемы эволюции композиторской техники. М.，1986；раздел《Что такое сочинение музыки》，размышления о《границах музыки как искусства》в главе《Музыка и машины》замечательно корреспондируют текстами А. Че-репнина.

[117] *Гуго фон Гофмансталь.* Драмы. Смерть Тициана. Безумец и смерть. Женщина в окне. Авантюрист и певица / Пер. С. Орловского. М.，1896. С. XIV，XVIII.

[118] *Гуго фон Гофмансталь.* Свадьба Зобеиды：Драматический эскиз в 3-х картинах / Пер. в стихах О. Н. Чюминой. Изд. 2-е. Пьеса в этом переводе идет в театре В. Ф. Комиссаржевской. М.：В. Антик и К°.，б. г.（Сер.《Универсальная библиотека》，№ 28）.

[119] *Reich W.* Alexander Tcherepnin. Bonn，1970. S. 105.

[120] А. Н. Черепнин — Г. М. Шнеерсону，7 февраля 1962 // ГЦММК，ф. 375，№ 3.

[121]《Русская мысль》，Париж，1958，31 августа（без подписи）.

[122] L'emigration russe en Europe: Catalogue collectif des periodiques russes. 1855—1940. Paris, 1976. P. 103—306.

[123] РГАЛИ, ф. 2481, оп. 1, ед. хр. 119.

[124] Последние новости, 1938, 15 января.

[125] Там же, 1938, 28 ноября.

[126] Там же, 1939, 6 мая.

[127] *Tcherepnin A.* Russische Musik-Anthologie: 80 Beispiele vom Urspning bis zum Beginn des 19. Jahrhunderts. Bonn: M. P. Belaieff, 1966 (Перевод на немецкий язык сделал Г. Вельдман, на английский — известный специалист в области русской, в частности духовной, музыки Альфред Сван.

[128] ГЦММК, ф. 340, № 6482.

[129] *Анненков Юрий.* Дневник моих встреч: Цикл трагедий. Т. 1—2. Нью-Йорк, 1966. Т. I. С. 96.

[130] *Taruskin Richard.* Stravinsky and the Russian Traditions: A Biography of the Works Through "Mavra". Los Angeles, 1966.

[131] *T.* [Tirscher G.] Alexander Tcherepnin 11 Deutsche Musikzeitung, 1933, № 12, September. S. 101—103.

[132] Дневники А. Лурье за 1946—1962 годы хранятся в Париже в частном собрании — в семье В. Ладуа. Их копии любезно предоставлены г-ном В. Ладуа благодаря содействию профессора, доктора филологии, известного специалиста по русской литературе《серебряного века》, переводчика《Поэмы без героя》А. Ахматовой и других текстов — г-жи Э. Мок-Бикер.

[133] А. Н. Черепнин — Г. М. Шнеерсону // ГЦММК, ф. 375, № 967.

[134] Там же, № 991.

[135] А. Н. Черепнин — В. А. Киселеву // РГАЛИ, ф. 2985, ед. хр. 391, л. 18.

[136] Там же, л. 57.

[137] Там же, л. 28.

[138] Там же，л. 46.

[139] А. Н. Черепнин — Г. М. Шнеерсону，5 января 1962 г. // ГЦММК，ф. 375，№ 894.

[140] Там же，№ 890.

[141] Там же，№ 903.

[142] ГЦММК，ф. 449，№ 1133.

[143] ГЦММК，ф. 375，№ 964.

[144] РГАЛИ，ф. 2985，ед. хр. 391，л. 21—об.

[145] ГЦММК，ф. 449，№ 1147.

[146] *Tcherepnin A.* Trip to the Soviet Union 11 The World of Musik：Quarterly Joumal of the international Music Council，1967，No. 4.

[147] А. Н. Черепнин — Г. М. Шнеерсону，4 августа 1966 г. // ГЦММК，ф. 375，№ 899.

[148] *Slonimskky N.* Op. cit. P. 19—23

[149] РГАЛИ，ф. 2985，оп. 1，ед. хр. 392，л. 35 об. — 36.

[150] Там же，ед. хр. 392，л. 44.

[151] А. Н. Черепнин — Г. М. Шнеерсону，27 июня 1967 г.，Париж // ГЦММК，ф. 375，№ 936.

[152] Там же，№ 948. 1994年在彼得堡音乐学院的副博士论文答辩会上提供了C.A.艾森施塔特（C.A. Айзенштадт）的名为《A.车列普宁的钢琴协奏曲：风格特点》（这是俄罗斯国内首篇也是至今为止唯一一篇有关A.H.车列普宁创作的副博士论文）的论文；但是这篇论文的资料没有找到。

[153] ГЦММК，ф. 375，№ 951.

[154] Там же，№ 966.

[155] Там же，№ 919.

[156] ГЦММК，ф. 449，№ 1138.

[157] Цит. по：*Струве Н.* Русска я эмиграция：Массовый исход в будущее // Странник，1997，№ 1. С. 23—24.

[158] *Tcherepnin A.* Autobiographisches // Rheinische Musik- und Theaterzeitung (Cologne). 1928, May.

[159] *Tcherepnin A.* A Short Autobiography//Tempo, 1978, № 130.

[160] См. об этом: Холопов Ю. Н. Кто изобрел 12-тоновую технику? // Проблемы австро-немецкой музыки: Первая треть XX века. М.: Институт имени Гнесиных, 1983.

附录五　图　片

图1　A.车列普宁（齐尔品）

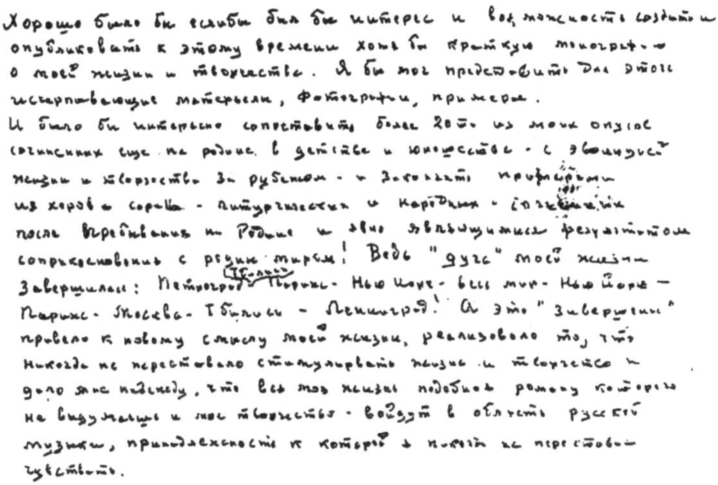
Хорошо было бы если бы был бы интерес и возможность создать и опубликовать к этому времени хоть бы краткую монографию о моей жизни и творчестве. Я бы мог представить для этого исчерпывающие материалы, фотографии, примеры.
И было бы интересно сопоставить более 20ти из моих опусов сочиненных еще на родине, в детстве и юношестве - с эволюцией жизни и творчества за рубежом - и закончить профилями из хоров а capella - литургических и народных - сочиненных после пребывания на Родине и явившимися результатом соприкосновения с русским миром! Ведь "дуга" моей жизни завершилась: Петроград - Тбилиси - Париж - Нью Йорк - весь мир - Нью Йорк - Париж - Москва - Тбилиси - Ленинград! А это "завершение" привело к новому смыслу моей жизни, реализовало то, что никогда не переставало стимулировать жизнь и творчество и дало мне надежду, что вся моя жизнь подобна роману которого не выдумаешь и мое творчество - воздух в области русской музыки, принадлежности к которой я никогда не переставал чувствовать.

А. Черепнин. 1969

图2　A.车列普宁书信手迹

图3　贝努阿的家位于圣彼得堡格林卡街15号，车列普宁一家从这儿离开了俄国

图4　梯弗里斯（今第比利斯）的歌剧院

图5　H.H.车列普宁，拍摄于1930年末的巴黎

SALLE DE LA SOCIÉTÉ MUSICALE RUSSE A L'ÉTRANGER

26, AVENUE DE TOKIO, PARIS XVIe

VENDREDI 27 AVRIL, A 20 H. 15

ŒUVRES DE

NICOLAS TCHEREPNINE

PROGRAMME

"ZARI", 2 cantiques géorgiens pour 2 pianos

1. Chant Funèbre.
2. Chant Commémoratif (Cortège funèbre).

Konstantin LICHKÉ
et **Alexandre TCHEREPNINE**

3 MÉLODIES (Poésies de Fofanoff, Lialetchkine et Lermontoff).

1. La bougie s'éteint.
2. Automne.
3. Berçeuse.

Gregor GRICHINE

ANDANTE ET FINALE pour Violon et Piano
(Deuxième Audition)

Monique JEANNE
et **Konstantin LICHKÉ**

ENTR'ACTE

4 PIÈCES en "UT" pour Piano.
(Première Audition)

a) Chinoiserie.
b) Récit d'un vieux.
c) Pour un petit somme.
d) Pour la Viguer.

Etheri ROUHADZÉ

QUATUORS VOCAUX p' les voix d'hommes

1. L'accordéon.
2. Berçeuse Georgienne.

Quatuor Vocal de Saint-Pétersbourg
(J. DENISSOF, G. PACHOUTINE
B. BRAMINOFF et C. KAIDANOFF).

"SOLOWÉY, SOLOWÉY, PTACHETCHKA"...
Chant Guerrier Russe (chanson de la route)
pour deux Pianos

Konstantin LICHKÉ
et **Alexandre TCHEREPNINE**

Pour obtenir les Invitations à ce Concert, on est prié de s'adresser à ALEXANDRE TCHEREPNINE, 2, rue de Furstemberg, Paris 6me — (Danton 41-10).

图6　音乐会海报（一）

ORCHÈSTRE
DE LA SOCIÉTÉ
PHILHARMONIQUE DE PARIS
SALLE PLEYEL —:— 252, Faubourg Saint-Honoré
SAMEDI 15 FÉVRIER 1936, à 21 heures précises
SOUS LA DIRECTION DE
Charles MÜNCH
AVEC LE CONCOURS DE
Robert SOËTENS
VIOLONISTE
Florent SCHMITT 1re et 3me suites de Salammbô
CHŒURS, ORCHESTRE et ORGUE
Chœurs sous la Direction de Mlle Y. GOUVERNÉ
P.-O. FERROUD Types (1re Audition)
Serge PROKOFIEFF 2me Concerto pour Violon et Orchestre (1 Audition)
M. Robert SOËTENS
A. TCHEREPNINE Danses Russes (1 Audition)

图7　音乐会海报（二）

图8　A.车列普宁（第二排右起第四位）在巴黎“俄罗斯音乐学院”和“俄罗斯境外音乐协会”活动小组中（第一排左起：A.格列查尼诺夫、C.拉赫玛尼诺夫、H.阿列克欣斯卡娅、H.H.车列普宁及音乐学院教师；第二排左起：M.史特里梅尔、H.伽拉米扬、П.科瓦廖夫、C.里法尔等音乐学院教师）

图9　A.车列普宁（左），歌手、出版社工作人员艾宁·尤阿萨（中）与作曲家阿基拉·伊福布昭（右），拍摄于1936年的东京

图10　A.车列普宁一家（从左至右为谢尔盖、亚历山大、李献敏和伊万）

图11　A.车列普宁与妻子李献敏（左）、歌唱家周小燕（右）在伦敦巡演（1946年）

图12　M.米哈洛维奇、A.车列普宁、П.查赫尔、K.贝克在Б.马尔基努的葬礼后（1959年9月1日，收藏于*P.S.S.*）

图13　（左图）A.车列普宁和И.梅纽因（伦敦，1949年）；（右图）A.车列普宁、И.斯特拉文斯基、李献敏和A.莱曼

图14　Γ.罗日杰斯特文斯基是A.车列普宁和儿子共同的朋友

图15　（左图）H.H.车列普宁与儿子A.车列普宁在巴黎郊外圣－仁涅维耶夫－纠・布阿的墓地；（右图）巴黎 A.车列普宁夫尤斯简贝尔克街故居纪念匾

Доверенность автора

Как автор и единственный владелец авторских прав на "Александр Черепнин: Долгое странствие", я теперь разрешаю китайскому переводчику Сунь Чжаожуну перевести его на китайский язык и опубликовать это произведение Китайским народным музыкальным издательством.

подпись:

Дата: 20.10.2022

作者授权书

作为《齐尔品传：漫长的旅行》一书的作者和唯一的著作权拥有人，我现在授权中国学者孙兆润将本著作翻译为中文，并由人民音乐出版社出版发行。

签名：

时间：20. 10. 2022

图16　本书作者的翻译出版授权书

译者后记

俄侨音乐家齐尔品（俄文全名为亚历山大·尼古拉耶维奇·车列普宁，简称“A.车列普宁”），是20世纪30年代为中国近现代音乐做出杰出贡献的集作曲家、钢琴家、教育家、社会活动家于一身的音乐家。“远东沉思”的思维方式和丰厚素朴的民族文化资源深深吸引着这位前来寻求民间素材和新的创作可能性的作曲家齐尔品，他从东方传统文化，特别是中国文化中汲取营养，最终成就了其创作中“欧亚合璧”的新风格。齐尔品在东亚卓有成效的工作得到了中国人民的尊重和重视，如今中国音乐学界对其人其作的探索和研究工作方兴未艾。老一辈音乐学家一直热衷于齐尔品史料的挖掘和整理工作，并期望年轻学者能够担负起写作《齐尔品传》的艰巨任务，但由于国内相关史料的匮乏而一直难以启动。

1918年，19岁的齐尔品与其父母离别祖国，直到1967年才有机会重新踏上故土。虽然在苏联音乐会舞台上也上演过他的作品，但数量之少并不能尽显作曲家创作的全貌，更不能引起广泛的社会关注。流亡的命运导致苏联人民对这位世界公民及其音乐创作的生疏。因为意识形态方面的原因，俄侨文化在苏联很长一段时期以来是被禁止研究的领域，俄侨音乐的研究也在其中。

1990年由“俄罗斯文化语言”（莫斯科的出版机构）出版发行的《齐尔品传：漫长的旅行》（*Александр Черепнин: Долгое странствие*）是目前俄罗斯国内唯一一本关于齐尔品的传记著作。本书为历史—文献类传记体裁，主要构架为：“一、起源；二、在格鲁吉亚的山岗上；三、侨民的空气和面包；四、巴黎的学派与欧洲的命运；五、四方；六、作曲家的工作室；七、俄罗斯作曲家；八、总结。”书中附录部分收录了作曲家的几篇重要的文章：《简明自传》《我的音乐语言的基本元素》《作品目录》，它们与这本专著一起将成为俄罗斯和中国的齐尔品研究者所珍视的重要文献资料。

译者于2008—2012年在俄罗斯国立师范大学攻读音乐艺术博士学位期间，一边撰写博士论文，一边学习专业技能，一边进行着艰辛的“词典查阅式的”俄文翻译工作。最终，一本《大俄汉词典》被翻成了“烂白菜”。俄语单词具有多重释义，在不同的情态和语境中的正确含义往往需要反复推敲和甄别，记录书中俄文单词释义的笔记本密密麻麻写满了七大本。其间得到了钢琴艺术指导叶卡捷琳娜·巴格达纳娃（Екатерина Богданова）女士的答疑解惑和无私帮助，特致谢忱！

为保持原作风貌，译文尽量保持了俄文语法特点和作者的叙述风格，特别是保持了齐尔品本人独特的语言方式，并且在译文中保留了主人公的俄文姓名——A.车列普宁，而没有采用中国学界习惯的中文姓名——齐尔品。书中出现的其他人物和地名，除了约定俗成的译称外，采用的大多是尊重俄文音译的方式，以避免文化交流中产生的语言和认识上的障碍，可能与一些习惯性的历史译名略有出入，请读者朋友注意辨识。另外，文中一些较为陌生的人名、地名和术语，都进行了较为细致的考证并以译者注的方式体现在脚注中，这项工作本人也付出了大量的心血。

2016年本人与本书作者柳德米拉·吉诺维耶乌娜·克拉别里尼科娃（Людмила Зиновьевна Корабельникова）教授取得联系并多次书信沟通，她同意该书在中国以中文版出版发行，但是出于各种原因，2022年才得到作者的授权，其间得到了左贞观先生的斡旋和大力帮助，特致谢忱！令人遗憾和悲痛的是2023年7月12日，本书作者辞世，在此深表哀悼，愿逝者安息！并以此书的出版作为纪念。

该译著在我国音乐学和作曲领域具有非常重要的学术和史料价值，将填补中国近现代音乐史相关研究的空白。

由于译者语言和学术水平有限，译文会存在诸多不当之处，敬请专家学者批评指正！

孙兆润

2024年3月18日补记于哈尔滨音乐学院